U0896276

安徽调查年鉴

ANHUI SURVEY YEARBOOK

2013

国家统计局安徽调查总队 编

全 国 百 佳 图 书 出 版 单 位
APGTIME 时代出版
时代出版传媒股份有限公司
安 徽 人 民 出 版 社

图书在版编目(CIP)数据

安徽调查年鉴.2013/ 国家统计局安徽调查总队编.—合肥:安徽人民出版社,2013.9

ISBN 978-7-212-06891-2

Ⅰ.①安… Ⅱ.①国… Ⅲ.①统计资料—安徽省—2013—年鉴 Ⅳ.①C832.54-54

中国版本图书馆 CIP 数据核字(2013)第 229982 号

安徽调查年鉴.2013

国家统计局安徽调查总队　编

出 版 人:胡正义

责任编辑:胡小薇

装帧设计:宋文岚

出版发行:时代出版传媒股份有限公司 http://www.press-mart.com

安徽人民出版社 http://www.ahpeople.com

合肥市政务文化新区翡翠路 1118 号出版传媒广场八楼

邮编:230071

营销部电话:0551-63533258　0551-63533292(传真)

制　版:合肥市中旭制版有限责任公司

印　制:合肥中德印刷培训中心印刷厂

(如发现印装质量问题,影响阅读,请与印刷厂商联系调换)

开本:880×1230　1/16　印张:19.5　插页:40 面　字数:800 千

版次:2013 年 12 月第 1 版　2013 年 12 月第 1 次印刷

标准书号:ISBN 978-7-212-06891-2　定价:320.00 元

版权所有,侵权必究

编辑委员会

主　　任　骆　飞

副 主 任　陈冬青　方正亚　张　鹏　牟为民　苏维亚　邓德平

编　　委（以姓氏笔画为序）

马伟民　许善军　李东海　李淮治　杨新龙　何　凝
张　雪　张尚煌　陈新华　周胜林　周德同　郑福林
钱千红　徐　恺　章　健　童晓莉　樊晓东

责任编辑　何　凝　毛方友　周雯雯　张尚豪

编　　辑（以姓氏笔画为序）

孔二娟　邓　泓　邓业轩　邓炜炜　冉　地　孙　悦
刘　沙　刘丽娟　刘国光　李　燕　杨潇潇　吴　艳
汪忠源　闵志宏　陈秀美　邵　冰　周玉华　周朝晖
段明明　焦巧玲

英文翻译　周雯雯

Editorial Board

Chairman

Luo Fei

Vice-chairman

Chen Dongqing　Fang Zhengya　Zhang Peng
Mou Weimin　Su Weiya　Deng Deping

Editorial Members (in order of strokes of Chinese surname)

Ma Weimin　Xu Shanjun　Li Donghai
Li Huaizhi　Yang Xinlong　He Ning
Zhang Xue　Zhang Shanghuang　Chen Xinhua
Zhou Shenglin　Zhou Detong　Zheng Fulin
Qian Qianhong　Xu Kai　Zhang Jian
Tong Xiaoli　Fan Xiaodong

Coordinators

He Ning　Mao Fangyou　Zhou Wenwen　Zhang Shanghao

Editorial Staffs (in order of strokes of Chinese surname)

Kong Erjuan　Deng Hong　Deng Yexuan　Deng Weiwei
Ran Di　Sun Yue　Liu Sha　Liu Lijuan
Liu Guoguang　Li Yan　Yang Xiaoxiao　Wu Yan
Wang Siyuan　Min Zhihong　Chen Xiumei　Shao Bing
Zhou Yuhua　Zhou Chaohui　Duan Mingming　Jiao Qiaoling

English Translator

Zhou Wenwen

编辑说明

一、《安徽调查年鉴2013》由国家统计局安徽调查总队首次独立编辑出版，是一部全面反映安徽省农村社会经济、城市社会经济、企业发展情况的资料性年刊。本书收录了全省和市、县（区）2012年经济和社会发展各有关方面的调查统计数据，以及全国和各省（市、区）重要历史年份主要统计调查数据。

二、本年鉴统计调查数据分为四个篇章，即：1.综合；2.农业调查；3.人民生活；4.价格调查。为方便读者理解和使用有关数据，各篇章前设有《简要说明》，对本篇章的主要内容、资料来源、统计范围、统计方法以及历史变动情况予以简要概述，篇末附有《主要统计指标解读》，介绍了统计指标的含义、统计范围和统计方法。

三、资料中所使用的度量衡单位均采用国际统一标准计量单位。

四、本年鉴部分数据合计数或相对数，由于单位取舍不同产生的计算误差未作机械调整。

五、本书凡带有续表的资料，有关注解均列在最后一张续表的下方。

六、本书符号使用说明："…"表示该数据不足本表最小计量单位数；"空格"表示该项无统计数据；"#"表示其中的主要项；"*"或"①"表示本表下有注解。

Editor's Notes

Ⅰ.*Anhui Survey Yearbook 2013* is an annual statistical publication, which reflects comprehensively the rural and urban economic and social development of Anhu. It covers key statistical and survey data in recent years.

Ⅱ.The yearbook contains four chapters:1.General Survey; 2.Rural Survey; 3.People' s Living Conditions; 4.Price Survey. To facilitate readers, the Brief Introduction at the beginning of each chapter provides a summary of the main contents of the chapter, data sources, statistical scope, statistical methods and historical changes. At the end of each chapter, Explanatory Notes on Main Statistical Indicators are included.

Ⅲ.The units of measurement used in this yearbook are internationally standard measurement units.

Ⅳ.Statistical discrepancies on totals and relative figures due to rounding are not adjusted in this yearbook.

Ⅴ.All tables with continued ones, the footnotes are at the bottom of the last continued table.

Ⅵ.Notations used in the yearbook: "…" indicates that the figure is not large enough to be measured with the smallest unit in the table; "blank space" indicates that data are unknown, or are not available; "#" indicates a major breakdown of the total; and "*" or "①" indicates footnotes at the end of the table.

2011年5月22日，国家统计局局长马建堂、常务副省长詹夏来亲切接见安徽调查总队总队长骆飞、省统计局局长钱晓康

2011年5月19日，国家统计局局长马建堂来皖调研农村住户调查工作

2012年2月26日至27日，安徽调查工作会期间常务副省长詹夏来与总队长骆飞亲切交谈

2012年5月22日，国家统计局副局长张为民在安徽凤台调研夏粮生产情况

2月29日至3月1日，农村司司长张淑英一行在总队长骆飞、副巡视员邓德平的陪同下，到我省滁州、蚌埠、宿州市调研小麦生长情况

2012年2月26日至27日

查工作会议在合肥召开

2012年12月1日，常务副省长詹夏来在全国一体化住户调查正式记账首日视察一体化记账工作

2012年12月1日，常务副省长詹夏来视察一体化记账工作查看记账户每日收支状况

2012年9月15日，省政协副主席王鹤龄视察CPI采价市场

2012年1月5日，总队召开老干部迎新春茶话会

2012年2月22日，公务员考试录工作现场

2012年3月22日，总队长骆飞赴亳州慰问基层队基层干部职工

2012年5月13日，副总队长陈冬青在无为调研

2012年5月9日，副总队长杜希双一行赴阜阳调研

2012年12月8日，副总队长方正亚与干部职工一起认真收看党的十八大开幕式实况

2012年4月23日，纪检组长牟为民带领总队机关部分党员，参加四届省直机关读书月“书香伴我行”游园活动

2012年4月27日，总队组织"庆五一"登山比赛

2012年5月3日，纪念"五四运动"93周

调查系统“十大杰出青年”表彰大会

2012年5月18日，副巡视员苏维亚到宿州调研粮食产量

2012年8月6日，国家统计局安徽调查总队、安徽省统计局联合召开了全省一体化住户调查工作布置暨培训会议

2012年9月20日，安徽调查总队庆祝第三届"中国统计开放日"活动

2012年11月20日，总队开展党的十八大精神集中学习活动

2012年11月18日，总队举办市县队负责人培训班

2012年11月22日，总队举办机关处室主要负责人签订保密责任书仪式

2011年12月29日，《安徽省志·人民生活篇》志稿评审会在安徽调查总队召开

2012年安徽调查工作大事记

1月20日 国家统计局马建堂局长在总队呈报的《国家统计局安徽调查总队2011年工作总结和2012年工作打算》的报告上作出重要批示："2011年，安徽调查总队紧紧围绕国家统计局的部署和要求，围绕'改革创新、规范统一、公开透明'的工作大局，以规范加强基层基础为重点，在业务工作规范化方面做了不少工作，也取得了一定成效，表现了总队党组较强的执行力和战斗力。2012年统计调查改革和发展的任务还十分繁重。希望你们进一步增强国家队意识和调查队意识，进一步弘扬统计核心价值观，以全力推进城乡住户一体化为重点抓好各项调查业务工作，以加强现代信息技术在调查工作中运用为重点抓好各项制度建设，努力促进安徽调查工作再上新台阶，以新的成绩迎接中国政府统计机构成立60周年和党的十八大胜利召开。"

2月 组织开展公务员考试录用工作。按照面试、体检、考察政审、公示等工作程序和要求，从84名参加面试考生中，正式录用31名工作人员。

2月26至27日 总队召开全省调查工作会议，安徽省委常委、省政府常务副省长詹夏来出席会议并讲话，充分肯定了安徽统计调查的工作成绩，并对总队工作提出新希望和新要求。总队长骆飞作了题为《凝心聚力 稳中求进 努力促进安徽调查工作再上新台阶》的工作报告，提出了2012年工作的三个"重点"，明确了2012年八项工作任务。会议对2011年度综合考核的先进单位进行了表彰。

2月28日 总队根据《国家统计局党风廉政建设责任制实施办法》(国统字〔2011〕112号)，结合工作实际情况，制定了《国家统计局安徽调查总队党风廉政建设责任制实施办法》，并经总队党组会议审议通过。

3月 安徽第三批5个新增生猪生产大县监测调查工作正式启动，至此全省主要畜禽监测调查县增加到37个，生猪大县的监测增加到18个。

4月 总队根据安徽省政府办公厅下发《"十二五"农村扶贫开发规划纲要》中对贫困监测实现动态管理的要求，就省政府交办的贫困监测任务，对贫困监测工作调整、充实了人员，增加了经费支持，更新了调查设备，强化了业务培训，为圆满完成监测调查任务奠定了基础。

4月 总队机关在2011年省直机关效能建设考核评比中，再次荣获效能建设"先进单位"，这是安徽调查总队第六年获此殊荣。总队机关消费价格处被评为效能建设先进处室。

4月中旬 总队机关被评为2011年全省党委系统保密工作先进单位，受到省委办公厅通报表彰。

4月 总队向市县调查队印发了《关于地方委托统计调查项目申报要求及提交相关

材料的说明》的通知，进一步规范调查项目的审批。当年，按规定程序，总队共审批市县队审报的各类调查项目19项，向国家统计局申请报批了由省政府委托，总队组织实施的调查项目32项。

4月 在总队机关开展正处领导干部竞争性选拔工作。按照《干部选拔任用条例》的有关规定，制定《总队机关选拔正处级领导干部实施方案》，通过动员、报名、资格审查、民主推荐、竞职演讲、组织考察等程序，4月24日，党组研究决定，任命5名同志为正处级领导干部。

5月3日 总队在合肥召开会议，隆重纪念“五四”运动93周年，庆祝“五四”青年节，表彰“安徽调查队系统十大杰出青年”和“十大优秀青年”。骆飞总队长代表总队党组作了题为“践行统计核心价值观，争当有为青年”的重要讲话，获奖青年所在单位介绍了杰出青年的先进事迹，受表彰的杰出青年代表、青年代表分别发言。总队机关、合肥调查队全体干部参加了会议。

5月 为全面贯彻落实国家统计局、国家发改委和农业部《关于开展县级粮食产量抽样调查工作的通知》精神，总队联合省统计局在合肥召开了县级粮食产量抽样调查工作会议，联合部署县级粮食产量抽样调查工作。

5月至11月 总队继续在全系统组织开展统计巡查工作，对全省5个市级队、10个县级队进行了统计巡查。巡查工作做到有目标、有方案、有执行、有反馈、有整改，全面提高统计巡查的客观性、可操作性和实效性。

5月 安徽省人民政府办公厅以皖政办秘〔2012〕76号文件向各市、县人民政府和省政府有关部门发出通知，要求做好全省县级粮食产量抽样调查工作。文件要求国家统计局安徽调查总队会同省统计局要认真履行职责，各级发展改革、财政、农业等有关部门要各负其责，密切配合，支持和协助统计调查部门开展调查工作。

5月 安徽启动农贸市场价格手持数据采集系统。按照国家统计局的部署，做到调查人员安排到位、采集系统培训到位、采集设备配置到位、调查任务落实到位，确保此项工作的顺利进行。

5月 征集《统计执法检查规定》修改意见。根据国家统计局《关于报送〈统计执法检查规定〉修改意见的通知》要求，总队多层次广泛征求意见，并将收集到的意见和建议进行归纳整理，上报国家统计局。

5月 总队党组审议通过《安徽调查队系统人才发展规划》，提出高级技术人才、专业技术和管理人才发展的总体目标，以及安徽调查队系统市县调查调查队领导班子建设、拔尖人才培养、知识技能更新、学历提升和优秀青年人才开发等五项人才工程建设规划。

6月 安徽规模以下工业直报试点工作初显成效。基本上实现了规模以下工业直接调查、直接上报的数据收集机制，试点工作初显成效。

6月中旬 成立小微企业统计调查工作

领导小组。加强小微企业调查统计、监测分析和信息发布工作，总队成立了以骆飞总队长为组长，陈冬青副总队长、杜希双副总队长、邓德平副巡视员为副组长的小微企业调查统计工作领导小组，统一领导我省调查队系统小微企业调查统计工作。领导小组下设小微企业调查统计办公室，办公室设在工业和景气调查处，负责小微企业调查统计工作的具体协调事宜，督促落实领导小组议定的有关事项。

6月11日 李斌省长在总队呈报的分析报告《安徽农村土地流转成效显著存在问题不容忽视》上批示："请卫国同志阅。"梁卫国副省长批示："请中才、华建同志阅研。今年下半年就土地流转问题专门开个会，总结工作，分析形势，制定政策，促进规范健康发展。"

6月 总队机关深入贯彻落实省委"保持党的纯洁性迎接党的十八大"主题教育实践活动。6月15日，总队党组召开会议，专题研究了活动方案，决定成立安徽调查总队主题教育实践活动领导小组，要求将主题教育实践活动与党员队伍建设结合起来，与统计调查工作实际结合起来，做到合理安排，统筹兼顾，确保主题教育实践活动取得实效。6月25日，总队召开"保持党的纯洁性迎接党的十八大"主题教育实践活动动员大会，总队党组成员、副总队长陈冬青作动员讲话。

6月 启动面向基层工作人员的遴选工作。根据工作需要，经总队党组研究决定，拿出3个职位面向市县队遴选立场坚定、能力突出、成绩明显的年轻干部，充实总队机关干部队伍。制定发布《国家统计局安徽调查总队2012年公开遴选工作人员公告》，并印发《关于做好国家统计局安徽调查总队2012年公开遴选工作人员工作的通知》。

7月 按照国家统计局的统一部署，总队快速组织并有序高效地完成了安徽医药卫生体制改革情况问卷调查工作。了解2009年《中共中央国务院关于深化医药卫生体制改革的意见》实施以来，城乡居民和医疗机构对医药卫生体制改革的意见和看法。

7月 按照国家统计局下发的《关于加强统计系统廉政风险防控的指导意见》(国统纪检字〔2012〕39号)的精神，总队制定了《安徽调查总队廉政风险防控工作实施方案》，方案对指导思想、工作原则及目标、实施范围和对象、工作方法及步骤、组织实施等作出规定，同时，还附有岗位职权目录表、分单位、处室、岗位的廉政风险防控一览表等。

7月 经总队党组研究决定，分别从市县队选调3名年轻干部到总队挂职，其中市队选调1名副队长到总队担任处室副职；从总队选派3名正科级年轻干部到县队挂任副队长；安排1名新录用工作人员到县队实习锻炼。

7月 圆满完成了总队机关党委换届选举工作。选举产生了新一届委机关党委委员，委员会由11人组成，骆飞同志任书记，许善军同志任专职副书记。

7月下旬 一体化住户调查改革全面实施。为落实国家统计局关于开展全国一体化住户调查方法制度改革的要求，共同部署和推进全省一体化住户调查工作，总队与安徽

省统计局研究决定，成立安徽一体化住户调查改革领导小组，全面负责全省一体化住户调查工作的组织领导、综合协调、监督指导及质量管理等事宜。领导小组由总队骆飞总队长任组长，省统计局王维祥巡视员及总队陈冬青副总队长任副组长，总队邓德平副巡视员兼办公室主任，总队及省局有关处室负责人为成员。

7月26日 根据国家统计局纪检监察局与中国信息报社合作开展“统计行风建设巡礼”系列宣传活动的总体要求，总队《狠抓行风建设 促进统计调查》的宣传文章，以专版形式在《中国信息报》上刊出。该文从规章制度、基础工作、机关效能、政务公开建设等方面，展现近两年来统计行风建设情况，在全国统计系统行风建设评比中，连续两年获一等奖。

8月 国家统计局与人力资源和社会保障部在北京召开全国统计系统表彰大会，对在统计工作中作出突出贡献的先进集体和先进人物进行表彰。合肥调查队系统荣获全国统计系统先进集体，芜湖调查队田静荣获全国统计系统先进工作者，黄山调查队张正东、庐江调查队姚海燕、总队机关李燕荣获全国统计系统先进个人。

8月27至29日 总队圆满完成组工满意度重点抽查工作。此次调查，在中组部、国家统计局督导组的指导下，组成了五个调查小组，分别对抽重的滁州市直机关和两个县严格按照调查方案和工作程序进行了重新调查。国家督导组中组部李颖处长对安徽组织工作满意度民意调查工作给予了充分肯定，对抽查组同志们的工作态度、工作热情和严肃认真的作风予以高度赞扬。

9月 安徽调查队系统开展“江淮普法行”活动。安徽调查系统结合“六五”普法和统计法制宣传，参加“江淮普法行”活动。大力普及统计法和相关法律知识，增强法制宣传教育的针对性和实效性，提高依法统计能力和水平。

9月初 省物价局、省发改委、省财政厅、省农委、省商务厅、省工商局、省质监局和国家统计局安徽调查总队等八部门研究制定了《安徽省缓解生猪市场价格周期性波动调控预案实施细则》，在坚持现行扶持生猪市场发展各项政策的基础上，建立和完善安徽生猪市场调控机制，缓解生猪市场和价格周期性波动，促进生猪市场平稳健康持续发展，有效维护了养殖户、经营者和消费者利益。

9月10日 总队下发《关于开展主要调查数据基层基础工作检查的通知》，要求各市县调查队、总队机关有关处室，突出重点，开展主要调查数据基层基础工作检查，查找统计调查基层基础工作中存在的突出问题。重点检查数据采集方法、基础台账建设、数据处理、上报、数据评估。总队成立5个检查组，有关处室负责人任组长。采取组长负责制，要求责任到人，谁检查，谁签字，谁负责，检查必须到点到户，避免检查流于形式。

9月12日 李斌省长在《调查信息专报》批示：“请农委阅研，并转当地党政主要负责同志阅，进一步拓宽农民增收致富的路子”。

9月15日 省政协副主席王鹤龄率省政协部分委员调研安徽调查工作。王鹤龄一行现场观摩居民消费价格手持数据采集系统采价过程，听取了总队关于全省居民消费价格指数（CPI）编制过程及目前走势情况汇报，并进行了座谈交流。

9月至10月 总队制定了《2012年安徽调查总队网络与信息安全专项检查实施方案》，对信息安全检查工作进行了详细部署和明确要求。本次网络与信息安全专项检查分为总队自查和抽查两部分。

9月20日 第三届“中国统计开放日”，总队、合肥调查队联合安徽广播电视台安徽生活广播，在合肥市鼓楼商厦门前开展“改革创新的中国统计”大型公益活动，将统计调查、统计法宣传与民生咨询结合在一起，详细展示统计调查数据生产过程及统计法条例，让普通百姓零距离接触统计、感受统计，彰显中国统计调查改革创新的主题。

9月 安徽省人民政府办公厅下发了）《安徽省人民政府办公厅关于做好城乡住户调查一体化改革工作的通知》（皖政办秘〔2012〕153号），要求各市县人民政府及省政府有关部门全力支持住户调查一体化改革工作的推进。

11月初 总队在全省调查队系统组织开展了信息工作专项检查。此项检查以经济信息检查、国家“两办”采用信息检查为重点，自查与重点抽查为主要检查手段，以提高调查队系统信息工作水平。

11月 总队与安徽行政学院开展联合，采用以专题讲座为主、小组讨论为辅、异地教学为补充的教学方式，组织一期由48个市县队的主要负责人参加的培训班。

11月 为深入贯彻落实《国家统计局关于印发县级统计机构工作规范（试行）、县级统计局考核办法（试行）和国家统计局县级调查队考核办法（试行）的通知》精神，总队成立了县级调查队考核领导小组，组长由总队长担任，副组长由总队其他领导担任，全面加强对考核工作的组织领导、综合协调。制定了《国家统计局安徽调查总队县级国家调查队考核实施细则》，首次完成了对国家基层队的考核工作。

12月1日 全国一体化住户调查正式记账首日，安徽省委常委、常务副省长詹夏来在骆飞总队长陪同下到合肥视察一体化住户调查记账工作，看望慰问记账户，听取一体化住户调查工作汇报，并就进一步做好调查工作提出要求。省政府副秘书长刘健，合肥市委常委、副市长韩冰，总队副巡视员邓德平等陪同视察。合肥调查队负责人、总队有关处室负责人参加了视察活动。

12月 总队受安徽省政府督查办公室委托，首次开展组织实施省政府目标管理绩效考核群众满意度调查工作。按照省政府有关文件要求，总队制定了调查方案和实施细则。

12月26日 总队档案工作目标管理顺利通过考评认定，晋升为“省特级”，标志着安徽总队档案工作跨入全省机关档案管理先进行列。

2012年总队工作获奖情况

（截至2013年2月1日）

类别	工作内容	奖次	授予单位
综合类	统计立法普法	先进集体	国家统计局
	统计设计管理	综合奖	国家统计局
	统计标准	工作奖	国家统计局
	统计基层基础建设	工作奖	国家统计局
	分析研究工作	先进集体	国家统计局
	办公室工作	三等奖	国家统计局
	政务信息	第4名	国家统计局
	值班工作	第2名	国家统计局
	网络信息	二等奖	国家统计局
	档案管理	省特级/省直先进	省档案局
	地方志工作	全省先进单位	省政府地方志编纂委员会
	资料编辑与整理	先进集体	国家统计局
	人事工作	三等奖	国家统计局
	教育培训工作	三等奖	国家统计局
	人事年报	三等奖	国家统计局
	人事信息	三等奖	国家统计局
	公务员招录	三等奖	国家统计局
	财务管理	三等奖	国家统计局
	决算报表	三等奖	国家统计局
	纪检监察工作	二等奖	国家统计局
	纪检监察工作信息	一等奖	国家统计局
	统计行风建设奖	二等奖	国家统计局
	省直机关创先争优	先进基层党组织	省直工委
	计划生育工作	先进集体	省直计生协会
专业类	县级粮食产量监测	二等奖	国家统计局
	农产品中间消耗调查	三等奖	国家统计局
	生猪调出大县监测调查	一等奖	国家统计局
	主要禽畜产品检测调查	三等奖	国家统计局
	退耕还林（草）监测调查	三等奖	国家统计局
	一体化住户调查	一等奖	国家统计局
	采购经理调查	三等奖	国家统计局
	规模以下工业抽样调查	三等奖	国家统计局

（续表）

类别	工作内容	奖次	授予单位
专业类	部分服务业抽样调查	二等奖	国家统计局
	批零住宿餐饮行业抽样调查	数据质量奖	国家统计局
	农产品生产价格调查	二等奖	国家统计局
	农产品集贸市场价格调查	一等奖	国家统计局
	工业品价格	三等奖	国家统计局
	固定资产投资价格统计	三等奖	国家统计局
	消费和零售价格统计	二等奖	国家统计局
	27种主要食品价格旬报	三等奖	国家统计局
	专项调查	二等奖	国家统计局
	组织工作满意度民意调查	三等奖	国家统计局
	国有企业反腐倡廉民意调查工作奖	二等奖	国家统计局
	农户固定资产投资调查	二等奖	国家统计局
课题分析类	完善我国房地产价格调查统方法的思考	11届课题论文三等奖	国家统计局
	安徽农民工劳动报酬变化的比较研究	三等奖	国家统计局
	工业统计分析	三等奖	国家统计局
	工业统计研究	三等奖	国家统计局
	城市和农村CPI比较分析	重点课题奖	国家统计局
	生产价格课题分析研究	二等奖	
	“十一五”以来安徽价格形势分析	一等奖	国家统计局
	蔬菜价格形成机制及波动显影分析	课题一等奖	国家统计局
	汽柴油价格变动对安徽居民生活影响分析	三等奖	国家统计局
其他	安徽统计年鉴	一等奖(合作)	国家统计局

注：综合奖24项；专业奖项20项；课题分析奖9项；其他奖励1项；共计54项奖

主要年份全省粮食产量变动情况（单位：万吨）

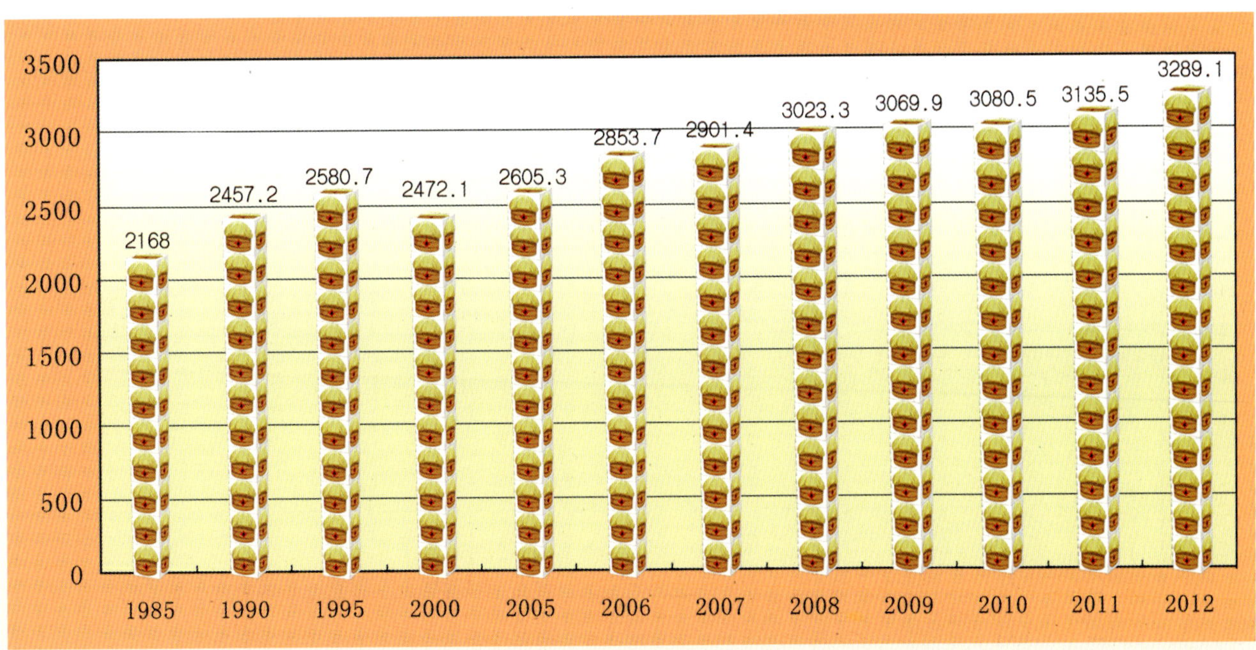

主要年份全省棉花产量变动情况（单位：万吨）

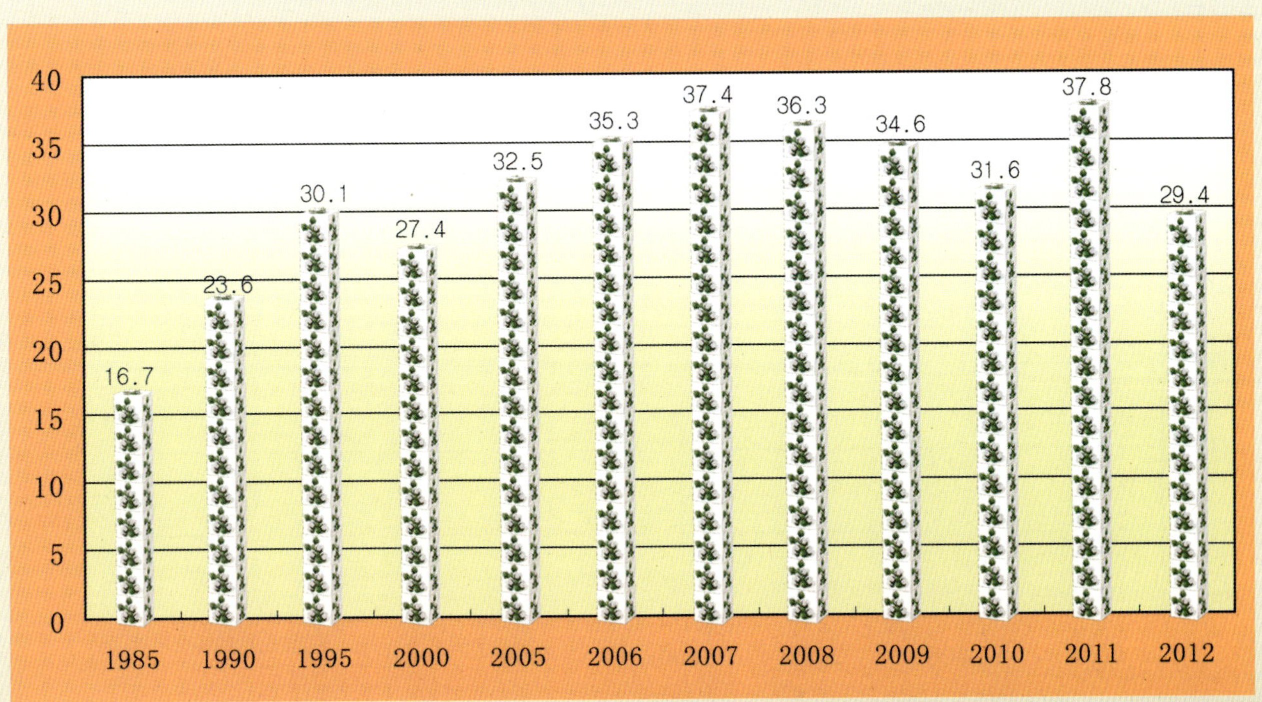

主要年份全省油料产量变动情况（单位：万吨）

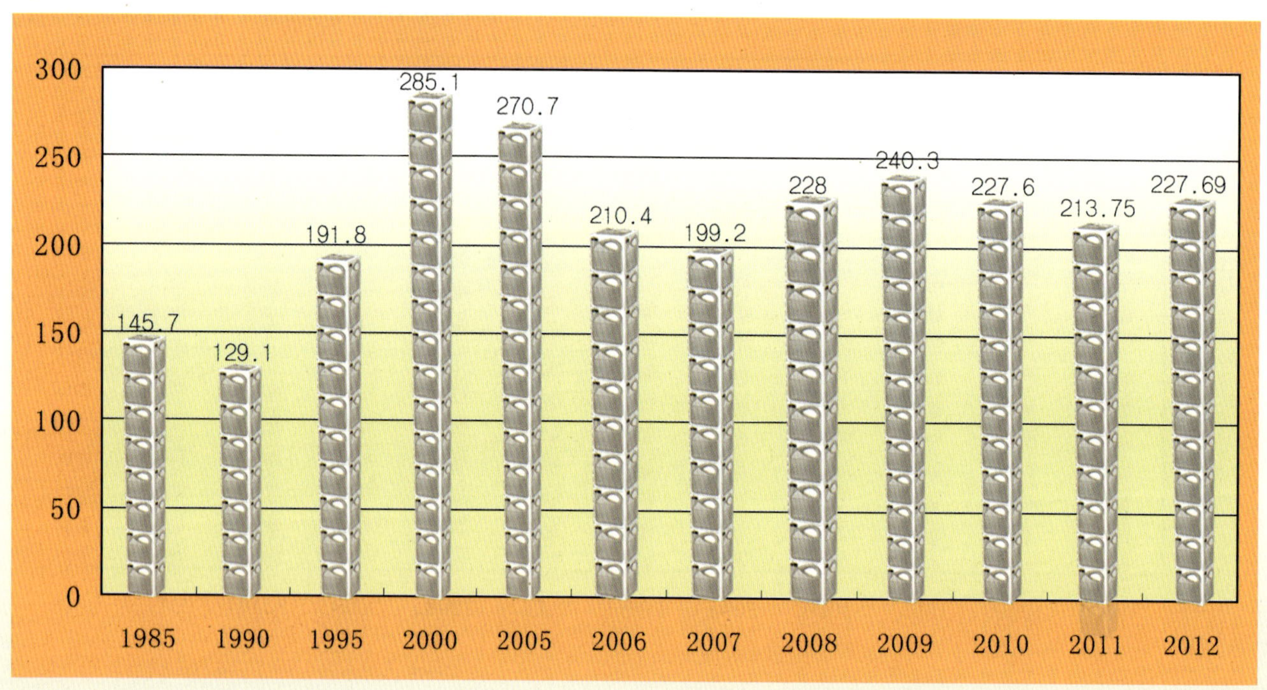

2005—2012年全省猪肉产量变动情况（单位：万吨）

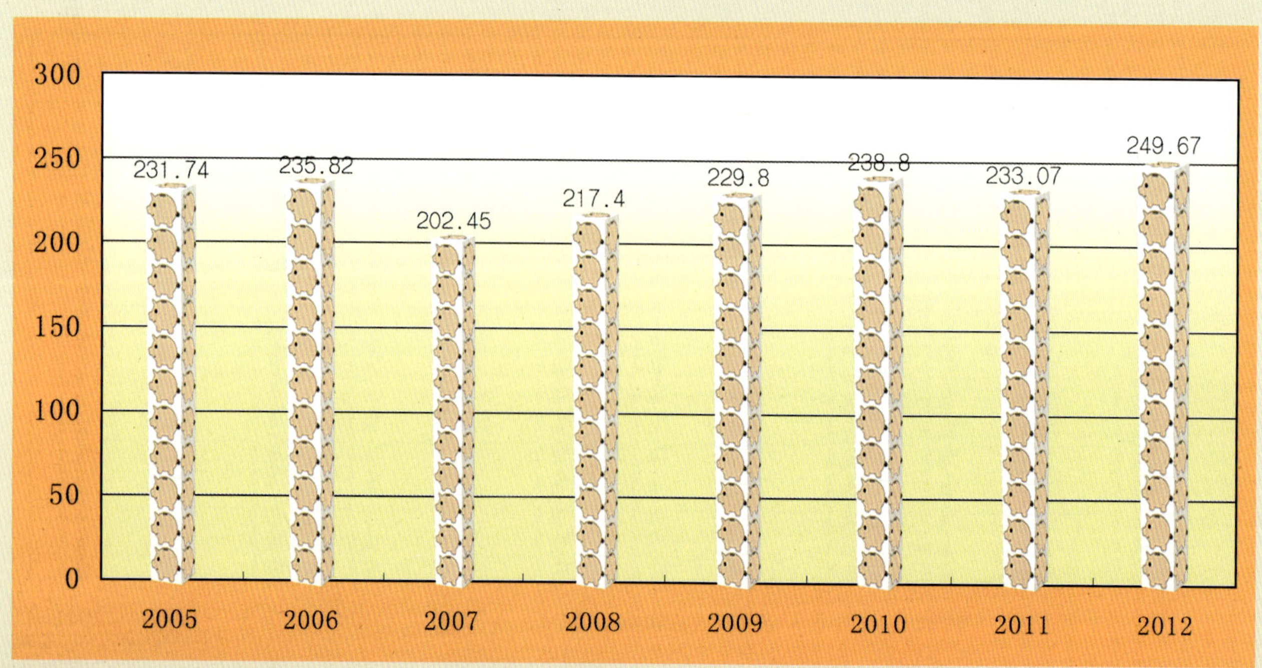

主要年份全省城镇居民家庭人均可支配收入与全国比较（单位：元）

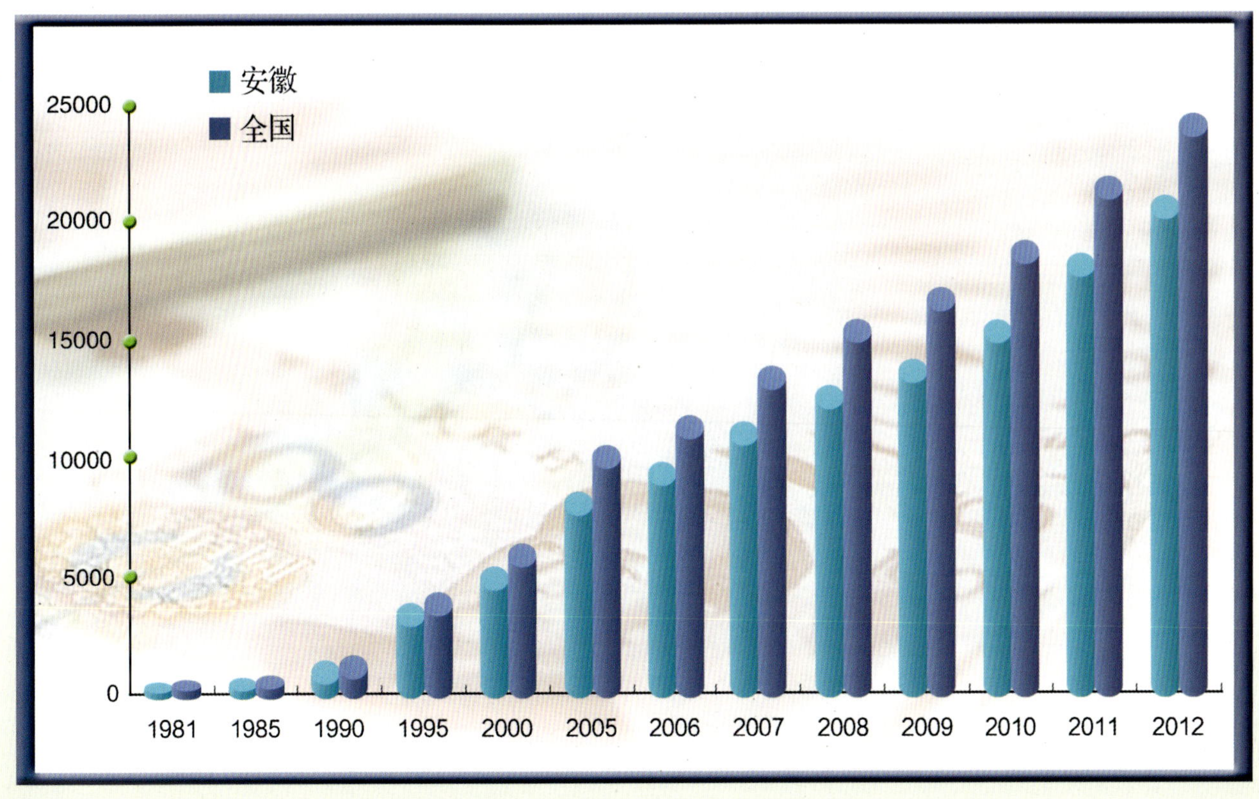

主要年份全省农村居民家庭人均纯收入与全国比较（单位：元）

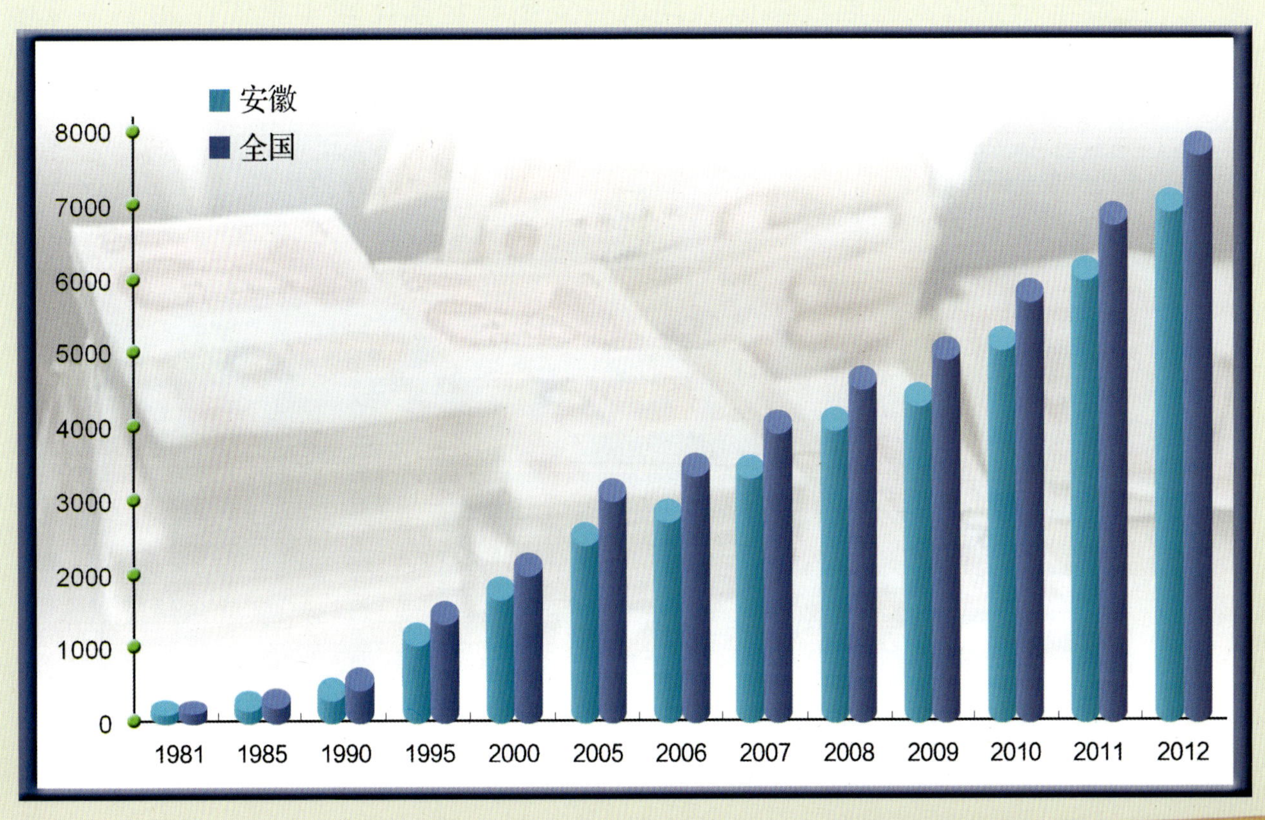

主要年份全省城镇居民家庭人均消费性支出与全国比较（单位：元）

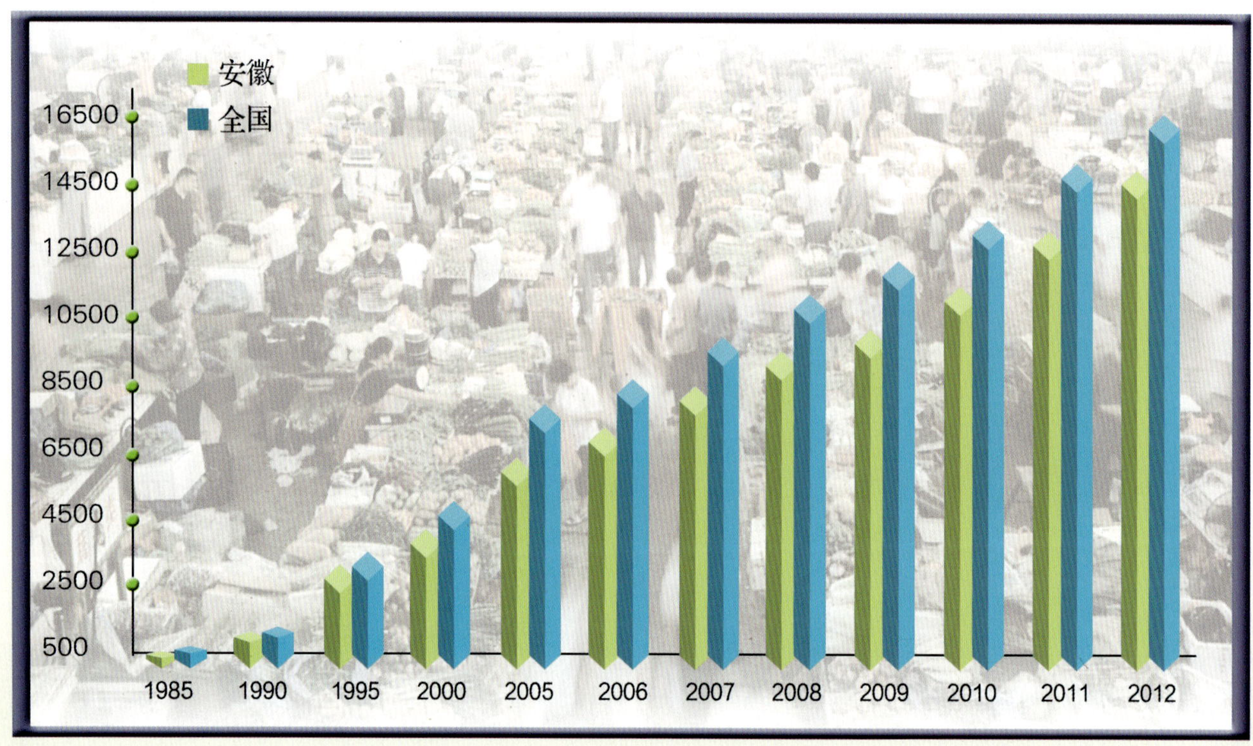

主要年份全省农村居民家庭人均消费支出与全国比较（单位：元）

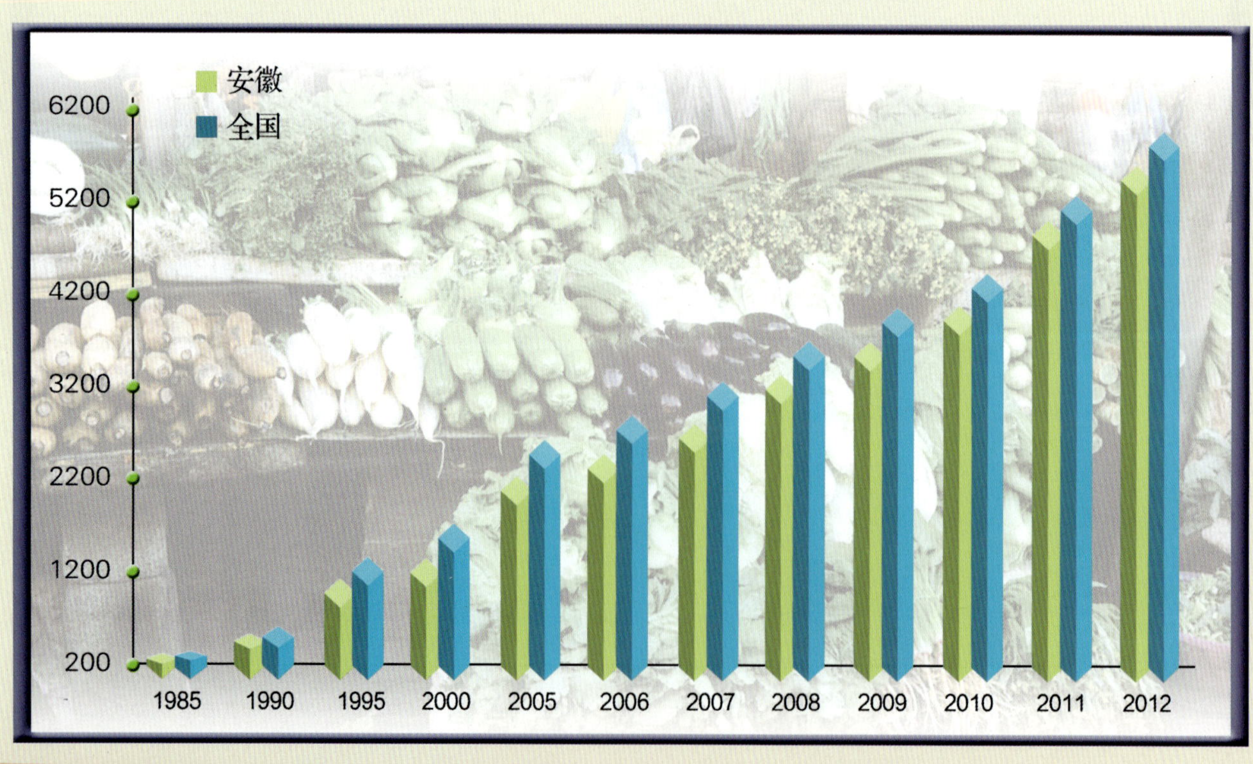

2012年全省城镇居民人均消费性支出构成（单位：元）

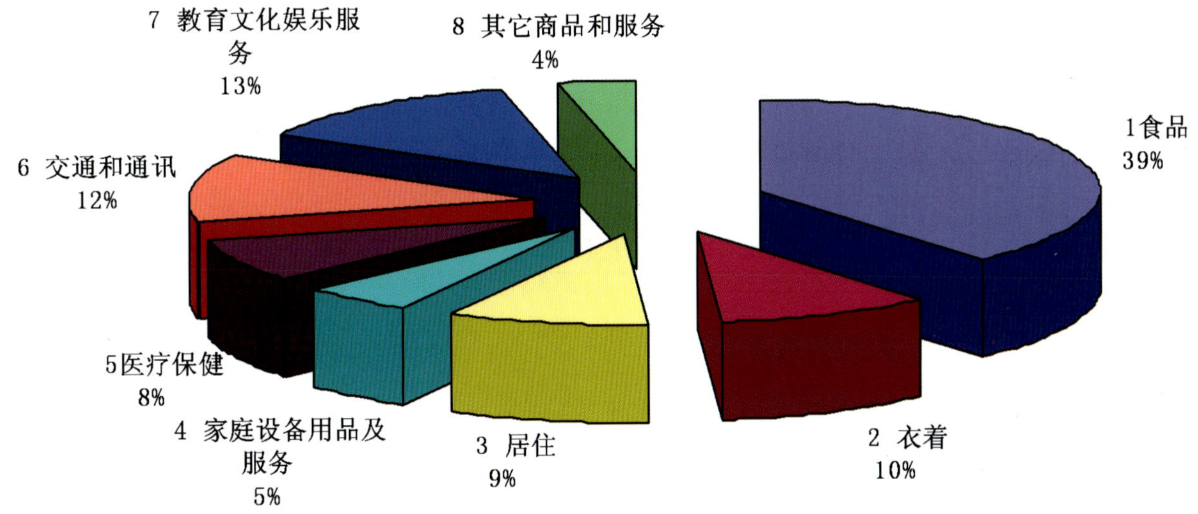

2012年全省农村居民人均消费性支出构成（单位：元）

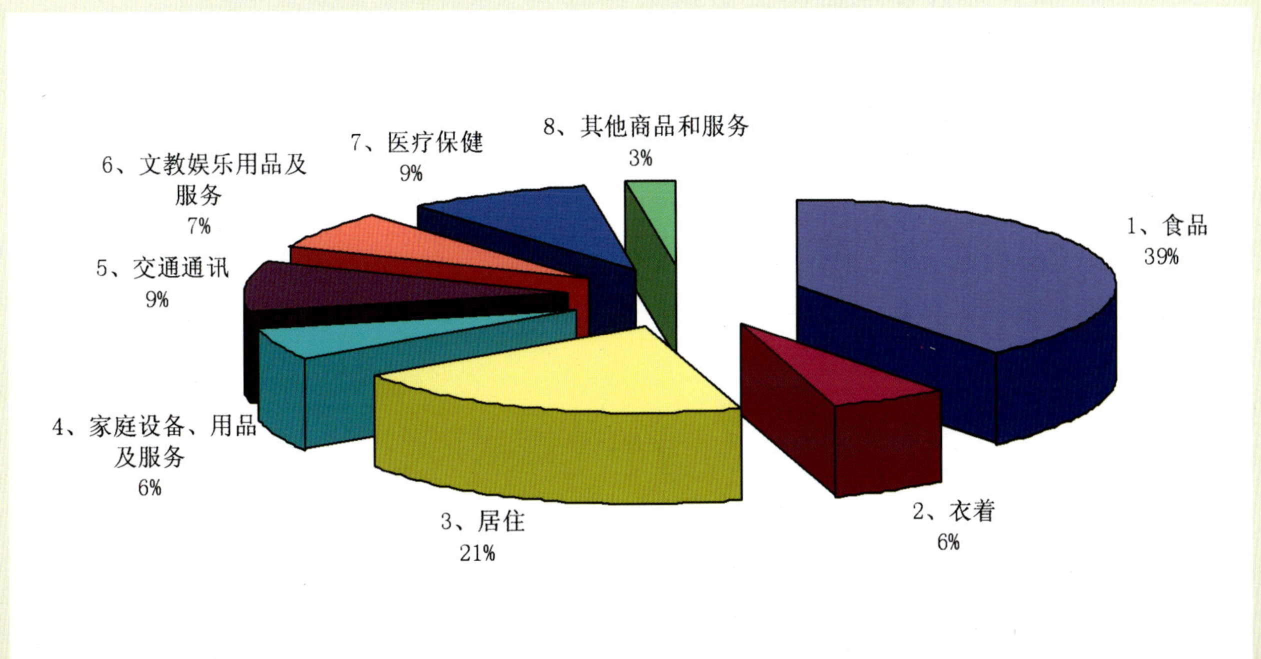

主要年份全省城镇居民恩格尔系数与全国比较（单位：%）

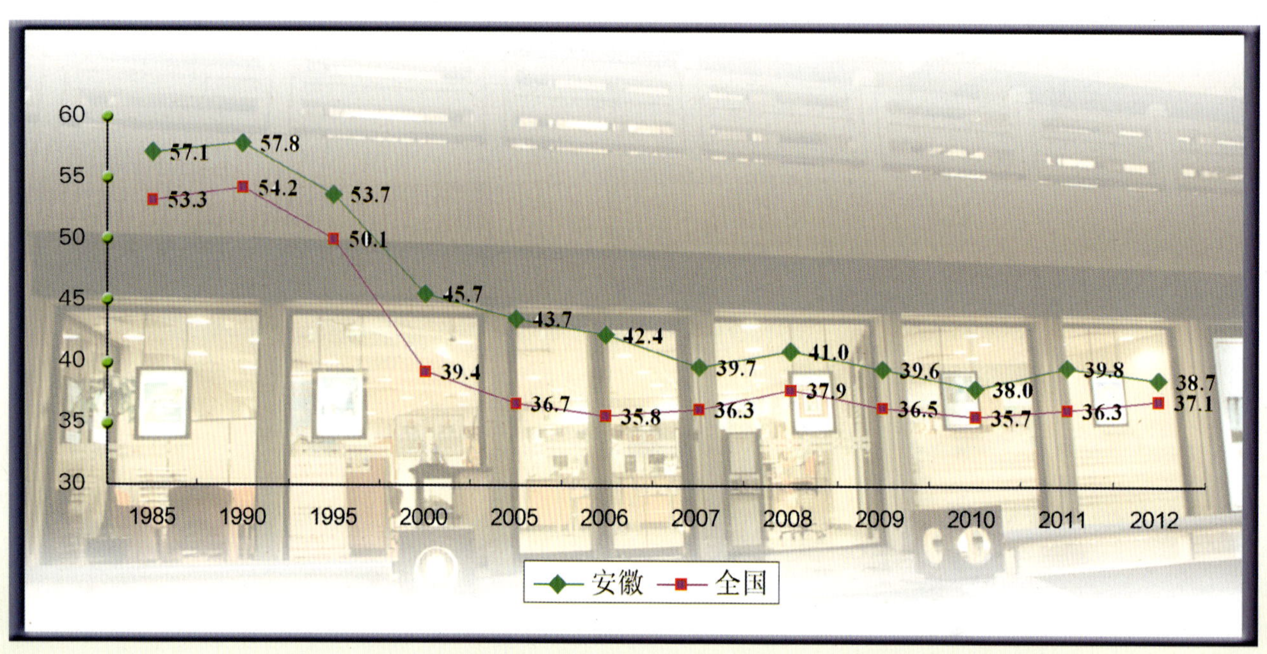

主要年份全省农村居民恩格尔系数与全国比较（单位：%）

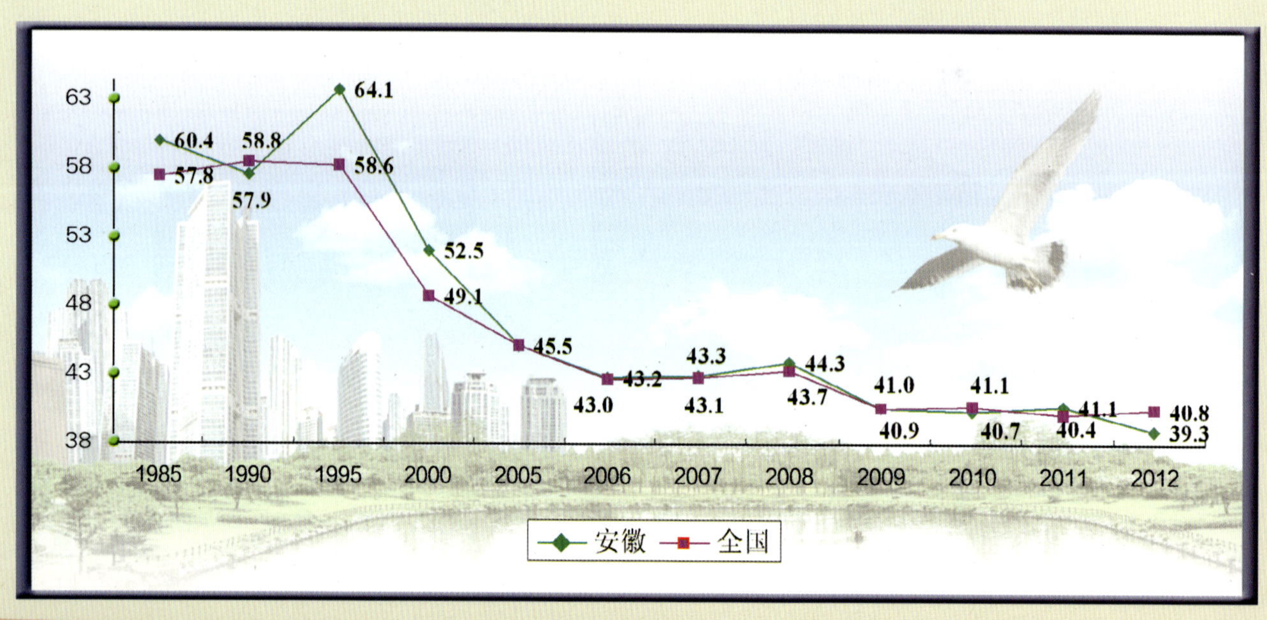

主要年份全国及安徽居民消费价格指数（CPI）变动情况（上年=100）

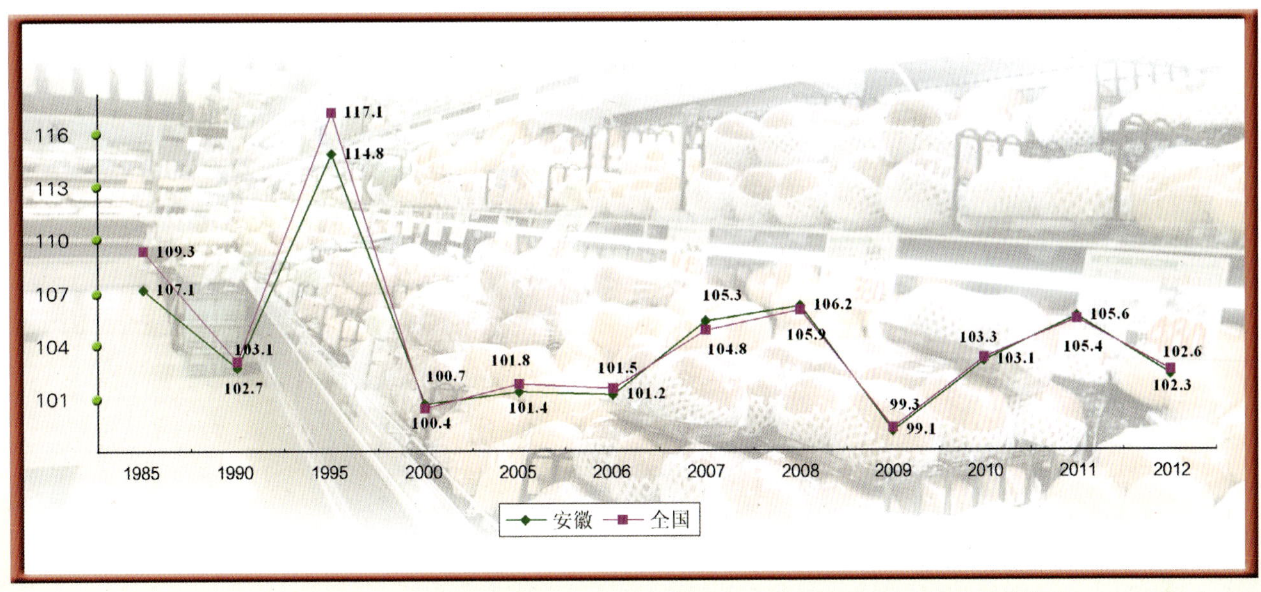

主要年份全国及安徽城市居民消费价格指数变动情况（上年=100）

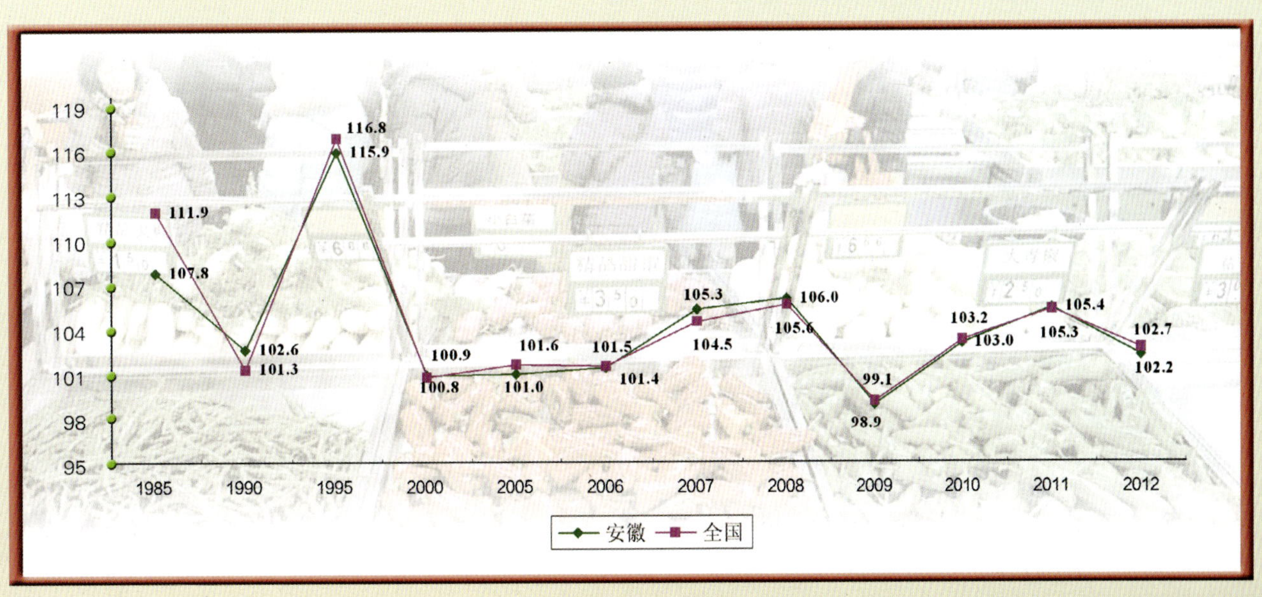

主要年份全国及安徽农村居民消费价格指数变动情况（上年=100）

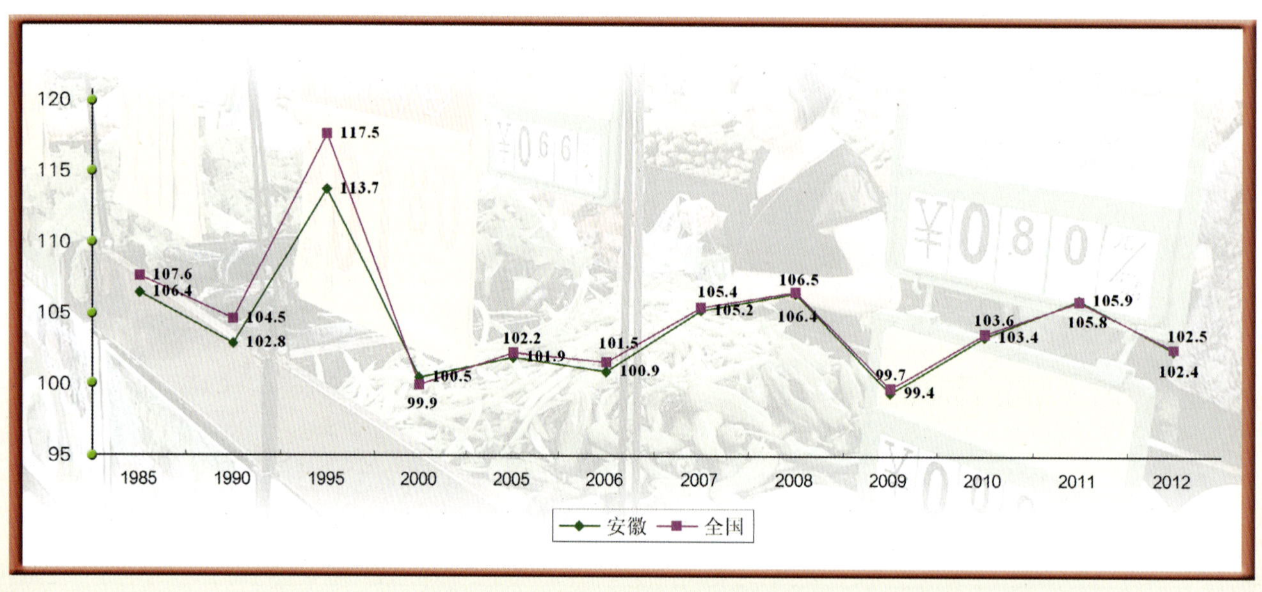

主要年份全国及安徽商品零售价格指数变动情况（上年=100）

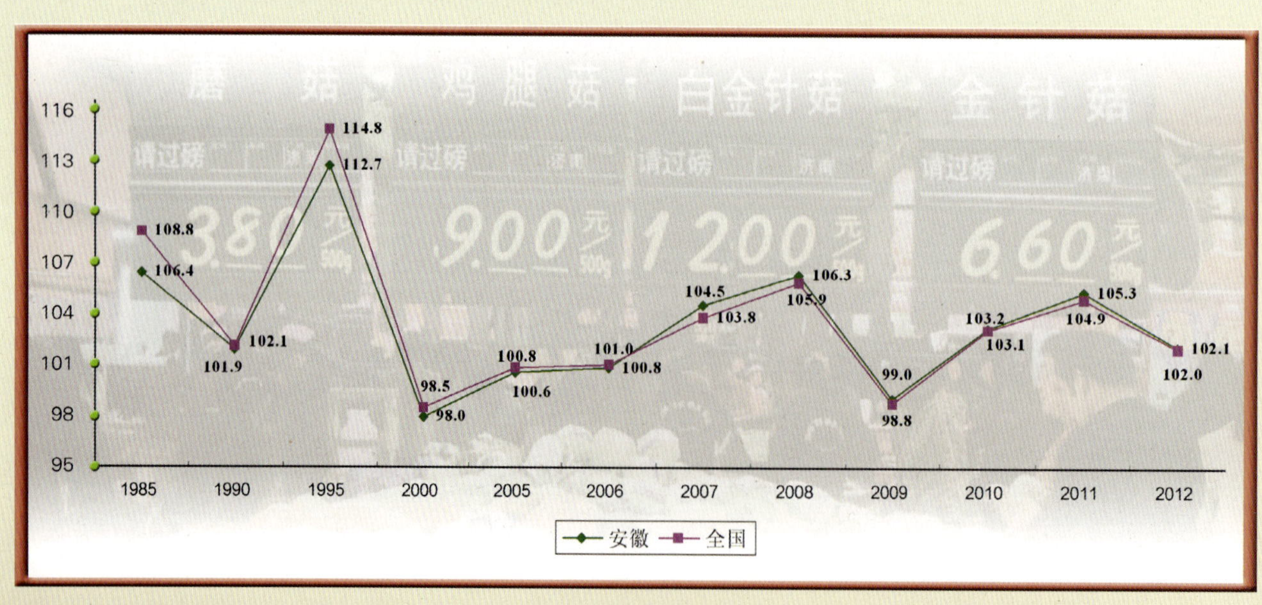

主要年份全国及安徽农业生产资料价格指数变动情况（上年=100）

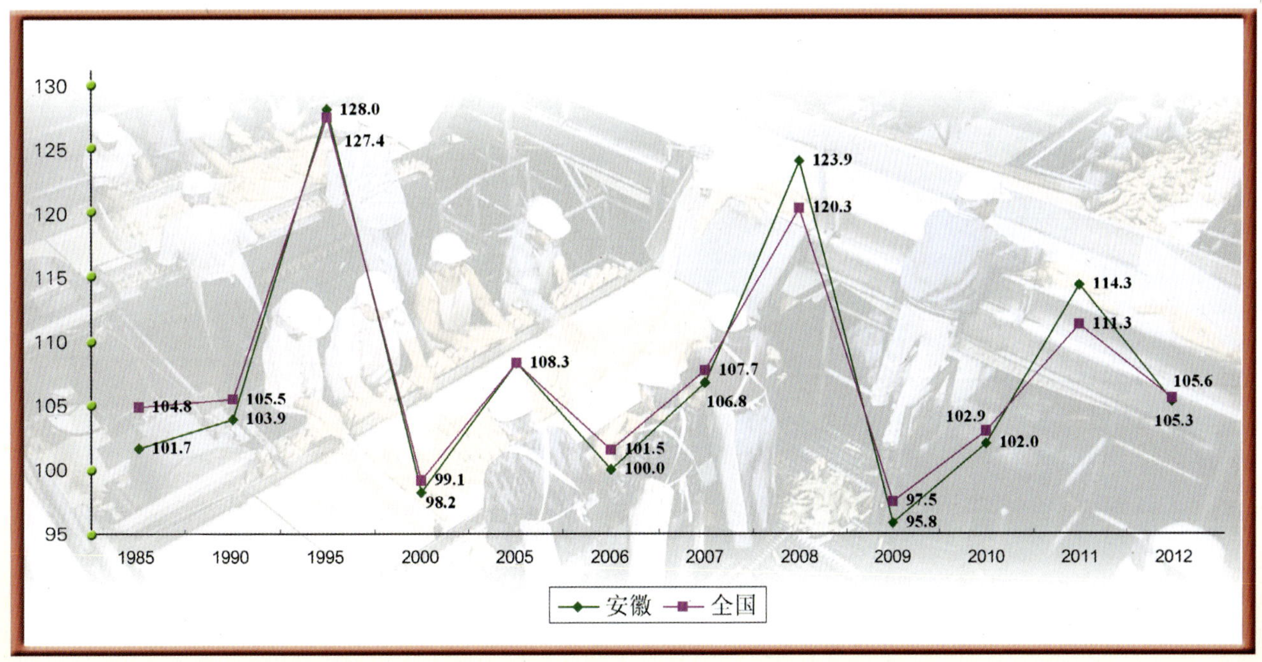

主要年份全国及安徽工业生产者出厂价格指数（PPI）变动情况（上年=100）

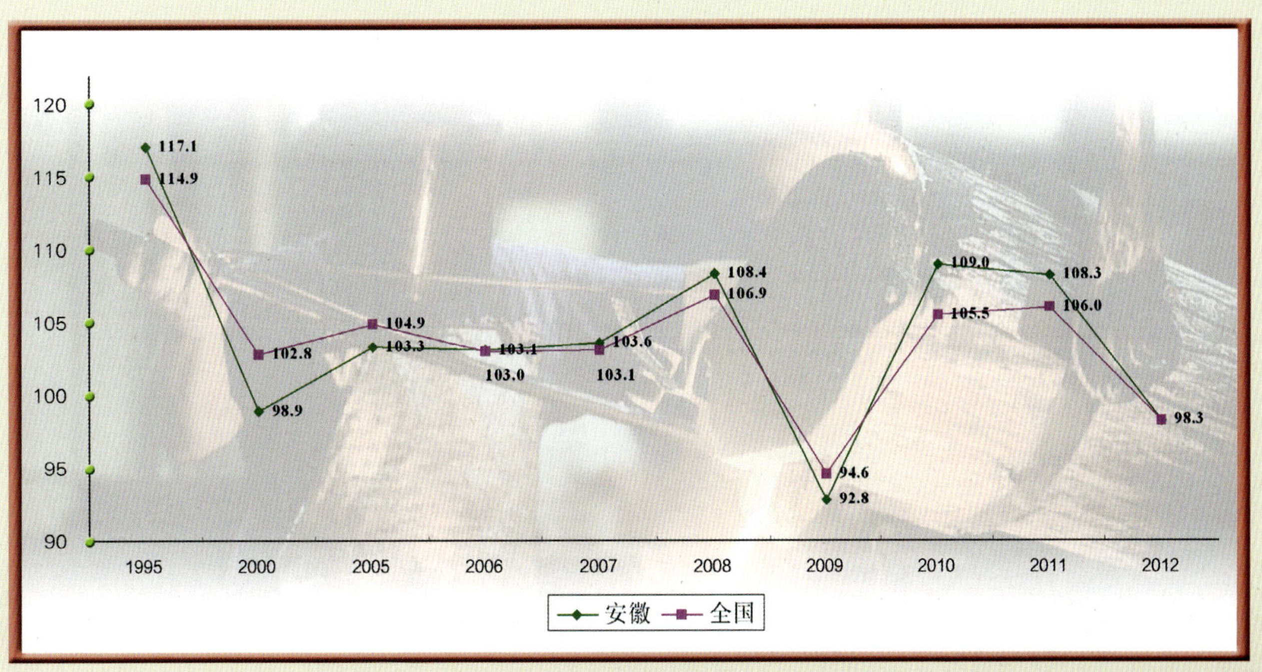

主要年份全国及安徽工业生产者购进价格指数变动情况（上年=100）

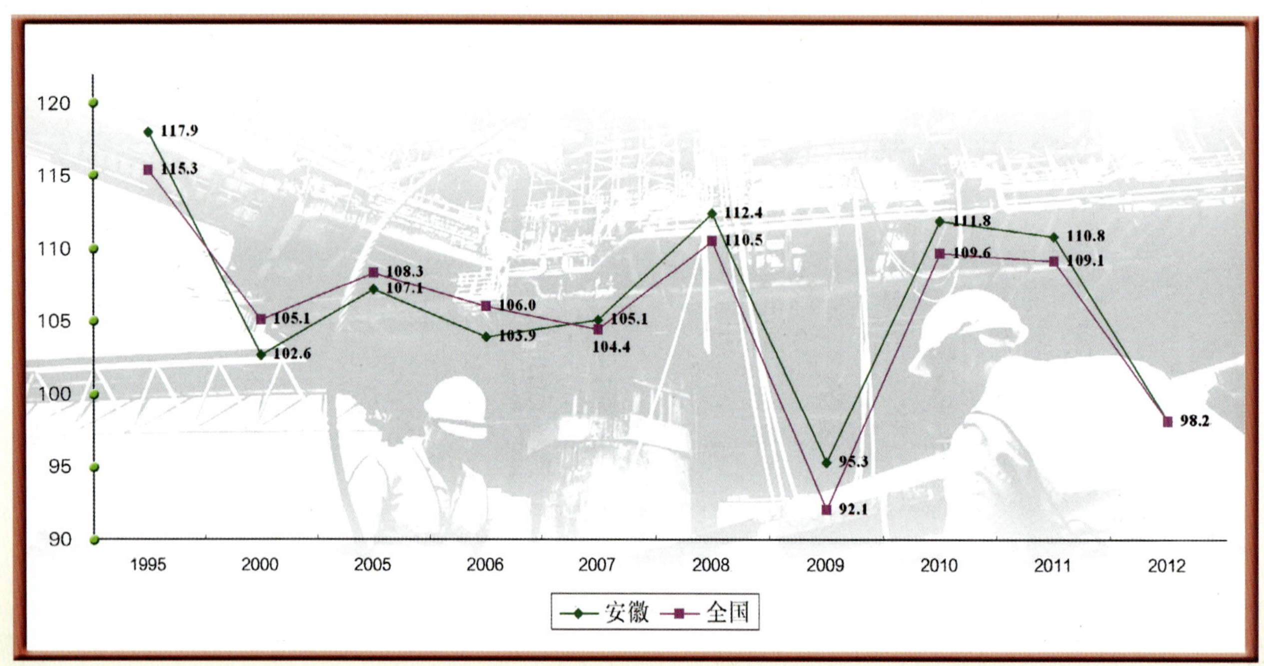

主要年份全国及安徽固定资产投资价格指数变动情况（上年=100）

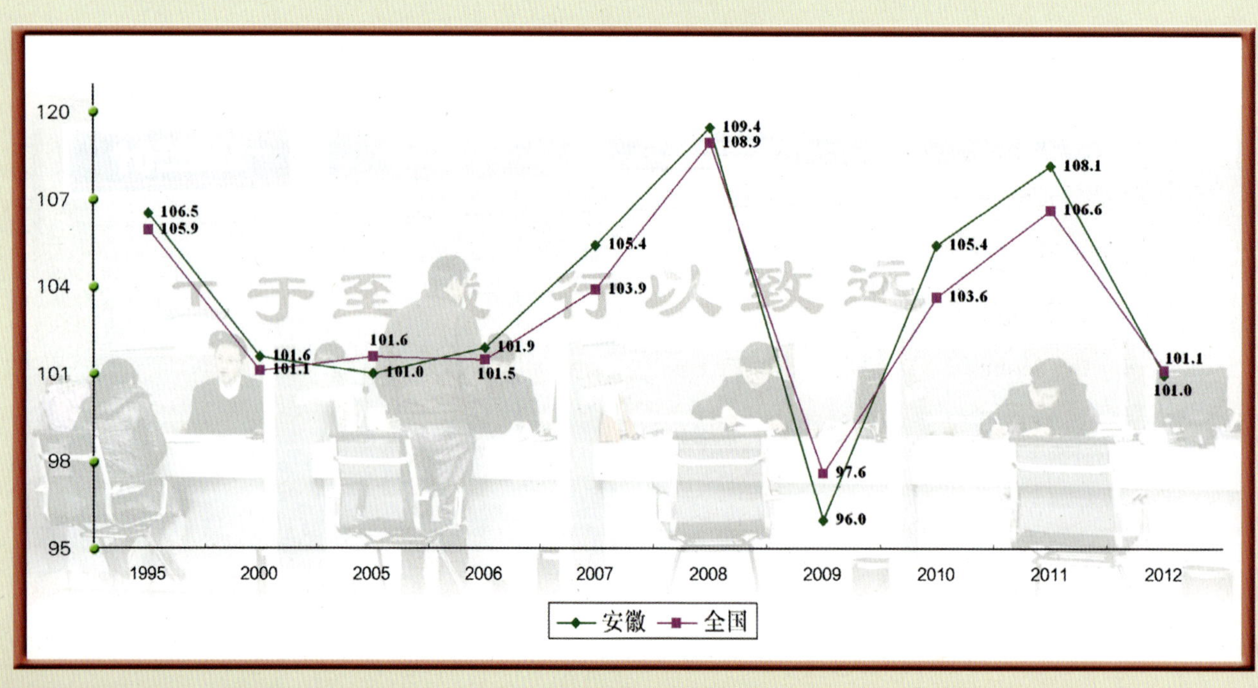

目　录
Contents

表格部分:(Tables)

二、农业调查

Chapter 2 Agriculture Survey

三、人民生活

Chapter 3 People's Living Conditions

综　合

General Survey

简要说明

一、本篇资料包括文字和数据，主要反映全省主要调查指标运行情况，包括主要农产品产量、城乡居民生活、物价水平及规模以下企业发展情况等。

二、部分服务业抽样调查根据国家统计局《部分服务业抽样调查统计报表制度》，由安徽调查总队在全省范围内开展，其调查目的是反映部分服务业的基本总量和发展速度，为国民经济核算提供基础数据。对调查的企业采用目录抽样的方法，调查实行半年报。

本版责任编辑：周雯雯　孔二娟

2012年安徽粮食生产能力又上新水平

2012年安徽粮食总产量3289.1万吨(657.8亿斤),比上年增加153.6万吨(30.7亿斤),增长4.9%。全年粮食总产再创历史新高,实现连续7年丰收。

一、全年分季粮食生产情况

2012年,安徽夏粮总产260.3亿斤,比上年增长6.6%。其中,小麦总产258.8亿斤,增长6.5%。夏粮平均亩产352.9公斤,增长5.1%。其中,小麦亩产357.1公斤,增长5.0%。夏粮播种面积3687.9万亩,增长1.4%,其中小麦播种面积3623.3万亩,增长1.4%。

早稻单产增长较快,有效减低面积下降对总产的影响。2012年,安徽早稻平均单产370.5公斤/亩,比上年增长3.8%;播种面积356.3万亩,下降7.3%;总产26.4亿斤,比上年减少1亿斤,下降3.8%。

秋粮总产371.1亿斤,比上年增长4.4%。其中,中稻及一季晚稻总产量224.7亿斤,增长0.9%;播种面积2571.4万亩,增长0.7%;亩产436.9公斤,增长0.2%。双季晚稻总产量27.6亿斤,增长1.0%;播种面积394.9万亩,下降3.4%;亩产349.5公斤,增长4.6%。玉米总产量85.5亿斤,增长17.9%;播种面积1233.8万亩,增长0.5%,亩产346.5公斤,增长17.4%。大豆总产量22.6亿斤,增长5.1%;播种面积1315万亩,下降1.0%;亩产85.9公斤,增长6.2%。

二、粮食增产原因分析

2012年,虽然分品种粮食作物增产原因和幅度各不相同,但综合来看,安徽粮食增产主要是依靠单产水平的提高。全年粮食播种面积9933.0万亩(6622.0千公顷),与上年基本持平;全年粮食综合亩产331.1公斤,比上年增加15.4公斤,增长4.9%。其中,小麦、玉米产量增长较多。

一是总体天气情况利大于弊。自去年秋种以来,天气虽不是风调雨顺,也出现干旱、台风、高温等灾害性天气,但持续时间短、影响范围小,没有成灾,光、温、水总体条件适宜,有利于作物生长,为粮食作物稳产、丰产打下良好基础。小麦生长期间,越冬期延长抑制了旺长现象,部分地区虽出现冻害、赤霉病,但程度轻,未对产量产生严重影响,可以说天气为历年来最好。早稻生长期间,5月下旬降水保证了播种期底墒充足,直到7月成熟,都没有发生大面积水灾、病虫害,有利早稻单产提高。夏播期间,虽然旱地作物播种期受旱情影响而推迟,但生长期的光、温、水满足了作物生长需要,推迟收获有效降低了因播期推迟对产量的影响。

二是种植结构优化调整。首先是高产作物面积扩大。安徽北方继续扩大玉米播种面积,江淮之间和南方部分地区增加中单晚稻的种植面积。其次是良种覆盖率提高。粮食单产提高,种子是第一要素。近年来,我省各地通过不断对比试验,培育和引进一批适应性较强的高产优质新品种,对提高粮食单产水平起到极大推动作用。以阜南县为例,今年阜南玉米高产品种播面积超过95%,主要品种有郑单958、隆平206、中科4号、蠡玉16、浚单20、先玉335、鲁单981、济单7号、益丰29、振杰1号等。我省今年中单晚稻种植品种中,除"丰两优"等杂交高产品种外,超级稻种植面积进一步扩大。以南陵县为例,该县是我省重要的水稻产区,今年中单晚稻播种面积15.95万亩,其中超级稻7万亩,占44%;双晚29.5万亩,其中超级稻9.5万亩,占32.2%。最后是土地流转促进农业生产规模化。近年来土地流转速度加快,很多企业和个人将资金投入农业生产,转包大量土地,出现大批粮食种植企业、生产合作社和种粮大户,形成农业生产规模化经营,这便于机械化推广、简化田间管理和获得较高经济利益,有力推动了种植结构的优化调整。

三是政策支持引导。近年来,国家不断出台惠农政策,农业税取消、粮食直补、良种补贴、农机综合补贴等,实行粮食最低收购价,极大地激发了农民种粮积极性。省委省政府对粮食生产高度重视,各地各部门积极行动、密切配合,狠抓各项惠农政策措施的落实,广泛宣传,推广小麦高产攻关活动、水稻产业提升行动和玉米振兴计划,积极引导农民种植方向,大大提升了粮食生产能力。

四是农业技术大力推广。安徽在农业生产指导上,积极贯彻落实国家科技兴农政策,依靠科技,提高单产,大力推广优良品种、机械化作业、高产栽培技术、测土配方施肥、防控病虫害等关键技术,对粮食生产发挥了重要科技支撑作用。各地农技人员在粮食作物播种、出苗、拔节、抽穗等生育时期,深入田间,因地制宜,指导农民开展播种、除草、施肥、病虫害防治等田间管理,鼓励专业合作社和社会化服务组织开展农资供应、病虫害防治等专业化服务,充分发挥技术人员在农业生产中重要作用,加大技术推广力度,提高服务效率。各县、乡、村三级都广泛建立高产田和示范田,集中连片,树立标示牌,明确行政责任人、技术负责人及技术要点,实实在在做给群众看,真正起到示范带头作用,整体推动粮食作物生产。

三、目前粮食生产存在问题

一是农村劳动力不足。随着社会经济快速发展与城镇化进程加快,农民工收入不断提高,越来越多农村青壮年劳动力纷纷外出务工,即使不到外乡,也会进入本乡镇企业,种植收入不再是农民主要收入;很多青年农民不懂种植,务农人口老龄化严重。由于劳动力不足,田间管理趋于粗放,不利于粮食产量提高。

二是综合单产水平较低。目前安徽粮食综合单产水平仍然较低,2012年安徽粮食总产在全国居第七位,排名靠前,但综合单产却居21位,甚至低于很多非粮食主产省。

三是抗灾能力差。目前农业种植仍是靠天吃饭,天气对农业生产,尤其是普通农户影响极大,一旦发生自然灾害,如水旱灾情、高温、冻害、病虫害,就会出现大幅减产,甚至绝收。

四、建议

一是提高农业规模化经营水平。目前,安徽土地流转机制尚不健全,大多数地区农业经营还是分散化,规模化经营处于较低水平。农村青壮劳力基本外出打工，留下种田的大都是老弱劳力和妇女，种田能力下降，出现土地撂荒与闲置现象，制约了粮食生产发展。借鉴外省及省内一些地区实践经验看，适当加快土地流转，提高农业生产组织化程度，加快推进农业规模化经营步伐，能进一步夯实农业生产基础，淘汰落后耕种模式，大大提高农业生产效率。

二是建立健全基层农技推广体系。首先，不断更新优良品种，扩大机械化范围，广泛采用高产栽培技术、测土配方施肥等农业生产新技术，完善苗情、墒情、病虫害与灾情监测预警与分析，建立技术人员包片驻点服务制度，提升基础服务能力。其次，强化农民培训力度，提升劳动力素质。对农民普及农业科技知识，传播先进农业种植技术，尤其要以专业农民、种粮大户、农民专业合作社、专业化服务组织为重点，培育一批有文化、懂技术、会经营的新型农民队伍。

三是兴修农田水利，提高抗灾能力。影响安徽抗灾能力的主要因素是水利设施条件较差。由于安徽很多农田，特别是中低产田缺乏必要的水利设施，而现有各种小型水利设施又缺乏必要的资金投入和合适管理，无法有效灌溉和排涝，导致安徽各地农村防灾、抗灾能力较弱。只有适当资金投入，进行中、低产田改造，兴修农田水利，完善农村水利设施管理，安徽防灾与抗灾能力才会得以提升。

四是加大政策引导和资金支持力度。农民种粮积极性与种粮收益紧密相连，要以调动农民积极性和解决发展制约为目的，统筹农业各项扶持政策，进一步整合各类涉农资金，加大对农业生产扶持力度，特别是加强对国家各项农业补贴政策落实力度，使这些补贴资金真正落到农业和农民手中，进一步保护农业生产者利益；发挥财政资金引导作用，建立健全政府、企业、农户多元化投入体系，特别是加大对粮食主产区财政转移力度，保护粮食主产区政府利益，引导其将建设重点集中到粮食集中产区，通过集中建设，使安徽粮食主产区基础设施和技术体系逐步建立与完善，促进安徽粮食生产水平进一步提高。

撰稿：杨潇潇

提高安徽省粮食综合生产能力的对策建议

安徽省是我国主要粮食生产省，安徽省粮食供给水平直接关系全国粮食安全。因此，提高安徽省粮食综合生产能力具有关系国计民生的重要意义。

一、安徽省粮食综合生产能力水平

改革开放以来，安徽一直把粮食生产摆在重要位置，特别是近年来，出台一系列惠农稳粮强农政策，粮食生产稳步发展。1978—2011年，安徽累计生产粮食8240.1亿公斤，年均生产242.3亿公斤；粮食单产由160公斤提高至320公斤，粮食总产由148.3亿公斤增加至313.6亿公斤。从2008年起，每年粮食总产量相当于1978年两倍，1981—1987年粮食总产实现7连增，2005—2011年实现6连增。

33年间，安徽粮食综合生产能力发展经历五个阶段。

第一阶段，粮食生产超常规增长(1978—1985年)。安徽在全国率先进行农业体制改革，推行家庭联产承包责任制；同时，国家较大幅度提高粮食收购价格，广大农民生产积极性被激发，体制创新使粮食生产潜能得到释放，粮食总产跨越式增长。主要特征是提高复种指数，粮食总产量先后跨越150亿公斤、200亿公斤重要台阶。1985年粮食总产量达222.4亿公斤，比1978年增长50%，年平均增长6%。

第二阶段，农业生产结构向提高效益、增加农民收入转变(1986—1990年)。在粮食播种面积稳定扩大的同时，比价效益低的粮食作物种植面积逐步调减，粮食产量继续稳定增长，农民收入不断提高。1990年全省粮食总产量245.7亿公斤，比1985年增长10.5%，年平均增长2.0%。

第三阶段，农业科技水平提高，粮食生产创历史纪录(1991—1997年)。1994—1996年，国家两次提高粮食收购价格，强化价格对粮食生产影响，农民种粮积极性进一步提高。1995年全省粮食总产量突破250亿公斤，1997年粮食产量创历史纪录，达281亿公斤。

第四阶段，农业结构调整，粮食生产徘徊期(1999—2003年)。1999年，受国内供求关系和国际市场影响，粮价持续低迷，价格对粮食生产促进作用消失，农业结构进入调整期。这一时期农业结构调整和退耕还林政策实施，粮食种植面积由9000多万亩减少至8000万亩左右，安徽粮食生产几度徘徊。

第五阶段，国家加大农业支持力度，粮食生产结构进一步优化(2004—2011年)。2004年以来，安徽省认真贯彻落实中央关于发展粮食生产、促进农民增收一系列战略部署，按照“依靠科技、主攻单产、致富农民”的思路，实施小麦高产攻关活动、水稻产业提升行动和玉米振兴计划，粮食生产能力获得较大提高，粮食总产实现6连增。2011年全省年粮食总产达313.6亿公斤，比2003年增产92亿公斤，年均增加11.5亿公斤。

二、存在问题

从历史资料来看，安徽省粮食生产保持稳定上升态势，但目前粮食综合生产能力体系还不健全，对政策调整、自然灾害的适应与调节能力有待加强，存在的问题主要有：

（一）粮食比较效益低，农民种粮积极性下降。目前国家种粮补贴依然偏少，在粮食流通完全市场化情况下，如不能解决粮食比较效益问题，农民种粮积极性将进一步下降。

（二）农业基础设施薄弱，抵御灾害的能力不强。许多地方农田水利设施年久失修，浇灌能力不足；机耕路不畅，影响农业机械化作业。由于抗灾、防灾能力不强，每年都不同程度地遭受干旱、洪涝、低温、台风、早霜、冻害等多种自然灾害侵袭，粮食生产遭受较大损失。

（三）科技储备不足，农业技术推广体系不健全。由于农业科技与生产、科研与推广脱节、经费不足、机构重叠、力量分散、人才流失等问题仍很突出，农业生产尤其是粮食生产各类试验、示范等科研推广工作难以很好地开展，粮食生产领域科技储备不足，技术推广队伍不稳，粮食生产新技术、新品种、新模式更新推广较慢，直接制约着粮食生产科技水平提高。

（四）基本农田环境污染状况加剧，耕地持续生产能力下降。工业和城市“三废”对基本农田污染，造成耕地质量下降，直接影响粮食产量和质量。地力下降、环境污染对粮食综合生产能力的直接影响难以估计。

三、提高安徽省粮食综合生产能力的对策建议

安徽省粮食生产规划提出，到2020年粮食总产达400亿公斤。2011年安徽省粮食总产313.5亿公斤，与2005年相比，年均增加8.8亿公斤，是新中国成立以来安徽省粮食生产最好时期之一，粮食生产保持稳定增长。为完成既定目标，未来9年必须年均增加9.1亿公斤，任务艰巨。为此，只有提高粮食综合生产能力，才能完成这一目标。

（一）大力改善农田水利条件，全力建设良田。下大力气加大农田水利基础设施资金投入，加强小型水利工程建设，提高粮食生产防灾、抗灾能力，确保粮食产区旱能灌、涝能排，保证粮食生产不受灾害性天气影响。加快推进耕地质量建设，提高良田比例，尤其是有针对性强化中低产田改造，实行秸秆还田，培肥土壤，这不仅能提高耕地质量，也能直接提高农田防灾、抗灾能力。

（二）发挥农业机械作用，强化农机补贴政策措施。农业机械普遍推广，不仅能够改变粗放种植方式，而且可以保证种植质量，对粮食产量提高有明显促进作用。据测算，每亩粮田机械动力增加1瓦就可增加粮食0.05公斤。因此，要提高农机补贴标准，进一步提高安徽省农业机械化程度，大力发展适合安徽农业生产特点的农业机械设备。

（三）加快良种推广步伐。以实施良种补贴政府采购政策为契机，进一步加大产量高、抗性强、品质优的优良品种宣传推广力度，不断提高良种覆盖率。促进种业科技创新，以良种为载体，加强种子科研、生产、经营、推广等部门协作和攻关，大力提升小麦、水稻、玉米种子研发创新能力。进一步建立健全良种繁殖体系，为统一供种提供优质种源。

（四）多措并举，完善惠农稳农机制。

（1）创新经营体制。加快发展适度规模

经营,以农业专业合作社、种植大户为重点,培育和扶持规模生产经营主体,鼓励土地经营权适度流转,提高粮食生产组织化程度。以“千斤市、千斤县”和以大县、大片、大户为抓手,大规模推进粮食生产核心示范建设和整建制高产创建活动,强化技术集成和资源要素集聚,不断提高粮食生产集约化水平。

(2)强化服务机制。强化农业科技支撑作用,建立健全基层农技推广体系,完善苗情、墒情、病虫情与灾情监测预警与分析,开展新品种对比展示、新技术试验示范和主推技术培训,建立技术人员包片驻点服务制度,提升基础服务能力。大力发展农民专业合作社和专业化服务队,培育和扶持农机、植保社会化服务组织,健全社会化服务体系。强化农民培训力度,培育一批有文化、懂技术、会经营的新型农民队伍。

(3)加大政策引导和资金支持力度。统筹农业各项支持政策,进一步整合各类涉农资金,加大农业生产扶持力度,特别要加强国家各项农业补贴政策落实,进一步保护农业生产者利益;发挥财政资金引导作用,建立健全政府、企业、农户多元化投入体系,特别是要加大对粮食主产区财政转移支付,保护粮食主产区政府利益,把建设重点集中到粮食集中产区。通过集中建设,使安徽省粮食主产区基础设施和技术体系逐步完善,粮食综合生产能力显著提高。

(4)提高粮食最低收购价。当前,我国粮食生产比较效益偏低,严重影响农民种粮积极性,也影响农田水利建设投入。据调查,我国每年浪费粮食约850亿公斤,饭店、学校餐厅浪费粮食随处可见。长远来看,粮食低价安全战略不可持续,应进一步完善我国粮食主产区利益补偿机制,提高粮食最低收购价,通过价格支持手段,逐步提高种粮比较效益,保证农民种粮积极性,才能保证粮食综合生产能力提高,进一步保证国家粮食安全

(5)进一步提高认识,强化组织领导。各级政府要进一步提高认识,坚持粮食生产思想,树立保护耕地和水资源就是保护粮食综合生产能力的观念,建立健全耕地等农业资源保护法制体系,严格保护耕地特别是基本农田和水资源。要把稳定发展粮食生产摆上政府工作重要日程,加强组织领导,强化领导责任,确保任务落实、责任明确、措施落实到位。

撰稿:刘流古

2012年安徽棉花种植效益较低

2012年安徽棉花播种面积517.4万亩，下降1.5%；单产皮棉64.5公斤，下降10.3%；总产6.7亿斤，下降11.6%。面积、单产、总产“三降”的原因，一是天灾，二是市场因素。市场对棉花生产影响主要表现为棉花销售价格低迷及生产资料价格上涨，共同挤压了棉农利润空间。

一、多因素致使种棉效益下降

（一）棉花市场价格低迷。2012年安徽棉花主产区籽棉收购价格一直徘徊在4元/斤左右，大多时间段在4元以下。棉花收储正式启动后，临时收储价为4.20元/斤~4.35元/斤，比上年有一定程度提高，但依然未达到棉农心理预期，直接影响棉农下年种棉积极性。

（二）种植成本上升。今年棉花种植成本比去年有所提高，主要是化肥、农药、劳动力等价格不断上涨。按平均亩产250公斤籽棉及目前价格计算，平均每亩收入2100元。但每亩生产资料需投入500元左右，生产服务费用平均约40元，不包括用工费用，每亩棉花纯收入可达1560元左右。如包括用工费，棉花种植收益不及粮食。实际上，今年我省部分棉区因台风影响，单产下降，收益更低。以无为县为例，今年每亩棉花纯收入仅1049.22元，比上年下降19.2%。

（三）多因素改变国际棉花供需状况。2010—2011年棉花价格疯涨致棉花种植面积增加，供应量加大。2011年春季棉花价格达到峰值，而此时正值北半球国家棉花播种季节，致使2011—2012年棉花种植面积及产量创历史纪录高峰。产量高缓解了棉花供求矛盾，高棉价又抑制棉花需求，此期间棉花消费量一度低于2008—2009年世界经济萧条期。

二、短期内棉花价格上升空间不大

目前国家棉花收储价在基本确立顶部价后，新棉价格将围绕收储价波动，市场价高于收储价可能性较小。

（一）进口大幅增长使得国内市场库存充裕。由于国内外皮棉价差持续扩大，国外低价棉对国内市场形成较大冲击。2011—2012年，中国棉花进口量创新高，达2150万包。除国际采购，中储棉还购进了大量国产棉。为保证棉农收入水平，去年中国棉花库存量达320万吨，居全球第一，因此短期内棉花价格很难上涨。

（二）国际市场库存充裕，价格很难上涨。美国农业部预测，2011—2012年全球棉花期末库存将达创纪录的6690万包，2012—2013年将增加690万包。全球期末库存使用比预计将创新高，达67.1%，棉花价格难以上涨。12月份棉花期货合约价格反映下一棉花年度价格走势。今年12月份纽约期货交易所棉花期货合约价格跌破80美分/磅，接近合同效期低点；曾经维持在 100 美分/磅左右的 A 指数（指 15 个限定棉花品种中 5 种最便宜报价平均价，代表高等级棉花每天实际现货交易价值，国际上很多棉花组织和政府部门以此作为制定政策依据）也下跌至今年以来最低位 95 美分/磅。

（三）纺织业增速下滑，棉花需求减少。2012 年我国纺织品和成衣出口大幅下降，纺织行业对棉花需求减少，尤其是对新疆棉花需求量大幅降低；而国内与国际价格巨大差距导致国内企业生产成本上升。

三、建议

2011 年以来，国家实施棉花临时收储价政策引导国内棉花市场，对稳定棉花种植面积和市场价格，保护农民利益起到很大的积极作用，但抑制了市场资源配置功能发挥，增加了下游纺织企业经营成本，抑制了市场需求。因此，应以整个棉花产业链良性发展为基点，合理调整棉花生产保护政策，既要保护棉农利益，又要考虑下游企业负担，引导市场供需平衡。

（一）继续实施临时收储政策，减少棉花市场价格波动。国家相关部门应及时下拨企业棉花收购资金，政策干预要把握时机，并具有一定持续性，引导市场供需价格平稳。

（二）保护棉花生产企业利益，扩大市场需求。进一步加大中小纺织企业信贷资金支持，完善相关税收优惠政策，尤其是农产品加工企业，要切实解决贷款难和税赋重的问题。重点支持农业产业化龙头企业发展，鼓励和扶持其做大做强，提高其辐射带动力，促进农村稳定、农业发展和农民增收。

（三）充分发挥农村合作组织和订单农业作用。一方面为棉农提供优质低价农药种子化肥，另一方面鼓励企业与棉农签订收购合同，稳定棉农收益预期。

（四）鼓励和培养大型企业利用期货工具套期保值，规避风险，保护企业合法利益，保证企业经营正常运转。

撰稿：刘国光

2012年安徽畜牧业生产情况分析

2012年，安徽省主要畜禽产品产量543.2万吨，增长5.2%。其中，猪肉产量创历年新高，达249.7万吨，增长7.1%。

一、2012年畜牧业生产情况

（一）生猪、牛、羊、禽存出栏量增长。2012年末，全省生猪、牛、羊、禽出栏分别为2927.6万头、122万头、1016.2万头、70926.2万只，分别增长7.6%、1.3%、2.8%、4.6%。猪、牛、羊、禽存栏增加。猪存栏1555.2万头，其中，能繁母猪141.3万头，分别增长6.0%、3.9%；牛存栏151.9万头，增长3.1%；羊存栏592.2万头，增长0.1%，禽存栏25043.1万只，增长4.8%。

（二）主要畜产品产量较快增长。2012年，安徽省猪肉产量249.7万吨，增长7.1%；牛肉产量18.1万吨，增长1.7%；羊肉产量14.6万吨，增长2.9%；禽肉产量114.1万吨，增长4.6%；禽蛋产量122.6万吨，增长2.5%；牛奶产量24.1万吨，增长7.0%。

二、安徽畜牧业发展较快的原因

（一）政策扶持效应显现。国家连续2年实施能繁母猪补贴、保险补贴、小区建设补助、发酵床养猪技术项目补助等惠民政策，提高了生猪养殖积极性。2012年，安徽省实施畜牧业良种补贴项目方案。其中，继续对奶牛良种补贴，推动奶牛业发展，牛奶产量较快增长，全年牛奶产量达24.1万吨，增长7.0%。

（二）价格、市场前景等因素。2012年畜产品价格较上年有所下降，虽然部分散户因亏损退出，但规模养殖因成本较低，仍能保持盈利状态，对畜产品后期价格走势看好，生产规模继续扩大，弥补了散户退出留下的市场空间。同时粮食喜获丰收、饲料价格回落，为畜牧业生产发展提供了前提条件。

（三）养殖规模化加快。2012年末，安徽省猪、牛、羊、禽规模养殖户和生产单位分别为5209户、2039家，较上年增加115户、129家，增长2.3%、6.8%。养殖规模化加快，促进了畜牧业生产方式集约化、现代化。

（四）疫病防治措施有力。2012年，安徽省狠抓畜禽疫病防治工作，未发生大规模疫病，确保了全省畜牧业稳定发展。

三、存在的问题

（一）猪肉价格大幅波动，影响生殖养殖稳定发展。生猪生产一直占据安徽省畜牧业主导地位，生猪价格波动影响生猪养殖稳定，也影响畜牧业稳定发展。2012年，猪肉价格起伏较大，多数养殖户由于自身知识储备不足，吸收畜牧生产新技术能力较差，把握市场变化能力较弱，难以适应养殖业结构调整，很多养殖户因亏损而退出。

（二）饲料价格与人工费不断提高，养殖利润水平下降。玉米、豆粕作为主要饲料原料，分别占饲料总量60.0%、28.0%。目前，安徽玉米价格为2.4元/千克，同比上涨9.1%；豆粕价格为3.8元/千克左右，同比上涨8.6%。按生猪养殖周期测算，每出栏一头生猪，仅饲料价格上涨一项，养殖成本就增长7.9%。同时，养殖工人劳动报酬刚性上涨，进一步压缩养殖利润空间。

（三）土地与资金是生猪养殖发展两大瓶颈。很多规模养殖户受当地用地指标限制，难以扩大养殖规模。有的规模养殖户银行贷款困难，只能缩小生产规模，影响其市场竞争力。

（四）畜禽产品优质率低。调查中发现，农户饲养畜禽中，地方品种占有较大比重，且优质率低，科技含量不高，市场竞争力弱，不仅影响养殖积极性，还导致养殖盈利水平低或亏损。

四、建议

（一）合理规划畜牧业养殖用地。相关部门应尽快规划界定畜牧禁养区、限养区和适养区，编制畜牧业发展用地规划，合理安排规模养殖用地。近几年，安徽省规模养猪场发展不断加快，屡次发生禁养区、限养区随意建场养殖现象，如采用拆迁等简单方式，既劳民伤财，又影响社会和谐。此外，安徽省南北差异较大，相关部门应因地制宜，采取不同政策，科学规划各地区畜牧业用地，为畜牧业生产稳定发展提供基础保障。

（二）加大畜牧业养殖环保政策支持力度。加大对新老养殖场环保工程支持力度，鼓励循环生态养殖，加快和扩大养殖小区标准化建设，将畜牧业与美好乡村建设统筹规划。同时，畜牧部门应积极与金融机构协调联系，帮助养殖户解决贷款难。

（三）充分发挥龙头企业和农村合作社带动作用。进一步落实国家扶持政策，协调龙头企业、农村合作社、养殖协会、中介组织与养殖户利益关系，鼓励引导其组成利益共同体，降低养殖风险。

（四）大力发展现代畜禽加工业。延长畜禽产业链，提高产品科技含量和附加值，提升产业整体竞争力，推进安徽省由畜牧大省向畜牧强省转变，降低“猪周期律”对养殖业影响。

撰稿：汪思源

2012年安徽城镇居民收入继续快速增长

2012年，在宏观经济平稳较快增长、党和政府一系列惠民政策落实到位的基础上，我省城镇居民收入继续平稳较快增长，生活质量又上新台阶。安徽调查总队抽样调查资料显示，全年我省城镇居民人均总收入23524.56元。其中，人均可支配收入21024.21元，一举突破2万元大关，改写我省城镇居民收入新历史。与上年相比，城镇居民可支配收入增长13%，扣除价格上涨因素，实际增长10.6%，继续呈现出两位数增长的态势。

一、城镇居民收入变动特点

从居民收入的四大项目结构来看，我省城镇居民收入主要来源于工资性收入，工资性收入是城镇居民家庭收入的支柱，2012年人均获得工资性收入14812.54元，占家庭总收入比重达到63%。位居第二的是来自政府和社会组织的转移性收入，人均获得转移性收入6007.07元，占25.5%。其他两项收入分别是：人均经营净收入2155.33元，占9.2%；人均财产性收入549.62元，占2.3%。

按居民五等份收入分组，2012年20%的低收入组人均可支配收入11360.4元，中等偏下收入组人均可支配收入16624.6元，中等收入组人均可支配收入21149.7元，中等偏上收入组人均可支配收入27132.1元，高收入组人均可支配收入41871.5元。高收入组人均可支配收入比低收入组高30511.1元，是低收入组的3.7倍，显示城镇内部居民收入差距很大，城镇贫富不均现象比较严重。

从收入增长速度看，2012年居民收入增长较快的两项分别是工资性收入和家庭经营净收入，其中，工资性收入增长14.7%，家庭经营净收入增长15%。工资性收入快速增长是我省城镇居民收入增长的最主要动力，对总收入增长的贡献率达到78%。这主要是因为我省各地都不同程度调高了最低工资标准，大部分市县调高了机关事业单位的津补贴标准，对工资水平的提高起到了示范带动作用。另外，我省工业经济继续平稳向前发展，一些企业先后提高了职工工资和福利待遇，也拉动了全体城镇居民收入增长。另两项收入增长速度分别是：转移性收入增长11.4%，财产性收入下降3.6%。财产性收入下降的主要原因是证券市场不景气，居民在这方面的投资亏损较大，收益下降。2012年居民在这方面的投资收入下降39.6%。

表1：2012年我省城镇居民人均收入变化情况表

	2012年	2011年	增减额	增减幅度
	元	元	元	±%
家庭总收入	23524.56	20751.11	2773.45	13.4
其中：可支配收入	21024.21	18606.13	2418.08	13.0
（一）工资性收入	14812.54	12915.97	1896.57	14.7
（二）经营净收入	2155.33	1874.45	280.88	15.0
（三）财产性收入	549.62	569.96	-20.34	-3.6
（四）转移性收入	6007.07	5390.73	616.34	11.4

二、我省城镇居民收入与全国及中部地区比较

2012年我省城镇居民人均可支配收入21024.21元，在全国31个省市中排第15位，处于中等水平。由于我省城镇居民收入基数低，与全国平均收入水平相比差距较大。2012年我省城镇居民人均可支配收入绝对额比全国平均水平低3540.5元，相当于居民两个月的收入。这主要是因为各省市之间发展不平衡，居民收入差异很大。上海、北京、浙江、广东等发达地区城镇居民收入水平都在3万元以上，其中最高的上海市达到人均40188元，这几个高收入省市有力地拉动了全国平均收入水平走高。

进一步比较分析，我省居民收入的四大项目中，工资性收入排在全国31个省市的第15位，与可支配收入位次相同；转移性收入位次最靠前，处于第10位，主要是因为我省在养老保险、最低生活保障、困难家庭生活补贴、抚恤金等方面发放及时到位，居民在这方面获得更多的实惠；财产性收入位居第14，家庭经营净收入位次最靠后，处于第18位，我省个体私营经济不够发达，居民在这方面获得的收入偏低。

从收入增速看，2012年我省城镇居民人均可支配收入增长13%，快于全国平均水平0.4个百分点，这是继2009年以来我省城镇居民收入增速连续3年快于全国平均水平，特别是十二五开局的头两年，我省城镇居民人均收入增速平均每年快于全国平均水平2个百分点，显示出我省经济发展后积勃发，居民收入正在奋力追赶全国平均水平，人民群众获得更多的实惠。在全国31个省市中，我省城镇居民收入增速排第17位。

2012年中部六省城镇居民可支配收入都低于全国平均水平，收入最高的是湖南省，人均收入21318.76元，仍然低于全国平均水平3246元。但中部地区居民收入增长速度都较快，除河南、山西两省外，其他4省居民收入增速都快于全国，其中最快的江西省比全国平均水平快0.9个百分点。

与中部六省比较，2012年我省城镇居民人均可支配收入绝对额位居第2，第一是湖南省，两者相差294.6元。我省居民收入增长速度位居中部第四，高于山西、河南两省。

表 2:全国及中部六省上年城镇居民人均可支配收入比较表

	可支配收入	位次	增速	位次	增加额
	元	位	±%	位	±元
全国平均	24564.72	—	12.6	—	2754.9
安徽省	21024.2	2	13.0	4	2418.1
湖南省	21318.76	1	13.1	3	2474.7
湖北省	20839.59	3	13.4	2	2465.7
河南省	20442.62	4	12.4	5	2247.8
山西省	20411.71	5	12.6	6	2287.8
江西省	19860.36	6	13.5	1	2365.5

三、城镇居民收入中存在的主要问题及政策建议

改善民生,努力实现城乡居民收入倍增计划,不断提高居民生活质量,这是安徽省委省政府当前及今后重要战略目标,也是党的十八大提出的实现中华民族伟大复兴的重要内容。经过全省上下共同努力,我省经济建设社会建设文化建设等方面都取得了优异的成绩,广大城镇居民收入水平也实现了平稳较快增长,平均生活质量有了很大的提高。但仔细分析居民的收入结构,与周围省市相比较,我省还存在一些不足,需要认真研究。当前我省城镇居民收入主要存在以下三方面问题。

一是收入结构不合理,家庭经营获得的收入偏低。我省城镇居民收入过分依赖于工资性收入,自己创业获得的家庭经营性收入依然偏低。2012 年我省城镇居民家庭经营净收入为 2155.33 元,处于全国 31 个省市第 18 位,比全国平均水平低 393 元,只及江苏省的 62%,还不到浙江省的一半。建议各级政府要加大宣传力度,制定完善城镇居民经商创业的各项后台扶持政策,下大力气鼓励居民自主创业,以获得更多的家庭经营性收入,从而提高居民的整体收入水平。

二是家庭投资水平不高,财产性收入偏少。初步测算,2012 年我省城镇户均拥有储蓄存款约 6 万元,这还不包括债券股票等方面的投资资金;现有住房人均面积 32.4 平方米,除了现有住房外,有 22% 的家庭拥有第二套及以上住房。另外,每百户拥有私家轿车 12 辆,每百户拥有接入互联网的计算机 58 台。家庭财产不少,但大部分家庭不知道如何让财产升值保值,财产性收入明显偏低。2012 年城镇居民家庭人均财产性收入 549.62 元,比上年下降 3.6%,财产性收入占家庭总收入的比重只有 2.3%。从结构上看,出租房屋是家庭财产性收入的主要来源,人均收入 249.2 元,而金融资产的投资收入只有 282 元,比上年下降 30%。在家庭财产日益增长的前提下,如何才能让更多的家庭财产保值增值、获得更多的财产性收入是当前需要研究解决的课题。

三是收入差距大,城镇贫困问题依然存在。前面说到,2012 年我省 20% 的高收入组人均可支配收入比低收入组高 30511.1 元,是低收入组的 3.7 倍,我省城镇居民之间收入差距继续呈现扩大态势。特别是一部分无就业能力户、重大疾病户的存在,加重了城镇贫困。2012 年,20% 高收入组的恩格尔系数为 30%,已经过上富裕生活,而低收入组的恩格尔系数为43.7%，仍然在为吃穿等基本生活而奔波。建议政府更加重视城镇贫困问题，在制定收入分配政策时更加关注城镇贫困，努力把政府的转移性支出更多地向城镇贫困家庭倾斜。同时，想方设法扶持贫困家庭就业，从根本上帮助他们提高收入水平。

撰稿：邓业轩

2012年安徽农村居民收入变动简析

2012年,在省委省政府的坚强领导下,安徽经济呈现快速增长的态势。各项强农惠农富政策不断推出,农民收入继续快速增长。全省农民人均纯收入为7160.5元,同比增加928.3元,增长14.9%,扣除价格因素,增长12.2%。安徽农民收入的增幅在全国居前中部领先。

一、农民收入增长特点

1. 各项收入全面上涨。2012年,安徽农民纯收入中四大项收入构成全面上涨。其中工资性收入为3243.5元,增长为19.1%;家庭经营收入为3265.6元,增长9.4%;财产性收入为111.8元,增长5.5%;转移性收入为539.5元,增长29.4%。

2. 工资性收入增长对总收入的贡献最大。工资性收入是农民收入中最有潜力的增长极。2012年全省农村居民人均工资性收入在总收入中的比重继续提高,占45.3%,虽略低于家庭经营收入,但在四大类中对总收入增长的贡献最大。与上年相比,工资收入增长绝对数为520.3元,占全部收入增长额的56%,位居四大项之首,是农民收入增长的最大推动力。

3. 农民源自省内务工劳动收入增速及总量远高于省外。在工资性收入中,全年我省农民源自省内务工劳动收入1711.1元,比上年增长27.3%。远高于农民从省外(含国外)从业收入(1245.0元)及增幅(9.5%)。

4. 家庭经营收入为四大收入构成之首,非农产业增速较快在农民人均纯收入构成中,家庭经营收入总量为3265.6,在全部收入中所占的比重达45.6%,仍居第一位。家庭经营收入中,第一产业纯收入达2558.5元,增长6.2%,非农产(即二、三产业)纯收入为707.2元,增长22.7%。

5. 财产性收入增幅较小,转移性收入增长最快。2012年农民收入构成中,财产性收入仅为111.8元,占比1.6%,与上年相比增幅也仅为5.5%,转让承包土地经营权收入及利息收入快速增长是其亮点。转移性收入全年增长29.4%,是四大收入构成中涨幅最大的项目。

6. 城乡收入差距在缩小,社会发展更加和谐。在各级政府坚持工业反哺农业、城市支持农村和多予少取放活的方针政策的指导下,让广大农民平等参与现代化进程、共同分享现代化成果的新局面已开启。全省农民收入增幅已连续第三年高于城镇,城乡收入比由三年前的3.1∶1降为目前2.9∶1,城乡发展更加和谐。

7. 收入增幅在全国居前中部领先,与全国差距相对缩小。2012年,我省农民纯收入增幅高于全国1.4个百分点。绝对差距低于全国757元,但相对差距由上年的10.6%缩小为今年的9.5%。从全国看,安徽农民收入的增速居五位,总量居20位,全国农民收入增速前四位省分别是:新疆17.5%、西藏16.6%、青海16.4%、甘肃15.3%,均属西部省份。在中部六省市中,安徽农民收入增速位居第一,其他五省分别为:河南13.9%、湖北13.8%、江西13.6%、山西13.5%、湖南13.3%。

二、农民收入增长的原因

一是宏观经济的平稳快速发展是收入增长的重要基础和背景。2012年我省经济发展总体平稳,优于全国。全省主要经济指标如GDP、固定资产投资、社会消费品零售总额等增幅均高于全国水平,中部领先。全省总体经济形势快速发展、经济增长内生活力增强使农民务工机会增多,收入多元化。农民的收入的全面上涨是这一宏观经济背景的综合反映。

二是本地非农就业机会增多及工资标准上涨是助推工资性收入上涨的两大动力。2012年安徽省直及部分市县先后提高了行政事业单位人员的津贴费标准,直接提高了农村在"非企业组织中劳动人员(如乡村干部及教师)"的工资标准,同时这一政策的示范效应也拉高各类社会组织的工资报酬标准。如全年农村非农务工工价涨幅在15%以上。近年我省由于承接产业转移、推进城镇化,发展地域经济、推动农业产业化、培育农业龙头企业、扶持农村各类经济组织等支农政策力度不断加大,效果也日益显现。农村居民在当地就业的渠道增加、就业方式灵活的情况下,更倾向于在本地就业。既避免外出奔波之苦,又可照顾家庭和农业。调查显示,我省农民在本地就业意愿增强,在"本乡地域内劳动得到的收入"增长最快,达27.2%。在"外出从业收入中"中,省内从业收入增幅高达26%以上,是省外从业得到的收入增幅的数倍。

三是农业的持续向好及经营环境的改善是农民家庭经营收入增长的重要保障。2012年我省农业持续向好,首先,在气候条件较好、种植结构优化的前提下,全省粮食产量已实现"七连增"。国家对重要粮食品种提高国家收购保护价,农产品价格总水平上涨,种植业的收入持续上长(6.4%);其次是牧业在价格大幅下降的情况下,各级政府想方设法稳定牧业(特别是生猪)生产量,使牧业的总收入未有太大的波动。再次,林业和渔业的总量由于市场价格总体上行及产量的提升,年增速分别为3.4%和19.5%。

在家庭经营中,非农产业(二、三产业)在加快发展农民专业合作组织,抓好新型农民培训工作,鼓励农民工返乡创业、改善金融服务等政策的作用下增长迅速。其中第二产业纯收入为242.7元,增长34.5%。第三产业纯收入为464.5元,增长17.3%。

四是民生优先的决策理念成农民收入增长的新动力。由于各级政府更加注重民生,更加注重三农问题,更加关注低收入群体,民生决策优先的理念成为农民收入增长的新动力。2012年全省继续推进33项民生工程,低保五保、养老保险以及医疗保险报销比例等政策标准提高。农村新型养老的全覆盖,各类惠农补贴力度的加大,农民收入中"转移性收入"增长最快。调查显示,转移性收入中本年度"各项补贴收入"及"离退休(养老)金收入"增幅分别为37.0%和38.9%,两者在转移性收入中所占比重分别为的20.9 %和52.3%。两者对转移性收入的增长的贡献达

88%。又如,近年各级政府出台措施,推动农业产业化、集约化经营,土地流转加快,“转让承包土地经营权收入”增长较快,达108.4%。是农民“财产性收入”增长的新亮点。

三、强化农民收入增长的几点建议

总的来说,2012年安徽农民收入仍在快车道。近两年在全省“收入倍增规划”的推动下,“十二五”以来农民收入平均增长为16.4%。但也应看到,由于经济波动,年际间收入波动也大,分别为17.9和14.9,未来收入变化的变数较大,影响收入增长的几大问题也不容忽视。一是经济下行的压力仍然存在,寻求新的经济增长点极为迫切;二是农业的基础仍然薄弱,投入力度有待加强;三是农业产业化之路仍很漫长,农民创业兴业的环境有待改善。四是农民增收仍离不开政策的扶持。总之,要使农民收入持续增长,实现“收入倍增规划”的目标,仍需付出巨大的努力。

一是寻求新的经济增长点,确保经济的平稳较快发展是收入增长的重要前提和基础。当前,经济下行压力仍不容忽视。对农民增收而言,发展是第一要务,发展是硬道理。要把推进工业化、城镇化与农业现代化同步发展作为增加农民收入的增长点和根本途径。今后经济发展中,要依托工业化,推动农村劳动力就地转移就业,促进农民灵活就业,多渠道增收入。依托城镇化,深化户籍制度改革,立足于减少农民,优化农村劳动力结构和资源配置。依托农业现代化,提高农业的生产效率和产出效益。

二是强化农业的基础设施,加大投入。当前农业基础设施薄弱,欠账较多,要加大投入力度。按照总量依法增加、比例稳步提高的要求,切实加大财政对“三农”的支持,大幅度增加农业农村基础设施和环境建设的投入,加大科技投入,优化种养殖结构,提高生产稳定性,提高生产效率。严格落实财政支出重点向农业农村倾斜,确保用于农业农村的总量、增量均有提高的规定。积极引导社会资源参与农村产业发展和基础设施建设。

三是发展农业产业化经营,完善农村社会化服务体系。坚持用产业化统领现代农业发展。围绕发展适度规模经营、加强基地建设、培育龙头企业、深化产供销服务,大力推进农业产业化经营,使之成为农民增收的重要“引擎”。要创新农业生产经营方式,实施财政引导和奖励政策,鼓励农民通过土地转包、出租、股份合作、竞标承包等多种方式,“依法、自愿、有偿”开展土地流转,提高土地产出率和收益率。要围绕产前、产中、产后各项经营服务,加大支持力度,构建与现代农业发展相适应的农业社会化服务体系。

四是提高农民组织化程度,健全创业就业的政策机制。要加大政策扶持力度,落实和强化财政、税收、金融、工商、用地等微观政策,引导和鼓励农民发展专业合作社,提高农民的组织化程度,增加农民的就业渠道,创新农民增收方式。支持完善职业培训体系,推行职业培训、加大培训的科技含量,提高农民素质拓宽就业领域。设立农民创业专项资金,对有创业意愿的农民工,给予创业扶持。

五是加大转移支付力度,强化对农村的公共服务建设。农民从整体上仍是弱势群体,加强对三农的政策支持,特别是对农村的转移支付仍是一项长期艰巨的工作。要继续执行重要农产品保护价政策。未来收入分配制度的改革,要更多向三农倾斜。要关注农村贫困群体加大对农民的转移支付，提高农业各类补贴标准。建立适合农民工特点的失业保险、养老保险、医疗保险工伤保险等制度并提高保障标准。要提高农村公共服务支出比重，扩大公共财政覆盖农村范围，解决农民的后顾之忧。

撰稿：周德同

2012 年安徽省农民工监测分析

2012 年安徽各级政府积极推进农村劳动力从业，农民就业形势继续向好。据国家统计局安徽调查总队农民工监测结果显示：安徽农民工就业形势稳定，收入水平稳定提高，本地从业与外出从业农民工均有所增加。

一、基本情况

（一）家庭人口

2012 年全省农民工样本户期末家庭人口 12236 人，减少 100 人，户均人口 3.95 人；男女人口比例为 52.1 ∶ 47.9；已婚人口占 63.4%，同比上升 0.5 个百分点。新农合医保参保率达 96.9%，6 周岁以上人口农村社会养老保险参保率达 68.8%。

（二）从业人员

2012 年全省农民工样本户期末从业人员 8487 人，减少 119 人；户均从业人员 2.74 人；从业人员占期末家庭人口 69.4%。年内曾经从事本地务农、本地非农务工、本地非农自营、外出从业人员分别占从业人员 62.5%、8.7%、21.2%、36.7%。

（三）农民工基本情况及特点

2012 年安徽省农民工总数比 2011 年增长 3.2%。住户中外出农民工占 68.1%，同比下降 0.7 个百分点；住户中本地农民工占 31.9%，同比上升 0.7 个百分点。外出就业仍然是主要流向，并有以下几个特点。

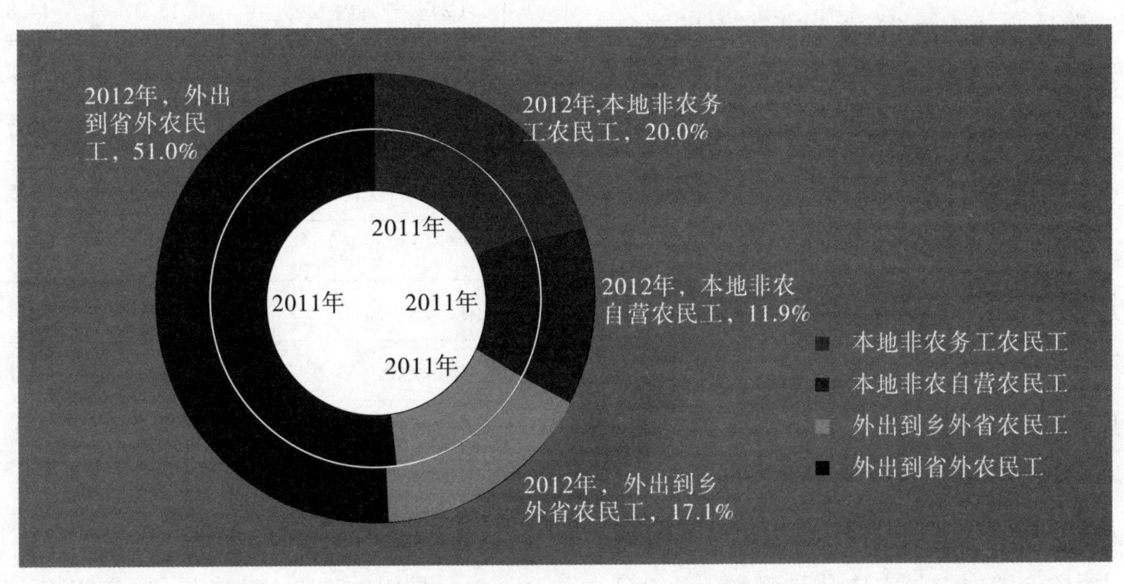

2012 年安徽省农民工务工地区分布

一是以男性、中青年为主。安徽省农民工中，男性占 66. 0%，女性占 34. 0%。从年龄结构看，19～22、23～25、，26～30、31～40、41～50、51～60 岁农民工分别占 11. 4%、12. 4%、13. 9%、24. 5%、25. 6%、7. 0%。从婚姻状况看，已婚农民工占 75. 1%。

二是初中文化程度农民工占大多数。不识字、小学文化、初中文化、高中文化、中专文化、大专及以上文化程度农民工分别占 2. 2%、13. 0%、68. 9%、9. 5%、2. 6%、3. 7%。

三是社会保险普及率较高。97. 0%农民工有农村新型合作医疗保险，2. 9%农民工有城镇医疗保险，0. 8%农民工有商业或其他医疗保险。80. 4%农民工有农村社会养老保险，3. 9%农民工有城镇基本养老保险，2. 3%农民工有商业或其他养老保险。

四是农民工接受过技能培训面扩大。34. 9%的农民工接受过专业的农业、非农业及其他生产技术培训，较 2011 年均有所增加。

二、外出农民工从业特征

安徽是劳动力大省，数以千万农民工每年奔赴各地务工，不仅为当地经济注入巨大活力，也增加了农民家庭收入。根据调查结果推算，2012 年安徽外出农民工人数增长 2. 5%。调查户平均 0. 88 个外出农民工，每 3. 1 个农村从业劳动力中就有一个农民外出务工。

(一)外出农民工流向分布

从地域看，外出乡外县内、县外省内、省外人员分别占 10. 5%、15. 1%、74. 5%，外出乡外县内、县外省内人员占比分别增加 1. 4、0. 3 个百分点，外出省外人员占比下降 1. 7 个百分点。

从输入地看，以东部地区为主，多集中江浙沪三地。2012 年，安徽省在东部地区务工农民工占外出务工人数 70. 7%，同比降低 1 个百分点。浙江、江苏、上海仍是安徽省农民工外出务工最多地区，合计占外出农民工 59. 9%，但同比下降 2. 2 个百分点。在中部地区(含安徽省)务工外出农民工占 27. 1%，在西部及其他地区务工外出农民工占 2. 2%。农民工就业流向呈“东部减少，中部增加、西部持平”特点。

从外出农民工就业地点看，在直辖市、省会城市、地级市、县级市、建制镇、其他地区务工农民工分别占 20. 2%、17. 6%、37. 8%、17. 8%、4. 8%、1. 8%，在地级以上大中城市务工农民工合计占 75. 6%，与上年持平。

外出农民工务工分布　　单位：%

外出地区	2012 年	2011 年
1. 本省	25. 1 10. 1	23. 8
(1)乡外县内	10. 1	9. 1
(2)县外省内	15. 0	14. 8
2. 省外	74. 9	76. 2
东部地区	70. 7	71. 7
其中：上海	18. 2	18. 5
江苏	19. 7	20. 1
浙江	22. 4	23. 4
中部地区	27. 1	26. 1
西部地区及其他地区	2. 2	2. 2

(二)外出农民工行业分布

一是以制造业、建筑业、服务业为主。外出农民工中，从事制造业农民工所占比例最大，占 34. 8%；其他依次为建筑业 24. 4%、服务业10.9%、住宿餐饮业7.2%、批发零售业6.7%、交通运输业5.3%。从事一、二、三产业比例分别为1.5%、61.2%、37.2%。

二是外出从事工种以操作人员为主。外出农民工中,从事生产运输设备操作农民工所占比例最大,占32.7%;其次是专业技术人员,占17.0%;第三是服务业从业员,占13.9%。

三是大多数以受雇形式从业。外出农民工中,以受雇形式从业农民工占89.5%,自营者占10.5%。

(三)外出农民工收入与消费

一是外出农民工收入持续增加。2012年安徽省外出农民工月平均收入2510元,同比增长8.9%;月收入1600~3000元人数占50.3%。

二是外出农民工生活消费较快增长。2012年安徽省外出农民工人均生活消费总支出8135元,同比增长12.9%。

(四)外出农民工福利保障

一是农民工签订劳动合同比例较低。2012年安徽外出务工农民工签订劳动合同占36.9%。原因是部分经营者嫌麻烦,务工者喜欢"自由身"而不愿签订合同。

二是拖欠工资情况较少。2012年安徽外出务工农民工被拖欠工资人数不到0.1%。

三是多数农民工由单位或雇主提供住宿或伙食。2012年安徽外出务工农民工中,60.0%享受单位或雇主提供伙食或伙食补贴,52.9%享受单位或雇主提供住宿或者住宿补贴。

四是多数农民工工作时间过长。2012年安徽外出农民工平均每月工作26天,平均每个工作日工作时间9.0小时。

三、本地农民工从业情况

2012年,安徽住户中本地非农自营农民工占11.9%,同比上升0.7个百分点;本地非农务工农民工占20.0%,与上年持平。

(一)本地非农务工农民工从业状况

2012年在本乡镇以内务工的本地非农务工农民工802人。同比增长6.8%。行业分布、工种、工资及福利保障情况如下:

1. 本地非农务工就业分布

一是以制造业、建筑业、居民服务业为主。在本地非农务工农民工中,从事第二、三产业分别占76.4%、23.2%。从事建筑业占比最大,占39.7%;其次是制造业,占32.8%;第三是服务业,占7.1%。

二是工种以操作工为主。在非农务工农民工中,从事生产运输设备操作占比最大,占44.6%;其次是专业技术类人员,占11.0%。

2. 本地非农务工农民工工资

2012年安徽本地非农务工农民工平均月工资1945元,同比增长23.7%。

3. 本地非农务工农民工福利保障

一是农民工签订劳动合同比例较低。2012年安徽本地非农务工农民工签订劳动合同占25.3%。低于外出农民工。

二是多数农民工工作时间过长。非农务工农民工中,每月平均工作24.8天,平均每工作日工作时间8.8小时,均低于外出从业农民工。

(二)本地非农自营农民工从业情况

2012年本地非农自营农民工479人。同比增长3.9%。本地非农自营农民工就业特征是:

一是主要从事二、三产业。在本地非农自营农民工中,从事二、三产业农民工分别占

21.3%、78.1%。其中,从事批发零售业非农自营农民工最多,占43.6%;其次是交通运输、仓储业,占16.3%;第三是居民服务业,占8.8%;第四是住宿餐饮业,占5.2%。

二是以个体经营为主。本地非农自营活动中,注册企业、个体经营、小摊小贩分别占0.9%、83.4%、15.7%。

撰稿:段明明

2012 年安徽退耕还林监测调查报告

国家统计局安徽调查总队对祁门、太和、铜陵等 18 个县(区)及 1300 户农户退耕还林工程建设情况监测结果显示,2012 年全省退耕还林工程区农户退耕还林保存状况较好,退耕区农业生产条件不断改善,农民收入和生活水平不断提高。

一、退耕还林工程完成情况

(一)全省退耕还林工程圆满完成

2012 年安徽省遵循“生态优先、区域治理、相对集中、突出重点”的原则,多筹并举、强力推动,层层抓落实,全年共完成退耕还林荒山荒地造林 8 万亩,完成封山育林 15 万亩,全面完成了工程建设任务。同时狠抓退耕还林专项规划项目的实施,全年共完成退耕还林专项规划林业基地建设 46.0 万亩,其中造林 13.6 万亩,现有林培育 32.4 万亩,补植补造 8.5 万亩。林业后续产业基地和补植补造项目建设进度快于其他项目,质量管理水平也有较大幅度提高。

(二)退耕区完成工程成效显著

1. 退耕区基本情况。2012 年,全省 18 个监测县(区)行政区域面积 5905.5 万亩,其中,耕地面积 1830 万亩,林地面积 2152.5 万亩,宜林荒山荒地面积 39 万亩,牧草面积 82.5 万亩,渔业养殖水面面积 231 万亩。退耕还林农户 60.4 万户,占总农户数 12.6%;退耕还林区人口 227.8 万人,占总人口 15.2%。退耕区乡村从业人员 739 万人,其中,农林牧渔业从业人员 363 万人,占 49.1%;外出务工人员 332 万人,占 44.9%。

2. 退耕区经济发展状况。2012 年,18 个调查县(区)地区生产总值 2956.8 亿元,其中,第一产业增加值 588 亿元(其中林业增加值 42 亿元),第二产业增加值 1552 亿元,第三产业增加值 817 亿元。医院、卫生院 538 个,学校 4280 所,体育场馆 18 个,都比去年有所增加。参加农村新型合作医疗 1236 万人,参加农村社会养老保险 809 万人,参保率分别达 82.5%、54%。

3. 退耕区林地保存完整。截止 2012 年底,18 个调查县(区)退耕还林工程累计完成 265.2 万亩。其中,退耕造林 120.6 万亩,荒山荒地造林 115.2 万亩,封山育林 29.3 万亩。按林种分:生态林 246.5 万亩,经济林 18.7 万亩。2012 年退耕还林补助资金 2.6 亿元,国家规划基本口粮田累计完成面积 17 万亩。退耕区调查户人均累计退耕造林面积 0.9 亩,实际保存 0.9 亩,退耕林地保存率较好。在退耕还林保存面积中,人均生态林 0.76 亩,人均经济林 0.14 亩,退耕区生态林建设继续占主导地位。

4. 退耕区工程巩固情况。2012 年退耕区补植补造 2.4 万亩。在退耕还林工程后续产业建设中,完成建设种植业 3.6 万亩,林果茶业17.1万亩,养殖业棚圈23万平方米,设施农业2.1万亩。退耕户参加技能培训6.4万人次,累计生态移民19526人。

5. 退耕区农业生产条件不断改善。2012年末,退耕区1300户调查户拥有生产用汽车23辆,大中型拖拉机38台,小型和手扶拖拉机490台,机动脱粒机109台,收割机10台,农用动力机械103台,水泵605台,工业机械、建筑机械等拥有量比去年都有所增加。2012年调查户人均粮食种植面积2.1亩,同比增加0.1亩;人均粮食产量880.1公斤,同比增长9%。其中,人均稻谷产量521.2公斤,同比增长6.5%;人均小麦产量263.8公斤,同比增长15%,

6. 退耕区农民收入与生活水平不断提高。2012年,退耕还林工程区农户年人均纯收入8556.2元,同比增长16.2%,高于全省农民人均纯收入19.5%。其中,工资性收入4648.6元,同比增长21%;家庭经营收入3185.5元,同比增长14.4%;财产性收入86.4元,同比下降6.8%;转移性收入635.7元,同比增加1.3元。调查户人均购买粮食32公斤,同比增长9.2%;人均粮食支出897.2公斤,同比增长16%;人均粮食结存289.7公斤,同比下降1.3%。

从居住情况看,2012年末,调查户人均住房建筑面积33平方米,同比增长4.1%。其中砖混结构占55.8%,钢筋混凝土结构占23.6%。

从饮用水情况看,2012年末,32%调查户饮用经过净化处理的自来水,同比增加6.4个百分点;38.5%调查户饮用受保护的井水和泉水,70.5%调查户饮用洁净水,还有3户饮用桶装水。

从生活用主要燃料看,2012年末,19.2%调查户使用罐装石油液化气,同比增加4.9个百分点;2.1%使用煤炭,同比减少2.3个百分点;10户使用沼气。

从耐用消费品拥有情况看,2012年末,5.5%调查户有一辆家用汽车,同比增加2个百分点;96%调查户有一辆摩托车或助力车,同比增加10.2个百分点;41%调查户有一台空调,87.3%调查户有电冰箱,55.2%调查户有洗衣机。1300户农户中有照相机64台、摄像机7台、家用电脑143台;户均电视机1.3台,移动电话2部,都较去年有所增加。

二、存在的问题

随着运行14年的退耕还林工程面临“政策陆续到期”,政策性补贴逐年减少,目前存在一些亟待解决的问题。

1. 退耕户收入结构不合理。由于退耕户多在山区或丘陵地区,自然条件较差,生产资源匮乏,退耕户家庭劳动力外出多,在家务农劳动力少,家庭经营收入结构单一,退耕增收难度加大。

2. 退耕还林政策性补贴难以保障退耕户家庭经营收入增长。由于退耕户家庭每年获得国家退耕还林补贴逐步减少或即将到期取消,而退耕后农户栽种的生态林既没有国家专项补贴收入,又不能获得生态林间伐收入,退耕户家庭经营收入难以提高。

3. 退耕还林保存压力加大。由于退耕户家中劳力缺乏,对林木维护和经营疏于管理,退耕还林地保存压力加大。

撰稿:刘　沙

2012年安徽农户固定资产投资情况分析

随着国家一系列惠农政策贯彻落实，安徽农民收入持续增长，农户固定资产投资规模不断扩大。安徽31个调查县3100户农户抽样调查结果显示，2012年安徽农户固定资产投资完成额482.02亿元，增长7.6%。

一、农户固定资产投资主要特点

（一）农户生产性投资与非生产性投资双增长。农民收入增加使其有更多资金用于发展生产、改善居住条件。2012年安徽农户生产性投资129.26亿元，增长5.6%；非生产性投资352.76亿元，增长8.4%。

（二）一、三产投资增长，二产投资下降。2012年安徽农户一产投资77.48亿元，增长7.4%。主要原因：一是国家对“三农”扶持力度不断加大，惠农补贴标准不断提高，如良种补贴、粮食补贴、农资综合补贴、农机购置补贴等，充分调动了农民生产积极性。二是农机具购置补贴政策不断完善，农机具购置补贴覆盖范围不断扩大，限额提高，激发农民购买农机具热情，带动农业固定资产投资增长。2012年安徽省农机购置补贴9.60亿元，比上年增加1.80亿元；全年共补贴农机具22.6万台，受益农户逾13万户。2012年安徽农户三产投资398.86亿元，增长10.3%，其中对住宅以外三产投资46.10亿元，增长27.1%。农户二产投资5.68亿元，下降59.3%。

（三）住宅投资仍是农户投资主体。2012年安徽农户住宅投资352.76亿元，增长8.4%，占农户固定资产投资完成额73.2%。主要原因：一是农民收入增长为建房投资提供经济条件。农民拥有一定积蓄，首选改善生活条件和居住环境，建房成为主要投资项目。二是农户建房标准提高，投入加大。目前，农户住房建筑面积不断增加，档次越来越高，由原来砖木结构转变为钢筋混凝土，房屋装修装潢逐步向城市住宅标准看齐。如祁门县多数农户建房多为两层或三层小楼，建筑面积也不断扩大；贵池区农户建房装修外墙贴瓷砖、地面大理石、门窗铝合金，住房装修标准与城市基本相同。

（四）自筹资金仍为农户投资的主要来源。按投资来源分，2012年安徽农户自筹资金471.64亿元，增长8.6%，占农户固定资产投资完成额97.8%。主要原因：一是农民收入持续增长使其自筹资金能力增强，二是金融机构贷款条件较高，农户贷款难。

二、农户投资存在的主要问题

（一）农民收入水平不高，投资能力有限。虽然近年农民收入持续增长，但农民收入水平相对偏低，除日常开支、孩子教育、医疗等必要性开支，剩余资金不多，投资能力有限。

（二）资金来源渠道狭窄。由于农户投资大多规模小、风险高，缺乏有效抵押物，既难以获得银行贷款，更无法通过资本市场直接融资,主要依靠自身积累进行固定资产投资,投资规模难以扩大。

(三)生产性投资比重偏低。2012 年安徽农户生产性投资占 26.8%,主要投资偏向于建房,住宅投资挤占有限资金,造成生产性投资不足,对发展农村经济,增加农民收入不利。

三、对策建议

农户是农业和农村投资的重要载体,提高农户投资水平,引导农户改善投资结构,对于促进农业和农村经济持续发展至关重要。

(一)加大支农惠农支持力度,增加农民收入。建立健全财政支农资金稳定增长机制,政府公共投资等要向农业农村倾斜,改善农村经济发展环境,提高农业生产效益,增加农民收入。

(二)加强农村金融建设。进一步深化金融体制改革,加快制度创新,建立健全农村融资机制,拓宽融资渠道,加大农户投资金融支持。一是继续完善适应农户投资特点的信贷政策,降低贷款担保、抵押条件,扩大贷款规模,使越来越多农民可获得金融信贷扶持。二是进一步放宽农村金融机构市场准入门槛,引导各类资本进入金融发展滞后的农村地区,设立村镇银行,改善农村金融环境。

(三)建立和完善政策引导机制,提高农户投资积极性。各级政府应根据本地区特点,建立和完善政策激励机制,引导农民发展农产品加工业,延长农产品增值链条,解决农民技术、资金等困难。同时,建立服务农村信息平台,建立包括政策信息、技术信息、市场信息在内的信息发布渠道,构建信息引导机制,为农村二、三产业发展提供准确信息。

撰稿:周朝晖

2012年安徽居民消费价格走势分析

2012年，受宏观调控和经济增长放缓的影响，安徽居民消费价格(CPI)总水平同比涨幅较前两年较大回落，全年累计上涨2.3%，比去年同期低3.3个百分点。其中，消费品价格上涨2.6%，工业品价格上涨1.7%，服务项目价格上涨1.4%。

一、全年CPI运行特征

(一)CPI两头高中间低。分月看，1月受春节因素影响，居民消费价格总水平环比上涨1.4%，同比上涨4.7%，为全年最高。2月涨幅开始回落，3月略有反弹，后一路走低。6月涨幅进入“1”时代，7月1.1%涨幅创下2009年12月以来32个月的新低。8月涨幅小幅反弹，入冬后受天气影响，肉类和鲜菜价格上涨，涨幅持续反弹。12月份环比上涨0.8%，同比上涨2.1%。从环比看，各月波动较小，落差最大为2.3个百分点。

(二)八大类商品与服务价格全面上涨。从八大类商品和服务价格变化来看，2011年为“七涨一跌”，2012年全面上涨，食品类累计上涨3.8%，烟酒类上涨3.3%，衣着类上涨2.5%，娱乐教育文化用品及服务上涨1.7%，家庭设备用品及维修服务类上涨1.6%，医疗保健和个人用品类上涨1.5%，居住类上涨1.0%，交通和通信类上涨0.7%。

(三)食品类涨幅仍居第一。2012年食品价格累计上涨3.8%，影响居民消费价格总水平同比上涨约1.23个百分点，对CPI影响程度达54%，与上年同期相比，大幅降低，但仍居八大类涨幅之首。食品类与其他各类价格涨幅差距迅速缩小。2012年食品类价格涨幅与位列第二的烟酒类仅差0.5个百分点，上年与位列第二的居住类涨幅相差7.6个百分点。

(四)累计涨幅低于全国平均水平。与全国平均水平相比，全年安徽累计涨幅低0.3个百分点。按涨幅由高到低排列，在31个省(市、自治区)中列第27位。在中部六省，居第五位，涨幅分别低于湖北、江西、河南、山西0.6、0.4、0.2、0.2个百分点，高于湖南0.3个百分点。从八大类对比看，安徽各大类价格走势，除交通与通信类上涨0.7%，全国下降0.1%，其余与全国趋势一致。烟酒及用品类、娱乐教育文化用品及服务价格涨幅分别大于全国0.4、1.2个百分点，食品类、衣着、家庭设备用品及维修服务、医疗保健和个人用品、居住类价格涨幅分别低于全国1.0、0.6、0.3、0.5、1.1个百分点。

(五)新涨价因素小于翘尾因素。尽管2012年CPI受翘尾因素影响程度明显小于上年，但由于新涨价因素较少，翘尾因素影响仍占主要成分。全年CPI受翘尾因素影响约

1.2个百分点,新涨价因素影响约1.1个百分点,对总指数影响程度分别为52.2%、47.8%。

(六)农村涨幅高于城市,地区间差异较大。全年城市居民消费价格同比上涨2.2%,农村上涨2.4%。从结构上看,八大类中食品、烟酒、衣着、医疗保健和个人用品、交通和通信、娱乐教育文化用品及服务价格涨幅农村均高于城市。在全省汇总的14个地级市中,3个市涨幅高于全省平均水平。其中,铜陵市和阜阳市最高,均上涨2.5%;六安市最低,上涨1.5%。

(七)农资价格涨幅高位回落。全年农资价格累计上涨5.3%,涨幅较上年同期回落9个百分点。但农资调查的十大类商品及服务价格均有不同程度上涨,其中农业生产服务上涨9.0%,饲料上涨8.9%,其他农业生产资料上涨7.5%,农用手工工具上涨7.3%,产品畜上涨4.8%,农用机油上涨3.7%,化肥上涨3.5%,机械化农具上涨3.1%,农药及农药器械上涨1.1%,半机械化农具上涨0.8%。

二、影响CPI变化的主要因素分析

(一)食品类价格涨幅大幅回落是全年CPI走低的重要原因。食品类价格从1月份上涨11.9%至7月份上涨0.1%,落差高达11.8个百分点,全年食品类价格上涨3.8%,比上年同期低8.4个百分点,影响总指数回落约2.5个百分点。分品种看,涨跌互现。粮食、油脂类价格继续保持稳中趋升的态势。全年粮食价格累计上涨4.2%,油脂价格累计上涨5.8%。受原材料价格上涨及生产成本增加等因素影响,水产品、菜、调味品、糖、其他食品价格快速上扬,涨幅均超过5%。2011年同期大幅上涨的猪肉、鲜蛋、鲜瓜果价格有所回落,累计分别下降9.6%、6.7%、3.1%。牛肉、羊肉价格一直高位运行,年底涨势更为迅猛,全年累计分别上涨24.4%、14.9%。

(二)工业消费品和服务项目价格涨幅低于上年同期。2012年以来,安徽省PPI涨幅逐步下降,并于4月份由正转负。CPI中工业品价格累计上涨1.7%,较上年同期回落0.7个百分点。服务项目价格累计上涨1.4%,涨幅较上年同期回落1.5个百分点。值得注意的是工业消费品中烟酒、衣着、耐用消费品、家庭日用品、医疗保健、交通工具、文化娱乐类用品等价格均上涨。服务项目58个基本分类中有40个上涨,涨价面达八成。

(三)资源型产品涨价导致生产成本上升,影响上涨预期。2012年以来,安徽各地调价政策频出,价格总水平上行预期增强。3月,6个城市上调天然气价格,同时建立天然气上下游价格联动机制;蚌埠、黄山、滁州市上调水价格;宣城市上调管道燃气价格;成品油价格经历多次调整;7月全国实行阶梯电价;10月合肥调整出租汽车价格;12月全省县级医院实行医疗改革。全年汽油、柴油、水、电、液化石油气、管道燃气分别累计上涨2.9%、3.2%、1.8%、1.5%、3.2%、6.3%,推动车用燃料及零配件、市区间公共交通、长途汽车、短途汽车和水、电、燃料价格分别上涨2.7%、1.0%、4.5%、3.3%和2.5%。由于基础产品价格上涨,商品及服务生产成本以及流通成本相应增加,对CPI间接影响可能大于直接影响。

(四)居住类价格受房价调控政策影响,涨幅为近三年最低水平。受房地产调控政策持续影响,居住类累计上涨1%,较上年同期下降3.6个百分点,为近三年最低,对总指数影响由上年0.87个百分点降至0.2个百分点。其中,建材价格较上年略降,涨幅低于上年同期4.9个百分点;住房租金、自有住房因房租价格上涨,分别上涨1.6%和0.9%。

三、2013年安徽CPI上行压力渐显

受国内外经济增速持续回落影响,2013年安徽居民消费价格大幅上涨动力不足。一是物价上涨总需求压力较轻;二是粮食再次丰收,且从生猪生产看,供求基本平衡,主要农产品供应平稳;三是2012年涨价对2013年的翘尾因素影响较小。

但推动价格上行的因素正在集聚,2013年物价涨幅将有所扩大。一是2012年水、电、燃气等资源价格改革,增加了全社会生产生活成本。党的"十八大"提出居民收入增长计划,劳动力成本将刚性上升,成本上升成为物价上涨的一个重要因素。二是央行2012年分别两次降低人民币存款准备金率和人民币存贷款基准利率,市场流动性增加将推升物价上涨。同时,发达经济体为刺激经济发展,实施定量宽松的货币政策,一定程度上会推动大宗商品价格上涨,输入性通胀压力有所增强。

撰稿:陆露露

2012年安徽省工业生产者价格走势分析

2012年，安徽省工业生产者出厂价格同比下降1.7%，购进价格同比下降1.8%，全年价格走势经历“涨幅回落—降幅加大—企稳回升”三个阶段。四季度，在多重因素影响下，价格企稳回升。

一、价格运行特点

（一）购销价格双降。2012年安徽省工业生产者价格从年初同比上涨转为年末下降，全年出厂价格下降1.7%，与上年上涨8.3%相差10个百分点；全年购进价格下降1.3%，与上年上涨10.8%相差12.1个百分点（见图1）。

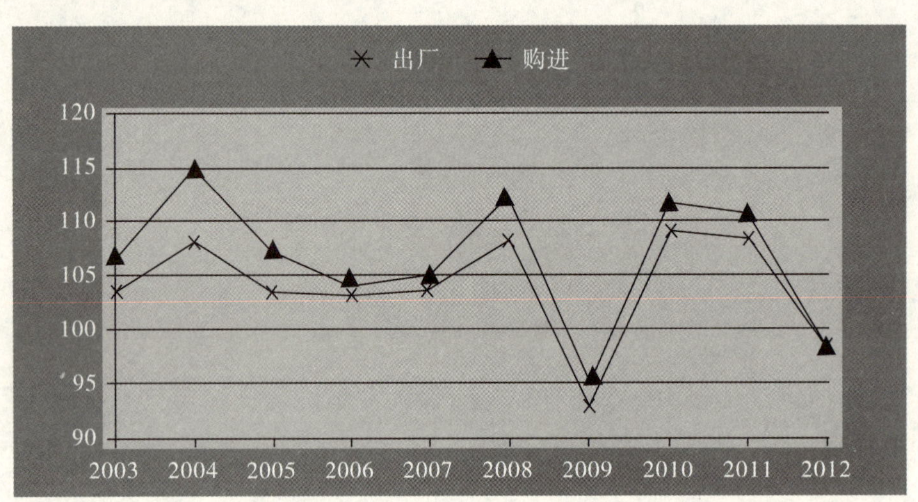

图1　2003-2012年安徽工业生产者价格走势

2012年，安徽省调查的38个行业大类中，20个行业出厂价格下降，18个上涨，降价面为52.6%，为2009年以来最高。其中，黑色金属冶炼及压延加工业价格、有色金属冶炼及压延加工业、非金属矿物制品业、纺织业、黑色金属矿采选业价格分别下降10.5%、8%、9%、4.9%、12.2%，是影响工业生产者出厂价格指数（PPI）下降主要因素。（见表1）。

表 1 2012 年工业主要行业出厂价格指数及影响程度

行 业	出厂价格指数(%)	影响总指数(百分点)
黑色金属冶炼及压延加工业	89.5	-1.102
有色金属冶炼及压延加工业	92	-0.606
非金属矿物制品业	91	-0.449
纺织业	95.1	-0.140
黑色金属矿采选业	87.8	-0.137

2012 年安徽省九大类原材料、燃料、动力产品购进价格三升六降。其中,黑色金属材料类、有色金属材料及电线类、其他工业原材料及半成品类购进价格同比分别下降 6%、4.6%、1.9%,共带动工业生产者购进价格下降 1.8 个百分点,为影响工业生产者购进价格下降主要因素(见表 2)。

表 2 2012 年工业生产者购进价格分类指数及影响程度

	购进价格指数(%)	影响总指数(百分点)
黑色金属材料类	94	-0.793
有色金属材料和电线类	95.4	-0.603
其他工业原材料及半成品类	98.1	-0.422
化工原料类	97.1	-0.360
纺织原料类	96.2	-0.108
建筑材料及非金属类	98.3	-0.055
燃料、动力类	100.1	0.026
木材及纸浆类	104.4	0.149
农副产品类	103.1	0.340

(二)工业生产者价格"三阶段"运行特征。2012 年安徽省工业生产者价格经历"涨幅回落—降幅加大—企稳回升"三个阶段(见图 2)。

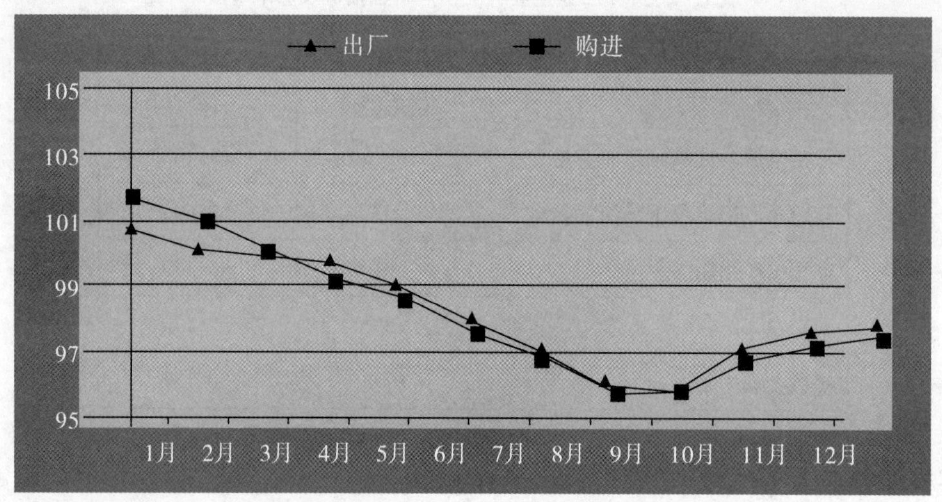

图2　2012年工业生产者价格月度指数

1—4月,安徽省工业生产者价格涨幅逐步回落。出厂价格由1月上涨0.8%回落至4月下降0.2%,购进价格由上涨1.7%回落至下降0.8%。5—9月,价格小幅下降且降幅进一步加大。5月两大指数同时进入下降通道,此后降幅逐步加大,9月出厂价格和购进价格同比分别下降4.2%、4.1%,降幅为年内最大。10—12月降幅不断收窄。12月出厂价格同比下降2.2%,比9月收窄2个百分点;购进价格下降2.5%,降幅比9月收窄1.6个百分点。

(三)生产资料价格降幅最大。2012年安徽省生产资料出厂价格降幅最大,同比下降3%,影响全省工业生产者出厂价格下降2.2个百分点。生产资料出厂价格涨幅由年初持平至3月下降0.9%;9月下降5.9%,降幅为年内最大;四季度逐步企稳,降幅收窄,由10月下降4.3%回升至12月下降3%。主要原因是煤炭、铁矿石、成品油、水泥、钢材、电解铜等主要产品价格从9月开始逐渐回升(见表3)。三大类生产资料价格中,加工类产品出厂价格下降4%,降幅最大;原料类产品价格下降0.8%,采掘类产品价格下降3.1%。

表3　2012年下半年主要生产资料出厂价格指数

	7月	8月	9月	10月	11月	12月
洗精煤	103.0	97.7	93.5	93.5	94.1	95.3
铁矿石	89.9	83.5	79.3	78.7	86.2	89.6
汽油	95.6	95.5	101.0	106.1	106.2	104.3
水泥	74.0	69.4	70.5	74.2	77.6	76.8
钢材	88.0	84.8	81.2	81.7	87.0	84.7
电解铜	93.5	82.6	88.5	105.0	97.1	100.8

(四)生活资料价格逐步回落。2012年安徽省生活资料出厂价格同比上涨1.7%,月度涨幅由1月上涨3.3%回落至12月1.4%。其中,食品类出厂价格全年上涨2.6%,是带动生活资料价格上涨主要因素;一般日用品类价格上涨0.3%,衣着类价格上涨3.1%,耐用消费品类价格上涨1.1%。

2012年安徽省食品类出厂价格先降后升。1—9月,涨幅持续回落,年底在肉类等产品价格快速回升影响下,11、12月食品类价格同比分别上涨1.9%、2.4%,为6月份以来高位。特别是9—12月,食品类价格连续上涨,环比分别上涨0.7%、0.5%、0.6%、0.5%。主要产品中,以猪肉为代表的农副食品价格回升明显。12 月鲜、冷藏肉价格环比上涨 2.7%，为年内最高。

二、工业生产者价格变动因素分析

（一）主要因素。一是宏观经济发展减速。2012 年国内经济增速放缓，市场需求乏力，价格上涨动力不足；国际经济不景气，“欧债危机”加深，美国等发达经济体不振，大宗商品价格回落，输入型价格影响减弱；再者，安徽省部分下游制造业企业产品以出口为主，人民币不断升值，部分制造业企业产品价格下降。二是主要产品价格下跌。汽车、家用电器等行业价格一路走低，前期推动 PPI 上行的部分行业及产品价格由涨转跌，如化工、有色金属、钢材、煤炭、铁矿石、农副食品加工等产品价格不断下降。三是上年较高基数影响。2011 年安徽省工业生产者出厂价格同比上涨 8.3%，为三年来最高。

（二）四季度工业生产者价格企稳回升的原因。一是政策性调价。2012 年底政策性调价频繁，电、燃气等资源性产品价格不同程度上涨，推动价格上行。二是国际市场流动性增加。美国、日本相继推出新一轮量化宽松货币政策，国际市场流动性增加，石油加工、化工、有色金属等产品价格企稳回升。三是政策调控效应显现。受政策调控影响，安徽省工业生产逐渐回暖，投资进度加快，相关行业需求增加，带动产品价格回升。四是食品类价格上涨。四季度安徽畜牧业产量增幅不大，节日需求增加，以肉类为代表的食品价格上涨较快。

三、2013 年安徽省工业生产者价格走势预判

2013 年安徽省工业生产者价格将延续上年底走势继续回升。主要原因：一是政策推动，相关行业需求有望进一步回暖，部分生产资料价格继续回升；二是 2013 年全球经济预期好于上年，出口需求将有所提振；三是 2012 年工业生产者价格基数较低；四是 2013 年资源性产品定价机制改革可能性较大，将直接带动相关资源性产品价格上涨，同时将推高相关产品生产成本，从而带动工业产品价格上涨。

但国际经济不确定因素较多，国内经济发展还存在诸多问题，尤其是部分行业产能过剩与消费不足，将长期制约工业品价格上涨，加之 2013 年负翘尾因素影响超过上年，工业生产者价格回升幅度有限。

结合以上分析，预计 2013 年 PPI 将继续小幅回升，全年有望呈现前低后高走势。

撰稿：邓炜炜

2012年安徽农产品生产价格运行状况及2013年预测

2012年，欧美等发达经济体增长乏力，国内经济增速小幅下行。经济不景气导致需求不足，安徽农产品价格受此影响，涨幅经历回落并企稳的过程。

一、农产品生产价格总水平低位运行

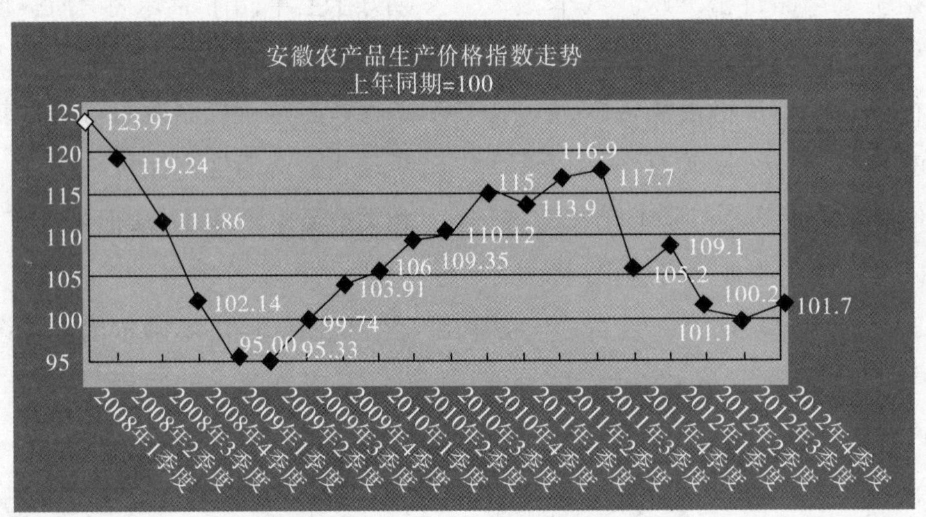

2012年一季度，受节日消费和农产品生产季节结构变动影响，安徽农产品价格总水平同比上涨9.1%，比2011年四季度扩大3.9个百分点。二季度，以生猪为代表的部分农产品价格快速下跌，安徽农产品价格同比上涨1.1%，比一季度回落8个百分点；三季度农产品价格同比涨幅仅为0.2%，创三年以来的新低，四季度略有回升，同比上涨1.7%。全年安徽农产品生产价格同比上涨3.0%。

二、主要农产品生产价格变动情况

（一）2012年农业产品生产价格上涨3.0%。在种植业产品中，棉花、薯类、中草药价格持续低迷；油料价格基本持平；谷物、大豆、蔬菜、水果、茶叶价格小幅上涨；坚果价格大幅上涨。

1. 粮食生产价格小幅上涨。全年粮食价格上涨3.1%，其中，一季度上涨7.5%，二季度上涨2.7%，三季度上涨2.7%，四季度上涨3.2%。各类粮食中，小麦价格上涨5.4%，稻谷上涨2.3%，玉米上涨4.2%。2012年国家继续提高粮食最低收购保护价，为粮食价格平稳提供有力的支撑。

小麦价格低开高走。2012年由于部分地区小麦赤霉病影响，开秤后收购价格较低。此外，经济增速下行，市场需求不足，粮食收购企业收购意愿不强。虽然各地收购价格总体上略高于上年，但我省多数小麦主产区市场收购价格未达到国家最低收购保护价格水平。二季度全省小麦价格为1.88元/千克，其中，硬质小麦为1.96元/千克，均低于2.04元/千克最低收购保护价。三季度我省北方多数小麦主产县市场收购价格达到或超过国家最低收购保护价格，全省小麦价格与二季度相同，其中，硬质小麦为2.06元/千克。南方软质小麦受赤霉病影响，品质较差，价格仅为1.72元/千克。四季度，小麦价格上涨较快，全省小麦价格均价达2.36元/千克，同比上涨10.2%。

稻谷价格涨幅由高到低。一季度稻谷价格上涨8.7%，二季度上涨4.6%，三季度上涨3.5%，四季度上涨1.9%。2012年全省秋粮再获丰收，稻谷品质比上年有所提高。秋粮上市后，粮食收购市场平稳有序，呈现出入库质量优、价格合理、秩序好、收购主体多的特点。国有粮食部门和经营企业收购稻谷价格高于最低收购价，但幅度不大。但籼稻价格低迷，四季度晚籼稻价格同比下跌1%。主要原因：一是进口大米冲击。为稳定物价，2012年我国进口大米数量骤增，对优质中晚籼米销售市场冲击较大，导致优质中晚籼米价格下跌；二是销区价格下跌，与产区基本持平；三是集中销售造成价格下跌。前几年优质中晚籼稻价格稳步上涨，2011年许多粮食经营企业大量收购优质中晚籼稻，到2012年7—8月，由于2012年高温天气，粮食保管难，同时收购贷款即将到期，出现大规模抛售，中晚籼稻出售价格较低。

玉米价格前高后低。2012年一季度，安徽玉米价格同比上涨9.8%，二季度上涨10%，三季度上涨5.8%，四季度上涨2.5%。主要原因是2011年下半年生猪价格大幅上涨，养殖户大量补栏，拉动玉米价格快速上涨。2012年后，生猪价格持续下跌，养殖户补栏积极性下降，玉米需求下降。同时，2012年安徽玉米再获丰收，增产17.9%，供求关系发生变化，全省玉米均价由二季度2.24元/千克回落至四季度2.14元/千克。

2. 油料价格基本持平。全年油料价格同比下跌0.1%。在各类油料中，油菜子价格同比上涨2.4%，花生上涨3.0%，芝麻下降5.9%，油茶子下降4%。

2012年安徽油菜播种面积继续减少，比上年下降5.9%，但由于气候适宜，措施得力，单产增幅较大，总产量可达126.6万吨，增长3.1%。油菜子价格在前两年大幅上涨的基础上，继续保持小幅上涨的势头。

3. 豆类生产价格波幅较大。全年豆类价格同比上涨3%，其中，一季度下跌3.5%，二季度上涨10.3%，三季度上涨15.2%，四季度上涨9.8%。受内、外期货市场变化的影响，全省大豆价格自2011年四季度由升转跌，2012年一季度跌幅进一步扩大，但二季度后涨跌出现逆转，二、三季度同比涨幅均超过两位数，四季度涨幅有所回落。

4. 棉花生产价格持续低迷。全年棉花价格下跌5.7%，其中，一季度下跌28%，二季度下跌19.1%，三季度下跌3.3%，四季度下跌0.8%。2011年新棉上市后，受国际市场需求减弱的影响，全省各地棉花市场行情清淡，价格较低，同比大幅下跌。2012年以来棉花市场行情延续上年低迷状态，价格低位徘徊，但同比跌幅逐季缩小。

5. 薯类价格涨幅大幅回落。薯类价格涨幅在2011年四季度达30.6%后，价格涨幅大幅回落，2012年一季度同比上涨15%，二季度上涨9.8%，三季度上涨2.7%，四季度下跌

20.9%。全年同比下跌6.5%。

6. 蔬菜生产价格小幅上涨，部分品种涨跌起伏较大。全年蔬菜生产价格上涨3.9%，其中，一季度上涨4.7%，二季度上涨3.8%，三季度上涨1%，四季度下跌0.8%。2012年春季遭遇倒春寒，长时间低温多雨，造成蔬菜及瓜类生长期延长，比往年推迟上市，产量下降。4月及5月上、中旬，蔬菜上市量较往年减少，价格上涨，其中大葱、大蒜价格涨幅较大。随着气温回升，大量应季蔬菜上市，5、6月蔬菜价格再度回落。进入伏季，部分蔬菜价格再度大幅上涨。秋季气候条件较好，部分大路蔬菜长势良好，价格回落。

7. 茶叶价格上涨7.7%。2012年茶叶上市期间价格变化呈"两头高、中间低"的走势，主要原因：一是3月份低温霜冻气候影响茶芽萌发，部分早熟品种产量减少，春茶开园时间比往年推迟十天左右，早期高档茶价格上涨。后期气候转暖，大路茶叶生长旺盛，产量大增，价格下跌。后期茶叶价格又有所上涨。

8. 食用坚果大幅上涨。受2012年天气和"大小年"生产周期的影响，食用坚果大幅减产，价格大幅上涨63.1%。全省板栗价格同比上涨71%，山核桃价格上涨25.3%。据调查，安徽舒城县板栗大幅度减产，有些栗园甚至绝收，总体减产幅度达八成。歙县山核桃减产幅度达30%。

（二）饲养动物及产品（牧业产品）生产价格小幅下跌。畜牧业产品价格涨幅在2011年三季度达37.6%后，四季度开始回落，同比上涨20.3%。2012年一季度上涨11.3%；二季度由涨转跌，下跌9.1%；三季度跌幅进一步扩大，下跌15.2%；四季度降幅收窄，同比下跌4.2%。全年下跌2.6%。

分品种看，猪下跌6.5%，牛上涨15.9%，羊上涨10.1%，活家禽下跌0.6%，禽蛋下跌5.1%。

2011年中秋、国庆"两节"过后，安徽生猪价格出现一轮快速下跌行情。2012年元旦、春节期间，生猪价格小幅上涨，此后，由于消费锐减，生猪价格持续下跌。分季度看，一季度全省生猪价格同比上涨18.9%，二季度下跌14.1%，三季度下跌23.3%，四季度下跌14.3%。2012年上半年全省生猪价格逐月下跌，由1月18.13元/千克下跌至6月13.60元/千克。原因是2011年三季度生猪价格快速上涨，养猪效益大幅提高，激发生猪养殖积极性，生猪存、出栏量持续增长，生猪市场供大于求。下半年生猪价格出现反弹，由7月13.78元/千克上涨至12月中上旬16.24元/千克。主要原因：一是国家及安徽省启动缓解生猪市场价格周期性波动调控预案，收储国产冻猪肉措施逐步实施；二是上半年养殖户持续抛售生猪，生猪价格降至盈亏分界点，养殖户主动抛售意愿下降；三是季节性消费高峰即将来临，对生猪价格上涨预期逐渐增强。

（三）林业产品生产价格上涨8.9%。其中，一季度上涨13.1%，二季度上涨7.9%，三季度上涨6.4%，四季度上涨0.9%。分类看，苗木价格上涨17.9%，原木价格上涨3.2%，竹材价格上涨4.8%。随着城镇化进程加快，城市绿化、美化等苗木需求增加，引发苗木价格持续上涨。

但目前房地产调控政策对林产品需求产生影响。据调查，部分木材加工企业处于停产歇业状态，原木价格涨幅回落，全省原木价格涨幅由一季度10%回落至四季度-0.6%。

（四）渔业产品生产价格上涨10.8%。分季度看，一季度上涨13.9%，二季度上涨10.9%，三季度上涨11%，四季度上涨7.3%。受居民消费结构提升的影响，近几年淡水产品价格持续上涨。全年淡水鱼价格上涨11.9%，其中，泥鳅价格上涨34.4%，黄鳝上涨20.9%，鳙鱼上涨14.1%，鲫鱼上涨15.6%，青鱼上涨13.5%，草鱼上涨9.1%，鲢鱼上涨8.1%，鲤鱼上涨8.3%；淡水养殖虾上涨10.7%，淡水河蟹上涨4.9%；其他淡水养殖产品中，淡水鳖上涨8.9%；淡水珍珠上涨1.2%。

三、对2013年农产品价格走势的判断

当前，美日等发达经济体启动量化宽松货币政策，国内连续三次降低存款准备金率，两次降低存贷款利率，市场货币流动性增加。我省部分农产品价格触底反弹，综合各种影响因素判断，2013年安徽农产品价格涨幅可能有所回升。

（一）粮食价格将保持稳步上扬的局面。国内粮食生产连续多年增产，为市场供应奠定坚实的物质基础。各级政府继续高度重视粮食生产，全面落实2012年国家各项惠农补贴政策，小麦、水稻最低收购价格提高等政策有效地保障了农民种粮的积极性。同时，各地加大科技投入，大力推广优良品种等关键技术，为提高单产提供科技支撑，粮食增产仍有一定的潜力。预计2013年粮食价格将在国家合理调控范围内稳步上涨。

（二）生猪价格可能小幅上涨。2012年上半年，安徽生猪价格一度跌入盈亏平衡点，出现持续抛售生猪现象，生猪价格较低，养殖户补栏不积极，生猪存栏数增长缓慢。进入三季度后，随着国家启动缓解生猪市场价格周期性波动调控预案，收储冻猪肉措施逐步实施，生猪价格触底反弹。虽然三、四季度生猪价格同比跌幅较大，但跌幅明显收窄。目前生猪价格继续小幅上涨。随着春节消费旺季来临，生猪价格仍将持续上涨。预计2013年前两个季度生猪价格同比涨幅将会由负转正，全年生猪价格会有一定幅度上涨。

（三）棉花价格将小幅回升。2012年，国际需求减弱，外贸出口萎缩，棉花期货价格低位调整。前三季度棉花市场萎靡不振，籽棉生产价格一季度为8.19元/千克，二季度为8.06元/千克，三季度进一步下降到7.49元/千克。随着我国经济企稳，四季度棉花价格总体上仍处于弱势整理态势，但籽棉小幅回升至8.20元/千克。预计2013年棉花价格可能继续小幅回升。

（四）油料价格将继续小幅上涨。2010年、2011年油菜子连续两年减产，2012年油菜子虽实现小幅增产，但无法改变油料市场供需状况，供给不足现象仍将维持，预计2013年油料价格可能继续小幅上扬。

（五）淡水产品价格存在一定的上涨空间。随着居民收入水平提高，水产品消费持续增加，预计2013年水产品价格将维持一定上涨幅度。

撰稿：闵志宏

2012年安徽固定资产投资价格涨幅逐季走低

2012年,"欧债危机"恶化,全球经济增长放缓,国内房地产市场继续实施严厉调控政策,安徽固定资产投资价格涨幅下降,并呈逐季下滑走势。2012年安徽投资价格总指数101.0,比上年回落7.1个百分点。其中,建筑安装工程、设备工器具与其他费用价格指数分别为101.3、99.2、102.3。1—4季度,安徽固定资产投资价格指数分别为103.4、101.8、99.5、99.2,逐季回落。

一、建筑安装、装饰工程价格指数小幅上涨

2012年,安徽固定资产投资中建筑安装、装饰工程价格指数为101.3,比上年回落9.7个百分点,1—4季度其价格指数分别为104.8、102.6、99.1和98.6。

(一)材料费价格下跌

1. 钢材与水泥价格双双下跌。2012年安徽钢材价格下跌4.8%,水泥价格下跌4.6%,与上年相比,涨幅分别下降4.8、24.7个百分点。据中钢协资料,2012年全国重点钢铁企业累计生产生铁、粗钢和钢材分别为5.655亿吨、6.404亿吨、5.869亿吨,分别增长3.08%、0.86%、2.38%;年末库存945.88万吨,比上增长11.50%。虽然2012年我国钢材出口增长13.7%,但销售价格下跌10%以上。其中,螺纹钢、线材价格分别下跌14.60%、12.26%,中板与中厚宽钢带分别下跌10.31%、13.60%。主要原因是我国固定资产投资增速放缓,钢材市场供大于求。水泥价格变化与钢材类似。

2. 地方建筑材料和木材价格上涨。2012年安徽地方建筑材料与木材价格分别上涨3.4%、2.9%。地方材料中,受部分建设工程项目对地方材料需求量较大与人工费上涨的影响,地方材料价格涨幅较高,但涨幅同比回落7.7个百分点。地方材料中,砖、砂子、石价格出现不同程度上涨。主要原因:一是国家不断加大环境保护力度,限制使用红土砖及禁止长江采砂,推动地方建筑材料价格上涨;二是人工费与地方建筑材料价格密切相关,人工费上涨带动地方建筑材料价格上涨。

3. 其他建筑材料价格均小幅上涨。2012年,安徽化工价格指数为102.5,涨幅同比回落7.2个百分点;电料和其他材料价格指数分别103.0、102.4,同比分别回落3.9、4.8个百分点。

(二)人工费价格刚性上涨

2012年,安徽固定资产投资中人工费继续刚性上涨,人工费价格上涨9.4%,但涨幅同比回落5.8个百分点。其中,工程管理人员、工程技术人员和普通工人工资分别上涨7.9%、8.8%、9.7%。主要原因是:一是物价上涨,人们生活支出增加;二是随着社会经济发展,城镇化水平与居民文化素质提高,农民工数量逐渐减少,部分农民工由于年龄大而退出建筑市场,使得各地建筑市场出现用工短缺,很多建筑企业采用提高工资报酬招揽民工,带动建筑行业人工费价格上涨。

(三)机械费用小幅上涨

2012 年,安徽混凝土及砂浆机械、加工机械和打桩机械价格涨幅居前,分别上涨 3.8%、3.5%、3.2%。原因是机械费租赁价格上涨,燃油价格上调与人工费上涨。

二、设备、工器具购置价格指数涨幅回落

2012 年安徽工业品出厂价格涨幅明显回落,设备、工器具购置价格综合价格指数为 99.2,同比下跌 0.8%,涨幅同比回落 2.8 个百分点。

三、其他费用价格指数小幅上涨

2012 年安徽固定资产投资中其他费用价格继续保持上涨态势,价格指数为 102.3。其中,土地取得费、前期工程费、施工工作费和建设单位其他费用分别上涨 2.8%、1.1%、1.4%、3.9%,各季度涨幅变化不大。

撰稿:周玉华

2012年安徽农村集贸市场主要农产品价格上涨

对全省农产品主产县集贸市场农产品价格调查结果显示，2012年安徽农村集贸市场主要农产品价格呈上涨走势，粮食、食用油、蔬菜与牛羊价格涨幅较大。

一、粮食价格全面攀升

2012年，安徽省集贸市场粮食交易价格承接上年上涨趋势，全年始终处于上涨态势。以籼稻价格为例（见图1），从年初2.45元/千克涨至年底2.61元/千克，比年初上涨6.5%。其他各粮食品种价格走势虽有所差异，但趋势基本一致（见表1）。

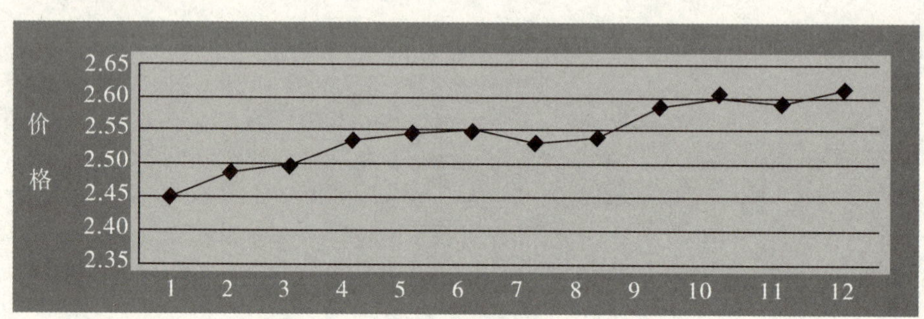

图1 2012年各月籼稻价格走势图

表1 2012年安徽省粮食价格变动表

单位：元/千克

品　种	籼稻	粳稻	小麦	玉米	大豆	籼米	粳米	面粉
平均价	2.55	2.79	2.06	2.35	5.37	4.28	4.91	3.25
1月	2.45	2.71	2.02	2.26	5.05	4.12	4.74	3.19
2月	2.49	2.74	2.02	2.30	5.09	4.16	4.78	3.17
3月	2.50	2.78	2.03	2.36	5.16	4.18	4.79	3.17
4月	2.54	2.79	2.05	2.39	5.33	4.27	4.89	3.17
5月	2.55	2.79	2.08	2.38	5.48	4.33	4.91	3.21
6月	2.55	2.81	2.01	2.36	5.39	4.34	4.89	3.24
7月	2.53	2.77	2.00	2.35	5.55	4.29	4.86	3.20
8月	2.54	2.79	2.05	2.39	5.49	4.33	5.01	3.22
9月	2.59	2.82	2.07	2.39	5.46	4.36	5.01	3.28
10月	2.61	2.85	2.10	2.36	5.42	4.34	5.01	3.34
11月	2.59	2.81	2.14	2.34	5.49	4.33	5.00	3.37
12月	2.61	2.82	2.18	2.34	5.55	4.36	5.03	3.46

从各类粮食价格变化情况看，2012 年安徽粮食价格涨幅大多在 10% 以下，粮食价格波动幅度不大，其中涨幅最大的三个品种分别是籼米、籼稻和玉米。籼米最低价格出现在 1 月份，为 4.12 元/千克；最高在 12 月份，为 4.36 元/千克，涨幅仅 6% 左右。

2012 年我国粮食生产实现“九连增”，安徽粮食生产实现“七连增”，粮食供应充足。受政策等因素影响，粮食价格稳定上涨，具体分析如下：

（一）支农政策力度进一步加大。2012 年中央继续加大对粮食生产支持力度，提高小麦、水稻最低收购价。每 50 千克白小麦、红小麦、混合麦最低收购价提高至 102 元，较 2011 年分别提高 7 元、9 元、9 元，提价幅度分别为 7.4%、9.7%、9.7%；每 50 千克早籼稻、中晚籼稻、粳稻最低收购价格分别提高至 120 元、125 元、140 元，较 2011 年分别提高 18 元、18 元、12 元，提价幅度分别为 17.6%、16.8%、9.4%。

（二）全球气候因素影响。2011 年入冬以来，由于遭遇秋旱、冬季极寒和早春干旱等不利天气影响，欧盟、巴西、澳大利亚等地粮食出现不同程度减产，对全球粮食生产和价格影响较大，国际市场上大豆、玉米价格出现上涨。主要产粮国粮食减产迫使许多国家实行粮食出口和价格干预政策，导致粮食供给紧张状态加剧，粮价上涨成为必然。

（三）粮食刚性需求增大。目前全世界每年新增 8296 万人，粮食基本需求不断增大。此外，世界上很多国家用粮食作为生产汽车燃料的原料也消耗大量粮食，粮食工业需求也进一步增加。

（四）市场因素影响较大。国际市场上，如世界粮食供应量出现 3%～5%波动，粮价波动幅度就会放大 10%～15%。粮食作为农产品期货，在一定时间内被大量热钱肆意炒作，不仅“放大”粮食价格，也加剧粮食供求关系的不确定性和粮价波动性。

二、全年棉花平均价格继续下跌

2012 年，安徽棉花价格延续 2011 年下半年下跌趋势，棉花（籽棉）平均价格为 8.46 元/千克，下跌 16.5%（见图 2）。

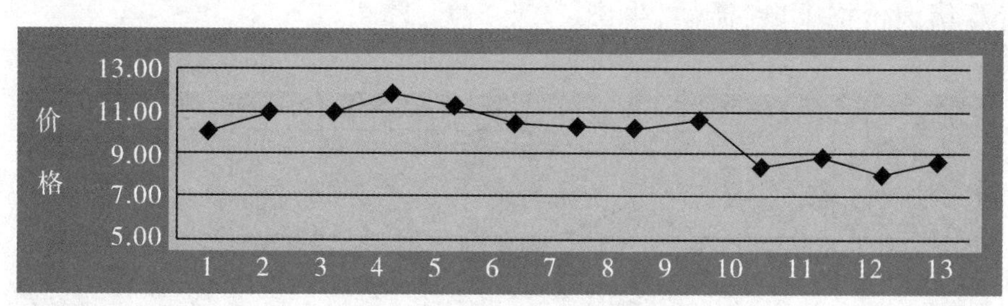

图 2　2012 年各月棉花价格走势图

据国家中棉所发布中国棉花生长指数(CCGI)显示,2012年中国棉花生长指数105,棉花长势好于去年半成,全国单产94.1千克/亩,增长5.6%。由于2011年棉花价格持续下跌,播种面积减少。2012年1—11月我国棉花进口460.6万吨,同比增长79.0%;进口棉平均约14843元/吨,低于国内价格。国际棉价下跌导致中国进口增加,带动国内棉花价格下跌。

三、花生仁及食用花生油价格涨幅较大

2012年,安徽省油料与食用油价格继续上涨。油料中花生仁全年上涨13.3%,油菜籽价格上涨9.5%。食用油中花生油价格涨幅达30.3%,菜籽油价格上涨8.7%。豆油价格由于受转基因影响,需求基本持平,价格变动不大。

2012年上半年,花生价格延续上年上涨走势,继续小幅上涨,新花生上市后略有回落。2011年,由于花生主产国美国、印度、阿根廷等地区产量下降,全球库存降至14年低点,美国花生价格上涨近2倍,欧洲价格也上涨60%,国际市场花生价格大幅上升,使得中国花生出口量大增,拉动国内花生价格上涨,也带动花生油价格上升(见图3)。

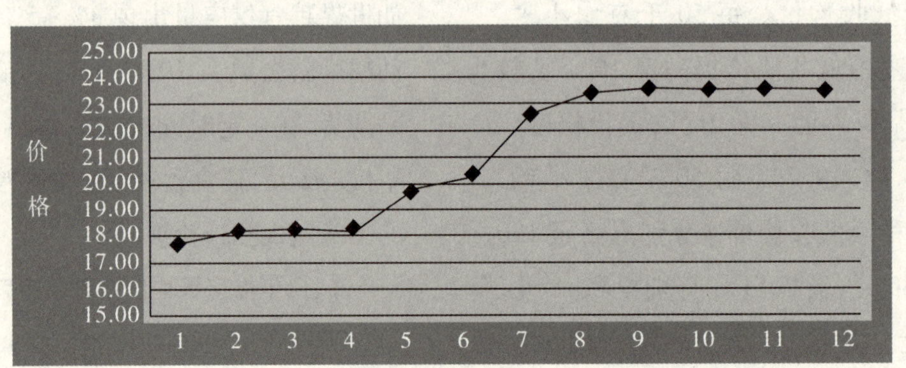

图3 2012年花生油价格走势图

四、畜产品价格分化,牛羊价格上涨

2012年畜产品价格上涨幅度大小不同(见表2),生猪及猪肉价格下跌,活牛、牛肉、活羊和羊肉价格上涨,鸡、鸡蛋价格基本上持平(见图4)。

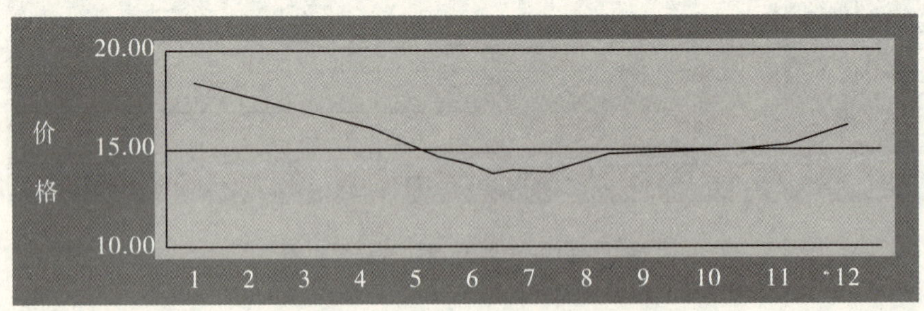

图4 2012年生猪价格走势图

表 2 2012 年安徽省集贸市场畜产品价格变动表 单位:元/千克

月份	活猪	猪肉	活牛	牛肉	活羊	羊肉	活鸡	鸡蛋
平均价	15.60	24.97	18.82	43.67	26.74	50.78	13.86	10.02
1月	18.35	28.60	18.08	42.50	26.00	53.63	14.57	10.92
2月	17.49	26.90	18.43	41.85	26.20	52.00	13.88	9.52
3月	16.75	26.12	18.30	41.65	26.33	50.50	14.14	9.27
4月	16.09	24.89	18.00	42.20	25.97	50.00	13.90	9.27
5月	14.88	23.16	18.07	40.14	25.30	49.60	13.66	9.10
6月	13.94	22.99	18.08	41.00	26.63	47.75	13.70	9.87
7月	13.82	23.20	18.08	41.00	26.38	47.50	13.70	9.91
8月	14.76	24.11	18.84	43.00	26.38	48.00	13.99	10.94
9月	14.88	24.63	19.06	44.14	26.73	49.75	13.62	10.47
10月	14.91	24.66	19.40	46.25	27.28	52.17	13.53	10.08
11月	15.25	24.68	20.10	48.00	28.58	53.50	13.85	10.35
12月	16.09	25.75	21.36	52.33	29.08	55.00	13.85	10.59
平均涨幅%	-6.1	-5.6	8.3	19.2	20.7	19.3	1.4	-5.1

2012 年安徽生猪价格呈"U"型走势(见图4),上半年一路下跌,下半年稳步回升。全省集贸市场生猪交易价格在元月份最高,达18元/千克以上,6、7月份跌破14元/千克,随后生猪交易价格回升,年底升至16元/千克左右。猪肉集贸市场元月份交易价格28.6元/千克,6月份下跌至23元/千克左右,年底回升至26元/千克左右。

2012 年安徽牛、羊价格稳定上涨,活牛价格稳定在18元/千克以上,活羊价格在26元/千克以上。进入冬季牛羊价格后继续上涨,活牛价格突破20元/千克,活羊价格突破29元/千克。牛肉价格全年稳定在40元/千克以上,羊肉价格除5—9月在50元/千克以下,其他月份均高于50元/千克。

四、其他农产品价格变化情况

(一)水产品价格。2012 年安徽水产品价格保持上涨态势。调查的四个水产品中,鲢鱼、草鱼、带鱼与鲤鱼平均价格分别上涨1.12元/千克、1.78元/千克、1.40元/千克、0.63元/千克,分别上涨15.5%、14.7%、8.9%、5.9%。

(二)蔬菜价格。2012 年安徽蔬菜价格涨幅较大。四季豆、黄瓜、菜椒、西红柿、大白菜全年均价每千克分别上涨1.76元、1.00元、1.08元、0.79元、0.29元,分别上涨32.0%、28.1%、25.9%、18.5%、18.0%。

(三)水果价格。2012 年安徽水果价格稳定,波动幅度不大。其中,苹果与橙子价格小幅上升,香蕉价格小幅下跌。

撰稿:周玉华

1-1 部分调查指标总量

指　标	Item	单　位	unit
主要农产品产量	**Output of Major Farm Products（万吨）**	**（10000 tons）**	
粮食	Grain		
棉花	Cotton		
油料	Oil-Bearing Crops		
猪肉	Pork		
牛肉	Beef		
羊肉	Mutton		
禽肉	Poultry		
禽蛋	Poultry Eggs		
城乡居民生活	**Family, People's Livelihood and Environment**		
家庭	Family		
城镇居民平均每户家庭人口	Average Household Size in Urban Areas	（人）	（person）
农村居民平均每户家庭人口	Average Household Size in Rural Areas	（人）	（person）
居住	Housing		
城镇居民人均住房建筑面积	Net Floor Space per Capita of Urban Residents	（平方米）	（sq.m）
农村居民人均住房面积	Net Floor Space per Capita of Rural Residents	（平方米）	（sq.m）
生活	People's Livelihood		
城镇居民人均可支配收入	Annual Disposable Income per Captita of Urban Households	（元）	（yuan）
农村居民人均纯收入	Annual Net Income per Captita of Rural Households	（元）	（yuan）
物价（上年=100）	**Price（Preceding year = 100）**		
居民消费价格指数	Consumer Price Index		
商品零售价格总指数	Retail Price Index		
工业生产者出厂价格指数	Producer Price Index for Industrial Products		
工业生产者购进价格指数	Purchasing Price Index for Industrial Producers		

Main Aggregate Indicators of Sample Survey

总量指标 Aggregate Data								
1978	1990	2000	2005	2008	2009	2010	2011	2012
1482.00	2457.20	2472.10	2605.30	3023.30	3069.90	3080.50	3135.50	3289.10
11.50	23.60	27.40	32.50	36.35	34.60	31.60	37.80	29.40
32.60	129.10	285.10	270.70	228.03	240.35	227.60	213.75	227.69
				217.40	229.85	238.76	233.07	249.67
				17.10	17.54	18.32	17.82	18.13
				13.40	13.82	14.2	14.18	14.59
				94.00	99.59	104.08	109.05	114.10
				112.10	118.19	119.02	119.65	122.65
		3.08	2.95	2.87	2.84	2.84	2.8	2.78
				4.06	4.05	4.03	3.88	3.85
				29.91	30.89	31.55	32.09	32.38
				29.88	31.01	32.05	35.03	35.88
	1354.60	5293.55	8470.68	12990.35	14085.74	15788.17	18606.13	21024.21
113.34	539.16	1934.57	2640.96	4202.49	4504.32	5285.17	6232.21	7160.50
	102.7	100.7	101.4	106.2	99.1	103.1	105.6	102.3
100.0	101.9	98.0	100.6	106.3	99.0	103.2	105.3	102.1
		98.9	103.3	108.4	92.8	109.0	108.3	98.3
		102.6	107.2	112.4	95.3	111.8	110.8	98.2

1-2 部分服务业抽样调查推算结果(2012年1—11月)
Main Indicators of Partial Service Enterprises (Jan—to Nov.,2012)

项目	Item	单位	Unit	经济总量 Total Economy		增速(%) Rate of Increase over Preceding Year (%)
				2012年1—11月 Jan.—Nov.,2012	2011年1—11月 Jan.—Nov.,2011	
企业数	Number of Enterprises	个	unit	34921	30352	15.05
资产总计	Total Assets	万元	10000 yuan	64703644	50756880	27.48
固定资产原价	Original Value of Fixed Assets	万元	10000 yuan	11111417	9784660	13.56
本期固定资产折旧	Depreciation of Fixed Assets	万元	10000 yuan	420593.66	337580.16	24.59
营业收入	Business Revenue	万元	10000 yuan	12750897	10973459	16.2
营业费用、管理费用、财务费用合计	Total Expenditure	万元	10000 yuan	2171229	1890050.75	14.88
税金	Tax	万元	10001 yuan	46737.5	37306.3	25.28
利息净支出	Net Interest Expenses	万元	10002 yuan	517611.22	410504.88	26.09
营业利润	Operating Profit	万元	10000 yuan	885247.69	755092.69	17.24
利润总额	Total Profits	万元	10000 yuan	1419051.5	1284697.88	10.46
应交所得税	Corporate Income Tax	万元	10000 yuan	107766.41	85405.3	26.18
本年应付工资总额	Wages Payable	万元	10000 yuan	1409688.5	1119423.88	25.93
本年应付福利费总额	Welfare Expenses Payable	万元	10000 yuan	67033.91	51210.28	30.9
劳动、失业、养老、医疗保险费	Insurance	万元	10000 yuan	191514.56	188199.73	1.76
住房公积金和住房补贴	Housing Provident Funds and Housing Subsidies	万元	10000 yuan	31862.54	27039.72	17.84
全部从业人员平均人数	Annual Average Number of Employed Persons	人	person	608650	523478	16.27
货币资金	Monetary Assets	万元	10000 yuan	3920808.25	3212127.25	22.06
短期投资	Short-term Investment	万元	10000 yuan	331510.59	2095105.75	-84.18
负债合计	Total Liabilities	万元	10000 yuan	35510664	27699632	28.2
所有者权益合计	Owners' Equity	万元	10000 yuan	29192978	23057248	26.61
营业成本	Cost of Business	万元	10000 yuan	9421474	8208992	14.77
营业税金及附加	Tax and Extra Charges from Business	万元	10000 yuan	239944.84	197806.14	21.3
投资收益	Returns on Investment	万元	10000 yuan	302890.19	255516.58	18.54

主要统计指标解读

粮食产量

指全社会的产量。包括国有经济经营的、集体统一经营的和农民家庭经营的粮食产量,还包括工矿企业办的农场和其他生产单位的产量。粮食除包括稻谷、小麦、玉米、高粱、谷子及其他杂粮外,还包括薯类和豆类。其产量计算方法,豆类按去豆荚后的干豆计算;薯类(包括甘薯和马铃薯,不包括芋头和木薯)1963 年以前按每 4 千克鲜薯折 1 千克粮食计算,从 1964 年开始改为按 5 千克鲜薯折 1 千克粮食计算。城市郊区作为蔬菜的薯类(如马铃薯等)按鲜品计算,并且不作粮食统计。其他粮食一律按脱粒后的原粮计算。1989 年以前全国粮食产量数据主要靠全面报表取得,1989 年开始使用抽样调查数据。

城镇家庭可支配收入 指调查户可用于最终消费支出和其他非义务性支出以及储蓄的总和,即居民家庭可以用来自由支配的收入。它是家庭总收入扣除交纳的所得税、个人交纳的社会保障费以及调查户的记账补贴后的收入。计算公式为:

可支配收入=家庭总收入-交纳所得税-个人交纳的社会保障费-记账补贴

农村居民家庭纯收入 指农村住户当年从各个来源得到的总收入相应地扣除所发生的费用后的收入总和。计算方法:

纯收入=总收入-税费支出-家庭经营费用支出-生产性固定资产折旧-赠送农村外部亲友支出

纯收入主要用于再生产投入和当年生活消费支出,也可用于储蓄和各种非义务性支出。“农民人均纯收入”按人口平均的纯收入水平,反映的是一个地区或一个农户农村居民的平均收入水平。

居民消费价格指数(CPI)

是反映一定时期内城乡居民所购买的生活消费品价格和服务项目价格变动趋势和程度的相对数,是对城市居民消费价格指数和农村居民消费价格指数进行综合汇总计算的结果。该指数可以观察和分析消费品的零售价格和服务价格变动对城乡居民实际生活费支出的影响程度。

工业生产者出厂价格指数(PPI) 是反映一定时期内全部工业产品出厂价格总水平的变动趋势和程度的相对数,包括工业企业售给本企业以外所有单位的各种产品和直接售给居民用于生活消费的产品。该指数可以观察出厂价格变动对工业总产值及增加值的影响。

农业调查

Agriculture Survey

简 要 说 明

一、本篇资料内容主要包括农村社会经济主要指标，主要年份农作物播种面积、农作物总产量，畜牧业生产情况，农户固定资产投资情况，各调查县（区）农村基本情况及农村贫困监测调查情况等。

二、农作物播种面积及产量调查根据国家统计局《种植业抽样调查制度》，由安徽调查总队组织实施，目前抽选的调查县为31个。

三、畜牧业生产情况调查根据国家统计局《主要畜禽抽样调查制度》，由安徽调查总队组织实施，主要畜禽抽样实行分季定产，生猪调出大县实行月度调查与季度调查相结合，主要数据开展月度调查。

四、退耕还林（草）监测调查根据国家统计局《退耕还林（草）监测调查方案》，由安徽调查总队组织实施。主要对实施退耕还林工程县的经济、社会发展、退耕工程运行及巩固退耕还林成果项目实施情况以及对实施退耕还林（草）的农户退耕还林工程完成情况及生产、生活状况进行抽样调查。目前抽选的调查县有18个。

五、农村贫困监测调查，由安徽调查总队组织实施，目前国家扶贫开发重点县有20个，省扶贫开发重点县有10个。

本版责任编辑：刘国光　杨潇潇　邓业轩
汪思源　刘　沙

2-1 历年农业生产情况
Output of Agriculture in Main Years

年份 Year	播种面积（千公顷） Sown Area (1000 hectares)	#粮食 Grain Crops	#棉花 Cotton	#油料 Oil-bearing Crops	粮食产量（万吨） Output of Grain Crops (10000 tons)	#小麦 Wheat	#稻谷 Barley	棉花产量（万吨） Output of Cotton (10000 tons)	油料产量（万吨） Output of Oil-bearing Crops (10000 tons)	蔬菜产量（万吨） Output of Vegetables (10000 tons)
1978	8013.0	6186.7	326.9	400.1	1482.0	279.0	856.5	11.5	32.6	
1979	8005.0	6288.0	299.1	508.5	1609.5	390.0	889.5	9.7	44.7	
1980	7740.0	6025.9	323.4	570.4	1454.0	340.5	773.0	12.2	49.8	
1981	7880.0	6024.2	329.1	774.9	1787.5	435.5	945.0	15.6	99.3	
1982	8007.0	6032.7	327.9	919.8	1933.0	554.0	1043.5	15.8	125.5	
1983	7859.0	6085.8	321.3	773.3	2010.5	572.5	960.0	19.0	96.5	
1984	7967.0	6192.3	333.7	746.4	2202.5	646.5	1136.0	23.4	97.2	
1985	8186.0	5898.6	235.1	1089.8	2168.0	605.9	1162.9	16.7	145.7	
1986	8163.0	6051.6	205.9	1103.8	2371.9	656.6	1222.3	16.3	131.6	
1987	8372.0	6151.0	224.2	1247.1	2432.6	717.9	1189.2	18.6	151.1	
1988	8169.0	6155.1	270.1	947.1	2296.4	677.5	1159.7	20.6	88.1	
1989	8239.0	6203.8	252.3	990.7	2383.5	591.8	1282.6	17.0	101.7	
1990	8314.0	6246.1	293.1	999.3	2457.2	598.0	1340.1	23.6	129.1	
1991	8196.0	5954.5	405.5	1083.1	1781.5	315.4	1058.0	27.1	97.1	
1992	8155.0	5873.0	420.0	1047.7	2325.1	611.8	1223.5	26.3	140.0	
1993	8265.0	6038.2	353.2	997.1	2569.9	716.9	1248.6	26.0	157.2	
1994	8264.0	5796.5	443.3	1088.3	2330.3	710.2	1187.5	25.8	154.5	
1995	8354.0	5852.5	443.2	1263.5	2580.7	699.1	1269.9	30.1	191.8	1006.9

2-1 续表 Continued

年份 Year	播种面积（千公顷） Sown Area (1000 hectares)	#粮食 Grain Crops	#棉花 Cotton	#油料 Oil-bearing Crops	粮食产量（万吨） Output of Grain Crops (10000 tons)	#小麦 Wheat	#稻谷 Barley	棉花产量（万吨） Output of Cotton (10000 tons)	油料产量（万吨） Output of Oil-bearing Crops (10000 tons)	蔬菜产量（万吨） Output of Vegetables (10000 tons)
1996	8361.5	6029.0	413.7	1098.8	2674.1	748.3	1327.4	27.0	177.2	1195.7
1997	8488.9	6030.6	399.4	1135.1	2802.7	941.2	1290.2	30.1	205.0	1780.0
1998	8564.2	5991.0	395.5	1225.3	2591.0	599.1	1390.2	29.0	176.5	1792.0
1999	8582.1	5934.9	303.2	1334.5	2771.2	852.5	1300.6	19.5	268.1	
2000	9005.8	6183.8	308.4	1457.4	2472.1	707.1	1221.6	27.4	285.1	1509.2
2001	8733.1	5841.7	363.0	1415.4	2500.3	741.9	1174.3	35.7	298.8	1439.7
2002	8997.6	6091.9	321.2	1453.2	2765.0	683.7	1327.5	33.7	282.3	1618.2
2003	9124.7	6157.2	390.0	1412.6	2214.8	642.8	963.7	24.1	231.4	1513.5
2004	9200.4	6312.2	398.9	1380.2	2743.0	790.1	1292.1	41.2	299.7	1656.5
2005	9172.5	6410.9	375.7	1303.1	2605.3	808.1	1250.8	32.5	270.7	1671.2
2006	8790.0	6443.4	360.0	935.4	2853.7	1039.0	1333.1	35.3	210.4	1726.5
2007	8853.9	6477.8	375.9	864.3	2901.4	1111.3	1356.4	37.4	199.2	1913.7
2008	8976.6	6561.1	390.1	936.7	3023.3	1167.9	1383.5	36.4	22.8	1923.5
2009	9036.2	6605.6	351.7	968.8	3069.9	1177.2	1405.6	34.6	240.4	2028.1
2010	9053.4	6616.4	344.4	944.3	3080.5	1206.7	1383.4	31.6	227.6	2137.4
2011	9022.9	6621.5	350.4	878.3	3135.5	1215.7	1387.1	37.8	213.8	2214
2012	8969.6	6622.0	304.9	843.6	3289.1	1294.0	1393.5	29.4	227.7	2327.5

2-2 农作物播种面积
Total Sown Area of Crops

单位:千公顷 (1000 hectares)

指 标	Item	2000	2005	2008	2009	2010	2011	2012
农作物总播种面积	**Total Sown Area of Farm Crops**	**9005.8**	**9172.5**	**8976.6**	**9036.2**	**9053.4**	**9022.9**	**8969.6**
一、粮食作物总计	**Grain Crops**	**6183.8**	**6410.9**	**6561.1**	**6605.6**	**6616.4**	**6621.5**	**6622.0**
其中:夏收粮食	Summer Grain	2250.3	2268.5	2386.7	2398.6	2408.3	2425.7	2458.6
秋收粮食	Autumn Grain	3570.7	3748.7	3908.4	3933.0	3944.7	3939.7	3925.9
(一)谷物	Cereals	4942	5051.3	5323.9	5386.2	5424.4	5485.0	5498.3
1. 稻谷	Barley	2236.7	2149.1	2218.9	2246.8	2245.4	2230.8	2215.1
(1)早稻	Early-season Rice	362.9	293.7	266.0	273.9	263.4	256.2	237.5
(2)中稻	Semilate Rice	1508.7	1557.9	1669.8	1681.6	1702.0	1702.2	1714.3
(3)双季晚稻	Double-crop Late Rice	365.1	297.5	283.1	291.3	280.0	272.4	263.2
2. 小麦	Wheat	2126.4	2108.3	2346.7	2355.3	2365.7	2383.0	2415.5
3. 玉米	Corn	485.9	670.2	705.1	730.7	761.1	818.8	822.5
4. 谷子	Millet	0.3	0.3	0.1	0.1	0.1	0.1	0.1
5. 高粱	Jowar	4.6	2.0	1.1	1.1	1.0	1.0	1.0
6. 其他谷物	Other Cereals	88.2	121.4	52.0	52.1	51.2	51.2	44.1
其中:大麦	Barley			49.9	49.8	48.2	42.7	43.1
(二)豆类	Beans	773.7	1008.6	1068.5	1050.3	1021.2	969.0	960.3
大豆	Soybean	682.2	917.0	988.4	970.0	938.9	885.9	876.7
绿豆	Mung Bean			62.8	63.1	66.2	66.5	68.5
红小豆	Red Bean			4.9	5.0	5.2	5.1	5.1
(三)薯类	Tubers	468.1	351	168.7	169.1	170.7	167.6	163.5
其中:马铃薯	Potato	7.4	7.1	7.7	8.3	8.8	10.7	15.7

2-2 续表 Continued

指 标	Item	2000	2005	2008	2009	2010	2011	2012
二、油料作物	**Oil-bearing Crops**	**1457.4**	**1303.1**	**936.7**	**968.8**	**944.3**	**878.3**	**843.6**
其中:花生	Peanut	334	238.5	194.5	180.9	194.6	188.9	187.5
油菜子	Rapeseed	964.7	953.6	670.4	721.8	691.0	640.4	609.6
芝麻	Sesame	158.5	109.0	67.7	59.4	52.3	48.0	45.7
三、棉花	**Cotton**	**308.4**	**375.7**	**390.1**	**351.7**	**344.4**	**350.4**	**304.9**
四、麻类	**Fiber Crops**	**15.0**	**12.8**	**11.1**	**9.5**	**9.4**	**9.4**	**9.0**
其中:黄红麻	Jute and Ambary Hemp	8.5	6.5	5.5	4.2	4.3	4.7	4.7
苎麻	Ramee	4.0	4.4	3.7	3.5	2.8	2.5	2.2
大麻(线麻)	Hemp	2.2	1.7	1.7	1.8	2.2	1.9	2.1
五、糖料合计	**Sugar Crops**	**8.4**	**5.7**	**6.8**	**5.8**	**5.7**	**5.4**	**5.2**
甘蔗	Sugar Cane	8.4	5.7	6.8	5.8	5.7	5.4	5.2
六、烟叶合计	**Tobacco**	**19.7**	**10.8**	**9.7**	**10.4**	**10.9**	**11.4**	**13.2**
其中:烤烟	Flue-cured Tobacco	18.9	10.3	9.2	10.2	10.7	11.2	13.0
七、药材类合计	**Medicinal Materials**	**56.4**	**61.4**	**54.3**	**55.1**	**64.0**	**74.4**	**81.7**
八、蔬菜(含菜用瓜)	**Vegetables**	**539.7**	**664.9**	**718.6**	**745.3**	**774.2**	**789.0**	**810.6**
九、瓜果类(含果用瓜)	**Melon**	**184.2**	**175.5**	**166.5**	**160.6**	**165.7**	**171.1**	**172.6**
#西瓜	Watermelon	157.7	151.5	134.0	130.9	131.9	136.3	138.7
甜瓜	Muskmelon	15.1	14.0	14.5	14.2	14.2	14.3	15.8
草莓	Strawberry		4.9	7.9	9.0	10.9	12.2	13.0
十、其他作物	**Other Farm Crops**	**242.8**	**151.7**	**121.7**	**123.4**	**118.4**	**112.0**	**106.8**
#青饲料	Succulence	29.7	12.2	32.9	35.8	31.2	33.2	36.3

2-3 农作物种植结构
Planting Structure of Crops

单位:% (%)

指　标	Item	2008年	2009年	2010年	2011年	2012年
农作物总播种面积	**Total Sown Area of Farm Crops**	**100.0**	**100.0**	**100.0**	**100.0**	**100.0**
一、粮食作物总计	**Grain Crops**	**73.1**	**73.1**	**73.1**	**73.4**	**73.8**
其中:夏收粮食	Summer Grain	36.4	36.3	36.4	36.6	37.1
秋收粮食	Autumn Grain	59.6	59.5	59.6	59.5	59.3
(一)谷物	Cereals	81.1	81.5	82.0	82.8	83.0
1. 稻谷	Barley	41.7	41.7	41.4	40.7	40.3
(1)早稻	Early-season Rice	12.0	12.2	11.7	11.5	10.7
(2)中稻	Semilate Rice	75.3	74.8	75.8	76.3	77.4
(3)双季晚稻	Double-crop Late Rice	12.8	13.0	12.5	12.2	11.9
2. 小麦	Wheat	44.1	43.7	43.6	43.4	43.9
3. 玉米	Corn	13.2	13.6	14.0	14.9	15.0
4. 谷子	Millet					
5. 高粱	Jowar					
6. 其他谷物	Other Cereals	1.0	1.0	0.9	0.9	0.8
其中:大麦	Barley	96.0	95.6	94.1	83.4	97.7
(二)豆类	Beans	16.3	15.9	15.4	14.6	14.5
大豆	Soybean	92.5	92.4	91.9	91.4	91.3
绿豆	Mung Bean	5.9	6.0	6.5	6.9	7.1
红小豆	Red Bean	0.5	0.5	0.5	0.5	0.5
(三)薯类	Tubers	2.6	2.6	2.6	2.5	2.5
其中:马铃薯	Potato	4.6	4.9	5.2	6.4	9.6

2-3 续表 Continued

指　　标	Item	2008 年	2009 年	2010 年	2011 年	2012 年
二、油料作物	**Oil-bearing Crops**	**10.4**	**10.7**	**10.4**	**9.7**	**9.4**
其中:花生	Peanut	20.8	18.7	20.6	21.5	22.2
油菜子	Rapeseed	71.6	74.5	73.2	72.9	72.3
芝麻	Sesame	7.2	6.1	5.5	5.5	5.4
三、棉花	**Cotton**	**4.3**	**3.9**	**3.8**	**3.9**	**3.4**
四、麻类	**Fiber Crops**	**0.1**	**0.1**	**0.1**	**0.1**	**0.1**
其中:黄红麻	Jute and Ambary Hemp	49.5	44.2	45.7	50.0	52.5
苎麻	Ramee	33.3	36.8	29.8	26.6	24.6
大麻(线麻)	Hemp	15.3	18.9	23.4	20.2	23.4
五、糖料合计	**Sugar Crops**	**0.1**	**0.1**	**0.1**	**0.1**	**0.1**
甘蔗	Sugar Cane	0.1	0.1	0.1	0.1	0.1
六、烟叶合计	**Tobacco**	**0.1**	**0.1**	**0.1**	**0.1**	**0.1**
其中:烤烟	Flue-cured Tobacco	94.8	98.1	98.2	98.2	98.5
七、药材类合计	**Medicinal Materials**	**0.6**	**0.6**	**0.7**	**0.8**	**0.9**
八、蔬菜(含菜用瓜)	**Vegetables**	**8.0**	**8.2**	**8.6**	**8.7**	**9.0**
九、瓜果类(含果用瓜)	**Melon**	**1.9**	**1.8**	**1.8**	**1.9**	**1.9**
#西瓜	Watermelon	80.5	81.5	79.6	79.7	80.4
甜瓜	Muskmelon	8.7	8.8	8.6	8.4	9.2
草莓	Strawberry	4.7	5.6	6.6	7.1	7.5
十、其他作物	**Other Farm Crops**	**1.4**	**1.4**	**1.3**	**1.2**	**1.2**
#青饲料	Succulence	27.0	29.0	26.4	29.6	34.0

2-4 主要农作物总产量
Gross Output of Main Crops

单位:万吨 (10000 tons)

指　标	Item	2000年	2005年	2008年	2009年	2010年	2011年	2012年
农作物总产量	**Output of Farm Crops**	**2472.1**	**2605.3**	**3023.3**	**3069.9**	**3080.5**	**3135.5**	**3289.1**
一、粮食作物总计	**Grain Crops**	**2472.1**	**2605.3**	**3023.3**	**3069.9**	**3080.5**	**3135.5**	**3289.1**
其中:夏收粮食	Summer Grain	737.9	865.2	1172.0	1182.2	1211.7	1221.2	1301.5
秋收粮食	Autumn Grain	1581.1	1587.0	1710.2	1737.3	1728.5	1777.1	1855.6
(一)谷物	Cereals	2174.5	2385.8	2846.7	2895.9	2911.2	2974.0	3123.3
1. 稻谷	Barley	1221.6	1250.8	1383.5	1405.6	1383.4	1387.1	1393.5
(1)早稻	Early-season Rice	153.1	153.1	140.8	150.4	140.3	137.2	132.0
(2)中稻	Semilate Rice	901.1	954.9	1102.4	1111.5	1105.2	1113.3	1123.5
(3)双季晚稻	Double-crop Late Rice	167.4	142.8	140.3	143.7	137.9	136.6	138.0
2. 小麦	Wheat	707.1	808.1	1167.9	1177.2	1206.7	1215.7	1294.0
3. 玉米	Corn	219.0	264.9	286.6	304.7	312.7	362.6	427.5
4. 谷子	Millet	0.1	0.2					
5. 高粱	Jowar	1.4	1.5	0.2	0.2	0.2	0.2	0.2
6. 其他谷物	Other Cereals	25.3	60.3	8.6	8.3	8.1	8.5	8.0
其中:大麦	Barley		59.2	8.5	8.2	7.9	8.5	7.5
(二)豆类	Beans	103.6	95.5	130.0	127.2	121.9	115.0	120.5
大豆	Soybean	91.5	88.8	127.8	124.7	119.8	107.5	113.0
绿豆	Mung Bean		5.9	2.0	2.0	2.3	2.4	6.2
红小豆	Red Bean		0.8	0.2	0.2	0.2	0.2	1.3
(三)薯类	Tubers	194.0	124.0	46.6	46.7	47.4	46.5	45.4
其中:马铃薯	Potato	3.0	3.1	4.9	5.3	5.6		7.5

2-4 续表 Continued

指 标	Item	2000年	2005年	2008年	2009年	2010年	2011年	2012年
二、油料作物	**Oil-bearing Crops**	**285.1**	**270.7**	**228**	**240.3**	**227.6**	**213.8**	**227.7**
其中:花生	Peanut	111.2	79.3	77.9	75.1	86.4	84.3	86.9
油菜子	Rapeseed	156.8	182.3	140.3	157.8	133.7	122.8	134.3
芝麻	Sesame	16.6	9.0	7.3	6.6	6.6	6.2	6.5
三、棉花	**Cotton**	**27.4**	**32.5**	**36.3**	**34.6**	**31.6**	**37.8**	**29.4**
四、麻类	**Fiber Crops**	**3.5**	**3.2**	**3.2**	**2.3**	**2.4**	**2.6**	**2.7**
其中:黄红麻	Jute and Ambary Hemp	2.2	1.9	1.9	1.2	1.2	1.4	1.6
苎麻	Ramee	0.7	0.8	0.7	0.6	0.4	0.4	0.3
大麻(线麻)	Hemp	0.5	0.4	0.6	0.5	0.7	0.5	0.8
五、糖料合计	**Sugar Crops**	**32.1**	**21.3**	**29.5**	**21.8**	**22.4**	**21.6**	**20.6**
甘蔗	Sugar Cane	32.0	21.3	29.2	21.8	22.4	21.6	20.6
六、烟叶合计	**Tobacco**	**3.2**	**2.6**	**2.5**	**2.9**	**3.0**	**3.1**	**3.6**
其中:烤烟	Flue-cured Tobacco	3.1	2.5	2.4	2.9	2.9	3.0	3.5
七、药材类合计	**Medicinal Materials**							
八、蔬菜(含菜用瓜)	**Vegetables**		**1671.2**	**1923.5**	**2028.1**	**2137.4**	**2214.0**	**2327.5**
九、瓜果类(含果用瓜)	**Melon**		**559.9**	**519.2**	**530.0**	**569.6**	**604.8**	**624.1**
#西瓜	Watermelon		492.4	449.6	453.0	479.2	510.9	525.5
甜瓜	Muskmelon		35.7	40.5	43.9	43.6	44.5	49.0
草莓	Strawberry		9.2	14.7	18.8	24.4	27.9	31.2

2-5 主要农作物单位面积产量
Yield per Unit Area of Main Crops

单位:千克/公顷 (kg/hectare)

指 标	Item	2000 年	2005 年	2008 年	2009 年	2010 年	2011 年	2012 年
一、粮食作物总计	**Grain Crops**	**3997.7**	**4063.9**	**4607.9**	**4647.4**	**4655.8**	**4735.3**	**4966.9**
其中:夏收粮食	Summer Grain	3279.2	3814.0	4910.5	4928.6	5031.1	5034.5	5293.7
秋收粮食	Autumn Grain	4428.0	4123.5	4376.5	4417.1	4381.8	4510.8	4726.6
(一)谷物	Cereals	4400.1	4723.1	5347.1	5376.6	5366.7	5422.2	5680.4
1. 稻谷	Barley	5461.7	5820.1	6235.0	6255.9	6161.2	6217.8	6291.1
(1)早稻	Early-season Rice	4219.2	5212.8	5293.2	5491.5	5327.8	5354.6	5557.0
(2)中稻	Semilate Rice	5972.6	6129.4	6602.2	6609.7	6493.4	6540.6	6553.8
(3)双季晚稻	Double-crop Late Rice	4585.5	4800.0	4954.1	4932.3	4925.9	5013.2	5242.4
2. 小麦	Wheat	3325.3	3832.9	4976.8	4998.0	5100.8	5101.6	5357.0
3. 玉米	Corn	4507.4	3952.6	4064.7	4169.7	4109.1	4428.1	5197.4
4. 谷子	Millet	3157.9	6666.7		401.5	444.3		4000.0
5. 高粱	Jowar	3083.1	7500.0	1818.2	1823.6	1998.7	2000.0	2200.0
6. 其他谷物	Other Cereals	2869.6	4967.1	1644.2	1583.9	1586.2	1652.7	1813.4
其中:大麦	Barley		5654.3	1693.4	1641.0	1642.3	1983.9	1741.8
(二)豆类	Beans	1339.0	946.9	1216.2	1211.4	1193.8	1186.8	1254.9
大豆	Soybean	1341.2	968.4	1293.0	1285.2	1276.3	1213.4	1289.0
绿豆	Mung Bean		1090.6	318.5	322.6	350.3	359.4	905.1
红小豆	Red Bean		1039.0	306.1	312.5	324.8	313.7	2549.0
(三)薯类	Tubers	4144.1	3532.8	2762.9	2762.7	2777.0	2773.2	2774.0
其中:马铃薯	Potato	4054.1	4366.2	6324.7	6379.1	6409.6		4764.3
二、油料作物	**Oil-bearing Crops**	**1956.0**	**2077.2**	**2434.5**	**2480.8**	**2410.4**	**2433.7**	**2698.9**
其中:花生	Peanut	3328.1	3324.0	4003.6	4152.0	4439.8	4464.9	4633.5

2-5 续表 Continued

指　标	Item	2000 年	2005 年	2008 年	2009 年	2010 年	2011 年	2012 年
油菜子	Rapeseed	1625.1	1911.9	2092.2	2185.8	1935.3	1917.2	2203.4
芝麻	Sesame	1048.7	821.9	1084.9	1115.4	1263.4	1298.9	1416.5
三、棉花	**Cotton**	**888.5**	**864.0**	**931.8**	**983.7**	**917.7**	**1078.9**	**964.1**
四、麻类	**Fiber Crops**	**2307.1**	**2483.4**	**2875.4**	**2384.7**	**2509.2**	**2753.5**	**3015.6**
其中:黄红麻	Jute and Ambary Hemp	2621.0	2979.3	3354.2	2849.0	2903.1	2997.9	3412.4
苎麻	Ramee	1670.8	1786.8	1838.5	1613.5	1541.5	1506.7	1501.1
大麻(线麻)	Hemp	2280.8	2400.0	3635.9	2780.4	3016.5	2653.3	3716.9
五、糖料合计	**Sugar Crops**	**38164.0**	**37212.6**	**43468.6**	**37840.8**	**39068.6**	**39918.8**	**39735.5**
甘蔗	Sugar Cane	38218.5	37212.6	42975.7	37840.3	39074.1	39924.7	39735.5
六、烟叶合计	**Tobacco**	**1632.0**	**2402.5**	**2618.0**	**2828.3**	**2731.4**	**2710.1**	**2708.1**
其中:烤烟	Flue-cured Tobacco	1638.1	2407.0	2625.0	2826.0	2734.6	2701.8	2696.8
七、药材类合计	**Medicinal Materials**							
八、蔬菜(含菜用瓜)	**Vegetables**		**25136.2**	**26766.4**	**27210.5**	**27608.7**	**28061.3**	**28713.9**
九、瓜果类(含果用瓜)	**Melon**		**31905.1**	**31186.7**	**33001.8**	**34378.6**	**35344.3**	**36147.0**
#西瓜	Watermelon		32494.2	33553.7	34617.2	36319.5	37483.2	37885.8
甜瓜	Muskmelon		25480.6	27894.5	30853.8	30769.8	31081.3	31008.6
草莓	Strawberry		18761.1	18659.1	20879.2	22443.9	22903.7	24095.9

2-6 主要农作物播种面积比上年增长情况

Rate of Increase over Preceding Year of Total Sown Areas of Main Crops

单位:% (%)

指 标	Item	2000年	2005年	2008年	2009年	2010年	2011年	2012年
农作物总播种面积	**Total Sown Area of Farm Crops**	**4.9**	**-0.3**	**1.4**	**0.7**	**0.2**	**-0.3**	**-0.6**
一、粮食作物总计	**Grain Crops**	**4.2**	**1.6**	**1.3**	**0.7**	**0.2**	**0.1**	**…**
其中:夏收粮食	Summer Grain	3.7	2.1	0.2	0.5	0.4	0.7	1.4
秋收粮食	Autumn Grain	5.2	-1.4	2.3	0.6	0.3	-0.1	-0.4
(一)谷物	Cereals	1.4	1.5	0.5	1.2	0.7	1.1	0.2
1. 稻谷	Barley	4.3	0.9	0.6	1.3	-0.1	-0.7	-0.7
(1)早稻	Early-season Rice	-2.6	1.5	-3.7	3.0	-3.8	-2.7	-7.3
(2)中稻	Semilate Rice	10.2	0.6	1.8	0.7	1.2	…	0.7
(3)双季晚稻	Double-crop Late Rice	-9.7	1.7	-2.1	2.9	-3.9	-2.7	-3.4
2. 小麦	Wheat	3.4	2.3	0.7	0.4	0.4	0.7	1.4
3. 玉米	Corn	-17.4	1.2	-0.7	3.6	4.2	7.6	0.5
4. 谷子	Millet	-40.0	50.0	0.0	0.0	0.0	0.0	0.0
5. 高粱	Jowar	-28.1	-9.1	10.0	0.0	-9.1	0.0	0.0
6. 其他谷物	Other Cereals	15.6		5.3	0.2	-1.7	0.0	-13.9
其中:大麦	Barley			5.5	-0.2	-3.2	-11.4	0.9
(二)豆类	Beans	38.5	3.2	5.0	-1.7	-2.8	-5.1	-0.9
大豆	Soybean	42.5	3.3	5.4	-1.9	-3.2	-5.6	-1.0
绿豆	Mung Bean			1.1	0.5	4.9	0.5	3.0
红小豆	Red Bean			6.5	2.0	4.0	-1.9	0.0
(三)薯类	Tubers	-6.8	-1.9	2.7	0.2	0.9	-1.8	-2.4
其中:马铃薯	Potato	-6.3	-2.7	13.2	7.8	6.0	21.6	46.7
二、油料作物	**Oil-bearing Crops**	**9.2**	**-5.6**	**8.4**	**3.4**	**-2.5**	**-7.0**	**-4.0**
其中:花生	Peanut	21.5	-6.3	12.6	-7.0	7.6	-2.9	-0.7

2-6 续表 Continued

指　　标	Item	2000 年	2005 年	2008 年	2009 年	2010 年	2011 年	2012 年
油菜子	Rapeseed	3.6	-5.0	8.2	7.7	-4.3	-7.3	-4.8
芝麻	Sesame	25.2	-10.1	-5.4	-12.3	-12.0	-8.2	-4.8
三、棉花	**Cotton**	**1.7**	**-5.8**	**3.8**	**-9.8**	**-2.1**	**1.7**	**-13.0**
四、麻类	**Fiber Crops**	**-12.3**	**-9.9**	**-26.5**	**-14.4**	**-1.1**	**0.0**	**-4.7**
其中:黄红麻	Jute and Ambary Hemp	-26.7	-5.8	-37.5	-23.6	2.4	9.3	0.0
苎麻	Ramee	29.0	-6.4	-14.0	-5.4	-20.0	-10.7	-12.0
大麻(线麻)	Hemp	22.2	-32.0	-15.0	5.9	22.2	-13.6	10.5
五、糖料合计	**Sugar Crops**	**20.0**	**-12.3**	**25.9**	**-14.7**	**-1.7**	**-5.3**	**-3.7**
甘蔗	Sugar Cane	20.0	-12.3	25.9	-14.7	-1.7	-5.3	-3.7
六、烟叶合计	**Tobacco**	**-15.8**	**-10.0**	**-4.0**	**7.2**	**4.8**	**4.6**	**15.8**
其中:烤烟	Flue-cured Tobacco	-14.5	-8.8	-4.2	10.9	4.9	4.7	16.1
七、药材类合计	**Medicinal Materials**	**-7.5**	**-14.7**	**-0.9**	**1.5**	**16.2**	**16.3**	**9.8**
八、蔬菜(含菜用瓜)	**Vegetables**	**9.8**	**2.3**	**-1.9**	**3.7**	**3.9**	**1.9**	**2.7**
九、瓜果类(含果用瓜)	**Melon**	**12.3**	**-5.1**	**-4.6**	**-3.5**	**3.2**	**3.3**	**0.9**
#西瓜	Watermelon	14.5	-4.1	-9.8	-2.3	0.8	3.3	1.8
甜瓜	Muskmelon	17.1	-7.3	3.6	-2.1	0.0	0.7	10.5
草莓	Strawberry		8.9	14.5	13.9	21.1	11.9	6.6
十、其他作物	**Other Farm Crops**	**-4.6**	**-10.6**	**-15.0**	**1.4**	**-4.1**	**-5.4**	**-4.6**
青饲料	Succulence	26.9	0.0	204.6	8.8	-12.8	6.4	9.3

2-7 主要农作物产量比上年增长情况
Rate of Increase over Preceding Year of Output of Main Crops

单位:% (%)

指　标	Item	2000 年	2005 年	2008 年	2009 年	2010 年	2011 年	2012 年
农作物总产量	**Output of Farm Crops**	**-10.8**	**-5.0**	**4.2**	**1.5**	**0.3**	**1.8**	**4.9**
一、粮食作物总计	**Grain Crops**	**-10.8**	**-5.0**	**4.2**	**1.5**	**0.3**	**1.8**	**4.9**
其中:夏收粮食	Summer Grain	-17.6	2.0	4.0	0.9	2.5	0.8	6.6
秋收粮食	Autumn Grain	-8.6	-9.4	5.1	1.6	-0.5	2.8	4.4
(一)谷物	Cereals	-10.3	-3.3	4.2	1.7	0.5	2.2	5.0
1. 稻谷	Barley	-6.1	-3.2	2.0	1.6	-1.6	0.3	0.5
(1)早稻	Early-season Rice	5.6	6.1	-4.5	6.8	-6.7	-2.2	-3.8
(2)中稻	Semilate Rice	-3.0	-4.5	3.2	0.8	-0.6	0.7	0.9
(3)双季晚稻	Double-crop Late Rice	-26.1	-3.4	-0.6	2.4	-4.0	-1.0	1.0
2. 小麦	Wheat	-17.1	2.3	5.1	0.8	2.5	0.7	6.4
3. 玉米	Corn	2.7	-17.4	14.6	6.3	2.6	15.9	17.9
4. 谷子	Millet	-50.0	100.0					
5. 高粱	Jowar	-26.3	25.0	-33.3	0.0	-0.1	0.1	10.0
6. 其他谷物	Other Cereals	-55.2		-37.2	-3.5	-2.2	4.2	-5.6
其中:大麦	Barley			-36.6	-3.5	-3.5	7.0	-11.4
(二)豆类	Beans	-10.1	-19.7	7.0	-2.2	-4.2	-5.7	4.8
大豆	Soybean	-9.0	-21.1	12.5	-2.4	-3.9	-10.3	5.1
绿豆	Mung Bean			-59.2	0.0	15.9	3.1	159.4
红小豆	Red Bean			-75.0	0.0	-15.5	-5.3	712.5
(三)薯类	Tubers	-16.0	-20.7	-3.3	0.2	1.5	-2.0	-2.4
其中:马铃薯	Potato	-34.8	-11.4	14.0	8.2	6.6	-100.0	
二、油料作物	**Oil-bearing Crops**	**6.3**	**-9.7**	**14.5**	**5.4**	**-5.3**	**-6.1**	**6.5**
其中:花生	Peanut	8.4	-16.9	26.1	-3.6	15.1	-2.4	3.0

2-7 续表 Continued

指 标	Item	2000年	2005年	2008年	2009年	2010年	2011年	2012年
油菜子	Rapeseed	2.9	-4.3	8.0	12.5	-15.3	-8.2	9.4
芝麻	Sesame	25.8	-34.3	0.0	-9.3	-0.3	-5.5	3.7
三、棉花	**Cotton**	**40.5**	**-21.1**	**-2.9**	**-4.7**	**-8.7**	**19.6**	**-22.2**
四、麻类	**Fiber Crops**	**-12.5**	**-3.0**	**-28.9**	**-28.9**	**4.1**	**8.8**	**4.8**
其中：黄红麻	Jute and Ambary Hemp	-24.1	5.6	-38.3	-36.1	5.1	12.6	13.5
苎麻	Ramee	40.0	0.0	-14.1	-18.1	-23.9	-13.2	-11.7
大麻(线麻)	Hemp	0.0	-33.3	-11.7	-19.5	31.9	-23.2	55.6
五、糖料合计	**Sugar Crops**	**9.6**	**-14.8**	**23.5**	**-26.2**	**2.6**	**-3.3**	**-4.7**
甘蔗	Sugar Cane	9.2	-14.8	22.1	-25.3	2.6	-3.3	-4.7
甜菜	Beetroot				-99.9	166.7	0.0	-100.0
六、烟叶合计	**Tobacco**	**-41.8**	**-7.1**	**-2.4**	**15.9**	**1.4**	**3.9**	**15.8**
其中：烤烟	Flue-cured Tobacco	-40.4	-7.4	0.1	20.2	0.9	3.7	15.8
七、药材类合计	**Medicinal Materials**	**-100.0**						
八、蔬菜(含菜用瓜)	**Vegetables**	**-100.0**	**0.9**	**0.5**	**5.4**	**5.4**	**3.6**	**5.1**
九、瓜果类(含果用瓜)	**Melon**	**-100.0**	**-2.9**	**-4.3**	**2.1**	**7.5**	**6.2**	**3.2**
#西瓜	Watermelon	-100.0	-3.5	-6.1	0.7	5.8	6.6	2.9
甜瓜	Muskmelon	-100.0	-1.9	8.4	8.4	-0.8	2.1	10.2
草莓	Strawberry		-1.1	23.9	27.8	29.5	14.4	11.9

2-8 主要农作物单位面积产量比上年增减情况
Rate of Increase over Preceding Year of Yield per Unit Area of Main Crops

单位:% (%)

指　标	Item	2000 年	2005 年	2008 年	2009 年	2010 年	2011 年	2012 年
一、粮食作物总计	**Grain Crops**	**-14.4**	**-6.5**	**2.9**	**0.9**	**0.2**	**1.7**	**4.9**
其中:夏收粮食	Summer Grain	-20.6	-0.1	3.8	0.4	2.1	0.1	5.1
秋收粮食	Autumn Grain	-13.2	-10.4	2.7	0.9	-0.8	2.9	4.8
(一)谷物	Cereals	-11.6	-4.7	3.7	0.6	-0.2	1.0	4.8
1. 稻谷	Barley	-9.9	-4.1	1.4	0.3	-1.5	0.9	1.2
(1)早稻	Early-season Rice	8.4	4.5	-0.7	3.7	-3.0	0.5	3.8
(2)中稻	Semilate Rice	-13.4	-5.1	1.4	0.1	-1.8	0.7	0.2
(3)双季晚稻	Double-crop Late Rice	-23.8	-5.1	1.5	-0.4	-0.1	1.8	4.6
2. 小麦	Wheat	-19.8	3.1	4.4	0.4	2.1	…	5.0
3. 玉米	Corn	24.3	-18.4	15.5	2.6	-1.5	7.8	17.4
4. 谷子	Millet	-1.5	21.2	-100.0		10.7	-100.0	
5. 高粱	Jowar	4.6	34.1	-27.3	0.3	9.6	0.1	10.0
6. 其他谷物	Other Cereals	-61.3		-40.9	-3.7	0.1	4.2	9.7
其中:大麦	Barley			-40.1	-3.1	0.1	20.8	-12.2
(二)豆类	Beans	-35.1	-22.5	1.8	-0.4	-1.5	-0.6	5.7
大豆	Soybean	-36.1	-23.6	6.7	-0.6	-0.7	-4.9	6.2
绿豆	Mung Bean			-59.3	1.3	8.6	2.6	151.8
红小豆	Red Bean			-81.4	2.1	3.9	-3.4	712.6
(三)薯类	Tubers	-9.9	-19.2	-5.9	…	0.5	-0.1	…
其中:马铃薯	Potato	-30.2	-8.1	0.7	0.9	0.5	-100.0	
二、油料作物	**Oil-bearing Crops**	**-2.6**	**-4.3**	**5.6**	**1.9**	**-2.8**	**1.0**	**10.9**
其中:花生	Peanut	-10.8	-11.4	11.9	3.7	6.9	0.6	3.8

2-8 续表 Continued

指 标	Item	2000年	2005年	2008年	2009年	2010年	2011年	2012年
油菜子	Rapeseed	-0.6	0.7	-0.2	4.5	-11.5	-0.9	14.9
芝麻	Sesame	0.7	-27.2	5.8	2.8	13.3	2.8	9.1
三、棉花	**Cotton**	**38.2**	**-16.3**	**-6.4**	**5.6**	**-6.7**	**17.6**	**-10.6**
四、麻类	**Fiber Crops**	**-2.6**	**6.7**	**-3.9**	**-17.1**	**5.2**	**9.7**	**9.5**
其中:黄红麻	Jute and Ambary Hemp	3.9	13.7	-1.9	-15.1	1.9	3.3	13.8
苎麻	Ramee	0.2	4.7	-1.8	-12.2	-4.5	-2.3	-0.4
大麻(线麻)	Hemp	-14.7	-7.1	1.3	-23.5	8.5	-12.0	40.1
五、糖料合计	**Sugar Crops**	**-8.2**	**-3.3**	**-1.9**	**-12.9**	**3.2**	**2.2**	**-0.5**
甘蔗	Sugar Cane	-8.1	-3.3	-3.0	-11.9	3.3	2.2	-0.5
六、烟叶合计	**Tobacco**	**-30.9**	**1.3**	**2.9**	**8.0**	**-3.4**	**-0.8**	**-0.1**
其中:烤烟	Flue-cured Tobacco	-30.5	…	3.9	7.7	-3.2	-1.2	-0.2
七、药材类合计	**Medicinal Materials**							
八、蔬菜(含菜用瓜)	**Vegetables**	**-100.0**	**-1.4**	**2.5**	**1.7**	**1.5**	**1.6**	**2.3**
九、瓜果类(含果用瓜)	**Melon**	**-100.0**	**2.3**	**0.4**	**5.8**	**4.2**	**2.8**	**2.3**
#西瓜	Watermelon	-100.0	0.6	4.1	3.2	4.9	3.2	1.1
甜瓜	Muskmelon	-100.0	5.5	4.0	10.6	-0.3	1.0	-0.2
草莓	Strawberry		-9.1	8.4	11.9	7.5	2.0	5.2

2-9 55个产量大县主要粮食作物播种面积

Sown Area of Main Grain Crops in 55 Large Counties

单位:千公顷 (1000 hectares)

县(市、区)名称	County (District)	粮食播种面积 Sown Areas of Grain Crops	其中: 水稻 Barley	小麦 Wheat	玉米 Corn	大豆 Soybean
肥东县	Feidong	104.06	70.70	25.33	7.61	0.16
长丰县	Changfeng	97.30	56.06	32.75	2.87	1.17
居巢区	Juchao District	46.69	32.86	11.33	1.65	0.14
肥西县	Feixi	80.73	59.88	17.89	0.34	0.05
庐江县	Lujiang	134.50	109.37	19.72	0.45	0.95
濉溪县	Suixi	181.82		87.50	42.16	51.22
谯城区	Qiaocheng District	152.84		70.78	28.66	51.30
利辛县	Lixin	181.27	0.74	93.53	42.20	39.84
蒙城县	Mengcheng	159.16		80.67	69.93	8.18
涡阳县	Guoyang	221.58		108.72	34.13	59.95
埇桥区	Yongqiao District	208.05		104.88	66.35	34.39
灵璧县	Lingbi	186.81	2.10	96.55	56.18	31.61
泗县	Sixian	150.07	1.37	78.05	55.37	7.39
萧县	Xiaoxian	131.91	0.04	65.40	54.58	6.61
五河县	Wuhe	126.11	33.26	62.01	14.15	15.34
固镇县	Guzhen	87.01	1.92	49.35	29.84	3.05
怀远县	Huaiyuan	201.41	60.44	106.73	19.71	13.65
临泉县	Linquan	176.17	0.95	98.70	73.11	2.02
太和县	Taihe	186.89		83.31	17.68	79.56
颍上县	Yingshang	180.32	40.00	83.07	24.50	23.48
阜南县	Funan	161.23	25.88	82.53	40.52	10.11
颍泉区	Yingquan District	62.84		30.03	11.22	19.53
界首市	Jieshou	65.50		31.65	19.28	11.94
颍州区	Yingzhou District	41.46		20.18	17.74	1.99
颍东区	Yingdong District	68.25		33.13	14.26	18.83
潘集区	Panji District	52.29	23.84	24.58	0.19	2.98

2-9 续表 Continued

县(市、区)名称	County (District)	粮食播种面积 Sown Areas of Grain Crops	其中:			
			水稻 Barley	小麦 Wheat	玉米 Corn	大豆 Soybean
凤台县	Fengtai	81.17	35.19	36.27	0.64	8.36
淮南市辖区	Huainan Region of City	69.82	25.42	36.00	0.89	6.38
定远县	Dingyuan	184.73	91.90	77.74	12.38	1.93
来安县	Laian	70.02	44.63	21.84	1.41	0.16
凤阳县	Fengyang	116.02	48.29	52.49	10.45	4.48
全椒县	Quanjiao	72.45	50.73	17.00	1.05	1.67
南谯区	Nanqiao District	41.92	24.68	13.48	2.05	0.40
明光市	Mingguang	101.15	37.07	41.73	9.77	8.80
天长市	Tianchang	104.61	57.95	45.85	0.21	0.36
寿县	Shouxian	216.35	119.34	97.01		
霍邱县	Huoqiu	225.31	132.47	89.20	1.90	0.72
裕安区	Yu'an District	69.40	44.55	16.33	6.43	0.29
金安区	Jin'an District	70.37	46.58	14.22	4.42	1.12
舒城县	Shucheng	63.76	48.76	10.00	3.26	0.04
当涂县	Dangtu	57.11	39.04	15.89	0.90	1.08
和县	Hexian	46.29	32.20	13.82	0.08	
含山县	Hanshan	31.07	23.45	4.07	1.50	0.66
芜湖县	Wuhu	31.38	24.98	4.60	0.37	0.01
无为县	Wuwei	71.19	45.82	13.91	3.77	4.04
南陵县	Nanling	53.99	47.69	3.26	0.12	0.86
郎溪县	Langxi	51.35	26.14	20.61		0.99
宣州区	Xuanzhou	83.26	61.79	19.30		0.03
贵池区	Guichi District	46.25	39.67	2.20	2.94	0.75
东至县	Dongzhi	37.35	35.07	1.53		0.41
桐城市	Tongcheng	54.99	47.46	4.66	1.06	0.77
望江县	Wangjiang	58.17	54.44	2.31	0.21	0.06
怀宁县	Huaining	56.37	49.53	3.23	0.10	1.80
宿松县	Susong	63.93	47.00	6.52	0.33	3.27
枞阳县	Zongyang	87.95	75.74	8.55	1.84	0.05

2-10 55个产量大县主要粮食作物产量
Output of Main Grain Crops in 55 Large Counties

单位:万吨 (10000 tons)

县(市、区)名称	County (District)	粮食总产量 (Output of Grain Crops)	其中: 水稻 Barley	小麦 Wheat	玉米 Corn	大豆 Soybean
肥东县	Feidong	64.62	52.19	9.01	3.25	0.03
长丰县	Changfeng	56.16	40.49	13.17	1.39	0.19
居巢区	Juchao District	30.40	24.63	4.57	0.90	0.04
肥西县	Feixi	53.61	44.61	8.40	0.17	0.02
庐江县	Lujiang	79.25	68.83	7.84	0.19	0.18
濉溪县	Suixi	92.61		64.34	19.61	8.41
谯城区	Qiaocheng District	84.89		53.81	18.29	11.82
利辛县	Lixin	105.81	0.37	70.36	26.18	6.68
蒙城县	Mengcheng	115.48		61.05	52.50	1.83
涡阳县	Guoyang	118.92		82.02	19.50	10.93
埇桥区	Yongqiao District	102.56		59.98	34.04	7.50
灵璧县	Lingbi	87.41	1.39	50.07	30.18	5.57
泗县	Sixian	74.56	0.76	39.57	28.75	1.28
萧县	Xiaoxian	66.09		37.76	25.06	1.74
五河县	Wuhe	71.52	24.72	35.21	8.49	2.49
固镇县	Guzhen	50.02	1.10	29.15	18.15	0.52
怀远县	Huaiyuan	112.08	39.07	59.35	11.70	1.69
临泉县	Linquan	101.99	0.42	59.17	41.14	0.60
太和县	Taihe	91.36		60.54	12.22	15.59
颍上县	Yingshang	100.27	30.31	45.70	14.35	4.88
阜南县	Funan	84.13	14.05	43.95	23.45	2.00
颍泉区	Yingquan District	29.79		17.79	7.13	4.21
界首市	Jieshou	39.20		23.43	13.39	2.00
颍州区	Yingzhou District	24.06		11.95	11.29	0.39
颍东区	Yingdong District	32.29		19.62	9.08	2.75
潘集区	Panji District	33.54	18.48	14.15	0.12	0.52
凤台县	Fengtai	54.52	28.96	22.76	0.45	1.95

2-10 续表 Continued

县(市、区)名称	County (District)	粮食总产量 (Output of Grain Crops)	其中: 水稻 Barley	小麦 Wheat	玉米 Corn	大豆 Soybean
淮南市辖区	Huainan Region of City	39.52	19.19	18.87	…	1.04
定远县	Dingyuan	103.74	57.87	38.28	7.01	0.33
来安县	Laian	42.40	29.73	10.63	0.67	0.03
凤阳县	Fengyang	66.78	32.92	26.95	5.89	0.93
全椒县	Quanjiao	41.48	31.21	8.16	0.41	0.49
南谯区	Nanqiao District	25.12	16.66	6.76	1.18	0.08
明光市	Mingguang	50.57	22.81	18.91	5.06	1.74
天长市	Tianchang	64.59	40.50	23.80	0.11	0.10
寿县	Shouxian	133.48	87.01	46.47		
霍邱县	Huoqiu	140.97	96.13	43.40	0.73	0.15
裕安区	Yu'an District	37.19	27.00	6.96	2.51	0.09
金安区	Jin'an District	43.01	33.56	5.87	1.71	0.33
舒城县	Shucheng	37.70	33.50	2.18	1.32	…
当涂县	Dangtu	37.79	29.90	7.15	0.34	0.26
和县	Hexian	29.82	22.97	6.78	…	…
含山县	Hanshan	23.13	19.41	2.03	0.50	…
芜湖县	Wuhu	20.40	17.32	2.07	0.25	…
无为县	Wuwei	50.13	37.99	6.55	2.39	1.30
南陵县	Nanling	36.28	34.29	1.17	0.06	0.26
郎溪县	Langxi	26.80	16.18	8.63		0.22
宣州区	Xuanzhou	50.11	41.10	8.14		…
贵池区	Guichi District	28.91	27.40	0.70	0.50	0.18
东至县	Dongzhi	21.49	20.84	0.51		0.07
桐城市	Tongcheng	32.36	29.87	1.87	0.37	0.10
望江县	Wangjiang	36.08	34.60	1.16	0.09	0.02
怀宁县	Huaining	33.52	31.60	1.08	0.03	0.52
宿松县	Susong	35.48	29.43	2.40	0.17	0.77
枞阳县	Zongyang	50.04	44.45	3.88	1.00	…

2-11 主要畜禽生产情况
Number of Main Livestock and Poultry

指 标	Item	单位	Unit	2008	2009	2010	2011	2012
畜禽存栏	Nunber of Livestock or Poultry in Stock							
猪	Hogs	万头	10000 heads	1432.43	1482.56	1442.54	1467.31	1555.20
其中：能繁殖母猪	Sow	万头	10000 heads	130.50	137.40	135.75	136.00	141.29
牛	Cattle and Buffaloes	万头	10000 heads	144.52	148.81	150.90	147.23	151.85
羊	Sheep and Goats	万只	10000 heads	560.28	584.20	590.50	591.60	592.19
家禽	Poultry	万只	10000 heads	21489.45	22540.84	23329.77	23906.05	25043.12
畜禽出栏	Number of Slaughtered Livestock or Poultry							
猪	Hogs	万头	10000 heads	2527.35	2680.21	2782.06	2721.09	2927.62
牛	Cattle and Buffaloes	万头	10000 heads	117.63	120.17	125.22	120.35	121.97
羊	Sheep and Goats	万只	10000 heads	944.77	968.52	994.70	988.48	1016.16
家禽	Poultry	万只	10000 heads	58794.52	62243.44	64795.38	67795.45	70926.25
畜禽产品产量	Output of Livestock or Poultry							
猪肉	Pork	万吨	10000 tons	217.40	229.85	238.76	233.07	249.67
牛肉	Beef	万吨	10000 tons	17.10	17.54	18.32	17.82	18.13
羊肉	Mutton	万吨	10000 tons	13.40	13.82	14.2	14.18	14.59
禽肉	Poultry	万吨	10000 tons	94.00	99.59	104.08	109.05	114.10
禽蛋	Poultry Eggs	万吨	10000 tons	112.10	118.19	119.02	119.65	122.65
牛奶	Cow Milk	万吨	10000 tons	18.10	20.10	20.48	22.51	24.09

2-12 生猪调出大县年末生猪存栏

Number of Hogs in Stock of Large Hog-Contributed Counties at Year-end

单位:万头　　(10000 heads)

地　区	Region	2010	2011	2012
长丰县	Changfeng	41.93	42.37	43.72
肥东县	Feidong	36.16	36.53	38.61
怀远县	Huaiyuan	31.62	32.88	32.98
固镇县	Guzhen	34.10	35.46	35.64
太湖县	Taihu	28.57	29.71	29.77
定远县	Dingyuan	61.23	60.14	61.76
临泉县	Linquan	60.07	68.03	57.49
太和县	Taihe	45.09	47.45	49.21
阜南县	Funan	44.08	45.96	48.07
颍上县	Yingshang	45.09	46.89	46.94
埇桥区	Yongqiao District	66.92	56.71	57.13
萧县	Xiaoxian	48.33	50.26	50.31
灵璧县	Lingbi	49.65	58.31	58.49
泗县	Sixian	43.94	43.09	44.77
寿县	Shouxian	45.36	42.89	44.18
霍邱县	Huoqiu	68.75	59.21	58.32
蒙城县	Mengcheng	35.89	43.73	45.75
利辛县	Lixin	47.40	47.92	50.03

2-13 生猪调出大县能繁殖母猪年末存栏
Number of Sows in Stock of Large Hog-Contributed Counties at Year-end

单位:万头 (10000 heads)

地　区	Region	2010	2011	2012
长丰县	Changfeng	5.85	5.79	4.61
肥东县	Feidong	4.80	4.20	4.34
怀远县	Huaiyuan	3.87	4.06	4.08
固镇县	Guzhen	3.18	3.34	3.35
太湖县	Taihu	3.23	3.40	3.40
定远县	Dingyuan	7.52	6.93	7.03
临泉县	Linquan	7.58	7.19	7.65
太和县	Taihe	5.33	5.32	5.33
阜南县	Funan	6.01	6.12	6.25
颍上县	Yingshang	5.51	5.79	5.80
埇桥区	Yongqiao District	6.63	7.05	7.10
萧县	Xiaoxian	6.54	6.87	6.88
灵璧县	Lingbi	5.78	6.09	6.43
泗县	Sixian	5.57	4.95	5.22
寿县	Shouxian	4.64	4.94	5.04
霍邱县	Huoqiu	6.88	6.42	5.77
蒙城县	Mengcheng	6.71	6.75	7.11
利辛县	Lixin	6.15	5.65	6.00

2-14 生猪调出大县生猪出栏
Number of Slaughtered Hogs in Large Hogs-Contributed Counties

单位:万头 (10000 heads)

地 区	Region	2010	2011	2012
长丰县	Changfeng	86.57	85.08	85.08
肥东县	Feidong	88.96	82.73	82.73
怀远县	Huaiyuan	58.31	60.64	60.82
固镇县	Guzhen	63.35	65.88	65.88
太湖县	Taihu	53.32	55.45	55.56
定远县	Dingyuan	122.25	114.92	114.92
临泉县	Linquan	115.02	94.35	97.46
太和县	Taihe	93.49	92.83	92.83
阜南县	Funan	83.20	85.18	85.18
颍上县	Yingshang	80.03	83.23	83.31
埇桥区	Yongqiao District	112.37	116.50	116.50
萧县	Xiaoxian	72.94	75.86	76.01
灵璧县	Lingbi	87.71	94.60	97.63
泗县	Sixian	71.01	65.37	68.57
寿县	Shouxian	89.45	82.75	82.75
霍邱县	Huoqiu	147.08	141.08	132.75
蒙城县	Mengcheng	69.80	76.20	78.41
利辛县	Lixin	93.32	93.59	93.59

2-15 生猪调出大县猪肉产量
Output of Pork in Large Hog-Contributed Counties

单位:万头 (10000 heads)

地　区	Region	2010	2011	2012
长丰县	Changfeng	6.78	7.23	7.23
肥东县	Feidong	7.90	7.25	7.25
怀远县	Huaiyuan	4.76	4.96	4.97
固镇县	Guzhen	5.01	5.21	5.24
太湖县	Taihu	4.40	4.58	4.59
定远县	Dingyuan	10.35	9.43	9.43
临泉县	Linquan	9.85	7.80	8.04
太和县	Taihe	7.63	7.49	7.49
阜南县	Funan	6.69	6.89	7.09
颍上县	Yingshang	6.58	6.84	6.85
埇桥区	Yongqiao District	9.77	10.12	10.12
萧县	Xiaoxian	6.01	6.25	6.26
灵璧县	Lingbi	7.73	7.86	8.10
泗县	Sixian	5.62	5.16	5.41
寿县	Shouxian	7.46	7.14	7.14
霍邱县	Huoqiu	13.27	12.67	11.42
蒙城县	Mengcheng	6.31	6.70	6.82
利辛县	Lixin	7.62	8.12	8.12

2-16 安徽退耕还林(草)监测调查情况
Monitoring Survey of Conversion of Degraded Farm Land into Forest

指标名称	Item	单位	Unit	2010	2011	2012
一、退耕户基本情况(总计)	Basic Condition (Total)	* * *				
(一)家庭基本情况(调查户数)	Number of Surveyed Households	户	household	1300.0	1300.0	1300.0
1. 年末常住人口	Total Usual Residents at Year-end	人	person	5285.0	5262.0	5239.0
2. 年末劳动力	Number of Laborers at Year-end	人	person	3523.0	3483.0	3489.0
其中:从事非农产业的劳动力	Laborers of Non-agricultural Industry	人	person	1280.0	1449.0	1413.0
3. 本年内外出从业的劳动力	Laborers Working Outside	人	person	1297.0	1297.0	1292.0
二、退耕户的退耕还林(草)完成情况(人均)	Conditions of Conversion of Degraded Farm Land into Forest(Grass) (Per Capita)	* * *				
(一)退耕地造林种草面积和效益情况	Area and Benefit	* * *				
1. 本年末退耕地造林种草累计面积	Area of Conversion of Degraded Farm Land into Forest(Grass) at Year-end	亩	mu	0.9	0.9	0.9
其中:实际保存面积	Real Area	亩	mu	0.9	0.9	0.9
2. 按林草种分	By Type of Forest	* * *				
生态林	Ecological Forest	亩	mu	0.8	0.8	0.8
经济林	By-product Forest	亩	mu	0.1	0.1	0.1
草	Grass	亩	mu	0.0	0.0	0.0
(二)退耕地生态林效益情况	Benefit of Conversion of Degraded Farm Land into Forest	* * *				
1. 面积	Area	亩	mu	0.4	1.9	0.4
2. 年末该地块树木棵数	Number of Trees at Year-end	棵	unit	35.1	79.2	34.5
3. 年末种植的树木平均树龄	Average Ages of Trees Planted	年	year	1.8	8.3	2.3
(三)退耕还林(草)补助和巩固退耕还林成果情况	Grant Funds and Achievements for Conversion of Degraded Farm Land into Forest(Grass) Projects	* * *				
1. 本年退耕地林产品总值	Total Value of Forestry Products on Degraded Farm Land	元	yuan	277.4	364.5	368.4
其中:中药材价值	Value of Traditional Chinese Medicinal Materials	元	yuan	12.0	25.3	42.0
木材价值	Value of Timber	元	yuan	183.1	218.7	183.0
竹材价值	Value of Bamboo Wood	元	yuan	1.0	1.1	1.1
干鲜果产品价值	Value of Fresh and Dried Fruits	元	yuan	52.1	92.2	84.8
三、全年纯收入	**Annual Net Income**	元	**yuan**	**6209.3**	**7362.2**	**8556.2**
(一)工资性收入	Income from Wages and Salaries	元	yuan	3086.4	3851.8	4648.6
(二)家庭经营纯收入	Income from Household Operations	元	yuan	2375.1	2783.8	3185.5
(三)财产性纯收入	Income from Properties	元	yuan	118.8	92.2	86.4
(四)转移性纯收入	Income from Transfers	元	yuan	629.0	634.4	635.7

注:为数据衔接,"人均数"为人均退耕面积10亩以下户的数据

Note: To dovetail the data, the data per capita refers to the households that area of degraded farm land smaller than 10 mu per capita

2-17 退耕还林县级监测情况
Monitor Situation of Conversion of Degraded Farm Land into Forest by County-level

指标名称	Item	单位	Unit	2010	2011	2012
一、基本情况	**Basic Condition**					
(一)年末总户数*	Number of Households at Year-end	万户	10000 households	471.4	475.5	479.0
(二)年末总人口*	Total Population at Year-end	万人	10000 persons	1487.3	1495.7	1503.0
(三)年末乡村从业人员数*	Number of Rural Employed Persons at Year-end	万人	10000 persons	740.5	743.0	739.0
其中:农林牧渔业从业人员*	Agriculture, Forestry, Husbandry and Fishery Employee	万人	10000 persons	379.7	371.3	363.0
外出务工*	Working Outside	万人	10000 persons	305.3	326.7	332.0
二、退耕还林(草)工程情况	**Conditions of Conversion of Degraded Farm Land into Forest(Grass) Projects**					
(一)截至本年末累计完成退耕还林(草)面积	Area of Conversion of Degraded Farm Land into Forest(Grass) at Year-end	公顷	hectare	169293.3	170363.8	176787.3
其中:实际保存面积	Real Area	公顷	hectare	163126.0	164213.5	170482.6
按工程类型分:	By Type of Projects					
1. 退耕地造林	Grain for Green Projects	公顷	hectare	77360.5	75467.6	80448.7
2. 荒山荒地造林	Afforestation of Barren Hills and Waste-land	公顷	hectare	76000.5	74797.3	76824.6
3. 封山育林	Close Hillsides to Facilitate Afforestation	公顷	hectare	15932.3	20098.9	19514.0
按林种分:	By Type of Forest					
1. 生态林	Ecological Forest	公顷	hectare	155425.4	162643.8	164348.4
2. 经济林	By-product Forest	公顷	hectare	13850.9	7703.0	12421.9
3. 草	Grass	公顷	hectare	17.0	17.0	17.0
(二)年末退耕还林(草)总户数	Number of Rural Households Conduct the Conversion Work at Year-end	万户	10000 households	58.9	57.4	60.4
(三)年末退耕还林(草)总人口	Population Conduct the Conversion Work at Year-end	万人	10000 persons	224.2	220.2	227.8
(四)本年退耕还林(草)补助资金	Grant Funds for Conversion of Degraded Farm Land into Forest (Grass) Projects During the Year	万元	10000 yuan	31004.4	27973.4	26343.8

2-17 续表 Continued

指标名称	Item	单位	Unit	2010	2011	2012
1. 原政策到期补助资金	Grant Funds After the Existing Arrangement	万元	10000 yuan	13342.2	4434.6	3213.7
2. 完善退耕还林(草)补助资金	Grant Funds for Perfecting the Outcome of the Conversion	万元	10000 yuan	8608.3	14583.5	13960.6
3. 巩固退耕还林(草)成果专项资金	Special Fund for Concreting the Outcome of the Conversion	万元	10000 yuan	8232.9	8092.3	8184.5
4. 荒山造林补助资金	Grant Funds for Afforestation of Barren Hills and Wasteland	万元	10000 yuan	355.0	560.0	642.0
5. 封山育林补助资金	Grant Funds for Close Hillsides to Facilitate Afforestation	万元	10000 yuan	466.0	303.0	343.0
(五)退耕还林(草)成果巩固情况	Conditions of Concreting the Outcome of the Conversion					
1. 国家规划基本口粮田累计完成面积	Area of The Basic Grain Ration Cropland by National Planning	公顷	hectare	13689.8	14923.5	11289.1
2. 新能源建设	New Energy					
年末沼气池个数	Number of Marsh gas pool at Year-end	个	Unit	35448.0	64071.0	81309.0
年末节煤节柴灶个数	Number of Coal and Firewood Saving Stove at Year-end	眼	Unit	40818.0	233424.0	265890.0
年末太阳灶个数	Number of Solar Cooker at Year-end	个	Unit			2883.0
3. 后续产业建设	Subsequent Industry Construction					
其中:种植业	Crop Farming	公顷	hectare	1184.4	2768.1	2389.5
林果茶业	Forestry, Fruit and Tea	公顷	hectare	1953.7	10966.5	11435.1
养殖业棚圈	Livestock shed	平方米	sq.m	6123.0	133400.0	231230.0
养殖业青贮窖	Silage Silo	立方米	sq.m	125410.0		
4. 退耕户参加技能培训	Technical Training of Rural Households Conduct the Conversion Work	人次	person-time	46106.0	50129.0	64140.0
5. 本年生态移民人数	Organized Migration due to Ecological Reason	人	person	21817.0	20691.0	19526.0
6. 本年补植补造面积	Repairing of Plantation	公顷	hectare	8337.4	2023.9	1642.7

2-18 各市农村贫困监测情况

Monitoring Survey on Poverty of Rural Areas by Region

地区	Region	贫困户数(万户) Poor Households (10000 households)		贫困人口数(万人) Poor Population (10000 persons)		贫困发生率% Proportion of Poor Population to the Total(%)	
		2011	2012	2011	2012	2011	2012
全省	Total	253.80	227.17	790.24	679.05	14.7	12.6
合肥市	Hefei	15.68	13.33	40.69	32.35	9.0	7.1
芜湖市	Wuhu	8.89	7.86	25.02	21.38	10.1	8.8
蚌埠市	Bengbu	7.15	7.07	19.50	19.12	7.0	6.8
淮南市	Huainan	4.43	3.74	10.08	7.94	7.5	5.8
马鞍山市	Maanshan	3.76	3.73	6.64	6.06	4.6	4.2
淮北市	Huaibei	3.76	3.35	8.01	6.79	5.7	4.9
铜陵市	Tongling	0.66	0.60	1.31	1.14	4.2	3.8
安庆市	Anqing	34.50	31.45	123.98	108.58	23.6	20.7
黄山市	Huangshan	5.91	5.36	15.32	13.01	12.9	10.9
滁州市	Chuzhou	12.23	11.59	33.70	30.08	9.3	8.3
阜阳市	Fuyang	48.20	42.04	163.45	140.52	18.5	15.7
宿州市	Suzhou	28.31	26.88	96.87	83.00	17.7	15.5
六安市	Lu'an	41.33	36.96	128.62	114.34	20.0	17.9
亳州市	Bozhou	26.42	22.08	84.89	67.58	16.8	13.4
池州市	Chizhou	5.33	4.77	15.45	13.47	11.3	9.9
宣城市	Xuancheng	7.26	6.40	16.73	13.69	7.1	5.7

注:农村贫困人口包括五保户、低保户

Note:Rural poor population include Five-guarantees families and the subsistence allowance families

2-19 国家扶贫开发重点县(区)农村贫困监测情况(2012年)
Monitoring Survey on Poverty of the key Counties Included in the National Plan for Poverty Alleviation through Development(2012)

地 区	Region	贫困户数(万户) Poor Households (10000 households)	贫困人口数(万人) Poor Population (10000 persons)	贫困发生率% Proportion of Poor Population to the Total(%)
合 计	Total	107.96	368.45	19.1
潜山县	Qianshan	3.46	11.96	22.4
太湖县	Taihu	5.20	17.63	34.3
宿松县	Susong	4.68	17.66	24.0
望江县	Wangjiang	4.53	17.52	29.9
岳西县	Yuexi	4.65	15.04	37.2
颍东区	Yingdong District	3.79	14.36	24.4
临泉县	Linquan	8.39	30.15	15.0
阜南县	Funan	7.20	28.76	18.4
颍上县	Yingshang	6.06	23.02	15.1
砀山县	Dangshan	4.63	13.64	14.8
萧县	Xiaoxian	8.72	27.61	22.2
灵璧县	Lingbi	3.92	14.38	12.8
泗县	Sixian	3.45	10.92	12.8
裕安区	Yuan District	5.78	19.10	21.2
寿县	Shouxian	5.76	18.23	14.0
霍邱县	Huoqiu	8.93	25.53	16.4
舒城县	Shucheng	5.12	14.68	16.7
金寨县	Jinzhai	5.15	17.48	30.1
利辛县	Lixin	7.46	27.58	20.3
石台县	Shitai	1.08	3.22	33.7

2-20 省扶贫开发重点县(区)农村贫困监测情况(2012年)

Montioring Survey on Poverty of the key Counties Included in the Provincial Plan for Poverty Alleviation through Development(2012)

地区	Region	贫困户数(万户) Poor Households (10000 households)	贫困人口数(万人) Poor Population (10000 persons)	贫困发生率% Proportion of Poor Population to the Total(%)
合计	Total	48.46	134.67	12.1
怀远县	Huaiyuan	3.32	7.69	6.4
定远县	Dingyuan	4.10	14.97	17.3
颍州区	Yingzhou District	1.84	5.02	9.6
颍泉区	Yingquan District	3.47	9.13	16.0
太和县	Taihe	7.90	21.20	13.8
界首市	Jieshou	3.38	8.89	13.5
埇桥区	Yongqiao District	6.17	16.45	12.1
金安区	Jin'an District	3.66	11.32	15.7
谯城区	Qiaocheng Ditstrict	4.77	11.70	9.4
涡阳县	Guoyang	5.46	16.26	12.3
蒙城县	Mengcheng	4.39	12.04	10.4

2-21 继续享受扶贫政策县农村贫困监测情况(2012年)

Monitoring Survey on the Counties Continued Receiving Poverty-relief Policies(2012)

地区	Region	贫困户数(万户) Poor Households (10000 households)	贫困人口数(万人) Poor Population (10000 persons)	贫困发生率% Proportion of Poor Population to the Total(%)
合计	Total	24.25	68.81	13.2
长丰县	Changfeng	3.01	7.60	11.4
无为县	Wuwei	5.46	16.5	17.2
潘集区	Panji District	1.09	2.79	7.7
凤台县	Fengtai	1.38	2.71	5.2
枞阳县	Zongyang	4.20	15.06	17.8
歙县	Shexian	2.43	5.72	13.1
休宁县	Xiuning	0.94	2.43	9.7
祁门县	Qimen	0.74	2.18	14.7
霍山县	Huoshan	1.92	5.85	17.9
郎溪县	Langxi	1.00	2.67	9.7
泾县	Jingxian	1.52	3.99	13.4
绩溪县	Jixi	0.58	1.31	9.2

2-22 纳入"千村整推"整村推进扶贫开发的非重点县(区)农村贫困监测情况(2012年)

Monitoring Survey on the Non-key Counties Fit into Promoting "A Thousand Villages" Project (2012)

地 区	Region	贫困户数(万户) Poor Households (10000 households)	贫困人口数(万人) Poor Population (10000 persons)	贫困发生率% Proportion of Poor Population to the Total(%)
合 计	Total	37.74	90.90	7.0
肥东县	Feidong	1.55	3.51	3.7
肥西县	Feixi	1.63	3.05	3.7
庐江县	Lujiang	4.94	13.43	12.4
巢湖市	Chaohu	2.02	4.45	6.7
南陵县	Nanling	0.99	2.31	4.7
五河县	Wuhe	1.60	5.61	8.3
固镇县	Guzhen	1.57	4.50	8.0
毛集实验区	Maoji Experimental District	0.27	0.51	4.9
含山县	Hanshan	0.94	1.68	4.6
和县	Hexian	1.19	1.98	4.5
濉溪县	Suixi	2.51	5.07	5.4
宜秀区	Yixiu District	0.42	0.98	6.3
怀宁县	Huaining	1.23	3.81	6.0
桐城市	Tongcheng	2.74	8.21	12.5
黄山区	Huangshan District	0.58	1.15	8.7
徽州区	Huizhou District	0.26	0.61	7.1
来安县	Laian	1.24	2.51	6.2
全椒县	Quanjiao	1.28	2.55	7.6
凤阳县	Fengyang	2.05	4.54	6.7
明光市	Mingguang	1.33	2.56	4.7
叶集实验区	Yeji Experimental District	0.64	2.16	16.0
贵池区	Guichi District	1.73	4.84	9.4
东至县	Dongzhi	1.29	3.77	7.5
青阳县	Qingyang	0.63	1.55	6.6
池州开发区	Chizhou Developing District	0.01	0.01	3.3
青阳县	Qingyang	0.04	0.08	5.7
宣州区	Xuanzhou District	2.39	4.02	5.3
旌德县	Jingde	0.37	0.71	5.8

2-23 全省农村贫困监测分组情况(2012年)

Observa tion Grouping of Poverty of the Rural Area in Anhui(2012)

指 标	Item	单位	Unit	合计
一、家庭基本情况	**Basic Condition**			
1. 平均每户人口数	Household Size	人	person	2.99
其中:女性人口数	Female	人	person	3019045
2. 平均每户劳动力	Number of Laborers per Household	人	person	1.07
其中:外出就业数	Working Outside	人	person	822786
3. 主要劳动力最高文化程度	The Highest Educational Attainment	人	person	5444112
①文盲半文盲	Illiterate and Half-illiterate	人	person	389827
②小学	Primary School	人	person	1462574
③初中	Junior Secondary School	人	person	3148109
④高中	Senior Secondary School	人	person	321055
⑤中专	Technical Secondary School	人	person	51441
⑥大专以上	Junior College and Above	人	person	71106
4. 家庭在校学生数	Number of Undergraduate Students	人	person	993053
其中:16岁以下在校学生数	Under the Age of 16	人	person	532494
5. 是否竹草或土坯房	Thatched Cottage or Adobe House			
是	Yes	户	household	268382
否	No	户	household	2003434
二、经济情况	**Income**			
户均纯收入	Net Income per Household	元	yuan	5862.0
三、五保对象人数合计	**Number of Five-guarantees Targets**	**人**	**person**	**340948**
1. 1人	One Person	户	household	278933
2. 2人	Two Persons	户	household	13944
3. 3人	Three Persons	户	household	1281
4. 4人及以上	Four Persons and More	户	household	2026
四、农村低保对象人数合计	**Subsistence Allowance Targets**	**人**	**person**	**1840206**
1. 1人	One Person	户	household	489285
2. 2人	Two Persons	户	household	349594
3. 3人	Three Persons	户	household	109604
4. 4人及以上	Four Persons and More	户	household	74297
五、是否为临时性民政救助对象	**Temporary Civil Assistance Targets**	**户**	**household**	**2271818**
1. 是	Yes	户	household	251321
2. 否	No	户	household	2020497
六、家中丧失劳动力人数	**Number of Family Members Disabled**	**人**	**person**	**1396529**
1. 1人	One Person	户	household	827352
2. 2人	Two Persons	户	household	234915
3. 3人及以上	Three Persons and More	户	household	27618
七、主要致贫原因	**Causes for Poverty**	**户**	**household**	**2271818**
①水灾	Flood	户	household	17359
②旱灾	Drought	户	household	29937
③劳动力素质低	Laborers with Low Quality	户	household	382966
④经营无法或失误	Operation Failures	户	household	67833
⑤病残	Infirm and Sickly	户	household	1070468
⑥负担重	Great Burden	户	household	210693
⑦土地少	Little Farmland	户	household	68667
⑧其他	Others	户	household	423895

2-24 历年全国粮食作物播种面积
Sown Area of Grain Crops of China in Main Years

单位:千公顷 (1000 hectares)

年 份 Year	粮食作物播种面积 Sown Area of Grain Crops	稻 谷 Rice	小 麦 Wheat	玉 米 Corn	大 豆 Soybean	薯 类 Tubers
1949	109959	25709	12515	12915	8319	7011
1952	123979	28382	24780	12566	11679	8688
1957	133633	32241	27542	14943	12748	10495
1962	121621	26935	24075	12819	9504	12171
1965	119627	29825	24709	15671	8593	11175
1970	119267	32358	25458	15831	7985	10717
1975	121062	35729	27661	18598	6999	10969
1978	120587	34421	29183	19961	7144	11796
1979	119263	33873	29357	20133	7247	10952
1980	117234	33878	28844	20087	7226	10153
1981	114958	33295	28307	19425	8024	9620
1982	113462	33071	27955	18543	8419	9370
1983	114047	33136	29050	18824	7567	9402
1984	112884	33178	29576	18537	7286	8988
1985	108845	32070	29218	17694	7718	8572
1986	110933	32266	29616	19124	8295	8685
1987	111268	32193	28798	20212	8445	8868
1988	110123	31987	28785	19692	8120	9054
1989	112205	32700	29841	20353	8057	9097
1990	113466	33064	30753	21401	7560	9121
1991	112314	32590	30948	21574	7041	9078
1992	110560	32090	30496	21044	7221	9057
1993	110509	30355	30235	20694	9454	9220
1994	109544	30171	28981	21152	9222	9270
1995	110060	30744	28860	22776	8127	9519
1996	112548	31406	29611	24498	7471	9797
1997	112912	31765	30057	23775	8346	9785
1998	113787	31214	29774	25239	8500	10000
1999	113161	31283	28855	25904	7962	10355
2000	108463	29962	26653	23056	9307	10538
2001	106080	28812	24664	24282	9482	10217
2002	103891	28202	23908	24634	8720	9881
2003	99410	26508	21997	24068	9313	9702
2004	101606	28379	21626	25446	9589	9457
2005	104278	28847	22793	26358	9591	9503
2006	104958	28938	23613	28463	9304	7877
2007	105638	28919	23721	29478	8754	8082
2008	106793	29241	23617	29864	9127	8427
2009	108986	29627	24291	31183	9190	8636
2010	109876	29873	24257	32500	8516	8750
2011	110573	30057	24270	33542	7889	8906
2012	111205	30137	24268	35030	7172	8886

2-25 历年全国粮食作物总产量
Total Output of Grain Crops of China in Main Years

单位:万吨 (10000 tons)

年份 Year	粮食作物总产量 Total Output of Grain Crops	稻谷 Rice	小麦 Wheat	玉米 Corn	大豆 Soybean	薯类 Tubers
1949	11318	4865	1381	1242	509	985
1952	16392	6843	1813	1685	952	1633
1957	19505	8678	2364	2144	1005	2192
1962	15441	6299	1667	1626	651	2345
1965	19453	8772	2522	2366	614	1986
1970	23996	10999	2919	3303	871	2668
1975	28452	12556	4531	4722	724	2857
1978	30477	13693	5384	5595	757	3174
1979	33212	14375	6273	6004	746	2846
1980	32056	13991	5521	6260	794	2873
1981	32502	14396	5964	5921	933	2597
1982	35450	16160	6847	6056	903	2705
1983	38728	16887	8139	6821	976	2925
1984	40731	17826	8782	7341	970	2848
1985	37911	16857	8581	6383	1050	2604
1986	39151	17222	9004	7086	1161	2534
1987	40298	17426	8590	7924	1247	2821
1988	39408	16911	8543	7735	1165	2697
1989	40755	18013	9081	7893	1023	2730
1990	44624	18933	9823	9682	1100	2743
1991	43529	18381	9595	9877	971	2716
1992	44266	18622	10159	9538	1030	2844
1993	45649	17751	10639	10270	1531	3181
1994	44510	17593	9930	9928	1600	3025
1995	46662	18523	10221	11199	1350	3263
1996	50454	19510	11057	12747	1322	3536
1997	49417	20073	12329	10431	1473	3192
1998	51230	19871	10973	13295	1515	3604
1999	50839	19849	11388	12809	1425	3641
2000	46218	18791	9964	10600	1541	3685
2001	45264	17758	9387	11409	1541	3563
2002	45706	17454	9029	12131	1651	3666
2003	43070	16066	8649	11583	1539	3513
2004	46947	17909	9195	13029	1740	3558
2005	48402	18059	9745	13937	1635	3469
2006	49804	18172	10847	15160	1508	2701
2007	50160	18603	10930	15230	1273	2808
2008	52871	19190	11246	16591	1554	2980
2009	53082	19510	11512	16397	1498	2995
2010	54648	19576	11518	17725	1508	3114
2011	57121	20100	11740	19278	1449	3273
2012	58958	20424	12102	20561	1305	3293

2-26 全国及分省(区、市)粮食作物播种面积
Sown Area of Grain Crops by Provinces and Regions

单位:千公顷 (1000 hectares)

地 区	Region	2008	2009	2010	2011	2012
全 国	**National**	**106792.6**	**108985.8**	**109876.1**	**110573.0**	**111204.6**
北 京	Beijing	226.3	226.3	223.5	209.4	193.9
天 津	Tianjin	293.5	306.6	311.8	310.8	322.9
河 北	Hebei	6158.1	6216.5	6282.2	6286.1	6302.4
山 西	Shanxi	3111.3	3146.7	3239.2	3287.9	3291.5
内蒙古	Inner Mongolia	5254.5	5424.0	5498.7	5561.5	5589.4
辽 宁	Liaoning	3035.9	3124.1	3179.3	3169.8	3217.3
吉 林	Jilin	4391.2	4427.7	4492.2	4545.1	4610.3
黑龙江	Heilongjiang	10988.9	11391.0	11454.7	11502.9	11519.5
上 海	Shanghai	174.5	193.3	179.2	186.3	187.6
江 苏	Jiangsu	5267.1	5272.0	5282.4	5319.2	5336.6
浙 江	Zhejiang	1271.6	1290.1	1275.8	1254.1	1251.6
安 徽	**Anhui**	**6561.1**	**6605.6**	**6616.4**	**6621.5**	**6622.0**
福 建	Fujian	1210.3	1231.0	1232.3	1226.8	1201.1
江 西	Jiangxi	3578.1	3604.6	3639.1	3650.1	3675.9
山 东	Shandong	6955.6	7030.1	7084.8	7145.8	7202.3
河 南	Henan	9600.0	9683.6	9740.2	9859.9	9985.2
湖 北	Hubei	3906.7	4012.5	4068.4	4122.1	4180.1
湖 南	Hunan	4588.8	4799.1	4809.1	4879.6	4908.0
广 东	Guangdong	2499.9	2538.5	2531.9	2530.4	2540.2
广 西	Guangxi	2973.1	3067.5	3061.1	3072.8	3069.1
海 南	Hainan	421.3	430.4	437.2	430.6	438.6
重 庆	Chongqing	2215.4	2229.5	2243.9	2259.4	2259.6
四 川	Sichuan	6430.9	6419.4	6402.0	6440.5	6468.2
贵 州	Guizhou	2919.6	2984.7	3039.5	3055.6	3054.3
云 南	Yunnan	4095.9	4200.1	4274.4	4326.9	4399.6
西 藏	Tibet	170.6	169.4	170.2	170.2	170.9
陕 西	Shanxi	3126.0	3134.0	3159.7	3134.9	3127.5
甘 肃	Gansu	2683.0	2740.0	2799.8	2833.7	2839.4
青 海	Qinghai	272.0	275.7	274.5	279.4	280.2
宁 夏	Ningxia	826.2	826.9	844.1	852.4	828.3
新 疆	Xinjiang	1585.2	1984.7	2028.6	2047.5	2131.2
安徽居全国位次	Order of Precedence of Anhui in the Country	4	4	4	4	4

2-27 全国及分省(区、市)粮食作物总产量
Total Output of Grain Crops by Provinces and Regions

单位:万吨 (10000 tons)

地　区	Region	2008	2009	2010	2011	2012
全　国	**National**	**52870.9**	**53082.1**	**54647.7**	**57120.8**	**58958.0**
北　京	Beijing	125.5	124.8	115.7	121.8	113.8
天　津	Tianjin	148.9	156.3	159.7	161.8	161.8
河　北	Hebei	2905.8	2910.2	2975.9	3172.6	3246.6
山　西	Shanxi	1028.0	942.0	1085.1	1193.0	1274.1
内蒙古	Inner Mongolia	2131.3	1981.7	2158.2	2387.5	2528.5
辽　宁	Liaoning	1860.3	1591.0	1765.4	2035.5	2070.5
吉　林	Jilin	2840.0	2460.0	2842.5	3171.0	3343.0
黑龙江	Heilongjiang	4225.0	4353.0	5012.8	5570.6	5761.5
上　海	Shanghai	115.7	121.7	118.4	122.0	122.4
江　苏	Jiangsu	3175.5	3230.1	3235.1	3307.8	3372.5
浙　江	Zhejiang	775.6	789.2	770.7	781.6	769.8
安　徽	**Anhui**	**3023.3**	**3069.9**	**3080.5**	**3135.5**	**3289.1**
福　建	Fujian	652.3	666.9	661.9	672.8	659.3
江　西	Jiangxi	1958.1	2002.6	1954.7	2052.8	2084.8
山　东	Shandong	4260.5	4316.3	4335.7	4426.3	4511.4
河　南	Henan	5365.5	5389.0	5437.1	5542.5	5638.6
湖　北	Hubei	2227.2	2309.1	2315.8	2388.5	2441.8
湖　南	Hunan	2805.0	2902.7	2847.5	2939.4	3006.5
广　东	Guangdong	1243.4	1314.5	1316.5	1361.0	1396.3
广　西	Guangxi	1394.7	1463.2	1412.3	1429.9	1484.9
海　南	Hainan	183.5	187.6	180.4	188.0	199.5
重　庆	Chongqing	1153.2	1137.2	1156.1	1126.9	1138.5
四　川	Sichuan	3140.0	3194.6	3222.9	3291.6	3315.0
贵　州	Guizhou	1158.0	1168.3	1112.3	876.9	1079.5
云　南	Yunnan	1518.6	1576.9	1531.0	1673.6	1749.1
西　藏	Tibet	95.0	90.5	91.2	93.7	94.9
陕　西	Shanxi	1111.0	1131.4	1164.9	1194.7	1245.1
甘　肃	Gansu	888.5	906.2	958.3	1014.6	1109.7
青　海	Qinghai	101.8	102.7	102.0	103.4	101.5
宁　夏	Ningxia	329.2	340.7	356.5	359.0	375.0
新　疆	Xinjiang	930.5	1152.0	1170.7	1224.7	1273.0
安徽居全国位次	Order of Precedence of Anhui in the Country	6	6	6	8	7

2-28 全国及分省(区、市)小麦播种面积
Sown Area of Wheat by Provinces and Regions

单位:千公顷 (1000 hectares)

地　区	Region	2008	2009	2010	2011	2012
全　国	**National**	**23617.2**	**24290.8**	**24256.5**	**24270.4**	**24268.3**
北　京	Beijing	63.9	60.6	61.6	58.1	52.2
天　津	Tianjin	107.7	110.2	110.5	112.3	113.1
河　北	Hebei	2416.1	2394.5	2420.3	2396.1	2410.0
山　西	Shanxi	697.4	727.5	728.5	710.1	689.0
内蒙古	Inner Mongolia	452.2	528.2	566.2	567.9	609.6
辽　宁	Liaoning	10.3	8.8	7.5	6.9	6.8
吉　林	Jilin	5.7	4.1	3.6	3.2	
黑龙江	Heilongjiang	238.8	293.1	280	297.8	210.1
上　海	Shanghai	44.2	57.6	49.4	59.8	56.6
江　苏	Jiangsu	2073.1	2077.6	2093.1	2112.4	2132.6
浙　江	Zhejiang	54.3	60.4	66.2	72.6	74.5
安　徽	**Anhui**	**2346.7**	**2355.3**	**2365.7**	**2383.0**	**2415.5**
福　建	Fujian	4.4	3.8	3.6	2.8	2.5
江　西	Jiangxi	10.2	9.9	10.4	10.9	11.9
山　东	Shandong	3525.2	3545.2	3561.9	3593.5	3625.9
河　南	Henan	5260.0	5263.3	5280.0	5323.3	5340.0
湖　北	Hubei	1000.6	993.4	1000.1	1013.6	1065.5
湖　南	Hunan	13.6	28.4	39.2	40.4	35.3
广　东	Guangdong	0.8	0.8	0.9	1.0	0.9
广　西	Guangxi	3.7	4.0	4.2	1.5	1.5
海　南	Hainan					
重　庆	Chongqing	189.0	168.2	150.5	138.4	125.4
四　川	Sichuan	1286.5	1277.5	1265.7	1259.3	1234.1
贵　州	Guizhou	262.4	262.9	260.8	257.6	259.8
云　南	Yunnan	425.0	432.4	428.9	437.9	442.2
西　藏	Tibet	37.3	36.8	37.1	37.6	37.7
陕　西	Shanxi	1140.0	1146.0	1148.9	1136.7	1127.6
甘　肃	Gansu	903.5	963.9	879.7	861.6	833.9
青　海	Qinghai	104.4	104.1	101.0	94.0	94.2
宁　夏	Ningxia	204.3	218.5	211.4	202.1	179.0
新　疆	Xinjiang	735.8	1153.9	1120.0	1078.0	1081.0
安徽居全国位次	Order of Precedence of Anhui in the Country	3	4	4	4	3

2-29 全国及分省(区、市)小麦产量
Output of Wheat by Provinces and Regions

单位:万吨 (10000 tons)

地　区	Region	2008	2009	2010	2011	2012
全　国	**National**	**11246.4**	**11511.5**	**11518.1**	**11740.1**	**12102.3**
北　京	Beijing	32.7	31.0	28.4	28.4	27.4
天　津	Tianjin	52.5	54.0	53.2	54.2	55.8
河　北	Hebei	1221.9	1229.8	1230.6	1276.1	1337.7
山　西	Shanxi	253.0	211.1	232.2	240.3	259.2
内蒙古	Inner Mongolia	154.0	171.2	165.2	170.9	188.4
辽　宁	Liaoning	4.9	4.5	3.7	3.7	3.2
吉　林	Jilin	1.8	1.0	1.2	1.3	
黑龙江	Heilongjiang	89.5	116.3	92.5	103.8	70.0
上　海	Shanghai	18.2	22.1	19.3	24.1	22.6
江　苏	Jiangsu	998.2	1004.4	1008.1	1023.2	1048.8
浙　江	Zhejiang	21.2	23.2	24.7	27.0	27.1
安　徽	**Anhui**	**1167.9**	**1177.2**	**1206.7**	**1215.7**	**1294.0**
福　建	Fujian	1.5	1.1	1.0	0.8	0.7
江　西	Jiangxi	1.9	1.9	2.1	2.2	2.3
山　东	Shandong	2034.2	2047.3	2058.6	2103.9	2179.5
河　南	Henan	3051.0	3056.0	3082.2	3123.0	3177.4
湖　北	Hubei	329.2	331.7	343.1	344.8	370.8
湖　南	Hunan	3.2	6.4	9.9	10.2	8.6
广　东	Guangdong	0.2	0.2	0.2	0.3	0.3
广　西	Guangxi	0.5	0.6	0.6	0.2	0.2
海　南	Hainan					
重　庆	Chongqing	58.2	51.7	45.9	42.4	38.5
四　川	Sichuan	426.8	423.3	427.7	436.0	437.0
贵　州	Guizhou	42.8	44.5	24.8	50.4	52.4
云　南	Yunnan	83.1	92.3	46.0	98.9	88.3
西　藏	Tibet	25.8	24.6	24.3	24.9	24.6
陕　西	Shanxi	391.5	383.1	403.8	410.9	435.5
甘　肃	Gansu	268.1	261.1	250.9	247.5	278.5
青　海	Qinghai	42.0	39.0	37.3	35.4	35.2
宁　夏	Ningxia	64.1	73.6	70.3	63.0	62.0
新　疆	Xinjiang	406.5	627.2	623.5	576.6	576.5
安徽居全国位次	Order of Precedence of Anhui in the Country	4	4	4	4	4

2-30 全国及分省(区、市)稻谷播种面积
Sown Area of Rice by Provinces and Regions

单位:千公顷 (1000 hectares)

地　区	Region	2008	2009	2010	2011	2012
全　国	**National**	**29241.1**	**29626.9**	**29873.4**	**30057.0**	**30137.1**
北　京	Beijing	0.4	0.4	0.3	0.2	0.2
天　津	Tianjin	15	16.0	15.8	14.2	14.6
河　北	Hebei	81.5	85.1	79.7	83.0	85.9
山　西	Shanxi	1.1	1.1	1.0	1.0	1.0
内蒙古	Inner Mongolia	97.9	101.8	92.2	90.0	89.3
辽　宁	Liaoning	658.7	656.7	677.5	659.6	661.8
吉　林	Jilin	658.7	660.4	673.5	691.2	701.2
黑龙江	Heilongjiang	2390.7	2460.8	2768.8	2945.6	3069.8
上　海	Shanghai	108.6	108.5	108.5	106.1	105.1
江　苏	Jiangsu	2232.6	2233.2	2234.2	2248.6	2254.2
浙　江	Zhejiang	937.5	938.7	923.2	894.8	832.6
安　徽	**Anhui**	**2218.9**	**2246.9**	**2245.4**	**2230.8**	**2215.1**
福　建	Fujian	861.2	864.6	854.8	845.3	827.6
江　西	Jiangxi	3255.5	3282.1	3318.4	3317.7	3328.3
山　东	Shandong	130.7	134.6	128.2	124.5	123.9
河　南	Henan	604.7	611.3	628.0	638.0	648.2
湖　北	Hubei	1978.9	2045.1	2038.2	2036.2	2017.9
湖　南	Hunan	3932	4047.2	4030.5	4066.3	4095.1
广　东	Guangdong	1946.9	1959.7	1952.7	1940.9	1949.4
广　西	Guangxi	2119.2	2125.0	2094.4	2078.5	2057.6
海　南	Hainan	310.0	317.7	324.3	318.6	324.4
重　庆	Chongqing	673.5	682.0	683.9	686.5	687.0
四　川	Sichuan	2035.9	2027.1	2004.5	2007.9	1997.8
贵　州	Guizhou	691.1	698.2	695.8	681.5	683.0
云　南	Yunnan	1017.5	1039.8	1021.0	1073.5	1082.9
西　藏	Tibet	1.0	1.0	1.0	1.0	1.0
陕　西	Shanxi	124.6	125.3	121.6	120.9	123.3
甘　肃	Gansu	5.5	5.7	5.8		5.6
青　海	Qinghai	0.0				
宁　夏	Ningxia	80.3	78.2	83.2	83.9	84.3
新　疆	Xinjiang	70.8	72.5	66.9	70.6	69.2
安徽居全国位次	Order of Precedence of Anhui in the Country	4	4	4	5	5

2-31 全国及分省(区、市)稻谷产量
Output of Rice by Provinces and Regions

单位:万吨 (10000 tons)

地 区	Region	2008	2009	2010	2011	2012
全 国	**National**	**19189.6**	**19510.3**	**19576.1**	**20100.1**	**20423.6**
北 京	Beijing	0.3	0.2	0.2	0.2	0.1
天 津	Tianjin	10.5	11.3	11.2	10.7	11.2
河 北	Hebei	55.6	57.5	54.2	60.2	49.8
山 西	Shanxi	0.1	0.5	0.5	0.5	0.6
内蒙古	Inner Mongolia	70.5	64.8	74.8	77.9	73.3
辽 宁	Liaoning	505.6	506.0	457.6	505.1	507.8
吉 林	Jilin	579.0	505.0	568.5	623.5	532.0
黑龙江	Heilongjiang	1518.0	1574.5	1843.9	2062.1	2171.2
上 海	Shanghai	89.3	90.0	90.3	88.9	89.1
江 苏	Jiangsu	1771.9	1802.9	1807.9	1864.2	1900.1
浙 江	Zhejiang	660.4	666.7	648.2	649.0	608.3
安 徽	**Anhui**	**1383.5**	**1405.6**	**1383.4**	**1387.1**	**1393.5**
福 建	Fujian	508.8	515.3	507.9	514.1	503.8
江 西	Jiangxi	1862.1	1905.9	1858.3	1950.1	1976.0
山 东	Shandong	110.4	112.0	106.4	104.0	103.4
河 南	Henan	443.1	451.0	471.2	474.5	492.6
湖 北	Hubei	1533.7	1591.9	1557.8	1616.9	1651.4
湖 南	Hunan	2528.0	2578.6	2506.0	2575.4	2631.6
广 东	Guangdong	1003.3	1058.1	1060.6	1096.9	1126.6
广 西	Guangxi	1107.6	1145.9	1121.3	1084.1	1142.0
海 南	Hainan	143.8	145.9	138.5	145.1	155.8
重 庆	Chongqing	529.4	511.3	518.6	493.5	498.0
四 川	Sichuan	1497.6	1520.2	1512.1	1527.1	1536.1
贵 州	Guizhou	461.1	453.2	445.7	303.9	402.4
云 南	Yunnan	621.0	636.2	616.6	668.7	644.6
西 藏	Tibet	0.5	0.5	0.6	0.6	0.5
陕 西	Shanxi	83.1	82.5	81.0	84.5	87.4
甘 肃	Gansu	3.8	3.9	4.1		3.9
青 海	Qinghai					
宁 夏	Ningxia	66.4	64.6	70.0	70.8	71.3
新 疆	Xinjiang	41.0	48.3	59.0	60.6	59.4
安徽居全国位次	Order of Precedence of Anhui in the Country	7	7	7	7	7

2-32 全国及分省(区、市)玉米播种面积
Sown Area of Corn by Provinces and Regions

单位:千公顷 (1000 hectares)

地 区	Region	2008	2009	2010	2011	2012
全 国	**National**	**29863.7**	**31182.6**	**32500.1**	**33541.7**	**35029.8**
北 京	Beijing	146.2	150.8	149.8	140.5	132.0
天 津	Tianjin	159.8	165.9	168.9	169.0	179.3
河 北	Hebei	2841.1	2950.5	3008.6	3035.8	3049.1
山 西	Shanxi	1378.6	1451.2	1548.9	1646.7	1669.0
内蒙古	Inner Mongolia	2340	2451.2	2485.6	2669.6	2833.7
辽 宁	Liaoning	1884.9	1964.1	2093.0	2134.6	2206.7
吉 林	Jilin	2922.5	2957.2	3046.7	3134.2	3284.3
黑龙江	Heilongjiang	3593.9	4010.2	4368.4	4587.4	5190.6
上 海	Shanghai	3.6	4.2	4.4	4.2	3.8
江 苏	Jiangsu	398.5	399.8	403.7	414.3	418.9
浙 江	Zhejiang	25.9	27.0	27.3	30.9	62.0
安 徽	**Anhui**	**705.1**	**730.7**	**761.1**	**818.8**	**822.5**
福 建	Fujian	37.0	37.9	40.1	42.6	45.4
江 西	Jiangxi	15.6	16.1	18.2	25.7	28.1
山 东	Shandong	2874.2	2917.3	2955.3	2995.9	3018.1
河 南	Henan	2820.0	2895.4	2946.0	3025.0	3100.0
湖 北	Hubei	470.4	507.3	531.4	549.7	593.3
湖 南	Hunan	241.3	282.0	293.0	327.1	342.0
广 东	Guangdong	143.4	166.7	162.3	173.1	172.5
广 西	Guangxi	489.7	534.6	538.6	565.9	580.5
海 南	Hainan	17.4	18.7	21.0	23.5	27.5
重 庆	Chongqing	455.6	459.1	461.9	466.9	468.4
四 川	Sichuan	1323.8	1334.4	1355.4	1363.1	1371.1
贵 州	Guizhou	734.6	751.5	781.1	787.8	775.2
云 南	Yunnan	1325.8	1354.2	1417.8	1409.0	1456.9
西 藏	Tibet	4.0	4.0	4.2	4.2	4.4
陕 西	Shanxi	1157.6	1164	1182.4	1177.8	1167.4
甘 肃	Gansu	557.2	657.8	835.5	838.7	902.7
青 海	Qinghai	2.1	5.3	12.3	20.5	22.9
宁 夏	Ningxia	208.5	215.1	223.4	231.1	245.9
新 疆	Xinjiang	585.5	598.4	653.8	728.0	855.7
安徽居全国位次	Order of Precedence of Anhui in the Country	12	13	14	13	14

2-33 全国及分省(区、市)玉米产量
Output of Corn by Provinces and Regions

单位:万吨 (10000 tons)

地区	Region	2008	2009	2010	2011	2012
全国	**National**	**16591.4**	**16397.4**	**17724.5**	**19278.1**	**20561.4**
北京	Beijing	88.0	89.8	84.2	90.3	83.6
天津	Tianjin	84.3	88.7	92.7	94.4	92.5
河北	Hebei	1442.2	1465.2	1508.7	1639.6	1649.5
山西	Shanxi	682.8	654.3	766.0	854.6	903.9
内蒙古	Inner Mongolia	1410.7	1341.3	1465.7	1632.1	1784.4
辽宁	Liaoning	1189.0	963.1	1150.5	1360.3	1423.5
吉林	Jilin	2083.0	1810.0	2004.0	2339.0	2578.8
黑龙江	Heilongjiang	1822.0	1920.2	2324.4	2675.8	2887.9
上海	Shanghai	2.1	2.4	3.0	2.8	2.5
江苏	Jiangsu	203.0	216.2	218.5	226.2	230.2
浙江	Zhejiang	11.1	11.7	12.2	14.6	29.1
安徽	**Anhui**	**286.6**	**304.7**	**312.7**	**362.6**	**427.5**
福建	Fujian	13.6	14.6	15.2	16.6	18.0
江西	Jiangxi	6.6	7.3	8.4	10.5	12.6
山东	Shandong	1887.4	1921.5	1932.1	1978.7	1994.5
河南	Henan	1615.0	1634	1634.8	1696.5	1747.8
湖北	Hubei	226.4	244.1	261	276.2	282.6
湖南	Hunan	128.0	159.9	168.1	188.5	197.3
广东	Guangdong	63.5	74.7	72.1	78.9	79.7
广西	Guangxi	207.2	225.2	208.7	244.7	250.6
海南	Hainan	7.0	8.0	9.1	10.3	11.3
重庆	Chongqing	246.0	244.5	251.6	257.0	256.3
四川	Sichuan	637.0	643.0	669.0	701.6	701.3
贵州	Guizhou	391.2	405.2	415.4	243.7	342.3
云南	Yunnan	529.6	542.7	613.0	598.2	700.0
西藏	Tibet	2.2	2.6	2.8	2.8	2.6
陕西	Shanxi	483.6	526.1	532.2	550.7	566.9
甘肃	Gansu	265.4	312.6	390.4	425.6	504.1
青海	Qinghai	1.8	4.3	10.7	15.2	17.0
宁夏	Ningxia	149.9	156.4	165.8	172.4	191.2
新疆	Xinjiang	425.3	403.4	421.6	517.7	592.1
安徽居全国位次	Order of Precedence of Anhui in the Country	14	15	15	14	14

2-34 全国及分省(区、市)粮食作物单位面积产量
Output of Grain Crops per Hectare by Provinces and Regions

单位:公斤/公顷 (kg/hectare)

地　区	Region	2008	2009	2010	2011	2012
全　国	**National**	**4950.8**	**4870.6**	**4973.6**	**5165.9**	**5301.8**
北　京	Beijing	5542.8	5513.7	5176.5	5815.7	5868.4
天　津	Tianjin	5074.1	5096.9	5123.5	5207.1	5009.3
河　北	Hebei	4718.7	4681.4	4737.0	5047.0	5151.4
山　西	Shanxi	3304.1	2993.6	3349.9	3628.5	3870.9
内蒙古	Inner Mongolia	4056.2	3653.6	3924.9	4292.9	4523.7
辽　宁	Liaoning	6127.7	5092.7	5552.8	6421.5	6435.4
吉　林	Jilin	6467.5	5555.9	6327.6	6976.8	7251.2
黑龙江	Heilongjiang	3844.8	3821.4	4376.2	4842.8	5001.5
上　海	Shanghai	6627.9	6295.9	6607.9	6544.5	6523.6
江　苏	Jiangsu	6028.9	6126.9	6124.3	6218.5	6319.6
浙　江	Zhejiang	6098.9	6117.0	6040.5	6232.2	6150.8
安　徽	**Anhui**	**4607.9**	**4647.4**	**4655.8**	**4735.3**	**4966.9**
福　建	Fujian	5389.9	5417.2	5371.2	5484.2	5489.0
江　西	Jiangxi	5472.5	5555.6	5371.3	5624.0	5671.5
山　东	Shandong	6125.3	6139.8	6119.7	6194.2	6263.8
河　南	Henan	5589.0	5565.1	5582.1	5621.3	5647.0
湖　北	Hubei	5701.1	5754.7	5692.2	5794.5	5841.6
湖　南	Hunan	6112.7	6048.4	5921.0	6023.8	6125.7
广　东	Guangdong	4973.9	5178.3	5199.5	5378.3	5497.0
广　西	Guangxi	4691.1	4770.0	4613.8	4653.5	4838.2
海　南	Hainan	4355.2	4358.5	4125.8	4366.9	4548.4
重　庆	Chongqing	5205.4	5100.7	5152.2	4987.6	5038.7
四　川	Sichuan	4882.7	4976.5	5034.2	5110.8	5125.1
贵　州	Guizhou	3966.3	3914.2	3659.5	2869.9	3534.4
云　南	Yunnan	3707.6	3754.5	3581.8	3867.9	3975.6
西　藏	Tibet	5569.7	5343.2	5360.0	5508.7	5553.7
陕　西	Shanxi	3554.1	3610.1	3686.7	3811.0	3981.1
甘　肃	Gansu	3311.6	3307.3	3422.8	3580.5	3908.2
青　海	Qinghai	3742.8	3724.4	3715.7	3699.2	3622.7
宁　夏	Ningxia	3985.2	4120.3	4223.7	4210.9	4527.3
新　疆	Xinjiang	5869.9	5804.4	5771.0	5981.5	5973.2
安徽居全国位次	Order of Precedence of Anhui in the Country	22	21	20	21	21

2-35 全国及分省(区、市)小麦单位面积产量
Output of Wheat per Hectare by Provinces and Regions

单位:公斤/公顷 (kg/hectare)

地 区	Region	2008	2009	2010	2011	2012
全 国	**National**	**4762.0**	**4379.0**	**4748.4**	**4837.2**	**4986.9**
北 京	Beijing	5123.6	5118.0	4609.5	4883.0	5257.9
天 津	Tianjin	4872.3	4903.3	4814.0	4827.6	4929.3
河 北	Hebei	5057.4	5136.2	5084.5	5325.9	5550.9
山 西	Shanxi	3627.8	2902.0	3188.1	3383.9	3761.8
内蒙古	Inner Mongolia	3405.6	3241.3	2918.4	3010.0	3091.0
辽 宁	Liaoning	4786.4	5113.6	4933.3	5362.3	4705.9
吉 林	Jilin	3140.4	2439.0	3473.2	4213.8	
黑龙江	Heilongjiang	3747.9	3968.6	3303.4	3485.4	3333.3
上 海	Shanghai	4119.5	3837.6	3896.8	4031.1	3983.8
江 苏	Jiangsu	4815.0	4834.5	4816.4	4843.5	4917.8
浙 江	Zhejiang	3903.2	3849.6	3729.8	3720.0	3638.1
安 徽	**Anhui**	**4976.8**	**4998.0**	**5100.8**	**5101.6**	**5357.0**
福 建	Fujian	3330.3	2929.9	2840.1	2883.4	2874.2
江 西	Jiangxi	1852.9	1921.5	2030.8	2011.0	1924.1
山 东	Shandong	5770.4	5774.9	5779.5	5854.7	6011.0
河 南	Henan	5800.4	5806.2	5837.5	5866.6	5950.1
湖 北	Hubei	3290.0	3338.9	3430.3	3401.5	3479.9
湖 南	Hunan	2352.9	2253.5	2525.5	2524.8	2428.4
广 东	Guangdong	2891.6	2857.1	2825.6	3000.0	3225.8
广 西	Guangxi	1351.4	1500.0	1357.1	1418.9	1333.3
海 南	Hainan					
重 庆	Chongqing	3080.2	3072.4	3051.2	3063.4	3066.3
四 川	Sichuan	3317.5	3313.5	3379.2	3462.2	3541.0
贵 州	Guizhou	1631.3	1693.3	952.2	1955.6	2016.9
云 南	Yunnan	1954.1	2134.6	1072.0	2257.8	1996.8
西 藏	Tibet	6898.8	6681.2	6553.3	6625.0	6512.1
陕 西	Shanxi	3434.2	3343.0	3514.7	3615.0	3862.2
甘 肃	Gansu	2967.3	2708.9	2852.3	2872.6	3339.6
青 海	Qinghai	4025.9	3749.2	3692.6	3760.5	3735.5
宁 夏	Ningxia	3136.2	3367.2	3327.3	3116.3	3463.7
新 疆	Xinjiang	5525.2	5435.2	5566.8	5349.3	5333.2
安徽居全国位次	Order of Precedence of Anhui in the Country	7	7	5	7	5

2-36 全国及分省(区、市)稻谷单位面积产量
Output of Rice per Hectare by Provinces and Regions

单位:公斤/公顷 (kg/hectare)

地 区	Region	2008	2009	2010	2011	2012
全 国	**National**	**6562.5**	**6585.3**	**6553.0**	**6687.3**	**6776.9**
北 京	Beijing	6818.2	6315.8	6333.3	6521.7	6443.9
天 津	Tianjin	6997.3	7018.1	7093.1	7528.1	7657.5
河 北	Hebei	6814.7	6750.9	6805.1	7248.9	5798.4
山 西	Shanxi	1228.1	4386.0	4423.1	4902.0	5940.6
内蒙古	Inner Mongolia	7204.0	6365.4	8115.0	8657.4	8201.1
辽 宁	Liaoning	7675.7	7705.2	6754.2	7657.7	7673.0
吉 林	Jilin	8790.0	7646.9	8440.6	9019.9	7587.5
黑龙江	Heilongjiang	6349.5	6398.3	6659.5	7000.7	7072.8
上 海	Shanghai	8223.4	8296.6	8327.6	8378.6	8481.3
江 苏	Jiangsu	7936.7	8073.0	8091.9	8290.2	8428.9
浙 江	Zhejiang	7044.6	7101.8	7021.0	7253.6	7305.6
安 徽	**Anhui**	**6235.0**	**6255.9**	**6161.2**	**6217.8**	**6291.1**
福 建	Fujian	5908.0	5960.3	5942.0	6082.2	6087.2
江 西	Jiangxi	5719.9	5807.0	5599.9	5877.8	5936.9
山 东	Shandong	8449.0	8321.1	8294.3	8347.5	8345.8
河 南	Henan	7328.5	7377.7	7503.0	7437.3	7599.2
湖 北	Hubei	7750.2	7784.1	7643.2	7941.0	8183.7
湖 南	Hunan	6429.3	6371.3	6217.6	6333.5	6426.3
广 东	Guangdong	5153.3	5399.3	5431.3	5651.4	5779.1
广 西	Guangxi	5226.5	5392.5	5353.5	5215.7	5550.2
海 南	Hainan	4640.7	4592.9	4269.7	4554.9	4801.5
重 庆	Chongqing	7859.8	7496.6	7582.6	7188.8	7248.9
四 川	Sichuan	7356.0	7499.4	7543.5	7605.5	7689.0
贵 州	Guizhou	6671.5	6490.2	6404.8	4459.8	5892.5
云 南	Yunnan	6103.1	6118.6	6038.9	6229.2	5952.7
西 藏	Tibet	5204.1	5200.0	6020.4	6000.0	5567.0
陕 西	Shanxi	6667.7	6582.4	6662.0	6987.3	7082.4
甘 肃	Gansu	6907.8	6878.3	7049.7		7019.7
青 海	Qinghai					
宁 夏	Ningxia	8267.5	8250.3	8416.3	8429.6	8457.9
新 疆	Xinjiang	5792.8	6664.8	8812.2	8590.5	8574.3
安徽居全国位次	Order of Precedence of Anhui in the Country	21	22	22	21	20

2-37 全国及分省(区、市)玉米单位面积产量
Output of Corn per Hectare by Provinces and Regions

单位:公斤/公顷 (kg/hectare)

地 区	Region	2008	2009	2010	2011	2012
全 国	**National**	**5555.7**	**5258.5**	**5453.7**	**5747.5**	**5869.7**
北 京	Beijing	6017.5	5953.8	5620.5	6429.4	6330.9
天 津	Tianjin	5275.4	5348.7	5489.8	5584.3	5155.3
河 北	Hebei	5076.2	4966.1	5014.7	5401.1	5409.8
山 西	Shanxi	4953.0	4508.4	4945.3	5189.7	5415.7
内蒙古	Inner Mongolia	6028.7	5471.9	5896.7	6113.7	6297.1
辽 宁	Liaoning	6308.0	4903.5	5496.9	6372.6	6450.9
吉 林	Jilin	7127.4	6120.7	6577.5	7462.8	7851.7
黑龙江	Heilongjiang	5069.7	4788.4	5321.0	5832.9	5563.8
上 海	Shanghai	5882.4	5755.4	6659.1	6603.3	6596.9
江 苏	Jiangsu	5092.7	5406.4	5412.0	5458.6	5495.3
浙 江	Zhejiang	4290.1	4310.0	4455.4	4715.6	4700.7
安 徽	**Anhui**	**4064.7**	**4169.7**	**4109.1**	**4428.1**	**5197.4**
福 建	Fujian	3687.5	3843.5	3793.3	3903.7	3970.9
江 西	Jiangxi	4207.2	4530.8	4642.5	4089.7	4484.8
山 东	Shandong	6566.7	6586.5	6537.7	6604.7	6608.6
河 南	Henan	5727.0	5643.4	5549.2	5608.3	5637.9
湖 北	Hubei	4813.7	4812.3	4912.1	5024.9	4762.2
湖 南	Hunan	5304.6	5670.2	5737.2	5762.8	5767.5
广 东	Guangdong	4424.8	4481.1	4442.9	4559.6	4620.3
广 西	Guangxi	4231.2	4212.5	3874.8	4324.6	4317.0
海 南	Hainan	4006.9	4247.8	4322.8	4375.5	4121.0
重 庆	Chongqing	5400.7	5324.3	5446.4	5504.0	5471.1
四 川	Sichuan	4811.9	4818.6	4935.8	5147.1	5114.9
贵 州	Guizhou	5324.9	5392.0	5318.3	3093.6	4415.3
云 南	Yunnan	3994.2	4007.3	4323.5	4245.7	4804.7
西 藏	Tibet	5572.1	6343.3	6540.3	6626.5	6023.0
陕 西	Shanxi	4177.6	4519.8	4501.0	4675.7	4856.1
甘 肃	Gansu	4763.0	4752.2	4672.8	5074.3	5584.5
青 海	Qinghai	8737.9	8190.5	8702.4	7420.6	7410.6
宁 夏	Ningxia	7190.7	7270.8	7421.6	7461.1	7775.5
新 疆	Xinjiang	7263.7	6741.4	6448.4	7110.9	6919.4
安徽居全国位次	Order of Precedence of Anhui in the Country	27	29	25	25	19

2-38 全国及分省(区、市)棉花产量
Output of Cotton by Provinces and Regions

单位:万吨 (10000 tons)

地 区	Region	2008	2009	2010	2011	2012
全 国	**National**	**749.2**	**637.7**	**596.1**	**658.9**	**683.6**
北 京	Beijing	0.1	0.1	0.1	0.1	0.1
天 津	Tianjin	8.3	7.1	6.3	7.2	5.8
河 北	Hebei	73.7	60.5	57	65.3	56.4
山 西	Shanxi	10.7	8.4	6.9	6.3	4.7
内蒙古	Inner Mongolia	0.3	0.1	0.1	0.2	0.2
辽 宁	Liaoning	0.2	0.1	0.1	0.1	0.1
吉 林	Jilin	0.5	0.2	0.5	1.2	0.8
黑龙江	Heilongjiang					
上 海	Shanghai	0.3	0.3	0.4	0.5	0.4
江 苏	Jiangsu	32.6	25.5	26.1	24.7	22.0
浙 江	Zhejiang	2.8	2.8	2.9	3.2	3.0
安 徽	**Anhui**	**36.3**	**34.6**	**31.6**	**37.8**	**29.4**
福 建	Fujian	…	…	…	…	…
江 西	Jiangxi	11.2	12.5	13.1	14.3	15.2
山 东	Shandong	104.1	92.1	72.4	78.5	69.8
河 南	Henan	65.1	51.7	44.7	38.2	25.7
湖 北	Hubei	51.3	48.0	47.2	52.6	54.5
湖 南	Hunan	24.7	21.2	22.7	22.7	25.1
广 东	Guangdong					
广 西	Guangxi	0.2	0.2	0.2	0.2	0.2
海 南	Hainan					
重 庆	Chongqing	…	…	…	…	…
四 川	Sichuan	1.6	1.5	1.4	1.5	1.3
贵 州	Guizhou	0.1	0.1	0.1	0.1	0.1
云 南	Yunnan	…	…	…	…	…
西 藏	Tibet					
陕 西	Shanxi	10.1	8.6	6.9	6.7	6.7
甘 肃	Gansu	12.3	9.5	7.6	7.6	8.1
青 海	Qinghai					
宁 夏	Ningxia					
新 疆	Xinjiang	302.6	252.4	247.9	289.8	353.9
安徽居全国位次	Order of Precedence of Anhui in the Country	6	6	6	6	5

2-39 全国及分省(区、市)油菜子产量
Output of Rapeseeds by Provinces and Regions

单位:万吨 (10000 tons)

地 区	Region	2008	2009	2010	2011	2012
全 国	**National**	**1210.2**	**1365.7**	**1308.2**	**1342.6**	**1400.7**
北 京	Beijing					
天 津	Tianjin					
河 北	Hebei	3.5	3.0	2.9	3.0	3.0
山 西	Shanxi	0.9	0.7	0.6	0.6	0.7
内蒙古	Inner Mongolia	20.2	22.4	22.4	24.0	30.7
辽 宁	Liaoning	0.1	0.1	0.1	0.1	0.1
吉 林	Jilin					
黑龙江	Heilongjiang	0.1	0.3	0.2	0.1	0.1
上 海	Shanghai	3.3	3.1	2.0	1.6	1.5
江 苏	Jiangsu	112.8	121.7	112.4	105.2	109.1
浙 江	Zhejiang	35.3	37.0	33.3	33.6	32.1
安 徽	**Anhui**	**140.3**	**157.8**	**133.7**	**122.8**	**134.3**
福 建	Fujian	1.3	1.5	1.5	1.6	1.7
江 西	Jiangxi	51.6	61.0	63.8	66.7	68.8
山 东	Shandong	2.7	3.1	2.7	2.2	2.1
河 南	Henan	97.1	93.1	88.9	77.3	87.6
湖 北	Hubei	214.9	236.5	232.6	220.4	230.0
湖 南	Hunan	109.9	153.4	166.6	182.0	178.6
广 东	Guangdong	0.8	0.8	0.8	0.8	0.8
广 西	Guangxi	1.0	1.3	1.5	1.6	2.0
海 南	Hainan					
重 庆	Chongqing	26.5	31.0	34.2	35.0	37.7
四 川	Sichuan	189.4	199.9	205.2	214.4	222.1
贵 州	Guizhou	60.4	70.4	51.6	71.8	78.2
云 南	Yunnan	24.6	41.4	26.0	51.8	53.5
西 藏	Tibet	6.0	5.8	5.8	6.3	6.3
陕 西	Shanxi	33.4	35.6	37.3	38.4	39.9
甘 肃	Gansu	28.6	33.1	33.2	33.1	33.9
青 海	Qinghai	34.8	36.2	33.7	32.7	34.5
宁 夏	Ningxia	…	…	…	0.1	0.3
新 疆	Xinjiang	10.7	15.7	15.1	15.2	11.2
安徽居全国位次	Order of Precedence of Anhui in the Country	3	3	4	4	4

主要统计指标解读

粮食产量　指全社会的产量。包括国有经济经营的、集体统一经营的和农民家庭经营的粮食产量，还包括工矿企业办的农场和其他生产单位的产量。粮食除包括稻谷、小麦、玉米、高粱、谷子及其他杂粮外，还包括薯类和豆类。其产量计算方法，豆类按去豆荚后的干豆计算；薯类（包括甘薯和马铃薯，不包括芋头和木薯）1963 年以前按每 4 千克鲜薯折 1 千克粮食计算，从 1964 年开始改为按 5 千克鲜薯折 1 千克粮食计算。城市郊区作为蔬菜的薯类（如马铃薯等）按鲜品计算，并且不作粮食统计。其他粮食一律按脱粒后的原粮计算。1989 年以前全国粮食产量数据主要靠全面报表取得，1989 年开始使用抽样调查数据。

期末畜禽存栏数　指调查期末饲养生猪、牛、羊和家禽的总量。其中生猪包括 15 公斤以下仔猪、待育肥猪（架子猪）和种猪等数量之和；牛包括牛犊、待育肥牛（架子牛）、奶牛和种牛等数量之和；羊包括羊羔、待育肥羊（架子羊）、奶羊和种羊等数量之和；家禽包括幼禽、肉用家禽、蛋用家禽和种家禽等。

期末畜禽出栏数　指自宰和出售的肥猪、牛、羊和家禽总头（只）数。

肉禽蛋奶产量　肉类产量指调查期内出栏畜禽产出的肉类总量，禽蛋产量指本调查期内饲养的蛋用家禽生产的禽蛋总重量，牛奶产量指本调查期内奶牛所生产的牛奶总产量。具体公式如下：

猪（牛、羊）肉产量＝出栏肥猪（肉牛、肥羊）头数×平均每头肥猪（肉牛、肥羊）出售重量×肥猪（肉牛、肥羊）产肉率（%）

常用耕地　是指耕地总资源中专门种植农作物并经常进行耕种、能够正常收获的土地。包括当年实际耕种的熟地；弃耕、休闲不满三年，随时可以复耕的地；开荒利用三年以上的土地。在统计口径上包括南方小于 1 米、北方小于 2 米宽的沟、渠、路和田埂。不包括临时种植农作物的坡度在 25 度以上的陡坡地；在河套、湖畔、库区临时开发的成片或零星土地；也不包括已列为国家和省（区、市）退耕计划但临时耕种的土地。常用耕地是国家需要重点保护的耕地，是反映我国农业综合生产能力的一个重要指标。

农作物播种面积　指实际播种或移植有农作物的面积。凡是实际种植有农作物的面积，不论种植在耕地上还是种植在非耕地上，均包括在农作物播种面积中。在播种季节基本结束后，因遭灾而重新改种和补种的农作物面积，也包括在内。它是反映我国耕地面积利用情况的一个重要指标。目前，农作物播种面积主要包括粮食、棉花、油料、糖料、麻类、烟叶、蔬菜和瓜类、药材和其他农作物九大类。

人民生活

People's Living Conditions

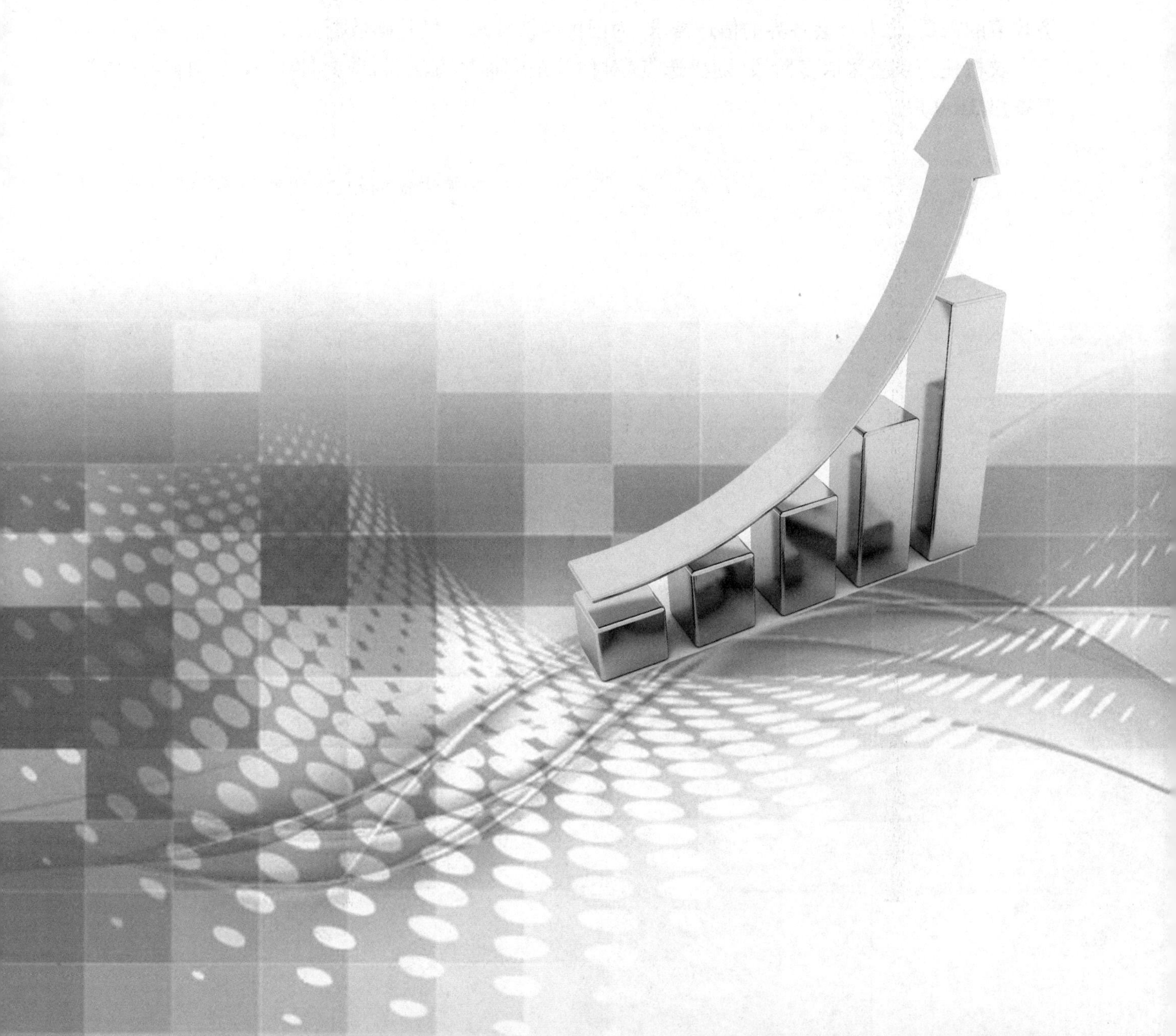

简 要 说 明

一、本篇资料内容主要反映城乡人民生活状况，包括居民家庭基本情况、居民收支、消费水平、居住状况及主要消费品拥有量等。

二、城镇住户调查根据国家统计局《城镇住户调查方案》，由安徽调查总队组织实施，其调查目的是为全面了解城镇居民生活现状及变化情况，满足各级政府制定政策计划和进行宏观管理的需要。

城镇住户调查按多阶段、划类选点、等距抽样的方法抽选，抽选出调查市县 15 个，2005 年调查户为 2150 户，2006 至 2009 年调查户为 2350 户，2010 年调查户为 2500 户。

三、农村住户调查根据国家统计局《农村住户调查方案》，由安徽调查总队组织实施，其调查目的是为全面了解农村居民生产、收入、消费、积累和社会活动情况，研究农村居民收入和生活质量的变化，监测农村摆脱贫困和全面小康的进程，满足各级政府和宏观决策部门研究制定农村经济政策的需要，以及社会各界的信息需求，为国民经济核算提供基础数据。

农村住户调查采取多阶段、随机选点、对称等距的抽样方法，目前共抽中 31 个调查县（市），调查户 3100 户。

本版责任编辑：段明明　李　燕　冉　地

3-1 城乡居民家庭生活基本情况
Basic Conditions of Urban and Rural Households

指　　标	Item	2008	2009	2010	2011	2012
调查户数(户)	**Number of Households Surveyed(household)**					
城镇	Urban	2350	2350	2500	2500	2500
农村	Rural	3100	3100	3100	3100	3100
平均每户家庭人口(人)	**Household Size(person/household)**					
城镇	Urban	2.87	2.84	2.84	2.80	2.78
农村	Rural	4.06	4.05	4.03	3.88	3.85
就业	**Employment**					
城镇居民家庭每户就业人口(人)	Average Number of Employed Persons per Urban Household (person)	1.44	1.48	1.47	1.44	1.43
农村居民家庭每户整半劳动力(人)	Average Number of Full/Semi Laborer per Rural Household (person)	2.86	2.89	2.89	2.82	2.71
农村居民家庭每一劳动力负担人数(人)	Number of Dependents per Laborer of Rural Household (person)	1.42	1.40	1.39	1.38	1.42
城镇居民家庭每一就业者负担人数(人)	Number of Dependents per Employee of Urban Household (person)	1.99	1.92	1.93	1.94	1.94
收入与支出	**Income and Expenditure**					
城镇居民人均可支配收入(元)	Annual Disposable Income per Captita of Urban Households (yuan)		14085.74	15788.17	18606.13	21024.21
农村居民人均纯收入(元)	Annual Net Income per Captita of Rural Households (yuan)		4504.32	5285.17	6232.21	7160.50
城镇居民人均消费支出(元)	Annual Consumption Expenditure per Capita of Urban Households (yuan)		10233.98	11512.55	13181.46	15011.66
农村居民人均生活消费支出(元)	Annual Living Expenditure per Capita of Rural Households (yuan)		3655.02	4013.31	4957.29	5555.99
生活质量	**Life Quality**					
居民家庭恩格尔系数(%)	Engel's Coefficient of Households(%)					
城镇	Urban	41.00	39.60	38.00	39.80	38.74
农村	Rural	44.30	40.90	40.70	41.10	39.25
居住条件	Residence Condition					
城镇居民人均住宅建筑面积(平方米)	Building Space per Capita of Urban Household (sq.m)	29.91	30.89	31.55	32.09	32.38
农村居民人均住房面积(平方米)	Living Space per Capita of Rural Household (sq.m)	29.88	31.01	32.05	35.03	35.88
交通条件	Traffic Condition					
城镇居民每百户拥有家用汽车(辆)	Number of Automobile per 100 Urban Households (unit)	2.33	2.76	4.95	9.20	11.37
农村居民每百户拥有生活用汽车(辆)	Number of Automobile per 100 Rural Households (unit)			0.58	1.74	2.29
移动电话普及率	Mobile Telephone Popularization Rate					
城镇居民(部/百户)	Urban (set/100 persons)	152.30	158.19	168.46	190.09	202.61
农村居民(部/百户)	Rural (set/100 persons)	101.26	110.58	136.90	163.71	174.77

3-2 城乡居民家庭人均收入和指数(1978—2012年)
Annual Income & Index per Capita of Urban and Rural Households (1978—2012)

年份 Year	城镇居民家庭人均可支配收入 Annual Disposable Income per Capita of Urban Households			农村居民家庭人均纯收入 Annual Net Income per Capita of Rural Households		
	绝对数(元) Value (yuan)	指数(上年=100) Index (preceding year=100)	指数(1981年=100) Index (year of 1981=100)	绝对数(元) Value (yuan)	指数(上年=100) Index (preceding year=100)	指数(1978年=100) Index (year of 1978=100)
1978				113.34		
1979				170.23	150.2	150.2
1980				184.83	108.6	163.1
1981	424.56			246.49	133.3	217.5
1982	453.00	106.7	106.7	269.10	109.2	237.4
1983	488.00	107.7	114.9	304.64	113.2	268.8
1984	559.00	114.6	131.7	322.97	106.0	285.0
1985	633.85	113.4	149.3	369.41	114.4	325.9
1986	815.00	128.6	192.0	396.53	107.3	349.9
1987	925.00	113.5	217.9	429.26	108.3	378.7
1988	1085.60	117.4	255.7	485.53	113.1	428.4
1989	1260.47	116.1	296.9	515.66	106.2	455.0
1990	1354.60	107.5	319.1	539.16	104.6	475.7
1991	1485.14	109.6	349.8	446.05	82.7	393.6
1992	1795.54	120.9	422.9	573.38	128.6	505.9
1993	2233.89	124.4	526.2	724.50	126.4	639.2
1994	3036.18	135.9	715.1	973.20	134.3	858.7
1995	3778.86	124.5	890.1	1302.82	133.9	1149.5
1996	4493.92	118.9	1058.5	1607.72	123.4	1418.5
1997	4599.27	102.3	1083.3	1808.75	112.5	1595.9
1998	4770.47	103.7	1123.6	1863.06	103.0	1643.8

3-2 续表 Continued

年 份 Year	城镇居民家庭人均可支配收入 Annual Disposable Income per Capita of Urban Households			农村居民家庭人均纯收入 Annual Net Income per Capita of Rural Households		
	绝对数(元) Value (yuan)	指数(上年=100) Index (preceding year=100)	指数(1981年=100) Index (year of 1981=100)	绝对数(元) Value (yuan)	指数(上年=100) Index (preceding year=100)	指数(1978年=100) Index (year of 1978=100)
1999	5064.60	106.2	1192.9	1900.29	102.0	1676.6
2000	5293.55	104.5	1246.8	1934.57	101.8	1706.9
2001	5668.80	107.1	1335.2	2020.04	104.4	1782.3
2002	6032.40	106.4	1420.9	2117.57	104.8	1868.3
2003	6778.03	112.4	1596.5	2127.48	100.5	1877.1
2004	7511.43	110.8	1769.2	2499.33	117.5	2205.2
2005	8470.68	112.8	1995.2	2640.96	105.7	2330.1
2006	9771.05	115.4	2301.5	2969.08	112.4	2619.6
2007	11473.58	117.4	2702.5	3556.27	119.8	3137.7
2008	12990.35	113.2	3059.7	4202.49	118.2	3707.9
2009	14085.74	108.4	3317.7	4504.32	107.2	3974.2
2010	15788.17	112.1	3718.7	5285.17	117.3	4663.1
2011	18606.13	117.9	4382.5	6232.21	117.9	5498.7
2012	21024.21	113.0	4952.0	7160.50	114.9	6317.7
平均每年增长(%)						
1978—2012年				12.97		
1991—2012年	13.45			14.13		
2001—2012年	12.65			12.19		

3-3 城乡居民家庭人均消费支出及恩格尔系数(1978—2012 年)

Annual Expenditure per Capita & Engle's Coefficient of Urban and Rural Households (1978—2012)

年 份 Year	城镇居民家庭人均消费支出 Annual Consumption Expenditure per Capita of Urban Households (yuan)		农村居民家庭人均生活消费支出 Annual Living Expenditure per Capita of Rural Households (yuan)		城镇居民家庭恩格尔系数(%)	农村居民家庭恩格尔系数(%)
	绝对数(元)	指数 (1981 年=100)	绝对数(元)	指数 (1978 年=100)		
	Value (yuan)	Index (year of 1981=100)	Value (yuan)	Index (year of 1978=100)	Engel's Coefficient of Urban Households(%)	Engel's Coefficient of Rural Households(%)
1978			100.49			73.60
1981	391.92		187.21	186.30		61.00
1985	565.70	144.34	299.02	297.56	57.12	58.47
1990	1182.12	301.62	514.93	512.42	57.79	57.88
1991	1296.93	330.92	474.59	472.28	59.21	57.75
1992	1520.81	388.04	501.73	499.28	57.46	58.39
1993	1846.14	471.05	609.25	606.28	54.36	63.90
1994	2550.97	650.89	934.18	929.62	53.91	63.02
1995	3161.41	806.65	1070.64	1065.42	53.70	58.40
1996	3607.43	920.45	1309.35	1302.97	53.74	57.00
1997	3693.55	942.42	1336.57	1330.05	52.40	56.51
1998	3777.41	963.82	1333.05	1326.55	49.50	54.92
1999	3091.81	788.89	1302.48	1296.13	47.30	54.37
2000	4232.98	1080.06	1321.50	1315.06	45.70	52.45
2001	4517.65	1152.70	1412.41	1405.52	44.20	49.75
2002	4736.48	1208.53	1475.80	1468.60	43.20	47.46
2003	5064.34	1292.19	1596.27	1588.49	44.20	46.03
2004	5711.09	1457.21	1813.71	1804.87	43.90	47.50
2005	6367.67	1624.74	2196.23	2185.52	43.70	45.50
2006	7294.73	1861.28	2420.94	2409.14	42.40	43.17
2007	8531.90	2176.95	2754.04	2740.61	39.70	43.30
2008	9524.04	2430.10	3284.11	3268.10	41.00	44.30
2009	10233.98	2611.24	3655.02	3637.20	39.60	40.90
2010	11512.55	2937.47	4013.31	3993.74	38.00	40.70
2011	13181.46	3363.30	4957.29	4933.12	39.80	41.10
2012	15011.66	3830.29	5555.99	5528.90	38.74	39.25

3-4 城镇居民家庭基本情况
Basic Conditions of Urban Households

项目 Item	2008	2009	2010	2011	2012
调查户数(户) Number of Households Surveyed(household)	**2350**	**2350**	**2500**	**2500**	**2500**
家庭居住人口(人/户) Household Size(persons/household)	2.86	2.83	2.83	2.78	2.77
现住房总建筑面积(平方米/人) Total Floor Space for Current Housing(sq.m/person)	29.91	30.89	31.55	32.09	32.38
家庭人口数(人/户) Household Size(persons/household)	**2.87**	**2.84**	**2.84**	**2.80**	**2.78**
有收入者人数(人/户) Income Earner(persons/household)	2.02	2.03	2.04	2.04	2.06
就业人口数 Number of Employed Persons	1.44	1.48	1.47	1.44	1.43
国有经济单位职工人数 Employees in the State-owned Enterprises	0.66	0.69	0.69	0.63	0.63
城镇集体经济单位职工人数 Employees in Urban Collective Economy	0.04	0.05	0.08	0.06	0.05
其他经济类型单位职工人数 Employees in Other Forms of Economy	0.32	0.31	0.25	0.22	0.21
城镇个体或私营企业主人数 Number of Households in Urban Private Enterprises and Self-employed Individuals	0.14	0.14	0.14	0.18	0.16
城镇个体或私营企业被雇人数 Number of Engaged Persons in Urban Private Enterprises and Self-employed Individuals	0.23	0.24	0.26	0.27	0.30
离退休再就业人数 Number of the Retired and Reemployed	0.01	0.01	0.02	0.02	0.02
其他就业人数 Other Employed Population	0.04	0.04	0.03	0.06	0.06
离退休人数 Number of the Retired and Reemployed	0.53	0.51	0.53	0.55	0.58
其他有收入者人数 Number of Other Income Earner	0.05	0.04	0.04	0.06	0.05
无收入者人数(人/户) Number of Persons with no Income(person/household)	0.85	0.81	0.80	0.76	0.71

3-4 续表 Continued

项 目 Item	2008	2009	2010	2011	2012
平均每一就业者负担人数(包括就业者本人)(人) Number of Dependents per Employee (Including the Employee Oneself) (person)	1.99	1.92	1.93	1.94	1.94
在外就学人数(人/户) Number of Students in School (person/household)	0.07	0.11	0.12	0.14	0.15
非家庭人口在家用餐人次数(人/户) Number of Non- Household Members Eating at Home (person/household)	5.29	5.60	6.22	5.60	6.01
家庭人口在家用餐人次数(人/户) Number of Household Members Eating at Home (person/household)	15.69	14.17	13.64	13.17	15.61
年可支配收入(元/人) Disposable Income (yuan/person)	**12990.35**	**14085.74**	**15788.17**	**18606.13**	**21024.21**
工资性收入 Income from Wages and Salaries	9302.38	10362.39	11442.43	12915.97	14812.54
经营净收入 Net Business Income	959.43	1023.48	1172.36	1874.45	2155.33
财产性收入 Income from Properties	293.92	272.87	427.01	569.96	549.62
转移性收入 Income from Transfer	3603.72	4033.20	4584.91	5390.73	6007.07
年消费支出(元/人) Consumption Expenditure (yuan/person)	**9524.04**	**10233.98**	**11512.55**	**13181.46**	**15011.66**
食品 Food	3905.05	4051.40	4369.63	5246.76	5814.92
衣着 Clothing	1010.61	1080.06	1225.56	1371.01	1540.66
居住 Residence	988.12	1219.83	1229.64	1501.39	1396.97
家庭设备用品及服务 Household Facilities Articles and Services	579.59	589.73	678.75	690.66	811.23
医疗保健 Medicine and Medical Services	633.93	716.87	737.05	907.58	1142.96
交通和通信 Traffic and Communications	920.77	1013.38	1356.57	1365.01	1809.72
教育文化娱乐服务 Education, Culture and Recreation	1160.14	1225.36	1479.75	1631.28	1932.74
其他商品和服务 Others	325.82	337.36	435.62	467.77	562.44

3-5 主要年份城镇居民家庭收入来源及构成
Source and Structure of Urban Households Income in Main Years

年份 Year	可支配收入 Disposable Income	总收入 Total Income	工资性收入 Income from Wages and Salaries	经营性收入 Net Business Income	财产性收入 Income from Properties	转移性收入 Income from Transfer
收入来源(元/人) Source of Income (yuan/person)						
1985	633.85	641.65				
1990	1354.60	1367.85				
1995	3778.86	3796.93				
2000	5293.55	5331.58				
2005	8470.68	9184.55	6425.54	620.71	124.59	2013.71
2006	9771.10	10574.60	7430.90	680.30	148.30	2315.10
2007	11473.58	12499.33	8683.96	688.34	249.78	2877.25
2008	12990.35	14159.46	9302.38	959.43	293.92	3603.72
2009	14085.74	15691.94	10362.39	1023.48	272.87	4033.20
2010	15788.17	17626.71	11442.43	1172.36	427.01	4584.91
2011	18606.13	20751.11	12915.97	1874.45	569.96	5390.73
2012	21024.21	23524.56	14812.54	2155.33	549.62	6007.07
收入构成(%) Structure of Income (%)						
1985	98.78	100.00				
1990	99.03	100.00				
1995	99.52	100.00				
2000	99.29	100.00				
2005	92.23	100.00	69.96	6.76	1.36	21.92
2006	92.40	100.00	70.27	6.43	1.40	21.89
2007	91.79	100.00	69.48	5.51	2.00	23.02
2008	91.74	100.00	65.70	6.78	2.08	25.45
2009	89.76	100.00	66.04	6.52	1.74	25.70
2010	89.57	100.00	64.92	6.65	2.42	26.01
2011	89.66	100.00	62.24	9.03	2.75	25.98
2012	89.37	100.00	62.97	9.16	2.34	25.54

3-6 主要年份城镇居民家庭现金消费支出及构成
Expenditure and Structure of Urban Households Cash Consumption in Main Years

年份 Year	现金消费支出 Cash Consum-ption Expenditure	食品 Food	衣着 Clothing	居住 Residence	家庭设备及用品 Household Facilities Articles and Services	交通通信 Traffic and Communi-cations	文教娱乐 Education, Culture and Recreation Articles and Services	医疗保健 Medicine and Medical Services	其他 Others
现金消费支出(元/人) Cash Consumption Expenditure (yuan/person)									
1985	565.70	323.12	80.58	59.52	4.07	5.51	44.47	25.13	23.30
1990	1182.12	683.12	145.41	112.71	15.52	11.82	111.69	41.13	60.72
1995	3161.41	1697.66	423.32	237.37	49.21	167.55	263.93	212.46	109.91
2000	4232.98	1934.83	437.55	301.43	181.23	307.87	508.62	370.90	190.55
2005	6367.67	2781.50	763.54	290.88	400.34	676.86	666.42	590.27	197.87
2006	7294.73	3091.28	869.55	336.99	441.42	788.25	869.23	694.17	203.83
2007	8531.88	3384.38	906.47	850.24	465.68	554.44	891.38	1169.99	309.30
2008	9524.04	3905.05	1010.61	988.12	579.59	633.93	920.77	1160.14	325.82
2009	10233.98	4051.40	1080.06	1219.83	589.73	716.87	1013.38	1225.36	337.36
2010	11512.55	4369.63	1225.56	1229.64	678.75	737.05	1356.57	1479.75	435.62
2011	13181.46	5246.76	1371.01	1501.39	690.66	907.58	1365.01	1631.28	467.77
2012	15011.66	5814.92	1540.66	1396.97	811.23	1142.96	1809.72	1932.74	562.44
支出构成(%) Structure of Consumption (%)									
1985	100.00	57.12	14.24	10.52	0.72	0.97	7.86	4.44	4.12
1990	100.00	57.79	12.30	9.53	1.31	1.00	9.45	3.48	5.14
1995	100.00	53.70	13.39	7.51	1.56	5.30	8.35	6.72	3.48
2000	100.00	45.71	10.34	7.12	4.28	7.27	12.02	8.76	4.50
2005	100.00	43.68	11.99	4.57	6.29	10.63	10.47	9.27	3.11
2006	100.00	42.38	11.92	4.62	6.05	10.81	11.92	9.52	2.79
2007	100.00	39.67	10.62	9.97	5.46	6.50	10.45	13.71	3.63
2008	100.00	41.00	10.61	10.38	6.09	6.66	9.67	12.18	3.42
2009	100.00	39.59	10.55	11.92	5.76	7.00	9.90	11.97	3.30
2010	100.00	37.96	10.65	10.68	5.90	6.40	11.78	12.85	3.78
2011	100.00	39.80	10.40	11.39	5.24	6.89	10.36	12.38	3.55
2012	100.00	38.74	10.26	9.31	5.40	7.61	12.06	12.87	3.75

3-7 城镇居民家庭人均现金收支情况(2008-2012年)
Cash Income and Expenditures per Capita of Urban Households(2008—2012)

单位:元 (yuan)

项目 Item	2008	2009	2010	2011	2012
期初手存现金 Initial Deposit Cash in Hand	389.34	742.00	772.40	642.02	1071.75
家庭总收入 Total Income	14159.46	15691.94	17626.71	20751.11	23524.56
#可支配收入 #Disposable Income	12990.35	14085.74	15788.17	18606.13	21024.21
工资性收入 Income from Wages and Salaries	9302.38	10362.39	11442.43	12915.97	14812.54
工资及补贴收入 Income and Subsidies	9085.89	10142.46	11256.71	12620.39	14494.01
其他劳动收入 Other Labor Income	216.50	219.93	185.72	295.58	318.53
经营净收入 Net Business Income	959.43	1023.48	1172.36	1874.45	2155.33
财产性收入 Income from Properties	293.92	272.87	427.01	569.96	549.62
利息收入 Interest Income	55.22	58.34	49.46	69.15	75.08
股息与红利收入 Dividend and Bonus	71.12	60.19	84.29	65.45	98.11
保险收益 Insurance Proceeds	11.91	7.34	3.70	3.03	0.15
其他投资收入 Income from Other Investments	16.66	22.82	66.91	181.19	109.46
出租房屋收入 Rental Income	133.40	113.69	206.93	249.90	249.23
知识产权收入 Intellectual Property Income	0.32	1.15	0.06		0.16
其他财产性收入 Other Property Income	5.30	9.34	15.67	1.23	17.42
转移性收入 Income from Transfer	3603.72	4033.20	4584.91	5390.73	6007.07
养老金或离退休金 Pensions and Retirement Pay	2774.64	3041.05	3465.80	4246.65	4911.51
社会救济收入 Social Relief	50.48	47.60	43.83	64.91	63.31
辞退金 Dismiss Pensions	1.32	4.68	34.72	4.30	2.79
赔偿收入 Compensation Income	2.42	21.19	19.54	2.93	11.70

3-7 续表1 Continued 1

项 目 Item	2008	2009	2010	2011	2012
保险收入 Insurance	26.44	19.92	13.32	39.25	33.32
#失业保险金 # Unemployment Insurance	12.99	12.66	11.20	15.80	16.42
赡养收入 Supporting Income	123.71	129.86	137.68	216.74	266.66
捐赠收入 Donation	374.82	436.65	451.22	428.98	320.12
提取住房公积金 Withdraw House Accumulation Fund	123.03	148.82	271.75	245.13	176.06
其他转移性收入 Other Transferred Income	64.83	100.92	54.67	58.54	84.76
出售财物收入 Property Sale Income	**141.15**	**263.77**	**397.47**	**376.92**	**134.33**
出售住房收入 House Sale Income	116.40	166.15	393.48	353.51	120.38
出售其他物品收入 Other Atricle Sale Income	24.75	97.62	4.00	23.40	13.96
借贷收入 Lending and Loaning Income	**2863.53**	**3713.70**	**3533.87**	**4540.38**	**5112.90**
提取储蓄存款 Saving Deposit	2226.97	2692.85	2802.89	3710.66	4053.51
借入款 Borrowed Funds	186.33	197.44	228.44	248.71	288.79
收回借出款 Recalled Loan	45.27	128.61	145.22	181.45	191.76
收回储蓄性保险本 Recalled Endowment Assurance	15.38	19.52	6.29	18.92	20.32
兑售有价证券 Against the Sale of Securities	16.11	7.49	31.94	11.39	5.33
收回投资本金 Recalled Original Capital of Investment	14.92	18.32	11.60	28.04	20.15
住房贷款 Accomadation Loan	156.00	597.05	252.37	246.10	318.51
汽车贷款 Automobile Loan	5.97		6.65		51.94
教育贷款 Rerurned Education Loan	0.05	1.46		11.68	15.12
其他贷款 Other Loans	172.81	15.51	8.07	2.62	1.65
其他借贷收入 Other Income on Loan	23.71	35.46	40.41	80.81	145.83

3-7 续表2 Continued 2

项目 Item	2008	2009	2010	2011	2012
家庭总支出 Total Expenditure	**12863.94**	**15283.56**	**16144.52**	**18830.03**	**21420.80**
消费支出 Expenditure for Consumption	9524.04	10233.98	11512.55	13181.46	15011.66
#服务性消费支出 # Consumption Expenditure in Service	2212.88	2557.33	3047.78	3413.37	4024.04
食品 Food	3905.05	4051.40	4369.63	5246.76	5814.92
衣着 Clothing	1010.61	1080.06	1225.56	1371.01	1540.66
居住 Residence	988.12	1219.83	1229.64	1501.39	1396.97
家庭设备用品及服务 Household Facilities Articles and Service	579.59	589.73	678.75	690.66	811.23
医疗保健 Medicine and Medical Service	633.93	716.87	737.05	907.58	1142.96
交通和通信 Traffic and Communications	920.77	1013.38	1356.57	1365.01	1809.72
教育文化娱乐服务 Education,Culture and Recreation Articles and Service	1160.14	1225.36	1479.75	1631.28	1932.74
其他商品和服务 Miscellaneous Commodities and Services	325.82	337.36	435.62	467.77	562.44
购房与建房支出 Expenditure on House-purchase and Building	544.37	1573.17	1082.92	1187.76	984.70
购房 Purchase of the House	520.50	1543.19	1068.80	1169.44	976.47
建房 House Building	23.87	29.98	14.12	18.32	8.23
转移性支出 Transferred Expenditure	1712.17	1932.58	1755.82	2291.37	2880.37
交纳所得税 Paid Personal Income	39.00	45.87	55.64	63.94	40.41
捐赠支出 Donation	932.70	1098.94	1081.47	1358.83	1795.87
购买彩票 Purchase of Lottery	22.22	27.24	13.71	29.01	32.41
赡养支出 Support Expenditure	557.57	617.39	437.84	688.71	806.70
#在外就学子女费用 # Attend Children Expense Studying Outside	368.47	399.31	326.24	487.96	544.29
各种非储蓄性保险支出 Non-endowment Assurance Expenditure	93.74	87.72	95.17	87.91	100.90
#车辆保险支出 # Vehicle Insurance	13.94	11.40	11.80	6.89	6.58

3-7 续表3 Continued 3

项 目 Item	2008	2009	2010	2011	2012
其他转移性支出 Other Transferred Expenditure	66.94	55.42	71.99	62.98	104.08
财产性支出 Property Expenditure	15.27	65.98	102.70	171.70	220.97
非生产性贷款利息支出 Payout of the Non-productive Interests	2.92	55.22	84.93	166.53	216.54
其他 Others	12.35	10.76	17.77	5.16	4.44
社会保障支出 Social Security Expenditure	1068.09	1477.84	1690.52	1997.74	2323.11
个人交纳的养老基金 Personal Paid Pension Fund	386.20	602.43	640.17	729.10	827.97
个人交纳的住房公积金 Personal Paid Housing Accumulation Fund	507.31	670.46	809.89	961.55	1151.04
个人交纳的医疗基金 Personal Paid Medical Care Fund	130.28	167.26	190.98	222.21	268.93
个人交纳的失业基金 Personal Paid Unemployment Fund	26.30	30.52	38.44	44.15	51.29
其他社会保障支出 Others	18.00	7.17	11.04	40.72	23.88
借贷支出 Lending and Loaning Expenditure	**3432.50**	**3769.35**	**4515.29**	**5551.20**	**6216.85**
存入储蓄款 Savings	2351.28	2910.67	3873.15	4150.74	4763.41
借出款 Lending Funds	67.65	65.28	24.11	170.98	137.44
归还借款 Returned Loan	206.26	120.27	82.11	241.90	260.79
储蓄性保险支出 Endowment Assurance Expenditure	152.76	136.79	70.98	111.85	96.28
购买有价证券 Purchase of Securities	27.41	26.82	45.08	43.00	18.12
其他投资支出 Other Investment Expenditure	215.71	62.38	10.55	94.76	78.05
归还住房贷款 Returned Accomodation Loan	379.11	383.84	338.43	646.94	781.49
归还汽车贷款 Returned Automobile Loan	9.65	10.17	0.51	21.44	32.77
归还教育贷款 Returned Education Loan	0.25	0.27	0.38		0.34
归还其他贷款 Returned Other Loan	10.87	5.49	2.96	25.04	5.69
其他借贷支出 Others	11.56	47.37	67.03	44.54	42.47

3-8 城镇居民家庭平均每百户耐用消费品拥有量及信息化情况
Ownership of Durable Consumer Goods and Informationization per 100 Urban Households

项 目	Item	2008	2009	2010	2011	2012
一、主要消费品拥有量	Ownership of Major Durable Consumer Goods					
摩托车(辆)	Motorcycle (unit)	21.84	25.90	23.00	18.33	20.14
助力车(辆)	Man-drawn Vehicle(unit)	22.55	25.59	31.84	41.14	45.61
家用汽车(辆)	Household Automobile(unit)	2.33	2.76	4.95	9.20	11.37
洗衣机(台)	Washing Machine(set)	94.75	96.76	97.35	94.93	95.62
电冰箱(台)	Refrigerator(set)	94.21	96.69	96.61	96.15	98.31
彩色电视机(台)	Color TV (set)	137.39	140.09	141.50	140.13	144.96
家用电脑(台)	Household Computer(set)	50.73	56.10	63.79	74.04	79.57
组合音响(套)	Hi-Fi Stereo Component System(set)	21.31	22.11	19.22	16.83	16.22
摄像机(架)	Video Camera(set)	3.20	3.45	3.77	5.85	7.89
照相机(架)	Camera(set)	26.47	28.03	29.71	32.21	34.88
钢琴(架)	Piano(set)	0.97	0.94	1.11	1.45	1.56
其他中高档乐器(件)	Other Medium and High-grade Musical Instrument (unit)	3.82	4.42	3.95	3.66	3.81
微波炉(台)	Microwave Oven(unit)	50.37	53.23	57.77	61.03	65.55
空调器(台)	Air Conditioner(unit)	108.00	110.31	120.04	127.94	136.05
淋浴热水器(台)	Shower(unit)	81.94	85.58	86.78	89.54	94.02
消毒碗柜(台)	Disinfectant Machine (unit)	6.25	6.01	6.59	6.30	7.41
洗碗机(台)	Dishwasher (unit)	0.86	0.36	0.31	0.21	0.77
健身器材(套)	Fitness Equipment(set)	2.49	1.75	2.32	2.52	3.27
固定电话(部)	Telephone (unit)	86.27	87.81	85.34	77.00	74.57
移动电话(部)	Mobile Telephone (unit)	152.30	158.19	168.46	190.09	202.61
二、信息化调查情况	Informationization					
接入有线电视网络的电视机(台)	Cable Television(set)	4.80	7.02	10.39	19.58	23.13
接入互联网的计算机(台)	Network-connected Computers(set)	118.41	118.52	111.21	97.06	99.34
接入互联网的移动电话(部)	Network-connected Mobile Telephone (unit)	33.00	37.24	45.77	55.82	58.24

3-9 按收入等级分的城镇居民家庭居住及就业情况(2012年)

项目	Item	合计 Total
调查户数(户)	**Households Surveyed(household)**	**2500**
家庭居住人口数(人/户)	**Household Size(person/household)**	**2.77**
现住房总建筑面积(平方米/人)	**Total Floor Space for Current Housing(sq.m/person)**	**32.38**
房屋产权(%)	**House Property Right(%)**	
租赁公房	Rental Public Housing	2.37
租赁私房	Rental Privately Owned Housing	3.86
原有私房	Original Privately Owned Housing	13.26
房改私房	Privately Owned House After Housing Reform	33.92
商品房	Commidity House	43.48
其他	Others	1.44
住宅建筑式样(%)	**House Styles(%)**	
单栋住宅	One-family House	3.85
四居室	Four Room Flat	2.64
三居室	Three Room Flat	32.55
二居室	Two Room Flat	46.24
一居室	One Room Flat	2.43
普通楼房	Ordinary Building	8.59
平房及其他	One-storey House	3.69
建筑年份(户)	**Construction year(household)**	**16.55**
装修状况(%)	**Decoration Situation**	
有装修	Decoration	75.34
#最近一次装修花费(元/户)	#Most Recent Renovation Cost(yuan/household)	28266.58
未装修	No Decoration	24.66
现有住房按市场价估计值(元/户)	Existing Housing at Market Value Estimates(yuan/household)	314333.28
租赁房房租(元/户)	Rental Housing Rent(yuan/household)	22.67
购房总金额(元/户)	Total Amount of Money for Purchasing House(yuan/household)	89108.75
购房实际支出金额(元/户)	Actual Expenditures for Purchase Amount(yuan/household)	85117.82
饮水情况(%)	**Drinking Water(%)**	
自来水	Tap Water	98.54
矿泉水	Mineral Water	0.17
纯净水	Pure Water	0.85
井、河水	Well or River Water	0.44
其他	Others	
用水情况(%)	**Water Utilization(%)**	
独用自来水	Privater Tap Water	99.48
公用自来水	Public Tap Water	0.04
井、河水	Well or River Water	0.34
其他	Others	0.15
卫生设备(%)	**Sanitary Installation(%)**	
无卫生设备	Without Sanitary Installation	3.24

Living and Employment of Urban Households Grouped by Income Bracket (2012)

按收入等级分 Grouped by Income Braket								
最低收入户 (10%) Lowest Income Households (first decile group)	#困难户 (5%) Poor Households (first five percent group)	低收入户 (10%) Low Income Households (second decile group)	中等偏下户 (20%) Lower Middle Income Households (second quintile group)	中等收入户 (20%) Middle Income Households (third quintile group)	中等偏上户 (20%) Upper Middle Income Households (fourth quintile group)	高收入户 (10%) High Income Households (ninth decile group)	最高收入户 (10%) Highest Income Households (tenth decile group)	#更高收入户 (5%) Higher Income Households (five percent)
247	**124**	**248**	**502**	**502**	**502**	**252**	**247**	**122**
3.00	**3.11**	**3.05**	**2.93**	**2.77**	**2.51**	**2.48**	**2.28**	**2.27**
24.91	**22.92**	**26.11**	**31.02**	**34.15**	**37.89**	**37.45**	**42.16**	**45.15**
8.97	18.75	5.66	1.00	0.48	0.47	1.61	0.21	
6.05	4.29	4.15	2.55	4.25	3.73	2.94	3.90	4.97
13.84	16.61	19.02	17.61	13.91	10.60	6.14	1.73	1.31
25.68	19.97	27.12	37.72	34.37	34.12	34.40	44.37	30.08
38.60	32.47	41.34	37.12	42.93	50.21	54.37	49.80	63.64
4.05	4.85	1.63	0.80	2.29	0.35	0.54		
4.00	8.98	3.57	5.93	3.44	2.91	2.11	2.44	2.93
0.99		0.44	1.82	1.50	3.99	6.01	7.73	11.22
24.54	22.47	21.80	30.09	31.83	41.90	38.12	43.84	40.87
42.23	34.58	53.58	46.75	48.41	42.96	46.60	43.12	42.93
4.63	3.49	1.11	2.36	2.77	1.30	3.45	1.78	1.17
14.35	13.56	12.06	9.56	9.98	5.35	1.91	1.10	0.87
9.26	16.91	7.45	3.49	2.07	1.58	1.81		
17.99	**17.39**	**17.86**	**17.21**	**17.30**	**14.61**	**15.01**	**14.38**	**12.86**
59.99	53.28	71.49	72.33	76.87	80.08	83.92	93.74	93.46
15772.37	15742.74	21031.47	22589.99	28927.10	34868.44	38394.17	51143.04	64452.80
40.01	46.72	28.51	27.67	23.13	19.92	16.08	6.26	6.54
220157.25	208753.72	244471.26	288912.34	332168.49	361030.35	393826.33	429073.87	520458.73
27.77	31.92	19.23	16.75	24.44	22.93	25.34	29.85	32.93
59369.84	60373.06	62132.41	84303.23	77614.14	100070.92	135980.08	153084.82	203082.99
58586.44	59351.80	59057.47	82114.84	74758.02	95029.46	123382.75	144332.19	193118.26
98.55	97.61	98.09	98.73	98.49	98.85	97.22	99.18	99.35
			0.43	0.11	0.23			
0.45	0.64	0.90	0.72	0.78	0.92	1.97	0.82	0.65
0.99	1.75	1.00	0.12	0.61		0.80		
98.72	97.61	99.00	99.88	99.16	100.00	99.20	100.00	100.00
0.29	0.64							
0.21		1.00	0.12	0.61		0.80		
0.78	1.75			0.24				
11.33	23.03	7.13	1.37	2.21	0.81	0.80		

3-9 续表

项 目	Item	合 计 Total
有厕所浴室	With Toilet and Bathroom	93.20
有厕所无浴室	Only With Toilet	3.38
公用	Pulic Toilet and Bathroom	0.18
取暖设备(%)	**Warming Facility(%)**	
无取暖设备	No Warming Facility	15.05
空调设备	Air-conditioned	80.73
暖气	Central Heating	2.99
其他	Others	1.23
炊用燃料使用情况(%)	**Cooking Fuel(%)**	
煤炭	Coal	3.26
罐装液化石油气	Canned Liquified Petroleum Gas	42.65
管道液化石油气	Pipeline Liquified Petroleum Gas	1.04
管道煤气	Pipeline Gas	3.48
管道天然气	Pipeline Natural Gas	47.28
柴油	Derv	
其他燃料	Other Fuel	2.28
通信设备使用情况	**Communication Facilities**	
固定电话(部/百户)	Fixed-line Telephone(set/100 household)	74.57
移动电话(部/百户)	Mobile Phone(set/100 household)	202.61
接入互联网的计算机(台/百户)	Network-connected Computers(set/100 household)	58.24
其他住房情况(套/户)	**Other Housing Condition(set/household)**	**0.22**
出租房(套/户)	Rental Housing(set/household)	0.13
建筑面积(平方米/户)	Building Area(sq.m/household)	10.39
偶尔居住房(套/户)	Occasionally Living Room(set/household)	0.04
建筑面积(平方米/户)	Building Area(sq.m/household)	3.33
其他用途房(套/户)	Room for Other Uses (set/household)	0.05
建筑面积(平方米/户)	Building Area(sq.m/household)	4.87
人口就业情况	**Population and Employment Situation**	
家庭人口数(人/户)	**Family Population(person/household)**	**2.78**
有收入者人数	Income Earner	2.06
就业人口数	Number of the Employed	1.43
国有经济单位职工人数	Employees in the State-owned Enterprise	0.63
城镇集体经济单位职工人数	Employees in Urban Collective Economy	0.05
其他经济类型单位职工人数	Employees in Other Forms of Economy	0.21
城镇个体或私营企业主人数	Number of Households in Urban Private Enterprises and Self-employed Individuals	0.16
城镇个体或私营企业被雇人数	Number of Engaged Persons in Urban Private and Self-employed Individuals Enterprises	0.30
离退休再就业人数	Number of the Reemployed Retired Persons	0.02
其他就业人数	Other Employed Population	0.06
离退休人数	Number of the Retired	0.58
其他有收入者人数	Number of Other Income Earner	0.05
无收入者人数	Number of Persons with no Income	0.71

Continued

按收入等级分 Grouped by Income Braket								
最低收入户（10%） Lowest Income Households (first decile group)	#困难户（5%） Poor Households (first five percent group)	低收入户（10%） Low Income Households (second decile group)	中等偏下户（20%） Lower Middle Income Households (second quintile group)	中等收入户（20%） Middle Income Households (third quintile group)	中等偏上户（20%） Upper Middle Income Households (fourth quintile group)	高收入户（10%） High Income Households (ninth decile group)	最高收入户（10%） Highest Income Households (tenth decile group)	#更高收入户（5%） Higher Income Households (five percent)
84.37	71.58	87.89	95.89	94.45	95.50	93.82	98.72	100.00
4.01	4.76	4.98	2.42	3.14	3.70	4.98	1.28	
0.29	0.64		0.32	0.20		0.40		
35.82	39.99	26.96	16.18	8.95	7.33	3.29	2.37	2.75
56.68	51.05	69.73	80.37	86.94	88.76	92.11	94.60	92.60
2.47	0.36	2.88	2.76	3.36	3.04	4.11	2.75	3.99
5.03	8.60	0.44	0.68	0.75	0.88	0.48	0.27	0.65
5.25	7.61	4.26	3.39	3.46	1.79	3.61	0.73	0.87
60.98	61.10	44.25	48.84	40.15	37.74	24.24	24.38	11.80
0.99	0.47	0.44	0.48	1.64	1.45	1.08	1.28	0.51
2.24	2.15	2.50	3.68	3.56	4.77	4.51	2.17	
28.32	26.14	42.52	41.92	49.53	52.43	64.67	69.71	84.57
2.22	2.53	6.03	1.69	1.66	1.83	1.89	1.72	2.25
62.50	60.99	69.94	75.88	76.85	76.07	79.60	84.34	85.34
176.77	180.39	190.63	201.05	213.39	213.19	203.68	217.04	211.14
45.35	51.31	52.80	53.71	57.46	58.47	76.28	87.04	90.92
0.15	**0.15**	**0.08**	**0.17**	**0.24**	**0.26**	**0.33**	**0.44**	**0.45**
0.04	0.05	0.05	0.12	0.14	0.19	0.17	0.23	0.27
2.51	3.53	3.12	8.31	13.21	15.39	12.77	19.99	24.93
0.06	0.01	0.01	0.03	0.05	0.03	0.06	0.07	0.09
4.17	0.74	0.64	2.15	4.66	2.73	4.58	6.49	6.26
0.05	0.09	0.02	0.03	0.05	0.05	0.10	0.14	0.09
3.64	7.19	1.50	2.65	3.85	4.65	8.33	18.53	8.17
3.02	**3.13**	**3.08**	**2.94**	**2.78**	**2.52**	**2.50**	**2.31**	**2.29**
1.84	1.80	1.98	2.13	2.17	2.06	2.09	2.04	1.97
1.39	1.48	1.39	1.43	1.40	1.49	1.50	1.45	1.53
0.35	0.36	0.50	0.54	0.63	0.86	0.85	0.88	0.78
0.05	0.08	0.03	0.08	0.04	0.05	0.03	0.01	0.01
0.19	0.18	0.25	0.21	0.20	0.19	0.25	0.18	0.22
0.15	0.08	0.18	0.18	0.17	0.12	0.18	0.21	0.25
0.46	0.61	0.34	0.36	0.31	0.21	0.14	0.12	0.18
0.01	0.01		0.01	0.02	0.04	0.05	0.06	0.08
0.18	0.16	0.09	0.05	0.03	0.02	0.01		
0.30	0.23	0.45	0.67	0.75	0.56	0.58	0.58	0.43
0.16	0.08	0.15	0.03	0.02	0.02	0.02	0.01	0.02
1.18	1.33	1.09	0.80	0.61	0.45	0.41	0.27	0.32

3-10 按收入等级分的城镇居民家庭人均收支情况(2012年)

单元:元

项　　目	Item	合　计 Total
家庭总收入	Total Income	23524.56
#可支配收入	# Disposable Income	21024.21
工资性收入	Income from Wages and Salaries	14812.54
工资及补贴收入	Income and Subsidies	14494.01
其他劳动收入	Other Labor Income	318.53
经营净收入	Net Business Income	2155.33
财产性收入	Income from Properties	549.62
利息收入	Interest Income	75.08
股息与红利收入	Dividend and Bonus	98.11
保险收益	Insurance Proceeds	0.15
其他投资收入	Income from Other Investments	109.46
出租房屋收入	Rental Income	249.23
知识产权收入	Intellectual Property Income	0.16
其他财产性收入	Other Property Income	17.42
转移性收入	Income from Transfer	6007.07
养老金或离退休金	Pensions and Retirement Pay	4911.51
社会救济收入	Social Relief	63.31
辞退金	Dismiss Pensions	2.79
赔偿收入	Compensation Income	11.70
保险收入	Insurance	33.32
# 失业保险金	# Unemployment Insurance	16.42
赡养收入	Supporting Income	266.66
捐赠收入	Donation	320.12
提取住房公积金	Withdraw House Accumulation Fund	176.06
其他转移性收入	Other Transferred Income	84.76
出售财物收入	Property Sale Income	134.33
出售住房收入	House Sale Income	120.38
出售其他物品收入	Other Atricles Sale Income	13.96
借贷收入	Lending and Loaning Income	5112.90
提取储蓄存款	Saving Deposit	4053.51
借入款	Borrowed Funds	288.79
收回借出款	Recalled Loan	191.76
收回储蓄性保险本	Recalled Endowment Assurance	20.32
兑售有价证券	Against the Sale of Securities	5.33
收回投资本金	Recalled Original Capital of Investment	20.15
住房贷款	Accomodation Loan	318.51
汽车贷款	Automobile Loan	51.94
教育贷款	Education Loan	15.12
其他贷款	Other Loans	1.65
其他借贷收入	Other Income on Loan	145.83

Income and Expenditures per Capita of Urban Households Grouped by Income Brackete(2012)

(yuan)

按收入等级分 Grouped by Income Braket								
最低收入户 (10%) Lowest Income Households (first decile group)	#困难户 (5%) Poor Households (first five percent group)	低收入户 (10%) Low Income Households (second decile group)	中等偏下户 (20%) Lower Middle Income Households (second quintile group)	中等收入户 (20%) Middle Income Households (third quintile group)	中等偏上户 (20%) Upper Middle Income Households (fourth quintile group)	高收入户 (10%) High Income Households (ninth decile group)	最高收入户 (10%) Highest Income Households (tenth decile group)	#更高收入户 (5%) Higher Income Households (five percent)
11211.73	**9854.15**	**15254.89**	**18613.13**	**23374.78**	**30349.47**	**38257.38**	**54697.57**	**68369.05**
9751.57	8356.75	13208.68	16624.62	21149.66	27132.13	34046.73	49721.01	62300.28
7600.50	7619.19	9831.03	11658.20	14047.51	20535.53	24462.84	30850.49	36947.33
7348.00	7576.33	9454.80	11444.33	13776.82	20221.35	24116.37	29954.33	35756.71
252.50	42.86	376.23	213.87	270.69	314.18	346.46	896.17	1190.62
744.53	366.38	1521.85	1865.86	2214.06	2030.15	3228.73	6819.75	11442.82
39.06	35.82	99.31	134.29	340.02	849.64	1809.93	2801.58	4753.28
5.97	1.54	21.86	24.65	35.25	167.68	132.50	351.14	279.08
		8.14	10.14	33.55	90.47	584.73	569.90	1071.30
				0.82				
3.01	0.82	14.49	11.97	42.99	98.90	269.27	989.14	2280.79
19.53	29.42	54.41	85.69	219.05	459.05	714.46	868.19	1071.70
				0.01			2.54	
10.54	4.04	0.40	1.84	8.35	33.54	108.97	20.67	50.42
2827.64	1832.76	3802.70	4954.78	6773.20	6934.15	8755.88	14225.76	15225.61
1859.94	1178.91	2902.44	4293.53	6042.61	5890.78	7195.10	9976.54	8918.79
233.94	191.99	161.97	20.19	19.70	3.04	2.43	5.90	
		3.10	6.92	2.80		2.17		
			10.29	8.44	44.91			
15.53	25.72	48.97	21.62	23.76	37.17	45.71	94.90	197.76
13.85	25.72	28.77	17.99	16.77	10.82	20.16	1.76	
436.45	128.67	273.46	205.80	140.94	269.28	226.57	517.55	972.47
113.93	112.44	233.15	190.72	263.07	347.43	580.56	1307.04	1440.93
0.97		4.75	34.27	38.55	114.91	429.68	1787.29	3393.01
45.11	79.34	47.71	43.45	94.89	70.46	124.16	380.03	160.13
48.00	4.51	3.32	1.83	460.73	86.02	84.50	327.32	619.45
45.77				454.75	76.73		252.51	615.91
2.23	4.51	3.32	1.83	5.98	9.30	84.50	74.81	3.54
2584.86	2626.08	1979.43	2536.61	4286.76	6384.89	9264.03	22145.86	25925.11
2166.15	2325.95	1880.14	2024.12	3183.50	5256.23	7651.08	16443.54	18147.25
296.91	87.43	80.37	210.95	196.33	191.24	520.21	1290.09	1315.17
12.10	5.19	5.04	112.57	72.62	617.16	199.71	495.79	141.29
			0.18	21.50	40.25	122.60	27.39	28.71
		5.44	1.51		0.16	2.66	64.58	157.53
0.48	1.04	1.23	4.08	11.41	78.45	16.96	40.05	61.10
			75.11	706.42	45.93	494.27	2032.53	3611.59
				37.74			710.02	1731.83
90.05	191.77		3.67	5.00		6.50		
			1.53	0.60	6.85			
19.17	14.71	7.20	102.90	51.64	148.61	250.03	1041.87	730.65

3-10 续表

项 目	Item	合 计 Total
家庭总支出	**Total Expenditure**	**21420.80**
消费支出	Expenditure for Consumption	15011.66
# 服务性消费支出	# Consumption Expenditures in Service	4024.04
食品	Food	5814.92
衣着	Clothing	1540.66
居住	Residence	1396.97
家庭设备用品及服务	Household Facilities Articles and Services	811.23
医疗保健	Medicine and Medical Services	1142.96
交通和通信	Traffic and Communications	1809.72
教育文化娱乐服务	Education, Culture and Recreation Articles and Services	1932.74
其他商品和服务	Other Commodities and Services	562.44
购房与建房支出	Expenditure on House-purchase and Building	984.70
购房	House-purchase	976.47
建房	House Building	8.23
转移性支出	Transferred Expenditure	2880.37
交纳所得税	Paid Individual Income Tax	40.41
捐赠支出	Donation	1795.87
购买彩票	Purchase of Lottery	32.41
赡养支出	Support Expenditure	806.70
各种非储蓄性保险支出	Non-saving Insurance	100.90
其他转移性支出	Other Transferred Expenditure	104.08
财产性支出	Property Expenditure	220.97
非生产性贷款利息支出	Payout of the Non-Productive Interests	216.54
其他	Others	4.44
社会保障支出	Social Security Expenditure	2323.11
个人交纳的养老基金	Personal Paid Pension Fund	827.97
个人交纳的住房公积金	Personal Paid Housing Accumulation Fund	1151.04
个人交纳的医疗基金	Personal Paid Medical Care Fund	268.93
个人交纳的失业基金	Personal Paid Unemployment Fund	51.29
其他社会保障支出	Others	23.88
借贷支出	Lending and Loaning Expenditures	6216.85
存入储蓄款	Savings	4763.41
借出款	Lended Funds	137.44
归还借款	Returned Loan	260.79
储蓄性保险支出	Endowment Assurance Expentiduture	96.28
购买有价证券	Purchase of Securities	18.12
其他投资支出	Other Investment Expenditure	78.05
归还住房贷款	Returned Accomodation Loan	781.49
归还汽车贷款	Returned Automobile Loan	32.77
归还教育贷款	Returned Education Loan	0.34
归还其他贷款	Returned Other Loan	5.69
其他借贷支出	Others	42.47

Continued

按收入等级分 Grouped by Income Braket								
最低收入户 (10%) Lowest Income Households (first decile group)	#困难户 (5%) Poor Households (first five percent group)	低收入户 (10%) Low Income Households (second decile group)	中等偏下户 (20%) Lower Middle Income Households(second quintile group)	中等收入户 (20%) Middle Income Households (third quintile group)	中等偏上户 (20%) Upper Middle Income Households(fourth quintile group)	高收入户 (10%) High Income Households (ninth decile group)	最高收入户 (10%) Highest Income Households (tenth decile group)	#更高收入户 (5%) Higher Income Households (five percent)
11266.42	**9761.11**	**13720.84**	**16893.34**	**21032.12**	**27184.70**	**32781.34**	**51975.79**	**61022.96**
8676.78	7718.95	9896.03	12638.37	14966.79	18535.64	22713.32	31878.94	35706.04
2527.46	2161.16	2467.43	3121.77	4077.23	4861.09	6170.13	9525.27	11390.09
3565.58	3244.46	4593.37	5545.36	5989.47	7008.71	7649.12	8844.35	9544.55
765.12	644.25	1047.84	1319.79	1492.68	2084.40	2316.48	3061.17	3920.27
906.68	729.21	677.37	1037.79	1461.37	1659.19	2259.75	3597.23	3832.47
403.53	316.04	397.90	651.82	822.03	1031.04	1241.84	2131.95	1744.84
971.46	536.17	587.27	903.02	1178.60	1236.01	1516.85	2850.60	1450.36
686.73	679.92	983.08	1324.98	1435.72	2607.21	3622.15	5073.01	7119.83
1186.10	1403.19	1337.90	1482.08	1964.21	2134.64	3064.06	4818.96	6705.41
191.58	165.71	271.31	373.52	622.71	774.44	1043.07	1501.67	1388.31
83.92		157.29	212.80	1315.52	740.53	1055.21	7317.61	10221.84
83.92		157.29	212.80	1315.52	691.47	1055.21	7317.61	10221.84
					49.06			
1026.75	631.07	1693.03	2031.71	2459.13	4461.15	4803.28	7902.85	9329.74
3.81	7.67	6.98	15.51	13.55	42.23	91.22	311.53	613.48
545.16	381.70	954.96	1322.74	1772.52	2843.48	3001.08	4237.90	3360.26
5.52	4.45	7.68	35.21	17.31	78.84	53.69	30.74	38.81
431.91	183.60	637.82	526.07	502.18	1227.22	1192.04	2501.27	3781.43
5.45	7.45	26.45	90.35	67.63	125.14	261.75	377.37	563.11
34.90	46.21	59.13	41.82	85.94	144.25	203.49	444.04	972.64
144.39	37.05	62.42	165.43	217.54	428.44	239.59	367.85	452.59
144.39	37.05	62.42	159.54	217.54	416.03	239.59	354.10	452.59
			5.90		12.41		13.75	
1334.58	1374.04	1912.07	1845.02	2073.14	3018.94	3969.94	4508.54	5312.75
760.58	758.61	878.17	729.06	711.02	943.50	1094.50	1047.54	1418.72
371.21	402.68	716.07	800.15	1064.30	1641.38	2367.16	2900.06	3234.08
175.31	169.92	257.75	249.43	234.45	337.05	386.24	383.60	446.49
16.00	22.28	39.03	44.90	43.15	68.34	99.50	110.93	136.65
11.48	20.54	21.06	21.49	20.22	28.66	22.54	66.40	76.80
2114.91	2140.32	2731.47	3601.47	5885.71	7866.40	13089.17	22454.82	30135.50
1522.09	1355.55	2194.62	2910.35	4469.97	5884.79	10365.93	16783.78	24231.76
3.83	8.28	26.18	25.35	159.83	166.51	119.82	978.49	314.23
67.49	105.47	165.24	66.07	250.66	319.01	473.39	1322.90	1365.09
40.88	16.91	86.05	33.92	95.24	120.92	178.53	345.15	366.99
		2.43	47.43	13.28	5.49	12.32	26.69	28.70
0.12	0.03	2.26	5.52	51.86	74.50	147.88	708.61	154.16
467.22	639.72	232.96	488.86	744.37	1204.61	1540.72	1960.45	3109.71
			6.90	89.10	7.85	49.97	156.38	193.24
		2.75						
		13.39	0.12	8.96	1.88	4.93	26.82	61.11
13.29	14.37	5.58	16.94	2.43	80.84	195.66	145.57	310.51

3-11 按收入等级分的城镇居民家庭人均消费支出情况(2012年)

单元:元

项目	Item	总平均 Total
消费支出	**Total Consumption Expenditure**	**15011.66**
#服务性消费支出	# Consumption Expenditures of Service	4024.04
食品	Food	5814.92
粮油类	Grain and Oil	735.77
粮食	Grain	455.44
大米	Rice	284.49
面粉	Flour	37.82
其他粮食及制品	Other Grain & Products	133.13
淀粉及薯类	Starches and Tubers	39.51
干豆类及豆制品	Beans and Their Products	82.67
油脂类	Oil or Fat	158.16
食用植物油	Edible Oil	140.63
食用动物油	Consumption of Animal Oil	17.52
肉禽蛋水产品类	Poutry, Eggs and Aquatic Products	1452.14
肉类	Meat	769.25
猪肉	Pork	553.86
牛肉	Beef	110.76
羊肉	Lamb	35.76
其他肉及制品	Other Stewed & Products	68.87
禽类	Poultry	266.34
鸡	Chicken	156.20
鸭	Duck	34.89
其他禽类及制品	Other Poultry Processed & Products	75.25
蛋类	Eggs	148.34
鲜蛋	Fresh Eggs	135.11
蛋制品	Eggs Processed Products	13.24
水产品类	Aquatic Products	268.20
鱼	Fish	166.34
虾	Shrimp	65.13
其他水产品及制品	Other Aquatic & Products	36.72
蔬菜类	Vegetables	577.93
鲜菜	Fresh Vegetables	519.75
干菜	Dried Vegetables	39.23
菜制品	Vegetable Products	18.95
调味品	Flavoring	47.99
糖烟酒饮料类	Suga,Tobacco,Wine and Beverages	966.76
糖类	Carbohydrate Products	48.36
烟草类	Tobacco	436.60
酒类	Spirits	335.97
白酒	White Spirit	248.07

Consumption Expenditure per Capita of Urban Households Grouped by Income Bracket(2012)

(yuan)

按收入等级分 Grouped by Income Braket								
最低收入户 (10%) Lowest Income Households (first decile group)	#困难户 (5%) Poor Households (first five percent group)	低收入户 (10%) Low Income Households (second decile group)	中等偏下户 (20%) Lower Middle Income Households(second quintile group)	中等收入户 (20%) Middle Income Households (third quintile group)	中等偏上户 (20%) Upper Middle Income Households(fourth quintile group)	高收入户 (10%) High Income Households (ninth decile group)	最高收入户 (10%) Highest Income Households (tenth decile group)	#更高收入户 (5%) Higher Income Households (five percent)
8676.78	**7718.95**	**9896.03**	**12638.37**	**14966.79**	**18535.64**	**22713.32**	**31878.94**	**35706.04**
2527.46	2161.16	2467.43	3121.77	4077.23	4861.09	6170.13	9525.27	11390.09
3565.58	3244.46	4593.37	5545.36	5989.47	7008.71	7649.12	8844.35	9544.55
562.68	516.90	678.71	725.09	731.89	805.57	864.91	977.94	922.88
347.08	313.44	416.43	447.43	451.52	499.20	548.02	611.19	574.35
226.64	205.43	270.32	287.04	284.07	290.67	324.45	377.49	341.00
24.90	21.93	37.41	35.04	41.51	47.09	40.93	40.36	36.28
95.55	86.09	108.70	125.36	125.94	161.45	182.65	193.34	197.08
29.36	29.05	39.45	36.99	37.81	46.24	46.27	52.97	51.88
68.04	64.15	79.85	83.42	76.57	89.25	90.97	110.51	103.24
118.20	110.26	142.99	157.25	165.99	170.88	179.64	203.26	193.41
100.49	98.59	122.93	137.36	146.13	158.17	171.17	185.62	185.23
17.71	11.67	20.06	19.89	19.86	12.71	8.48	17.64	8.18
961.52	909.43	1214.85	1427.54	1468.25	1685.13	1830.35	2078.96	2140.51
507.15	486.30	655.25	755.87	775.20	907.20	946.49	1077.02	1107.26
388.66	370.80	488.36	550.75	551.76	630.42	659.00	765.53	769.60
62.67	63.53	85.13	111.14	117.99	131.37	143.79	158.93	171.26
16.74	16.94	25.51	33.21	38.31	48.92	48.78	53.58	60.18
39.08	35.03	56.25	60.78	67.14	96.48	94.91	98.98	106.22
176.11	160.65	220.85	257.37	276.32	305.97	343.96	382.72	396.26
100.57	94.38	124.01	154.21	166.28	183.48	190.05	216.78	221.05
22.46	20.40	29.14	36.13	36.96	35.46	45.58	50.99	51.09
53.08	45.87	67.70	67.04	73.07	87.03	108.32	114.95	124.13
103.96	95.85	134.22	151.77	146.18	164.40	175.14	199.52	194.55
94.80	88.50	121.68	139.09	134.63	147.62	157.78	182.06	176.36
9.16	7.36	12.54	12.68	11.55	16.78	17.36	17.46	18.20
174.29	166.63	204.52	262.53	270.55	307.57	364.77	419.70	442.44
116.37	114.46	134.05	167.52	163.10	182.82	222.18	247.81	252.79
36.79	33.47	44.56	65.47	67.73	76.89	88.60	105.78	113.85
21.13	18.70	25.91	29.54	39.72	47.85	53.99	66.11	75.80
422.81	406.44	479.53	574.43	578.17	657.21	696.18	805.81	798.86
381.43	370.56	436.86	517.49	523.22	586.31	620.28	716.15	709.14
26.06	26.11	27.12	40.37	37.78	48.32	50.18	57.38	56.18
15.32	9.77	15.55	16.56	17.17	22.57	25.72	32.27	33.53
36.95	31.96	42.06	45.53	47.08	54.97	60.44	66.08	64.35
568.56	520.77	787.52	914.81	1043.14	1180.45	1234.48	1363.63	1402.82
30.22	25.83	38.84	44.28	45.89	59.09	80.73	70.55	73.82
254.68	240.11	394.30	369.79	487.64	540.91	571.09	634.07	676.07
191.97	170.07	245.73	350.06	369.21	401.50	394.73	451.16	442.83
131.67	121.92	191.06	242.85	266.67	308.33	325.90	350.74	366.14

3-11 续表1

项　　目	Item	总平均 Total
果酒	Wine	23.33
啤酒	Beer	52.11
其他酒	Others	12.46
饮料	Beverages	145.84
碳酸饮料	Carbonated Beverages	13.35
瓶装饮用水	Bottled Drinking Water	9.12
茶叶	Tea	98.79
其他饮料	Other Beverages	24.58
干鲜瓜果类	Dried and Fresh Melons and Fruits	378.58
鲜果	Fresh Fruits	222.99
鲜瓜	Fresh Melons	59.53
其他干鲜瓜果类及制品	Others Melon and Fruits & Products	96.06
糕点、奶及奶制品	Pastry, Milk and Milk Products	407.88
糕点	Pastry	84.12
奶及奶制品	Milk and Its Products	323.75
鲜乳品	Fresh Milk	93.05
奶粉	Milk Powder	106.26
酸奶	Yogurt	102.44
其他奶制品	Other Dairy Products	22.01
其他食品	Other Food	89.43
饮食服务	Food Service	1158.44
食品加工服务费	Food Processing Cost	2.27
在外饮食	Dinars	1156.17
非食品类	Non-food	
衣着	Clothing	1540.66
服装	Garments	1076.97
衣着材料	Clothing Material	13.71
鞋类	Shoes	376.59
其他衣着用品	Other Clothing Articles	65.45
衣着加工服务费	Clothes Processing Service Cost	7.95
家庭设备用品及服务	Household Facilities, Articles and Service	811.23
耐用消费品	Durable Consumer Goods	366.49
家具	Furniture	72.89
家庭设备	Household Facilities	218.56
洗衣机	Washing Machine	20.51
电冰箱	Refrigerator	46.72
微波炉	Microwave Oven	4.66
空调器	Air Conditioner	51.31
淋浴热水器	Shower Water Heaters	16.53
消毒碗柜	Disinfectant Machine	
洗碗机	Dishwashers	1.69
其他家庭设备	Others	77.13

Continued 1

按收入等级分 Grouped by Income Braket								
最低收入户 (10%) Lowest Income Households (first decile group)	#困难户 (5%) Poor Households (first five percent group)	低收入户 (10%) Low Income Households (second decile group)	中等偏下户 (20%) Lower Middle Income Households (second quintile group)	中等收入户 (20%) Middle Income Households (third quintile group)	中等偏上户 (20%) Upper Middle Income Households (fourth quintile group)	高收入户 (10%) High Income Households (ninth decile group)	最高收入户 (10%) Highest Income Households (tenth decile group)	#更高收入户 (5%) Higher Income Households (five percent)
11.67	10.75	13.22	21.22	31.46	30.30	24.08	34.60	31.17
37.75	29.46	34.82	71.14	49.80	53.30	42.76	55.82	43.05
10.87	7.93	6.63	14.85	21.29	9.56	1.99	10.00	2.47
91.70	84.76	108.64	150.68	140.39	178.95	187.93	207.85	210.10
10.78	7.96	12.79	13.88	11.04	15.62	15.17	17.12	14.88
6.40	5.99	9.21	8.32	8.14	12.39	10.13	11.52	12.20
58.30	54.69	66.57	103.76	97.44	121.56	132.47	143.46	144.24
16.22	16.11	20.07	24.72	23.77	29.38	30.16	35.75	38.78
246.72	227.09	294.49	359.13	373.48	464.02	502.69	583.01	618.48
149.09	134.95	170.94	213.94	222.71	269.50	289.64	338.74	352.03
38.88	36.88	49.44	58.19	57.19	73.35	73.58	87.48	97.14
58.74	55.27	74.12	86.99	93.58	121.17	139.47	156.79	169.30
277.31	239.06	326.52	386.58	435.65	466.94	498.54	617.57	626.87
71.85	66.10	75.24	83.12	80.37	87.22	101.77	118.47	109.37
205.46	172.96	251.28	303.46	355.27	379.72	396.77	499.10	517.51
46.81	36.46	78.31	74.34	99.25	115.92	136.07	178.74	218.28
68.47	64.03	79.02	98.52	128.97	125.63	122.48	141.09	123.53
67.20	56.12	76.80	109.10	105.62	114.44	115.57	151.43	147.85
22.98	16.34	17.16	21.51	21.45	23.73	22.65	27.84	27.86
60.04	53.43	68.84	74.56	95.31	111.14	143.36	126.33	138.39
428.99	339.38	700.85	1037.69	1216.50	1583.30	1818.17	2225.02	2831.39
0.89	1.17	2.22	2.83	2.30	1.93	2.39	3.93	6.44
428.10	338.21	698.62	1034.86	1214.19	1581.36	1815.78	2221.09	2824.95
765.12	644.25	1047.84	1319.79	1492.68	2084.40	2316.48	3061.17	3920.27
490.48	415.50	703.63	910.89	1019.92	1500.18	1652.01	2265.49	2979.75
15.62	15.80	10.40	16.03	10.75	14.69	15.88	10.56	14.32
215.17	176.05	270.20	337.23	401.54	463.75	544.96	632.94	780.93
40.49	34.44	56.64	49.70	52.80	95.42	88.23	136.88	128.82
3.36	2.45	6.97	5.94	7.67	10.35	15.40	15.30	16.45
403.53	316.04	397.90	651.82	822.03	1031.04	1241.84	2131.95	1744.84
119.68	94.91	150.63	278.31	406.76	440.77	565.17	1183.65	636.06
21.33	12.22	15.57	36.86	115.06	116.76	140.75	136.24	126.90
84.33	82.10	119.02	198.03	207.79	312.04	414.48	386.25	436.10
9.59	12.54	5.44	14.76	19.42	37.10	33.33	44.04	50.24
9.22	13.30	8.42	58.27	48.15	55.58	105.18	74.17	123.39
1.81	0.89	1.63	5.20	3.32	7.08	9.87	7.26	9.47
20.14	13.15	26.30	40.96	43.71	95.01	70.46	99.36	106.55
17.85	36.57	21.99	4.49	14.99	16.53	48.30	23.49	36.25
3.32		0.27	0.44	1.33		1.05	11.98	
22.39	5.65	54.96	73.91	76.87	100.73	146.28	125.94	110.22

3-11 续表2

项　目	Item	总平均 Total
室内装饰品	Interior Decorations	25.95
床上用品	Bed Articles	115.97
家庭日用杂品	Daily Use Household Articles	244.31
家具材料	Furniture Material	10.06
家庭服务	Household Service	48.45
家政服务	Domestic Service	33.22
加工维修服务费	Processing Maintenance Services	12.64
医疗保健	Health Care and Medical Services	1142.96
医疗器具	Medical Appliances	9.46
保健器具	Constitutional Appliances	6.52
药品费	Medicine Expense	522.29
滋补保健品	Nourishing Healthful Products	123.52
医疗费	Medical Care Expense	451.66
其他医疗保健支出	Others	29.50
交通和通信	Transport and Communications	1809.72
交通	Transport	1012.05
家庭交通工具	Household Transportation	425.11
摩托车	Motor	4.74
助力车	Moped	57.17
家用汽车	Domestic Car	343.27
其他交通工具	Other Modes of Transport	19.94
车辆用燃料及零配件	Fuel and Accessories for Vehicle	251.10
燃料	Fuel	218.36
零配件	Accessories	27.11
其他	Others	1.68
交通工具服务支出	Transport Services Expenditure	56.94
维修费	Maintenance Costs	40.18
车辆使用税费	Vehicles Using Tax	8.99
其他车辆使用费用	Other Vehicles Cost	5.32
交通费	Transport	278.90
飞机	Aircraft	20.96
火车	Train	53.83
长途汽车	Long-distance Coach	39.63
市内公共交通	City Bus Transport	88.55
出租汽车费	Taxi Fees	74.95
其他交通费	Other Traffic Charges	0.97
通信	Communication	797.67
通信工具	Communication Tools	182.94
电话机	Telephone	11.99
移动电话	Mobile Telephone	1059.26
其他通信工具	Other Communication Tools	2.77
通信服务	Communication Service	614.73

Continued 2

按收入等级分 Grouped by Income Braket								
最低收入户 (10%) Lowest Income Households (first decile group)	#困难户 (5%) Poor Households (first five percent group)	低收入户 (10%) Low Income Households (second decile group)	中等偏下户 (20%) Lower Middle Income Households (second quintile group)	中等收入户 (20%) Middle Income Households (third quintile group)	中等偏上户 (20%) Upper Middle Income Households (fourth quintile group)	高收入户 (10%) High Income Households (ninth decile group)	最高收入户 (10%) Highest Income Households (tenth decile group)	#更高收入户 (5%) Higher Income Households (five percent)
7.24	11.26	5.65	37.60	15.81	26.33	49.46	67.04	91.18
41.74	48.54	56.01	82.66	121.71	171.01	171.12	315.75	372.12
224.44	153.94	172.33	213.34	234.47	302.98	310.01	361.55	399.75
3.25	0.04	2.56	14.44	1.88	16.72	39.08	0.14	0.28
7.18	7.35	10.71	25.46	41.38	73.23	107.00	203.81	245.45
3.26	4.52	3.39	12.27	31.95	50.55	75.67	158.11	189.72
3.05	1.87	3.00	11.65	8.36	18.04	26.81	41.31	55.34
971.46	536.17	587.27	903.02	1178.60	1236.01	1516.85	2850.60	1450.36
0.70	0.67	1.42	8.73	6.81	15.48	13.45	35.83	12.42
0.98	0.81	1.70	4.86	6.34	5.20	26.53	19.12	28.63
307.42	285.61	313.20	426.43	526.24	613.71	717.11	1350.55	633.58
34.83	43.56	35.76	81.06	156.46	139.93	298.54	348.74	361.73
596.01	203.35	183.42	369.71	448.37	437.36	443.45	1035.32	363.63
31.52	2.17	51.76	12.23	34.38	24.33	17.77	61.02	50.37
686.73	679.92	983.08	1324.98	1435.72	2607.21	3622.15	5073.01	7119.83
241.22	204.07	432.21	659.06	592.69	1553.54	2474.09	3635.22	5532.39
21.90	22.90	119.39	265.00	134.72	821.38	1227.37	1576.98	2437.11
			6.11	6.88		22.90	7.32	17.85
21.02	21.17	65.86	64.36	43.04	57.96	53.61	136.38	51.33
		44.97	183.06	74.70	749.29	1144.97	1255.67	1955.82
0.88	1.73	8.56	11.48	10.09	14.13	5.88	177.62	412.10
40.95	31.40	102.03	166.13	161.96	269.54	598.65	1222.97	1984.64
34.51	28.83	90.10	141.42	138.52	231.32	544.08	1066.92	1760.09
5.75	2.42	11.39	22.90	21.14	34.67	45.85	101.82	138.47
0.08		0.54	0.63	0.55	1.75	6.61	9.83	16.45
19.60	5.43	40.90	33.92	29.52	85.01	156.39	171.40	333.99
17.81	4.56	38.45	26.84	23.91	58.19	104.04	83.56	142.22
0.05	0.08	0.64	3.88	2.44	18.29	27.01	42.59	95.27
1.35	0.80	1.36	2.31	2.89	7.53	25.13	15.44	27.67
158.76	144.33	169.89	194.01	266.49	377.61	491.69	663.87	776.66
4.63	2.49	12.60	8.53	18.14	19.78	80.55	75.40	126.07
21.14	18.40	32.64	38.46	57.17	75.67	87.53	128.89	143.14
25.89	23.08	31.45	27.03	34.91	57.44	56.70	86.54	89.07
70.86	63.72	51.88	68.05	81.49	120.59	115.07	191.47	211.28
35.88	36.13	41.04	51.51	73.91	102.36	150.13	178.14	200.23
0.37	0.52	0.28	0.42	0.87	1.76	1.71	3.42	6.88
445.51	475.86	550.88	665.93	843.03	1053.67	1148.06	1437.78	1587.44
53.35	60.66	93.96	127.20	198.92	284.96	313.23	423.75	475.62
22.74	32.66	6.42	7.07	10.74	16.59	1.75	20.00	47.24
701.31	617.77	1045.47	784.73	1179.37	1280.52	1070.61	1129.15	1330.41
0.24	0.37	0.95	0.75	0.37	2.67	16.20	13.96	6.84
392.16	415.20	456.92	538.72	644.11	768.71	834.82	1014.03	1111.82

3-11 续表3

项目	Item	总平均 Total
电信费	Communications	604.14
邮费	Postage	0.97
其他通信服务费	Others	9.62
教育文化娱乐服务	Recreation, Education and Cultural Services	1932.74
文化娱乐用品	Recreation and Cultural Facilities	413.61
彩色电视机	Color TV	89.53
家用电脑	Home Computer	127.29
整机电脑	Unit Computer	104.69
计算机外部设备	Computer Peripheral Equipment	6.20
各种零配件及耗材	Various Parts & Supplies	16.40
组合音响	Hi-Fi Stereo Component System	1.71
摄像机	Video Cameras	3.23
照相机	Cameras	12.81
钢琴	Piano	2.91
其他中高档乐器	Other Medium and High-grade Instruments	2.49
健身器材	Fitness Equipment	3.89
电子辞典	Electronic Dictionary	1.46
音像制品及软件	Audio-video Products and Software	3.62
体育用品	Sports Goods	11.07
书报杂志	Newspapers and Magazines	46.04
纸张文具	Paper Stationery	26.10
其他文娱用品	Other Cultural Items	81.45
文化娱乐服务	Recreation, and Cultural Service	571.01
参观游览	Tourists	32.00
健身活动	Fitness Activities	17.88
团体旅游	Group Tourist	376.53
其他文娱活动	Other Cultural Activities	135.31
文娱用品修理服务费	Civic Supplies Repair Services	8.13
教育	Education	948.12
教材	Text-book	86.82
课本及参考书	Textbooks and Reference Books	83.32
教育软件	Educational Software	0.22
其他教材	Other Materials	0.43
教育费用	Education Expense	861.31
非义务教育学杂费	Non-compulsory Education Fees	375.96
义务教育学杂费	Compulsory Fees	23.34
托幼费	Nurseries Charges	70.01
成人教育费	Adult Education Fees	60.36
家教费	Tutor Fee	156.44
培训班	Courses	134.51
学校住宿费	Boarding Schools	1.06
其他教育费用	Others	31.86

Continued 3

按收入等级分 Grouped by Income Braket								
最低收入户 (10%) Lowest Income Households (first decile group)	#困难户 (5%) Poor Households (first five percent group)	低收入户 (10%) Low Income Households (second decile group)	中等偏下户 (20%) Lower Middle Income Households (second quintile group)	中等收入户 (20%) Middle Income Households (third quintile group)	中等偏上户 (20%) Upper Middle Income Households (fourth quintile group)	高收入户 (10%) High Income Households (ninth decile group)	最高收入户 (10%) Highest Income Households (tenth decile group)	#更高收入户 (5%) Higher Income Households (five percent)
375.62	388.11	448.98	529.32	637.26	757.75	821.31	999.72	1099.49
0.34	0.36	0.49	0.55	0.87	1.10	2.51	3.51	2.28
16.20	26.73	7.46	8.86	5.97	9.86	11.00	10.80	10.06
1186.10	1403.19	1337.90	1482.08	1964.21	2134.64	3064.06	4818.96	6705.41
255.27	364.93	228.13	289.91	409.11	524.41	677.60	1082.88	1112.68
78.47	133.33	32.75	43.27	138.19	119.46	144.23	132.24	124.96
73.74	120.59	73.82	98.85	98.82	137.29	236.37	414.85	426.92
64.42	114.06	48.97	80.09	76.99	111.22	196.16	375.92	380.96
1.57	0.99	6.96	7.40	6.32	6.42	10.36	5.34	5.56
7.75	5.54	17.89	11.36	15.51	19.65	29.86	33.59	40.40
0.41	0.47	0.38	0.43	1.31	6.31	1.76	1.33	0.07
0.08	0.03	0.96	4.01	2.03	7.50	2.58	4.53	2.16
7.20	0.83	2.68	6.87	18.09	9.84	25.98	48.11	53.95
0.55	0.37	7.63	0.27	0.54	9.36	1.01	1.25	0.72
0.14	0.13	2.14	1.60	3.69	1.66	6.13	7.03	8.95
7.27	15.40	0.80	1.10	3.72	7.03	2.26	7.35	7.93
0.08	0.01	0.41	1.19	2.29	1.61	3.45	2.79	4.52
2.29	0.39	2.21	2.77	3.23	5.49	6.17	6.32	7.63
2.86	2.07	7.26	18.74	7.32	9.05	16.88	17.14	23.12
20.12	23.68	24.40	33.07	31.85	67.23	60.63	169.82	163.62
20.74	22.87	17.27	26.00	19.84	21.83	27.24	84.71	69.22
41.31	44.77	55.42	51.75	78.18	120.74	142.90	185.41	218.89
112.10	89.58	268.78	355.48	562.04	722.52	1273.74	1979.20	3081.22
5.30	3.04	35.26	17.92	30.89	39.73	53.94	102.80	174.58
3.55	3.05	11.44	11.44	11.96	23.82	28.21	79.97	83.35
64.78	45.10	129.06	223.03	388.58	457.80	920.34	1381.32	2272.72
36.67	36.33	88.50	95.59	122.60	187.91	258.53	382.61	495.63
1.46	1.31	4.52	5.25	5.41	13.22	11.96	32.51	54.93
818.73	948.68	840.99	836.69	993.06	887.71	1112.72	1756.89	2511.52
78.04	89.01	87.71	85.84	95.09	65.30	101.61	126.52	200.04
75.14	87.98	84.31	76.65	94.33	64.72	100.17	126.34	199.70
0.06	0.11	0.11	0.32	0.08	0.17	1.19	0.05	0.04
0.57	0.75	0.74	0.44	0.27	0.41	0.25	0.13	0.30
740.69	859.67	753.28	750.85	897.96	822.41	1011.12	1630.37	2311.48
389.56	455.29	371.57	334.77	444.29	294.33	346.36	562.04	511.96
42.36	62.39	24.17	19.42	18.50	20.33	13.81	26.20	25.81
51.63	43.15	57.66	68.46	67.50	69.45	122.53	98.26	120.79
29.29	36.87	46.30	53.90	59.44	80.29	63.62	130.43	201.66
118.09	165.10	121.27	159.17	132.33	152.09	220.58	319.79	543.52
82.38	62.73	112.06	83.18	139.07	182.08	215.74	279.63	436.03
2.75	0.48	0.85	0.39	1.46	0.70	0.45	0.73	0.64
10.77	6.89	15.41	12.16	34.15	22.08	28.03	213.31	471.07

3-12 按收入等级分的城镇居民家庭人均购买商品数量(2012年)

单元:元

项　目	Item	总平均 Total
消费支出(元)	Total Consumption Expenditure(yuan)	15011.66
食品(元)	Food(yuan)	5814.92
粮油类(元)	Grain and Oil(kg)	735.77
粮食(千克)	Grain(kg)	88.19
大米	Rice	58.18
面粉	Flour	10.65
其他粮食及制品	Other Grain & Products	19.37
淀粉及薯类(千克)	Starches and Tubers(kg)	9.56
干豆类及豆制品(元)	Bean and Its Products(yuan)	82.67
油脂类(千克)	Oil or Fat(kg)	9.76
食用植物油	Edible Oil	8.85
肉禽蛋水产品类(元)	Poutry, Eggs and Aquatic Products(kg)	1452.14
肉类(千克)	Meat(kg)	26.78
猪肉	Pork	21.26
牛肉	Beef	2.47
羊肉	Lamb	1.21
其他肉及制品	Other Stewed & Products	1.88
禽类(千克)	Poultry(kg)	10.65
鸡	Chicken	6.27
鸭	Duck	1.63
其他禽类及制品	Other Poultry Processed & Products	2.78
蛋类(千克)	Eggs(kg)	14.35
鲜蛋	Fresh Eggs	13.39
蛋制品	Eggs Processed Products	0.96
水产品类(元)	Aquatic Products(yuan)	268.20
鱼(千克)	Fish(kg)	9.55
虾(千克)	Shrimp(kg)	1.58
其他水产品及制品(千克)	Others Aquatic & Products	1.68
蔬菜类(元)	Vegetables(yuan)	577.93
鲜菜(千克)	Fresh Vegetables(kg)	111.62
干菜(元)	Dried Vegetables(kg)	39.23
菜制品(元)	Vegetable Products	18.95
调味品(元)	Flavoring(yuan)	47.99
糖烟酒饮料类(元)	Sugar, Tobacco, Wine and Beverages(yuan)	966.76
糖类	Carbohydrate Products	48.36
烟草类	Tobacco	436.60
酒类(千克)	Spirits(kg)	12.72
白酒	White Spirit	3.58
果酒	Wine	0.38
啤酒	Beer	8.74

Annual Purchases of Commodities per Capita of Urban Households Grouped by Income Bracket(2012)

(yuan)

按收入等级分 Grouped by Income Braket								
最低收入户 (10%) Lowest Income Households (first decile group)	#困难户 (5%) Poor Households (first five percent group)	低收入户 (10%) Low Income Households (second decile group)	中等偏下户 (20%) Lower Middle Income Households (second quintile group)	中等收入户 (20%) Middle Income Households (third quintile group)	中等偏上户 (20%) Upper Middle Income Households (fourth quintile group)	高收入户 (10%) High Income Households (ninth decile group)	最高收入户 (10%) Highest Income Households (tenth decile group)	#更高收入户 (5%) Higher Income Households (five percent)
8676.78	7718.95	9896.03	12638.37	14966.79	18535.64	22713.32	31878.94	35706.04
3565.58	3244.46	4593.37	5545.36	5989.47	7008.71	7649.12	8844.35	9544.55
562.68	516.90	678.71	725.09	731.89	805.57	864.91	977.94	922.88
69.43	62.78	84.60	88.24	87.26	94.64	99.52	111.74	101.54
47.33	43.37	56.91	59.51	57.21	58.46	64.04	76.12	68.02
7.02	6.12	10.94	10.00	11.72	13.11	11.09	10.71	9.07
15.08	13.29	16.74	18.73	18.35	23.09	24.39	24.92	24.46
6.90	6.69	8.86	9.14	9.25	11.39	11.44	12.70	12.31
68.04	64.15	79.85	83.42	76.57	89.25	90.97	110.51	103.24
7.54	7.11	9.04	9.66	10.12	10.49	11.00	12.32	11.82
6.62	6.49	7.92	8.61	9.15	9.83	10.55	11.43	11.39
961.52	909.43	1214.85	1427.54	1468.25	1685.13	1830.35	2078.96	2140.51
18.43	17.52	23.53	27.44	26.32	30.64	31.62	35.74	36.16
15.31	14.54	19.16	21.44	20.97	23.87	24.75	28.63	28.55
1.44	1.39	1.90	2.45	2.64	2.94	3.23	3.50	3.84
0.51	0.56	0.82	1.87	0.91	1.39	1.28	1.20	1.23
1.19	1.05	1.67	1.70	1.83	2.49	2.40	2.48	2.60
7.14	6.63	9.10	10.27	10.89	12.34	13.90	14.75	15.16
4.11	3.91	5.17	6.15	6.59	7.41	7.73	8.42	8.62
1.08	1.00	1.48	1.68	1.72	1.64	2.03	2.31	2.25
1.97	1.72	2.48	2.47	2.61	3.33	4.17	4.06	4.31
10.00	9.13	13.28	14.47	14.30	16.18	16.51	18.96	18.69
9.36	8.60	12.35	13.53	13.43	14.97	15.31	17.77	17.48
0.64	0.54	0.93	0.94	0.88	1.21	1.21	1.18	1.22
174.29	166.63	204.52	262.53	270.55	307.57	364.77	419.70	442.44
6.84	6.69	8.57	9.69	9.30	10.41	11.56	13.44	13.48
0.94	0.92	1.15	1.50	1.70	1.87	2.15	2.48	2.74
1.26	0.97	1.38	1.51	1.68	1.96	2.29	2.62	2.76
422.81	406.44	479.53	574.43	578.17	657.21	696.18	805.81	798.86
84.28	80.52	94.78	111.77	112.68	125.85	128.87	147.60	142.44
26.06	26.11	27.12	40.37	37.78	48.32	50.18	57.38	56.18
15.32	9.77	15.55	16.56	17.17	22.57	25.72	32.27	33.53
36.95	31.96	42.06	45.53	47.08	54.97	60.44	66.08	64.35
568.56	520.77	787.52	914.81	1043.14	1180.45	1234.48	1363.63	1402.82
30.22	25.83	38.84	44.28	45.89	59.09	80.73	70.55	73.82
254.68	240.11	394.30	369.79	487.64	540.91	571.09	634.07	676.07
9.33	7.41	10.27	15.46	12.42	13.17	12.33	14.46	12.51
2.50	2.36	3.84	3.64	3.49	3.99	3.83	4.14	3.82
0.18	0.18	0.25	0.34	0.55	0.47	0.42	0.48	0.40
6.62	4.86	6.16	11.44	8.37	8.69	8.04	9.79	8.22

3-12 续表1

项目	Item	总平均 Total
其他酒	Others	0.01
饮料(元)	Beverages(yuan)	145.84
碳酸饮料(千克)	Carbonated Beverage(kg)	2.11
瓶装饮用水(千克)	Bottled Drinking Water(kg)	7.50
茶叶(千克)	Tea(kg)	0.50
其他饮料(元)	Other Beverages(yuan)	24.58
干鲜瓜果类(元)	Dried and Fresh Melons and Fruits(yuan)	378.58
鲜果(千克)	Fresh Fruits(kg)	33.53
鲜瓜(千克)	Fresh Melons(kg)	23.15
其他干鲜瓜果类及制品(元)	Others Melons and Fruits & Products	96.06
糕点、奶及奶制品(元)	Pastry, Milk and Milk Products(yuan)	407.88
糕点(千克)	Pastry(kg)	3.46
奶及奶制品(元)	Milk and Its Products(yuan)	323.75
鲜乳品(千克)	Fresh Milk(kg)	8.90
奶粉(千克)	Milk Powder(kg)	1.21
酸奶(千克)	Yogurt(kg)	10.38
其他奶制品(元)	Other Dairy Products(yuan)	22.01
其他食品(元)	Others Food(yuan)	89.43
饮食服务(元)	Food Service(yuan)	1158.44
食品加工服务费	Food Processing Cost	2.27
在外饮食	Eating Out	1156.17
非食品类(元)	Non-food(yuan)	9196.74
衣着(元)	Clothing(yuan)	1540.66
服装(件)	Garments(piece)	7.23
衣着材料(元)	Clothing Material(yuan)	13.71
鞋类(双)	Shoes(pair)	3.06
其他衣着用品(元)	Other Clothing Articles(yuan)	65.45
衣着加工服务费(元)	Clothes Processing Service Cost(yuan)	7.95
家庭设备用品及服务(元)	Household Facilities, Articles and Service(yuan)	811.23
耐用消费品(元)	Durable Consumer Goods(yuan)	366.49
家具(元)	Furniture(yuan)	72.89
家庭设备(元)	Household Facilities(yuan)	218.56
洗衣机(台/百户)	Washing Machine(set/100 household)	4.07
电冰箱(台/百户)	Refrigerator(set/100 household)	5.30
微波炉(台/百户)	Microwave Oven(set/100 household)	2.20
空调器(台/百户)	Air Conditioner(set/100 household)	4.55
淋浴热水器(台/百户)	Shower Water Heaters(set/100 household)	3.14
消毒碗柜(台/百户)	Disinfectant Machine(set/100 household)	
洗碗机(台/百户)	Dishwashers(set/100 household)	0.06
其他家庭设备(元)	Others(yuan)	77.13
室内装饰品(元)	Interior Decorations(yuan)	25.95
床上用品(元)	Bed Articles(yuan)	115.97

Continued 1

按收入等级分 Grouped by Income Braket								
最低收入户（10%）Lowest Income Households（first decile group）	#困难户（5%）Poor Households（first five percent group）	低收入户（10%）Low Income Households（second decile group）	中等偏下户（20%）Lower Middle Income Households（second quintile group）	中等收入户（20%）Middle Income Households（third quintile group）	中等偏上户（20%）Upper Middle Income Households（fourth quintile group）	高收入户（10%）High Income Households（ninth decile group）	最高收入户（10%）Highest Income Households（tenth decile group）	#更高收入户（5%）Higher Income Households（five percent）
			0.01	0.01	0.02	0.02	0.03	0.04
91.70	84.76	108.64	150.68	140.39	178.95	187.93	207.85	210.10
1.81	1.39	2.11	2.13	1.73	2.43	2.38	2.75	2.34
7.35	4.70	10.99	6.95	5.73	9.29	4.72	6.50	4.44
0.32	0.26	0.38	0.58	0.47	0.58	0.57	0.61	0.56
16.22	16.11	20.07	24.72	23.77	29.38	30.16	35.75	38.78
246.72	227.09	294.49	359.13	373.48	464.02	502.69	583.01	618.48
23.55	21.44	27.16	32.20	33.25	40.52	41.96	47.72	48.41
15.34	14.44	19.81	21.54	22.80	29.29	28.66	32.93	37.48
58.74	55.27	74.12	86.99	93.58	121.17	139.47	156.79	169.30
277.31	239.06	326.52	386.58	435.65	466.94	498.54	617.57	626.87
3.01	2.73	3.30	3.46	3.19	3.57	4.12	4.59	4.27
205.46	172.96	251.28	303.46	355.27	379.72	396.77	499.10	517.51
4.68	3.56	7.90	7.33	9.42	10.97	12.38	16.09	20.24
0.77	0.77	1.09	1.18	1.32	1.36	1.44	1.60	1.34
6.81	5.86	7.99	11.20	10.49	12.03	11.02	14.64	14.60
22.98	16.34	17.16	21.51	21.45	23.73	22.65	27.84	27.86
60.04	53.43	68.84	74.56	95.31	111.14	143.36	126.33	138.39
428.99	339.38	700.85	1037.69	1216.50	1583.30	1818.17	2225.02	2831.39
0.89	1.17	2.22	2.83	2.30	1.93	2.39	3.93	6.44
428.10	338.21	698.62	1034.86	1214.19	1581.36	1815.78	2221.09	2824.95
5111.20	4474.49	5302.66	7093.01	8977.32	11526.93	15064.20	23034.59	26161.49
765.12	644.25	1047.84	1319.79	1492.68	2084.40	2316.48	3061.17	3920.27
4.46	4.00	5.44	6.46	6.65	9.13	10.53	13.39	17.93
15.62	15.80	10.40	16.03	10.75	14.69	15.88	10.56	14.32
2.24	1.73	2.54	2.90	3.09	3.36	4.14	4.55	5.33
40.49	34.44	56.64	49.70	52.80	95.42	88.23	136.88	128.82
3.36	2.45	6.97	5.94	7.67	10.35	15.40	15.30	16.45
403.53	316.04	397.90	651.82	822.03	1031.04	1241.84	2131.95	1744.84
119.68	94.91	150.63	278.31	406.76	440.77	565.17	1183.65	636.06
21.33	12.22	15.57	36.86	115.06	116.76	140.75	136.24	126.90
84.33	82.10	119.02	198.03	207.79	312.04	414.48	386.25	436.10
1.80	2.05	1.16	2.62	5.14	6.78	5.21	6.59	7.84
1.68	2.74	1.34	7.01	4.21	5.25	13.94	6.85	11.27
1.44	0.84	0.81	2.90	1.12	3.41	1.21	3.97	6.47
1.80	1.32	2.49	4.04	3.84	7.44	5.85	7.45	7.65
4.59	10.03	3.78	1.13	3.11	2.73	6.90	3.63	5.26
0.34			0.04	0.02				
22.39	5.65	54.96	73.91	76.87	100.73	146.28	125.94	110.22
7.24	11.26	5.65	37.60	15.81	26.33	49.46	67.04	91.18
41.74	48.54	56.01	82.66	121.71	171.01	171.12	315.75	372.12

3-12 续表 2

项 目	Item	总平均 Total
家庭日用杂品(元)	Daily Use Household Articles(yuan)	244.31
家具材料(元)	Furniture Material(yuan)	10.06
家庭服务(元)	Household Service(yuan)	48.45
家政服务	Domestic Service	33.22
加工维修服务费	Processing Maintenance Services	12.64
医疗保健(元)	Health Care and Medical Services(yuan)	1142.96
医疗器具	Medical Appliances	9.46
保健器具	Constitutional Appliances	6.52
药品费	Medicine Expense	522.29
滋补保健品	Nourishing Healthful Products	123.52
医疗费	Medical Care Expense	451.66
其他医疗保健支出	Others	29.50
交通和通信(元)	Transport and Communications(yuan)	1809.72
交通(元)	Transport(yuan)	1012.05
家庭交通工具(元)	Household Transportation(yuan)	425.11
摩托车(辆/百户)	Motor(set/100 household)	0.18
助力车(辆/百户)	Moped(set/100 household)	2.75
家用汽车(辆/百户)	Domestic Car(set/100 household)	0.79
其他交通工具(元)	Other Modes of Transport(yuan)	19.94
车辆用燃料及零配件(元)	Fuel and Accessories for Vehicle(yuan)	251.10
燃料	Fuel	218.36
零配件	Accessories	27.11
其他	Others	1.68
交通工具服务支出(元)	Transport Services Spending(yuan)	56.94
维修费	Maintenance Costs	40.18
车辆使用税费	Vehicles Using Tax	8.99
其他车辆使用费用	Other Vehicles Cost	5.32
交通费(元)	Transport(yuan)	278.90
飞机	Aircraft	20.96
火车	Train	53.83
长途汽车	Long-distance Coach	39.63
市内公共交通	City Bus Transport	88.55
出租汽车费	Taxi Fees	74.95
其他交通费	Other Traffic Charges	0.97
通信(元)	Communication(yuan)	797.67
通信工具(元)	Communication Tools(yuan)	182.94
电话机(部/百户)	Telephone(set/100 household)	24.55
移动电话(部/百户)	Mobile Telephone(set/100 household)	37.53
其他通信工具(元)	Other Communication Tools(yuan)	2.77
通信服务(元)	Communication Service(yuan)	614.73
电信费	Communications	604.14
邮费	Postage	0.97

Continued 2

按收入等级分 Grouped by Income Braket								
最低收入户 (10%) Lowest Income Households (first decile group)	#困难户 (5%) Poor Households (first five percent group)	低收入户 (10%) Low Income Households (second decile group)	中等偏下户 (20%) Lower Middle Income Households (second quintile group)	中等收入户 (20%) Middle Income Households (third quintile group)	中等偏上户 (20%) Upper Middle Income Households (fourth quintile group)	高收入户 (10%) High Income Households (ninth decile group)	最高收入户 (10%) Highest Income Households (tenth decile group)	#更高收入户 (5%) Higher Income Households (five percent)
224.44	153.94	172.33	213.34	234.47	302.98	310.01	361.55	399.75
3.25	0.04	2.56	14.44	1.88	16.72	39.08	0.14	0.28
7.18	7.35	10.71	25.46	41.38	73.23	107.00	203.81	245.45
3.26	4.52	3.39	12.27	31.95	50.55	75.67	158.11	189.72
3.05	1.87	3.00	11.65	8.36	18.04	26.81	41.31	55.34
971.46	536.17	587.27	903.02	1178.60	1236.01	1516.85	2850.60	1450.36
0.70	0.67	1.42	8.73	6.81	15.48	13.45	35.83	12.42
0.98	0.81	1.70	4.86	6.34	5.20	26.53	19.12	28.63
307.42	285.61	313.20	426.43	526.24	613.71	717.11	1350.55	633.58
34.83	43.56	35.76	81.06	156.46	139.93	298.54	348.74	361.73
596.01	203.35	183.42	369.71	448.37	437.36	443.45	1035.32	363.63
31.52	2.17	51.76	12.23	34.38	24.33	17.77	61.02	50.37
686.73	679.92	983.08	1324.98	1435.72	2607.21	3622.15	5073.01	7119.83
241.22	204.07	432.21	659.06	592.69	1553.54	2474.09	3635.22	5532.39
21.90	22.90	119.39	265.00	134.72	821.38	1227.37	1576.98	2437.11
			0.59			0.60		
1.32	1.21	2.76	2.36	2.81	4.12	4.04	1.73	2.85
		0.12	0.29	0.15	2.42	1.41	1.71	3.46
0.88	1.73	8.56	11.48	10.09	14.13	5.88	177.62	412.10
40.95	31.40	102.03	166.13	161.96	269.54	598.65	1222.97	1984.64
34.51	28.83	90.10	141.42	138.52	231.32	544.08	1066.92	1760.09
5.75	2.42	11.39	22.90	21.14	34.67	45.85	101.82	138.47
0.08		0.54	0.63	0.55	1.75	6.61	9.83	16.45
19.60	5.43	40.90	33.92	29.52	85.01	156.39	171.40	333.99
17.81	4.56	38.45	26.84	23.91	58.19	104.04	83.56	142.22
0.05	0.08	0.64	3.88	2.44	18.29	27.01	42.59	95.27
1.35	0.80	1.36	2.31	2.89	7.53	25.13	15.44	27.67
158.76	144.33	169.89	194.01	266.49	377.61	491.69	663.87	776.66
4.63	2.49	12.60	8.53	18.14	19.78	80.55	75.40	126.07
21.14	18.40	32.64	38.46	57.17	75.67	87.53	128.89	143.14
25.89	23.08	31.45	27.03	34.91	57.44	56.70	86.54	89.07
70.86	63.72	51.88	68.05	81.49	120.59	115.07	191.47	211.28
35.88	36.13	41.04	51.51	73.91	102.36	150.13	178.14	200.23
0.37	0.52	0.28	0.42	0.87	1.76	1.71	3.42	6.88
445.51	475.86	550.88	665.93	843.03	1053.67	1148.06	1437.78	1587.44
53.35	60.66	93.96	127.20	198.92	284.96	313.23	423.75	475.62
21.47	20.79	5.78	6.56	31.30	30.25	4.66	101.88	243.74
11.39	9.73	21.78	38.06	34.80	45.80	64.40	65.85	63.86
0.24	0.37	0.95	0.75	0.37	2.67	16.20	13.96	6.84
392.16	415.20	456.92	538.72	644.11	768.71	834.82	1014.03	1111.82
375.62	388.11	448.98	529.32	637.26	757.75	821.31	999.72	1099.49
0.34	0.36	0.49	0.55	0.87	1.10	2.51	3.51	2.28

3-12 续表3

项　目	Item	总平均 Total
其他通信服务费	Others	9.62
教育文化娱乐服务(元)	Recreation, Education and Cultural Services(yuan)	1932.74
文化娱乐用品(元)	Recreation, and Cultural Facilities(yuan)	413.61
彩色电视机(台/百户)	Color TV(set/100 household)	7.57
家用电脑(元)	Home Computer	127.29
整机电脑(台/百户)	Unit Computer(set/100 household)	10.55
计算机外部设备(元)	Computer Peripheral Equipment	6.20
各种零配件及耗材(元)	Various Parts & Supplies	16.40
组合音响(台/百户)	Hi-Fi Stereo Component System(set/100 household)	0.37
摄像机(架/百户)	Vedio Camera(set/100 household)	0.31
照相机(架/百户)	Camera(set/100 household)	1.28
钢琴(架/百户)	Piano(set/100 household)	0.09
其他中高档乐器(件/百户)	Other Medium and High-grade Instruments(piece/100 household)	0.77
健身器材(件)	Fitness Equipment(piece)	0.79
电子辞典(部)	Electronic Dictionary(set)	0.79
音像制品及软件(元)	Audio-video Products and Software	3.62
体育用品(元)	Sports	11.07
书报杂志(元)	Newspapers and Magazines	46.04
纸张文具(元)	Paper Stationery	26.10
其他文娱用品(元)	Other Cultural Items	81.45
文化娱乐服务(元)	Recreation, and Cultural Service(yuan)	571.01
参观游览	Tourists	32.00
健身活动	Fitness Activities	17.88
团体旅游	Group Tourist	376.53
其他文娱活动	Other Cultural Activities	135.31
文娱用品修理服务费	Civic Supplies Repair Services	8.13
教育(元)	Education(yuan)	948.12
教材	Text-book	86.82
课本及参考书	Textbooks and Reference Books	83.32
教育软件	Educational Software	0.22
其他教材	Other Materials	0.43
教育费用(元)	Education Expense(yuan)	861.31
非义务教育学杂费	Non-compulsory Education Fees	375.96
义务教育学杂费	Compulsory Fees	23.34
托幼费	Nurseries Charges	70.01
成人教育费	Adult Education Fees	60.36
家教费	Tutor Fee	156.44
培训班	Courses	134.51
学校住宿费	Boarding Schools	1.06
其他教育费用	Others	31.86
居住(元)	Residence(yuan)	1396.97
住房(元)	Accomodation(yuan)	558.86

Continued 3

按收入等级分 Grouped by Income Braket								
最低收入户 (10%) Lowest Income Households (first decile group)	#困难户 (5%) Poor Households (first five percent group)	低收入户 (10%) Low Income Households (second decile group)	中等偏下户 (20%) Lower Middle Income Households (second quintile group)	中等收入户 (20%) Middle Income Households (third quintile group)	中等偏上户 (20%) Upper Middle Income Households (fourth quintile group)	高收入户 (10%) High Income Households (ninth decile group)	最高收入户 (10%) Highest Income Households (tenth decile group)	#更高收入户 (5%) Higher Income Households (five percent)
16.20	26.73	7.46	8.86	5.97	9.86	11.00	10.80	10.06
1186.10	1403.19	1337.90	1482.08	1964.21	2134.64	3064.06	4818.96	6705.41
255.27	364.93	228.13	289.91	409.11	524.41	677.60	1082.88	1112.68
9.05	16.68	3.02	3.86	10.72	8.19	12.15	9.88	9.41
73.74	120.59	73.82	98.85	98.82	137.29	236.37	414.85	426.92
5.75	10.46	4.25	7.32	5.59	8.89	16.73	48.73	30.10
1.57	0.99	6.96	7.40	6.32	6.42	10.36	5.34	5.56
7.75	5.54	17.89	11.36	15.51	19.65	29.86	33.59	40.40
0.16	0.18		0.14	0.27	0.95	0.41	0.75	
		0.09	0.44	0.14	0.71	0.18	0.27	0.05
0.81	0.07	0.60	1.12	1.72	0.90	1.92	2.79	3.19
		0.19			0.34		0.05	
0.05	0.07	0.91	0.67	0.73	0.48	1.86	1.92	2.12
0.79	1.77	0.19	0.47	0.77	0.72	0.86	2.87	3.71
		0.21	1.11	0.88	0.91	1.35	0.92	1.39
2.29	0.39	2.21	2.77	3.23	5.49	6.17	6.32	7.63
2.86	2.07	7.26	18.74	7.32	9.05	16.88	17.14	23.12
20.12	23.68	24.40	33.07	31.85	67.23	60.63	169.82	163.62
20.74	22.87	17.27	26.00	19.84	21.83	27.24	84.71	69.22
41.31	44.77	55.42	51.75	78.18	120.74	142.90	185.41	218.89
112.10	89.58	268.78	355.48	562.04	722.52	1273.74	1979.20	3081.22
5.30	3.04	35.26	17.92	30.89	39.73	53.94	102.80	174.58
3.55	3.05	11.44	11.44	11.96	23.82	28.21	79.97	83.35
64.78	45.10	129.06	223.03	388.58	457.80	920.34	1381.32	2272.72
36.67	36.33	88.50	95.59	122.60	187.91	258.53	382.61	495.63
1.46	1.31	4.52	5.25	5.41	13.22	11.96	32.51	54.93
818.73	948.68	840.99	836.69	993.06	887.71	1112.72	1756.89	2511.52
78.04	89.01	87.71	85.84	95.09	65.30	101.61	126.52	200.04
75.14	87.98	84.31	76.65	94.33	64.72	100.17	126.34	199.70
0.06	0.11	0.11	0.32	0.08	0.17	1.19	0.05	0.04
0.57	0.75	0.74	0.44	0.27	0.41	0.25	0.13	0.30
740.69	859.67	753.28	750.85	897.96	822.41	1011.12	1630.37	2311.48
389.56	455.29	371.57	334.77	444.29	294.33	346.36	562.04	511.96
42.36	62.39	24.17	19.42	18.50	20.33	13.81	26.20	25.81
51.63	43.15	57.66	68.46	67.50	69.45	122.53	98.26	120.79
29.29	36.87	46.30	53.90	59.44	80.29	63.62	130.43	201.66
118.09	165.10	121.27	159.17	132.33	152.09	220.58	319.79	543.52
82.38	62.73	112.06	83.18	139.07	182.08	215.74	279.63	436.03
2.75	0.48	0.85	0.39	1.46	0.70	0.45	0.73	0.64
10.77	6.89	15.41	12.16	34.15	22.08	28.03	213.31	471.07
906.68	729.21	677.37	1037.79	1461.37	1659.19	2259.75	3597.23	3832.47
323.63	208.21	98.04	242.35	568.01	675.32	1233.10	2243.99	2365.83

3-12 续表4

项 目	Item	总平均 Total
租赁房房租	Rental Housing Accommodation	88.25
住房装潢支出	Housing Expenditure Decorating	401.43
维修用建筑材料	Maintenance Materials	59.80
其他住房支出	Others	9.38
水电燃料及其他(元)	Water, Electricity and Other Fuels	736.95
水(吨)	Water(ton)	51.23
电(度)	Electricity(wh)	768.68
燃料(元)	Fuels(kg)	184.83
煤炭(千克)	Coal	14.85
罐装液化石油气(千克)	Canned Liquified Petroleum Gas	11.60
管道液化石油气(立方米)	Pipeline Liquified Petroleum Gas	0.50
管道煤气(立方米)	Pipeline Gas(cu.m)	7.10
管道天然气(立方米)	Pipeline Natural Gas	33.03
柴油(升)	Derv	
其他燃料(元)	Others Fuel(yuan)	0.08
取暖费(元)	Heating(yuan)	8.50
其他相关支出(元)	Others	10.59
居住服务费(元)	Residence Service Fees(yuan)	101.16
物业管理费	Property Management Fees	58.07
维修服务费	Maintenance Services	30.24
其他居住服务费	Others	12.85
其他商品和服务(元)	Miscellaneous Commodities and Services(yuan)	562.44
其他商品(元)	Miscellaneous Commodities(yuan)	359.70
金银珠宝饰品	Gold and Silver Jewelry	106.49
手表(只)	Watches(Only)	0.03
理发美容用具	Barber Beauty Appliances	22.67
化妆品	Cosmetic Products	140.98
其他杂品	Other Groceries	72.14
服务(元)	Services(yuan)	202.74
旅馆住宿费	Hotel Accommodations	12.41
理发洗澡费	Barber Bathing	115.89
美容费	Beauty	52.55
其他服务	Others	21.90

Continued 4

按收入等级分 Grouped by Income Braket								
最低收入户 (10%) Lowest Income Households (first decile group)	#困难户 (5%) Poor Households (first five percent group)	低收入户 (10%) Low Income Households (second decile group)	中等偏下户 (20%) Lower Middle Income Households(second quintile group)	中等收入户 (20%) Middle Income Households (third quintile group)	中等偏上户 (20%) Upper Middle Income Households(fourth quintile group)	高收入户 (10%) High Income Households (ninth decile group)	最高收入户 (10%) Highest Income Households (tenth decile group)	#更高收入户 (5%) Higher Income Households (five percent)
66.83	135.02	62.32	50.51	84.76	134.66	88.35	225.04	203.39
225.01	59.66	27.53	143.13	405.78	471.77	1020.30	1743.06	1868.70
29.78	13.53	7.89	46.88	52.06	55.22	105.26	270.46	289.13
2.01		0.30	1.83	25.41	13.67	19.19	5.42	4.61
547.02	482.94	530.45	726.83	804.29	825.23	886.95	1028.08	1114.93
37.84	34.43	42.18	48.89	54.12	60.26	57.68	69.66	78.54
528.82	473.95	572.32	756.81	826.07	875.40	950.82	1107.73	1216.83
169.40	144.42	123.13	185.43	212.09	188.58	210.27	222.40	219.07
26.83	42.65	9.00	11.00	23.08	8.71	12.29	9.21	2.45
13.14	9.92	8.31	14.31	13.63	9.62	7.14	7.59	4.81
0.21	0.22	0.45	0.31	0.53	0.76	0.52	1.17	2.31
4.35	4.07	4.89	6.87	8.34	9.98	11.14	3.24	0.26
15.72	10.74	22.41	25.61	35.44	43.15	58.14	63.40	76.71
0.02	0.04	0.09	0.19		0.10	0.06		
2.04	0.35	0.99	3.30	10.70	8.04	24.22	37.48	53.81
4.73	4.90	4.93	15.47	9.55	15.84	5.25	9.91	3.14
36.03	38.06	48.89	68.60	89.07	158.64	139.70	325.16	351.71
25.27	32.10	34.42	33.30	46.49	87.58	107.94	183.24	288.66
6.02	3.80	12.07	25.02	28.13	43.43	20.19	122.69	34.15
4.74	2.16	2.40	10.28	14.46	27.63	11.57	19.22	28.90
191.58	165.71	271.31	373.52	622.71	774.44	1043.07	1501.67	1388.31
101.79	99.14	168.49	222.47	388.58	485.18	753.00	1051.61	960.41
20.89	26.23	43.50	60.81	135.87	139.14	221.41	316.70	319.75
0.01	0.01	0.02	0.02	0.04	0.04	0.10	0.10	0.09
7.26	6.94	15.15	14.62	21.76	33.42	38.65	62.40	59.65
53.06	47.78	67.96	95.92	133.61	180.26	288.18	432.30	346.43
18.15	16.44	38.09	43.05	84.61	106.68	145.04	175.20	194.34
89.79	66.57	102.83	151.05	234.14	289.26	290.07	450.07	427.90
3.95	1.81	6.74	5.69	18.10	16.68	27.73	25.84	31.30
54.27	44.50	69.11	99.43	126.78	155.51	137.65	253.37	197.17
14.97	17.81	21.46	34.14	55.23	87.71	97.48	125.59	138.32
16.60	2.46	5.51	11.79	34.02	29.37	27.21	45.27	61.10

3-13 按收入等级分的城镇居民家庭平均每百户耐用消费品拥有量及信息化情况(2012 年)

项 目	Item	总平均 Total
一、主要消费品拥有量	Ownership of Major Durable Consumer Goods	
摩托车(辆)	Motorcycle (unit)	20.14
助力车(辆)	Man-drawn Vehicle(unit)	45.61
家用汽车(辆)	Household Automobile(unit)	11.37
洗衣机(台)	Washing Machine(set)	95.62
电冰箱(台)	Refrigerator(set)	98.31
彩色电视机(台)	Color TV (set)	144.96
家用电脑(台)	Household Computer(set)	79.57
组合音响(套)	Hi-Fi Stereo Component System(set)	16.22
摄像机(架)	Video Camera(set)	7.89
照相机(架)	Camera(set)	34.88
钢琴(架)	Piano(set)	1.56
其他中高档乐器(件)	Other Medium and High-grade Instrument(unit)	3.81
微波炉(台)	Microwave Oven(unit)	65.55
空调器(台)	Air Conditioner(unit)	136.05
淋浴热水器(台)	Shower(unit)	94.02
消毒碗柜(台)	Disinfectant Machine (unit)	7.41
洗碗机(台)	Dishwasher (unit)	0.77
健身器材(套)	Healthy Equipment(set)	3.27
固定电话(部)	Telephone (unit)	74.57
移动电话(部)	Mobile Telephone (unit)	202.61
二、信息化调查情况	Informationization	
接入有线电视网络的电视机(台)	Cable Television(set)	99.34
接入互联网的计算机(台)	Network-connected Computers(set)	58.24
接入互联网的移动电话(部)	Network-connected Mobile Telephone (unit)	23.13

Ownership of Durable Consumer Goods and Informationization per 100 Urban Households Grouped by Income Bracket(2012)

按收入等级分 Grouped by Income Braket								
最低收入户 (10%) Lowest Income Households (first decile group)	#困难户 (5%) Poor Households (first five percent group)	低收入户 (10%) Low Income Households (second decile group)	中等偏下户 (20%) Lower Middle Income Households(second quintile group)	中等收入户 (20%) Middle Income Households (third quintile group)	中等偏上户 (20%) Upper Middle Income Households(fourth quintile group)	高收入户 (10%) High Income Households (ninth decile group)	最高收入户 (10%) Highest Income Households (tenth decile group)	#更高收入户 (5%) Higher Income Households (five percent)
17.60	11.94	22.68	24.37	17.98	20.42	21.82	10.77	15.11
42.80	48.81	55.17	45.85	48.34	47.12	41.91	28.94	28.37
0.87	0.74	3.14	10.64	13.21	12.10	21.60	28.12	42.09
83.76	86.20	91.16	96.54	96.31	100.29	101.50	101.45	101.50
89.82	80.28	93.61	96.67	101.39	101.99	106.11	101.43	100.59
119.37	111.42	125.04	150.59	140.68	160.52	164.27	156.15	167.89
61.02	67.47	69.63	72.68	78.62	89.08	97.88	109.96	118.19
8.50	13.08	10.57	14.64	18.85	20.29	17.75	25.13	33.89
1.05		4.68	7.81	7.52	9.92	8.47	20.11	22.70
12.97	9.64	23.01	24.76	38.43	43.94	56.55	70.94	86.08
0.17		0.71	1.34	0.98	2.11	4.19	3.60	4.42
4.05	0.38	1.15	2.22	7.80	2.71	3.69	5.26	10.22
46.88	54.14	48.63	62.80	69.13	74.47	79.34	88.27	92.68
80.50	68.15	95.71	125.37	136.76	163.11	188.70	208.73	238.89
83.23	67.52	87.25	96.00	92.46	98.31	97.54	106.65	109.52
4.22	8.24	3.97	2.46	5.17	14.28	10.56	19.26	26.48
0.33		0.13	0.68	0.79	0.84	1.36	1.91	2.33
0.16	0.36	1.49	4.82	3.17	3.92	2.39	5.90	8.30
62.50	60.99	69.94	75.88	76.85	76.07	79.60	84.34	85.34
176.77	180.39	190.63	201.05	213.39	213.19	203.68	217.04	211.14
65.30	63.38	93.57	95.42	101.21	114.92	115.77	121.56	129.13
45.35	51.31	52.80	53.71	57.46	58.47	76.28	87.04	90.92
7.24	6.32	22.11	21.84	29.45	24.30	26.54	34.70	33.71

3-14 各市城镇居民家庭人均收入情况

单元:元

项 目	Item	合 肥 Hefei		淮 北 Huaibei	
		2011	2012	2011	2012
家庭总收入	**Total Income**	**24828.29**	**27885.24**	**20744.21**	**23741.97**
#可支配收入	# Disposable Income	22458.91	25434.15	17875.51	20360.21
工资性收入	Income from Wages and Salaries	15637.15	17575.82	13026.03	14722.43
工资及补贴收入	Income and Subsidies	15385.32	17321.49	12379.47	14244.93
其他劳动收入	Other Labor Income	251.83	254.33	646.56	477.5
经营净收入	Net Business Income	3002.75	3487.51	796.49	1010.79
财产性收入	Income from Properties	641.26	701.15	267.44	334.99
利息收入	Interest Income	39.45	49.11	14.71	30.22
股息与红利收入	Dividend and Bonus	207.43	223.01	14.73	19.09
保险收益	Insurance Proceeds				
其他投资收入	Income from Other Investments	45.99	45.29	9.15	59.89
出租房屋收入	Rental Income	347.15	383.37	228.86	225.79
知识产权收入	Intellectual Property Income				
其他财产性收入	Other Property Income	1.24	0.36		
转移性收入	Income from Transfer	5547.12	6120.76	6654.25	7673.77
养老金或离退休金	Pensions and Retirement Pay	4034.86	4575.99	6191.57	7351.55
社会救济收入	Social Relief	11.32	16.32	0.43	
辞退金	Dismiss Pensions				4.19
赔偿收入	Compensation Income	13.15	6.25	0.55	
保险收入	Insurance	25.41	40.45	19.26	44.75
# 失业保险金	# Unemployment Insurance	15.8	27.66	18.15	10.63
赡养收入	Supporting Income	104.2	225.92	83.84	64.97
捐赠收入	Donation	974.11	539.03	46.57	105.75
提取住房公积金	Withdraw House Accumulation Fund	273.05	550.99	238.15	
其他转移性收入	Other Transferred Income	31.36	26.25	0.32	
出售财物收入	**Property Sale Income**	**153.08**	**521.60**	**7.10**	**0.46**
出售住房收入	House Sale Income	150.40	486.55	0.11	
出售其他物品收入	Other Articles Sale Income	2.69	35.06	6.99	0.46
借贷收入	**Lending and Loaning Income**	**4857.21**	**8079.78**	**4057.63**	**5891.69**
提取储蓄存款	Saving Deposit	4092.87	5865.90	2895.33	5375.34
借入款	Borrowed Funds	178.10	510.88	375.17	190.54
收回借出款	Recalled Loan	141.43	208.20	36.80	209.59
收回储蓄性保险本	Recalled Endowment Assurance	26.65		73.92	102.89
兑售有价证券	Against the Sale of Securities	0.96			
收回投资本金	Recalled Original Capital of Investment	72.06	8.93		
住房贷款	Accomodation Loan	345.03	1422.05	646.84	
汽车贷款	Automobile Loan		62.49		
教育贷款	Education Loan		1.34		
其他贷款	Other Loans			29.57	13.34
其他借贷收入	Other Income on Loan	0.12			

Income per Capita of Major Urban Residents

(yuan)

亳 州 Bozhou		宿 州 Suzhou		蚌 埠 Bengbu		阜 阳 Fuyang		淮 南 Huainan		滁 州 Chuzhou	
2011	2012	2011	2012	2011	2012	2011	2012	2011	2012	2011	2012
18685.16	**21276.31**	**18635.62**	**21387.71**	**19744.07**	**22512.6**	**19144.42**	**21836.16**	**21182.27**	**24427.37**	**19316.17**	**22226.13**
18099.15	20488.24	17384.32	19731.20	18143.29	20628.92	16686.00	18971.98	18218.96	20733.18	17917.77	20426.26
8558.96	9820.99	10736.54	12768.86	11355.96	13619.81	13966.18	15985.89	15909.13	18295.17	11431.72	13319.99
8392.36	9729.03	10511.56	12618.24	11142.13	13346.37	13554.78	15544.07	15738.64	18159.48	11150.27	12592.68
166.59	91.96	224.98	150.61	213.83	273.44	411.4	441.82	170.49	135.69	281.45	727.31
6817.55	7917.81	865.67	1173.2	1557.99	1338.92	1132.8	1381.83	963	1032.44	1847.92	2186.62
612.26	751.03	326.33	362.78	747.09	787.29	622.67	705.58	296.42	239.69	756.99	739.35
61.42	45.42	43	83.73	57.39	90.51	42.83	69.5	97.89	90.88	235.77	84.46
11.19	40.75	84.35	28.56	59.16	70.71	75.61	42.16	48.49	38.88	42.22	104.51
								0.32			7.53
88.33	166.92	40.74	84.03	504.42	482.41	55.62	94.17	36.3	21.36	255.29	145.34
451.33	479.1	158.19	160.12	126.12	143.67	448.62	496.24	113.42	88.57	172.74	275.17
	18.84	0.05	6.34				3.51			50.96	122.34
2696.4	2786.48	6707.07	7082.87	6083.03	6766.57	3422.77	3762.86	4013.72	4860.07	5279.54	5980.17
1438.93	1914.88	5583.93	6105.26	4647.09	5756.03	2723.99	3170.22	2701.63	3757.93	4042.56	5200.47
14.91	18.09	44.48	68.96	56.35	59.85	52.38	25.86	84.93	48.49	64.4	23.01
30.57	48.85				2.38	25.52			4.23		20.71
			19.75			9.46					
13.51	55.71	5.3	53.46	25.01	35.37	8.52	16.73	129.36	94.4	95.94	59.27
1.65				18.42	32.63	8.52	14.44	70.46	68.17	1.81	13.41
363.47	378.66	231.95	239.67	211.66	218.57	222.15	242.36	57.34	144.82	322.9	200.39
642.97	155.35	278.02	302.52	695.31	516.87	178.35	169.8	531.57	361.58	517.17	280.03
86.21	16.71	426.21	38.29	402.32	173.64	109.56	11.05	299.66	95.73	78.04	50.54
16.45	37.7	55.5	101.46	45.3	3.86	1.04	16.15	89.55	111.44	87.73	37.41
338.48	**16.67**	**7.33**	**7.57**	**1505.8**	**119.09**	**14.64**	**11.49**	**279.63**	**139.14**	**941.62**	**11.07**
92.07		0.72	3.62	1355.97	119.09			271.98	134.53	910.8	
246.41	16.67	6.61	3.95	149.82		14.64	11.49	7.65	4.61	30.82	11.07
2455.78	**2493.47**	**1766.45**	**2273.98**	**7350.66**	**3907.1**	**4120.3**	**4428.71**	**7187.07**	**6256.91**	**2870.41**	**4505.26**
1284.85	1978.23	1685.17	2145.26	5758.9	3643.82	3996.51	4014.8	5806.31	4586.51	2141.68	4198.46
18.41	172.73	70.54	58.3	758.59	83.37	50.25	35.12	187.22	537.69	526.35	133.14
730.10	31.41	1.08	57.94	56.57	13.1	67.41	368.74	79.52	180.14	142.64	122.06
7.15	9.42	5.87	12.49		42.96		10.04	19.72	19.12	59.7	8.29
	0.19	3.79				1.48		14.16		0.04	32.38
396.84	282.65			12.21		4.64			13.76		10.92
				706.23	35.73			981.34	806.32		
					71.46						
	18.84			12.77	16.67			5.04	12.69		
18.41				3.48					4.23		
				41.9				93.77	96.45		

3-14 续表

项　　目	Item	六　安 Lu'an		马鞍山 Maanshan	
		2011	2012	2011	2012
家庭总收入	**Total Income**	**18644.68**	**20993.45**	**30915.41**	**35166.94**
#可支配收入	# Disposable Income	17095.10	19368.75	27329.40	30936.88
工资性收入	Income from Wages and Salaries	12789.94	14679.70	17877.84	21563.94
工资及补贴收入	Income and Subsidies	12501.87	14611.02	17362.97	20994.03
其他劳动收入	Other Labor Income	288.08	68.68	514.87	569.90
经营净收入	Net Business Income	1645.16	1842.57	1750.97	2303.96
财产性收入	Income from Properties	312.84	376.81	2738.54	1396.12
利息收入	Interest Income	59.31	51.06	41.43	184.18
股息与红利收入	Dividend and Bonus	48.97	9.14	81.58	180.82
保险收益	Insurance Proceeds		3.14		
其他投资收入	Income from Other Investments	5.39	5.02	2417.71	699.64
出租房屋收入	Rental Income	191.6	301.77	197.77	321.20
知识产权收入	Intellectual Property Income				
其他财产性收入	Other Property Income	7.57	6.68	0.05	10.29
转移性收入	Income from Transfer	3896.74	4094.36	8548.07	9902.92
养老金或离退休金	Pensions and Retirement Pay	3050.00	3640.56	6392.11	7426.16
社会救济收入	Social Relief	18.13	9.98	11.61	13.31
辞退金	Dismiss Pensions				
赔偿收入	Compensation Income			1.81	
保险收入	Insurance		6.56	173.19	47.96
# 失业保险金	# Unemployment Insurance			0.45	0.05
赡养收入	Supporting Income	213.50	95.07	153.27	182.36
捐赠收入	Donation	389.55	229.11	909.08	1240.52
提取住房公积金	Withdraw House Accumulation Fund	129.81	18.98	818.95	791.3
其他转移性收入	Other Transferred Income	20.52	11.82	8.98	66.46
出售财物收入	**Property Sale Income**	**5.99**	**5.55**	**1114.89**	**432.90**
出售住房收入	House Sale Income			1112.32	428.66
出售其他物品收入	Other Articles Sale Income	5.99	5.55	2.56	4.24
借贷收入	**Lending and Loaning Income**	**2246.36**	**5142.04**	**6596.34**	**8762.2**
提取储蓄存款	Saving Deposit	2089.03	3414.85	5876.47	7126.06
借入款	Borrowed Funds	3.70	813.47	628.96	501.53
收回借出款	Recalled Loan	42.57	35.14	29.28	64.19
收回储蓄性保险本	Recalled Endowment Assurance			0.09	181.26
兑售有价证券	Against the Sale of Securities		0.11	60.09	95.53
收回投资本金	Recalled Original Capital of Investment	9.26			3.67
住房贷款	Accomodation Loan		871.45		783.83
汽车贷款	Automobile Loan				
教育贷款	Education Loan		7.03	1.45	
其他贷款	Other Loans				
其他借贷收入	Other Income on Loan	101.80			6.12

Continued

芜 湖 Wuhu		宣 城 Xuancheng		铜 陵 Tongling		池 州 Chizhou		安 庆 Anqing		黄 山 Huangshan	
2011	2012	2011	2012	2011	2012	2011	2012	2011	2012	2011	2012
23158.74	**26050.15**	**20071.89**	**22948.7**	**24634.84**	**27753.57**	**20669.22**	**23312.72**	**19847.48**	**22612.58**	**20673.78**	**23923.79**
21010.67	23784.08	17994.64	20477.90	21825.39	24684.52	18925.38	21385.68	18004.76	20453.41	18669.02	21208.01
12470.76	14552.74	11328.55	13181.20	16176.57	18265.59	13983.31	16647.69	12310.57	14308.78	13223.87	15361.15
12009.00	14200.28	11174.43	12974.23	16068.27	18188.81	13854.71	16492.57	11386.23	13264.28	13054.41	15291.89
461.76	352.46	154.12	206.97	108.30	76.78	128.59	155.12	924.34	1044.5	169.46	69.26
2026.38	2676.11	3041.77	3336.95	2213.87	2401.36	2801.57	2992.08	1639.33	1789.17	1206.39	1412.55
626.90	697.22	873.14	973.63	487.53	555.90	893.97	614.80	648.01	690.73	432.20	462.44
119.93	87.75	127.27	124.63	152.82	187.40	110.60	118.16	67.71	95.84	68.42	72.95
23.74	195.67	116.79	40.65	101.90	46.23	35.09	1.21	28.33	50.52	38.63	4.12
		0.52								1.57	
38.58	63.33	18.49	157.08	96.79	123.03	63.88	4.08	250.30	116.62	65.71	119.53
444.65	336.61	610.08	651.23	136.02	199.25	684.41	491.35	301.67	427.74	257.87	265.84
	2.38		0.05								
	11.48										
8034.71	8124.09	4828.42	5456.93	5756.86	6530.72	2990.38	3058.15	5249.57	5823.89	5811.33	6687.65
6610.60	6067.25	4014.55	4538.78	4904.80	6150.29	2186.10	2521.9	4436.84	5173.61	4834.54	5553.67
30.27	24.27	26.99	52.54	28.78	38.55	36.50	26.29	56.84	81.91	186.99	200.93
6.90							37.71	3.39			
	165.66		21.02								
59.33	37.20	49.73	47.27	28.15	14.43	17.87	27.51	40.64	44.55	9.96	11.39
26.61	8.63		0.14	10.71		12.43		39.53	35.87		
192.08	524.29	105.53	107.87	168.70	77.35	35.91	121.75	174.34	112.57	68.55	76.38
274.03	435.08	276.42	161.37	157.12	2.22	68.74	167.37	379.29	258.87	408.94	283.91
557.42	294.16	182.89	295.29	429.54	153.96	159.41	31.89	9.86	3.52	33.93	132.11
184.55	381.66	113.83	94.16		19.20	429.86	29.42	75.63	32.09	161.41	236.78
766.80	**5.71**	**1005.98**	**140.12**	**0.23**	**5.22**	**14.05**	**2.29**	**1874.38**	**444.18**	**45.61**	**16.59**
753.89		999.85						1859.97	440.37		
12.91	5.71	6.13	140.12	0.23	5.22	14.05	2.29	14.41	3.81	45.61	16.59
4909.20	**6680.97**	**8031.5**	**10119.53**	**5968.61**	**4412.86**	**3959.13**	**3407.24**	**3428.29**	**2543.07**	**2898.78**	**5753.85**
4311.05	5701.34	3768.86	3639.70	5275.67	4377.54	3460.20	2660.83	3094.24	2459.64	2837.39	4617.50
145.39	160.12	671.81	614.58	604.75	2.42	11.86	449.79	125.24	30.34	26.83	117.9
273.58	204.76	747.76	1611.11	68.21	22.37	384.05	256.81	167.55	28.62	9.44	84.27
28.98			18.52	18.17		1.45		3.35		4.29	
36.23	5.62	102.26			0.84					20.82	1.08
	21.03	63.98	5.09			101.57	39.80	37.91	24.46		325.50
113.97		689.68	358.80								607.59
	580.95										
	7.14			1.82							
		1987.15	3871.73		9.69						

3-15-1 各市城镇居民家庭人均支出情况(1)

单元:元

项目	Item	合肥 Hefei		淮北 Huaibei	
		2011	2012	2011	2012
家庭总支出	**Total Expenditure**	**21521.91**	**26337.29**	**19515.59**	**23165.06**
消费性支出	**Total Consumption Expenditure**	**15697.09**	**18757.64**	**12802.93**	**15206.53**
#服务性消费支出	# Consumption Expenditure of Service	4424.72	5374.68	3110.89	3667.54
食品	Food	5969.62	6420.52	5566.41	6038.56
粮油类	Grain and Oil	666.62	693.70	869.53	886.67
粮食	Grain	420.83	423.21	564.48	570.91
大米	Rice	258.10	268.62	269.75	253.54
面粉	Flour	20.03	22.40	169.71	161.34
其他粮食及制品	Other Grain & Products	142.70	132.19	125.02	156.03
淀粉及薯类	Starches and Tubers	31.13	34.39	37.26	41.39
干豆类及豆制品	Bean and Its Products	69.10	69.00	60.14	60.94
油脂类	Oil or Fat	145.56	167.09	207.65	213.43
食用植物油	Edible Oil	139.07	159.31	205.67	211.40
食用动物油	Consumption of Animal Oil	6.49	7.78	1.98	2.03
肉禽蛋水产品类	Poutry, Eggs and Aquatic Products	1498.55	1503.72	1485.50	1541.57
肉类	Meat	788.15	799.34	770.33	801.94
猪肉	Pork	566.75	574.17	456.57	460.08
牛肉	Beef	115.55	119.87	173.12	165.69
羊肉	Lamb	34.32	42.92	77.90	97.88
其他肉及制品	Other Stewed & Products	71.53	62.37	62.75	78.30
禽类	Poultry	292.81	284.63	247.57	255.91
鸡	Chicken	185.15	180.04	166.18	168.39
鸭	Duck	32.89	31.98	21.52	15.71
其他禽类及制品	Other Poultry Processed & Products	74.77	72.61	59.87	71.81
蛋类	Eggs	154.67	152.95	213.93	206.17
鲜蛋	Fresh Eggs	141.79	143.44	191.83	189.53
蛋制品	Eggs Processed Products	12.88	9.52	22.10	16.64
水产品类	Aquatic Products	262.92	266.80	253.66	277.55
鱼	Fish	135.13	141.44	144.99	156.50
虾	Shrimp	82.56	84.07	61.57	58.46
其他水产品及制品	Other Aquatic & Products	45.23	41.29	47.10	62.59
蔬菜类	Vegetables	528.51	539.06	520.23	622.45
鲜菜	Fresh Vegetables	462.78	474.75	455.06	542.93
干菜	Dried Vegetables	45.27	47.28	44.65	58.48
菜制品	Vegetable Products	20.45	17.02	20.52	21.03
调味品	Flavoring	45.82	44.23	54.36	61.59
糖烟酒饮料类	Sugar, Tobacco, Wine and Beverages	1105.57	1207.16	789.04	752.91
糖类	Carbohydrate Products	53.45	64.59	46.75	35.45
烟草类	Tobacco	532.07	579.27	330.87	334.04
酒类	Spirtis	366.27	391.80	307.76	282.75

Expenditure per Capita of Major Urban Residents(1)

(yuan)

亳州 Bozhou		宿州 Suzhou		蚌埠 Bengbu		阜阳 Fuyang		淮南 Huainan		滁州 Chuzhou	
2011	2012	2011	2012	2011	2012	2011	2012	2011	2012	2011	2012
14301.65	**16515.04**	**14868.74**	**16848.65**	**19558.31**	**18577.54.**	**18524.09**	**21687.59**	**21555.46**	**22774.03**	**16421.84**	**20386.13**
11349.5	**12881.11**	**10681.60**	**12084.46**	**12565.88**	**13466.56**	**12884.62**	**14736.07**	**12781.58**	**14086.83**	**13343.92**	**15964.29**
2771.71	3580.68	2761.58	3147.63	3372.35	3494.76	3396.57	3765.19	3343.86	3651.13	3245.30	4001.90
4310.64	5086.14	4489.05	5010.40	5287.36	5579.65	5073.01	5853.34	5192.59	5680.75	5279.58	6206.82
691.67	752.59	648.63	733.91	645.64	702.21	607.51	585.32	639.79	674.68	684.54	766.55
448.94	488.34	441.89	449.33	389.10	437.42	387.31	363.14	380.79	402.63	461.47	496.51
152.38	154.00	216.49	234.13	200.22	235.78	144.02	131.36	195.78	204.20	300.22	302.87
85.05	98.8	124.14	108.56	49.12	45.26	75.28	64.21	48.09	49.04	29.67	31.60
211.51	235.54	101.25	106.63	139.75	156.38	168.00	167.57	136.92	149.39	131.59	162.04
43.71	50.07	32.15	52.43	58.04	54.96	37.02	43.00	58.94	59.83	23.58	31.93
57.23	59.78	50.43	59.75	64.83	68.37	67.38	57.19	70.78	74.38	81.58	94.11
141.79	154.41	124.17	172.40	133.68	141.47	115.80	121.99	129.27	137.84	117.91	144.00
141.29	151.89	124.07	169.51	133.03	141.03	113.53	115.70	128.39	136.47	112.01	139.74
0.49	2.51	0.11	2.89	0.64	0.43	2.27	6.29	0.89	1.37	5.90	4.26
1024.86	954.75	1399.68	1489.52	1413.48	1493.33	1266.72	1297.10	1340.44	1342.46	1427.72	1732.52
621.3	560.14	693.59	734.15	777.84	802.01	694.69	760.53	763.84	760.77	793.14	924.56
295.66	292.63	403.73	395.04	502.01	518.95	426.31	425.01	543.51	517.98	573.45	626.10
147.54	127.03	147.30	171.67	164.61	170.87	118.71	132.70	110.04	118.78	130.29	189.60
93.94	82.71	108.41	111.79	42.16	49.31	51.05	64.89	33.39	31.32	34.39	64.30
84.16	57.77	34.16	55.65	69.05	62.87	98.62	137.93	76.90	92.69	55.01	44.55
160.85	157.85	296.89	311.69	242.66	263.13	209.86	203.94	255.84	256.05	265.73	351.12
121.78	124.32	207.14	197.91	155.25	170.31	125.07	107.36	171.89	172.27	179.99	210.32
4.08	6.53	24.51	14.50	20.15	17.61	10.52	9.10	23.31	26.62	18.21	29.91
34.99	27.01	65.23	99.29	67.26	75.22	74.27	87.49	60.65	57.16	67.54	110.88
152.56	137.7	175.84	199.23	129.81	136.45	171.07	149.82	119.55	115.37	129.30	143.45
135.03	125.95	161.68	185.23	119.01	119.97	149.37	126.92	106.40	99.06	119.71	130.13
17.53	11.75	14.16	14.00	10.80	16.48	21.70	22.91	13.15	16.31	9.59	13.31
90.15	99.06	233.36	244.44	263.18	291.74	191.10	182.80	201.22	210.27	239.54	313.40
67.59	71.27	135.37	139.69	173.43	195.68	112.16	95.84	137.02	134.58	133.35	175.58
14.97	19.40	59.89	69.66	54.55	59.76	48.59	54.24	39.40	45.69	66.23	82.43
7.60	8.39	38.10	35.10	35.19	36.31	30.35	32.73	24.79	30.00	39.97	55.39
424.89	433.18	570.06	625.80	405.7	448.51	500.93	490.85	423.22	464.12	613.61	657.13
367.02	379.32	501.05	543.16	352.26	405.71	436.64	421.63	374.65	413.57	567.27	608.35
41.26	34.35	52.36	59.04	37.36	26.98	47.46	51.76	38.20	39.87	32.11	29.58
16.60	19.52	16.65	23.61	16.08	15.82	16.83	17.46	10.37	10.68	14.23	19.20
67.43	53.57	39.48	43.15	40.95	51.23	44.56	38.39	38.92	45.53	41.63	43.64
709.71	945.49	385.07	469.63	788.15	758.6	666.66	970.70	792.95	917.77	826.80	776.95
27.22	24.26	27.41	35.75	33.97	39.80	32.27	46.26	46.35	51.36	29.45	45.71
286.28	321.28	128.39	151.76	341.86	364.92	182.64	316.03	374.71	419.98	350.40	373.79
280.07	471.49	137.09	174.76	276.95	214.79	308.94	408.15	267.84	329.75	324.60	249.53

3-15-1 续表1

项 目	Item	合 肥 Hefei		淮 北 Huaibei	
		2011	2012	2011	2012
白酒	White Spirit	307.67	337.37	243.48	208.03
果酒	Wine	26.51	23.03	27.38	36.94
啤酒	Beer	31.49	31.27	36.80	37.32
其他酒	Others	0.60	0.12	0.10	0.46
饮料	Beverage	153.77	171.50	103.66	100.66
碳酸饮料	Carbonated Beverages	12.90	12.99	10.43	8.72
瓶装饮用水	Bottled Drinking Water	4.69	6.31	10.37	7.26
茶叶	Tea	104.41	126.87	57.91	58.05
其他饮料	Other Beverages	31.76	25.33	24.95	26.64
干鲜瓜果类	Dried and Fresh Melons and Fruits	379.56	387.84	342.96	406.27
鲜果	Fresh Fruits	224.12	227.64	215.76	226.69
鲜瓜	Fresh Melons	49.16	62.81	59.26	75.44
其他干鲜瓜果类及制品	Others Melon and Fruits & Products	106.28	97.39	67.94	104.14
糕点、奶及奶制品	Pastry, Milk and Milk Products	472.77	521.74	350.14	478.05
糕点	Pastry	62.12	64.72	53.16	66.08
奶及奶制品	Milk and Its Products	410.65	457.02	296.98	411.97
鲜乳品	Fresh Milk	178.85	178.72	119.39	141.93
奶粉	Milk Powder	109.11	140.91	46.79	133.93
酸奶	Yogurt	103.28	122.74	90.92	97.72
其他奶制品	Other Dairy Products	19.42	14.65	39.89	38.38
其他食品	Others Food	80.20	69.03	99.33	121.62
饮食服务	Food Service	1192.02	1454.05	1055.33	1167.44
食品加工服务费	Food Processing Cost	2.15	1.58	3.25	4.37
在外饮食	Eating Out	1189.87	1452.47	1052.08	1163.07
非食品类	Non-food	9727.47	12337.12	7236.52	9167.97
衣着	Clothing	1674.14	1775.32	1341.28	1664.53
服装	Garments	1188.08	1254.49	883.11	1106.49
衣着材料	Clothing Material	9.20	5.43	7.43	16.60
鞋类	Shoes	399.48	450.41	351.93	409.03
其他衣着用品	Other Clothing Articles	68.25	57.80	82.28	122.95
衣着加工服务费	Clothes Processing Service Cost	9.13	7.19	16.53	9.45
家庭设备用品及服务	Household Facilities, Articles and Service	661.86	1043.93	591.49	699.32
耐用消费品	Durable Consumer Goods	285.31	530.44	300.99	312.42
家具	Furniture	51.18	205.35	29.26	32.11
家庭设备	Household Facilities	234.14	325.09	112.76	233.25
洗衣机	Washing Machine	16.63	26.75		12.47
电冰箱	Refrigerator	24.81	56.57	41.79	68.74
微波炉	Microwave Oven	9.31	5.69		
空调器	Air Conditioner	72.61	124.36		18.86
淋浴热水器	Shower Water Heaters	4.83	15.49	25.89	27.59

Continued 1

亳州 Bozhou		宿州 Suzhou		蚌埠 Bengbu		阜阳 Fuyang		淮南 Huainan		滁州 Chuzhou	
2011	2012	2011	2012	2011	2012	2011	2012	2011	2012	2011	2012
201.51	381.64	61.10	89.60	217.62	172.56	247.99	310.9	228.51	278.29	279.05	209.29
7.04	13.65	43.74	31.79	24.99	8.69	8.61	44.50	9.11	16.46	14.32	11.10
71.51	76.20	32.25	53.37	32.60	33.52	52.29	52.75	28.59	34.11	31.24	29.14
				1.74	0.01	0.04		1.63	0.90		
116.15	128.45	92.17	107.36	135.37	139.08	142.81	200.26	104.05	116.67	122.34	107.92
14.65	19.01	12.16	11.46	10.22	10.59	15.82	23.54	7.79	8.86	11.94	7.24
5.71	7.76	9.07	16.41	7.49	7.85	15.85	25.04	9.96	10.88	7.91	7.60
77.77	77.27	53.32	60.12	81.52	90.93	76.40	117.11	58.87	67.87	81.11	58.55
18.02	24.42	17.63	19.39	36.13	29.71	34.74	34.57	27.42	29.06	21.39	34.53
254.32	264.13	313.23	366.40	354.54	353.72	356.10	358.79	356.39	415.97	368.97	486.45
140.74	154.15	191.86	212.37	189.45	185.46	201.81	207.66	187.41	217.63	217.98	284.81
43.06	51.37	56.93	66.67	57.91	70.58	69.88	73.06	61.02	71.84	46.02	72.28
70.52	58.60	64.44	87.36	107.17	97.68	84.41	78.07	107.96	126.50	104.97	129.36
222.68	185.41	246.43	302.04	383.35	346.26	296.93	303.77	344.29	381.42	310.97	424.42
31.87	23.08	44.01	52.56	70.39	68.24	43.28	40.24	73.05	83.42	49.76	65.82
190.81	162.33	202.42	249.47	312.96	278.02	253.64	263.53	271.24	298.00	261.22	358.59
56.98	57.90	70.20	96.36	98.02	103.55	52.92	46.16	71.76	76.50	107.07	158.19
43.67	30.86	36.37	41.50	124.34	78.74	74.29	73.36	99.71	124.04	29.90	43.19
74.64	64.55	83.54	99.79	67.49	70.05	94.28	123.82	70.29	69.60	105.65	131.40
15.52	9.02	12.31	11.82	23.12	25.69	32.16	20.18	29.48	27.86	18.61	25.81
134.83	130.53	124.90	124.37	95.77	96.36	110.14	126.02	84.24	75.16	185.30	214.98
780.26	1366.48	761.55	855.57	1159.79	1329.44	1223.47	1682.40	1172.34	1363.64	820.04	1104.19
0.77	1.53	0.47	0.17	4.52	3.88	2.94	1.52	2.64	1.33	6.13	2.78
779.48	1364.95	761.08	855.40	1155.28	1325.56	1220.52	1680.88	1169.70	1362.31	813.91	1101.41
7038.86	7794.97	6192.55	7074.06	7278.52	7886.91	7811.61	8882.73	7588.99	8406.08	8064.34	9757.47
1473.61	1705.15	1048.55	1239.53	1184.27	1171.90	1536.29	1817.01	1303.73	1429.26	1443.57	1777.67
952.46	1146.02	724.35	847.39	822.60	822.91	1007.64	1171.95	935.69	1034.30	987.71	1248.64
8.70	9.11	7.50	12.00	20.69	12.47	17.86	23.68	8.77	9.22	14.93	6.27
385.95	425.51	254.54	306.97	303.73	289.86	402.96	489.71	328.90	354.00	335.11	416.60
117.68	115.69	47.35	57.81	31.99	39.06	96.05	122.22	24.57	26.33	93.33	100.74
8.81	8.82	14.81	15.35	5.26	7.60	11.78	9.46	5.80	5.41	12.50	5.42
512.89	522.64	707.58	741.52	605.90	715.01	748.82	777.54	801.95	732.01	771.09	785.71
192.74	159.83	404.17	390.23	297.87	370.24	419.45	301.09	454.14	323.31	304.79	332.64
		50.91	98.88	6.51	9.51	16.23	81.50	80.81	103.28		
169.9	143.38	318.72	257.06	253.59	342.70	381.86	217.56	373.34	220.03	232.25	245.69
1.80	45.83	25.82	70.01	44.63	56.28	38.10	9.75	48.18	18.44	31.55	
38.31	20.52	71.22	57.05		42.32	8.69	46.48	43.24	57.96	48.67	43.44
5.65			8.22		1.40		2.81	10.66	1.04	17.18	80.66
52.93	30.29	120.47	29.37	50.40	93.26	179.27	43.74	178.38	78.43	112.89	74.03
13.65	6.87				52.44	24.36	14.81	47.57	5.84		35.39

3-15-1 续表2

项 目	Item	合 肥 Hefei		淮 北 Huaibei	
		2011	2012	2011	2012
消毒碗柜	Disinfectant Machine				
洗碗机	Dishwashers				19.00
其他家庭设备	Others	105.94	96.23	45.09	86.60
室内装饰品	Interior Decorations	31.39	25.21	26.64	29.16
床上用品	Bed Articles	78.86	145.60	51.50	90.39
家庭日用杂品	Daily Use Household Articles	194.22	238.73	175.15	207.09
家具材料	Furniture Material	4.53	0.58	2.42	0.73
家庭服务	Household Service	67.54	103.37	34.81	59.52
家政服务	Domestic Service	61.84	84.81	21.49	48.55
加工维修服务费	Processing Maintenance Services	5.70	18.56	2.21	2.50
医疗保健	Health Care and Medical Services	909.79	964.5	964.91	1361.67
医疗器具	Medical Appliances	8.39	9.95	17.82	13.82
保健器具	Constitutional Appliances	7.60	5.95	6.04	4.04
药品费	Medicine Expense	421.41	482.14	549.53	730.89
滋补保健品	Nourishing Healthful Products	94.66	127.96	131.05	190.46
医疗费	Medical Care Expense	361.90	331.99	221.89	413.45
其他医疗保健支出	Others	15.85	6.50	38.57	9.01
交通和通信	Transport and Communications	2337.07	3185.05	1269.40	2151.29
交通	Transport	1375.77	2164.23	494.26	1357.65
家庭交通工具	Household Transportation	535.71	1173.96	57.15	592.38
摩托车	Motor	0.80		7.31	
助力车	Moped	62.96	66.94	37.28	28.77
家用汽车	Domestic Car	460.41	1096.99		555.22
其他交通工具	Other Modes of Transport	11.55	10.04	12.56	8.38
车辆用燃料及零配件	Fuel and Accessories for Vehicle	385.59	481.78	96.78	312.04
燃料	Fuel	356.66	455.69	85.89	175.32
零配件	Accessories	28.73	20.50	10.89	68.59
其他	Others	0.20	5.59		4.47
交通工具服务支出	Transport Services Expenditure	49.17	90.46	21.51	97.48
维修费	Maintenance Costs	41.12	67.77	8.07	15.03
车辆使用税费	Vehicles Using Tax	2.49	16.86		66.75
其他车辆使用费用	Other Vehicles Cost	5.56	5.83	6.84	
交通费	Transport	405.29	418.03	318.83	355.74
飞机	Aircraft	49.37	29.56	0.20	
火车	Train	71.56	89.60	64.65	75.92
长途汽车	Long-distance Coach	36.44	41.60	44.27	33.80
市内公共交通	City Bus Transport	137.63	134.09	131.79	158.16
出租汽车费	Taxi Fees	110.22	122.85	77.92	87.87
其他交通费	Other Traffic Charges	0.08	0.32		
通信	Communication	961.30	1020.82	775.14	793.64

Continued 2

亳州 Bozhou		宿州 Suzhou		蚌埠 Bengbu		阜阳 Fuyang		淮南 Huainan		滁州 Chuzhou	
2011	2012	2011	2012	2011	2012	2011	2012	2011	2012	2011	2012
57.57	39.88	101.22	92.40	158.57	97.00	131.45	99.97	45.32	58.31	21.97	12.16
47.01	28.61	54.97	69.85	24.83	20.34	42.40	43.82	22.02	14.55	74.44	38.90
102.62	117.3	87.82	98.32	60.71	87.59	113.28	162.27	77.43	112.47	95.09	116.22
164.00	212.38	138.01	143.83	202.47	223.36	157.40	214.95	228.61	246.00	287.13	272.64
	0.09			0.92		1.40	40.74	0.10	0.21		15.06
6.52	4.43	22.60	39.29	19.10	13.48	14.89	14.68	19.64	35.47	9.64	10.25
3.59	2.22	21.86	37.50	10.45	5.69	3.65	4.75	3.31	6.59	5.32	6.07
			0.70	8.65	7.79	5.76	2.96	16.32	28.88		
839.30	1127.13	864.75	949.70	925.19	1241.48	845.97	947.55	721.95	951.84	814.98	1346.44
9.36	5.48	5.87	7.97	11.04	4.48	12.95	9.85	31.59	7.76	8.23	27.69
7.68	3.84	9.20	10.03	21.51	13.33	4.57	5.70	7.08	9.63	32.68	2.28
472.28	590.74	374.89	400.87	538.69	704.83	458.31	544.60	336.96	518.19	306.76	590.76
79.05	82.95	108.91	169.81	88.82	127.20	86.22	105.65	85.02	96.27	110.90	74.42
267.43	441.00	339.74	329.67	260.05	374.61	264.70	253.01	253.13	296.14	317.24	615.86
3.51	3.12	26.14	31.35	5.08	17.04	19.23	28.73	8.16	23.85	39.17	35.44
1104.76	1190.93	841.54	931.43	1198.82	1320.82	1234.38	1534.68	1312.06	1809.72	1253.77	1885.18
412.95	437.41	305.81	339.09	554.20	613.40	438.78	645.28	646.84	1054.64	555.41	1143.84
117.18	55.87	74.59	80.98	77.04	164.23	51.33	153.02	260.42	599.61	190.84	745.01
	3.77			22.65	16.67		7.02	22.12	2.20	28.58	61.91
114.24	49.28	40.87	43.74	45.34	27.27	39.09	43.13	37.19	40.33	84.64	35.47
					116.71		77.26	191.34	540.22		647.63
2.94	2.83	33.72	37.24	9.05	3.57	12.24	25.61	9.77	16.85	77.63	
118.79	166.8	41.53	46.52	143.36	138.70	109.50	206.85	91.40	114.92	112.73	93.40
105.67	121.99	41.32	39.03	122.61	123.34	96.06	191.29	80.42	77.16	88.25	84.20
13.12	44.81	0.21	7.49	20.75	15.35	13.44	15.56	10.86	37.75	8.65	9.20
								0.12	0.01	15.84	
39.96	46.29	11.88	13.77	29.38	32.48	20.26	36.52	28.48	52.24	47.95	26.98
39.96	45.65	8.67	11.29	21.61	17.14	20.16	36.52	10.33	25.66	30.55	13.26
				0.30	11.35	0.10		4.10	0.07		
			0.02	7.47	3.99			14.05	26.51		7.07
137.02	168.45	177.80	197.83	304.42	277.99	257.69	248.89	266.54	287.88	203.89	278.45
				9.28				34.28	23.51		36.25
57.52	30.09	36.64	56.05	94.81	55.62	83.78	78.38	35.93	49.16	53.44	52.62
22.92	14.5	29.57	27.30	28.89	26.82	20.97	39.05	35.98	27.83	37.73	48.08
14.94	23.61	64.85	66.98	90.09	111.55	70.76	61.99	85.08	106.95	70.66	86.95
41.64	100.1	45.93	47.50	80.42	76.86	81.11	69.35	71.98	79.59	42.07	54.55
	0.14	0.81		0.93	7.15	1.06	0.13	3.30	0.84		
691.81	753.53	535.73	592.34	644.62	707.42	795.60	889.40	665.22	755.07	698.36	741.34

3-15-1 续表3

项　　目	Item	合　肥 Hefei		淮　北 Huaibei	
		2011	2012	2011	2012
通信工具	Communication Tools	173.89	193.46	178.51	157.61
电话机	Telephone	2.44	0.84	2.54	8.64
移动电话	Mobile Telephone	171.03	192.27	155.15	108.60
其他通信工具	Other Communication Tools	0.41	0.35		
通信服务	Communication Service	787.41	827.37	596.63	636.03
电信费	Communications	783.11	810.22	594.50	630.49
邮费	Postage	0.89	2.28		
其他通信服务费	Others	3.41	14.87	2.13	5.55
教育文化娱乐服务	Recreation, Education and Cultural Services	2122.74	2535.25	1360.46	1801.7
文化娱乐用品	Recreation and Cultural Facilities	496.47	460.01	387.26	555.44
彩色电视机	Color TV	113.98	99.15	69.79	72.92
家用电脑	Home Computer	123.36	148.14	43.76	185.00
整机电脑	Unit Computer	156.35	166.35	141.57	242.33
计算机外部设备	Computer Peripheral Equipment	8.47	1.11	28.78	0.39
各种零配件及耗材	Various Parts & Supplies	24.52	17.10	69.02	56.94
组合音响	Hi-Fi Stereo Component System	0.71			
摄像机	Vedio Cameras				
照相机	Cameras	28.38	32.05		
钢琴	Piano	23.31			
其他中高档乐器	Other Medium and High-grade	1.52	4.39		
健身器材	Fitness Equipment	22.90			
电子辞典	Electronic Dictionary	2.44	6.19		
音像制品及软件	Audio-video Products and Software	7.56	7.23	7.82	6.37
体育用品	Sport Goods	14.41	5.88	16.89	9.89
书报杂志	Newspapers and Magazines	37.84	39.61	49.58	30.96
纸张文具	Paper Stationery	15.18	13.57	20.37	35.28
其他文娱用品	Other Cultural Items	71.88	85.6	81.24	157.69
文化娱乐服务	Recreation, and Cultural Service	656.3	768.8	322.94	631.15
参观游览	Tourists	61.22	35.35	15.64	43.30
健身活动	Fitness Activities	33.05	39.53	4.15	
团体旅游	Group Tourist	367.17	508.12	131.26	289.75
其他文娱活动	Other Cultural Activities	182.06	174.69	155.46	244.42
文娱用品修理服务费	Civic Supplies Repair Services	12.79	11.10	16.43	53.68
教育	Education	969.97	1306.45	650.26	615.11
教材	Textbook	144.91	138.84	91.37	68.73
课本及参考书	Textbooks and Reference Books	144.91	138.84	88.15	68.73
教育软件	Educational Software				
其他教材	Other Materials			3.22	
教育费用	Education Expense	825.06	1167.61	558.89	546.37
非义务教育学杂费	Non-compulsory Education Fees	314.27	270.27	237.06	252.43

Continued 3

亳州 Bozhou		宿州 Suzhou		蚌埠 Bengbu		阜阳 Fuyang		淮南 Huainan		滁州 Chuzhou	
2011	2012	2011	2012	2011	2012	2011	2012	2011	2012	2011	2012
90.02	112.90	97.43	98.24	147.65	203.76	157.79	172.80	128.21	170.9	190.18	176.51
4.07	2.45	1.55	5.43	1.21	37.30	5.21		0.14	0.84	9.55	
80.19	81.69	79.98	53.92	138.77	140.87	143.18	143.85	123.11	168.63	141.53	75.77
				2.07	14.97	0.35	0.12	4.96	1.42		
601.8	640.63	438.30	494.10	496.96	503.65	637.81	716.60	537.02	584.17	508.18	564.83
601.57	639.22	437.74	493.34	493.02	501.25	630.44	713.8	529.46	579.15	508.18	562.98
		0.51	0.76	2.48	0.21			1.43	1.27		
0.23	1.41	0.05		1.47	2.20	7.38	2.80	6.12	3.75		1.85
1252.33	1343.21	1354.02	1585.8	1460.98	1553.9	1496.75	1632.81	1660.28	1745.78	1663.71	1899.96
307.39	230.08	267.13	284.90	292.41	387.55	402.42	489.84	424.99	403.27	426.68	436.09
12.68		56.88	71.92	38.72		87.99	141.08	101.63	124.36	85.13	80.42
129.10	77.80	22.43	36.18	43.66	118.38	99.35	65.86	137.53	93.92	16.94	107.98
151.92	82.47	26.14	44.09	87.42	138.14	118.18	138.47	163.61	105.64	51.01	116.19
0.69	1.06			19.87	5.83	9.82	34.54	9.32	2.23	18.87	6.91
22.12	3.61	3.72	7.91	23.89	13.93	9.01	38.07	16.76	9.48	15.19	1.30
							14.50		0.38		
		24.69	23.83	10.18			21.41			19.06	
7.09		25.97		40.81		25.38		29.00	20.09	13.84	86.90
					18.49			21.47	20.25		
	3.03				0.73			9.12		41.82	4.38
0.90	25.64	20.59				2.45	16.24	0.29	1.97	3.69	0.71
						7.74	3.01	1.70	0.45	5.97	2.39
4.08		6.81		3.21	0.14	10.3	5.11	2.13	6.79	32.45	5.27
0.17	11.36	14.48	6.04	5.02	4.08	8.44	7.26	8.67	12.33	0.83	7.01
19.75	16.66	20.93	54.68	40.26	99.61	34.43	34.50	18.79	23.31	87.21	49.91
20.83	9.74	8.56	22.46	11.12	34.71	18.64	19.45	9.46	12.67	24.66	24.39
89.97	81.17	62.08	61.88	55.68	91.63	88.87	88.83	59.12	75.04	61.03	58.51
388.95	446.45	475.70	551.87	491.59	558.3	346.09	515.22	518.21	423.95	454.09	569.50
35.86	97.95	37.53	64.72	21.85	18.41	37.68	54.01	36.20	10.71	4.14	20.94
1.19	3.86	37.88	42.68	2.20	11.17	13.63	4.28	8.62	5.72	78.49	13.36
261.77	272.55	276.32	292.29	295.54	324.43	218.06	362.64	403.91	317.18	274.99	292.55
76.02	67.83	112.69	140.68	163.15	194.40	68.69	92.49	63.32	84.44	65.88	230.00
14.12	4.26	11.29	11.50	8.84	9.89	8.03	1.80	6.16	5.91	30.59	12.65
555.99	666.69	611.19	749.03	676.98	608.06	748.24	627.75	717.09	918.56	782.93	894.37
59.31	70.85	94.88	99.08	64.05	71.21	64.66	70.39	119.29	116.37	131.46	102.00
59.31	70.85	94.88	99.08	64.05	68.85	64.66	65.59	119.02	116.31	131.46	102.00
					0.42			0.23	0.06		
					1.94		2.48	0.04			
496.68	595.83	516.31	649.94	612.93	536.85	683.59	557.36	597.80	802.19	651.47	792.37
249.84	442.95	174.73	192.78	186.11	128.00	347.12	187.84	167.70	326.03	186.95	156.55

3-15-1　续表4

项　目	Item	合　肥 Hefei		淮　北 Huaibei	
		2011	2012	2011	2012
义务教育学杂费	Compulsory Fees	17.11	26.47	37.46	20.11
托幼费	Nurseries Charge	99.26	196.02	9.13	22.83
成人教育费	Adult Education Fees	31.74	65.51	81.90	66.19
家教费	Tutor Fee	150.08	224.59	52.99	24.88
培训班	Training Course	206.23	374.20	108.97	127.88
学校住宿费	Boarding School			3.50	
其他教育费用	Others	6.37	10.56	5.16	7.17
购房与建房支出	Expenditure on House-purchase and Building	1376.25	2960.46	1501.71	762.15
购房	House-purchase	1376.25	2960.46	1501.71	762.15
建房	House Building				
转移性支出	Tranferred Expenditure	2107.52	2236.30	2331.37	3794.82
交纳所得税	Paid Individual Income Tax	66.48	30.69	44.03	34.37
捐赠支出	Donation	1357.03	1379.14	1455.99	2235.30
购买彩票	Purchase of Lottery	32.87	34.44	19.17	42.76
赡养支出	Support Expenditure	482.47	640.81	777.07	1072.31
#在外就学子女费用	# Attend Children Expense Outside	180.97	269.80	514.49	598.36
各种非储蓄性保险支出	Non-saving Insurance	154.78	141.48	17.92	30.66
#车辆保险支出	# Vehicle Insurance				28.60
其他转移性支出	Other Transferred Expenditure	13.87	9.74	17.18	379.42
财产性支出	Property Expenditure	117.81	102.05	128.47	156.72
非生产性贷款利息支出	Payout of the Non-Productive Interests	117.81	102.05	128.47	156.72
其他	Others				
社会保障支出	Social Security Expenditure	2223.24	2280.85	2751.11	3244.84
个人交纳的养老基金	Personal Paid Pension Fund	961.82	941.09	872.53	1097.01
个人交纳的住房公积金	Personal Paid Housing Accumulation Fund	802.36	865.42	1382.81	1647.63
个人交纳的医疗基金	Personal Paid Medical Care Fund	376.17	389.49	267.48	309.99
个人交纳的失业基金	Personal Paid Unemployment Fund	55.24	61.92	83.88	100.85
其他社会保障支出	Others	27.65	22.93	144.41	89.36
借贷支出	**Lending and Loaning Expenditure**	**5310.47**	**7794.01**	**3897.24**	**5602.03**
存入储蓄款	Savings	3156.43	5076.36	3104.23	4370.65
借出款	Lended Funds	162.85	336.99	18.95	400.13
归还借款	Rreturned Loan	122.51	432.59	168.35	150.89
储蓄性保险支出	Endowment Assurance Expenditure	147.67	185.26	55.44	36.66
购买有价证券	Purchase of Securities	11.85	98.89	0.01	
其他投资支出	Other Investment Expenditure	221.89	219.10	44.61	6.48
归还住房贷款	Returned Accomodation Loan	1407.05	1391.62	317.18	473.10
归还汽车贷款	Returned Automobile Loan	58.67	49.30	152.89	157.83
归还教育贷款	Returned Education Loan				
归还其他贷款	Returned Others Loan	21.53	2.12	28.15	6.30
其他借贷支出	Others		1.79	7.43	

Continued 4

亳州 Bozhou		宿州 Suzhou		蚌埠 Bengbu		阜阳 Fuyang		淮南 Huainan		滁州 Chuzhou	
2011	2012	2011	2012	2011	2012	2011	2012	2011	2012	2011	2012
52.28	45.88	46.24	29.66	42.45	23.45	18.45	29.63	19.16	8.69	90.67	25.63
16.94	4.07	57.26	116.53	79.40	75.06	63.29	59.73	55.56	48.06		8.15
73.75	52.1	56.89	69.04	12.86	92.10	60.11	21.30	58.39	138.27	138.33	174.47
61.46	25.45	54.24	60.05	106.26	95.01	141.57	175.66	36.46	44.30	81.97	107.35
25.91	23.54	28.04	94.88	162.05	110.33	42.27	55.68	188.04	186.13	153.56	320.21
		15.24	31.28					5.75	4.69		
16.49	1.85	83.67	55.71	23.80	12.89	10.79	27.51	66.74	46.02		
609.19	832.24	504.77	644.54	2836.79	571.66	347.29		3317.49	2149.50		293.02
153.45	581.00	324.50	644.54	2836.79	571.66	347.29		3317.49	2149.50		293.02
455.74	251.24	180.28									
1827.44	2149.02	2438.01	2542.27	2384.20	2499.94	2930.52	4046.68	2615.24	2975.43	1751.22	2447.85
2.22	0.57	11.75	9.99	55.30	76.52	67.49	27.33	169.79	118.28	31.20	25.05
1318.41	1502.81	1655.93	1787.62	1315.73	1348.15	2209.38	3207.58	1587.50	2115.65	1267.82	1784.58
21.48	19.50	22.32	24.09	16.66	6.60	44.12	48.90	12.73	15.87	16.47	13.10
381.15	458.79	657.91	665.36	655.80	557.80	464.35	707.60	685.59	574.35	397.75	580.65
211.85	183.41	440.32	442.60	482.19	380.66	314.63	426.23	487.94	373.28	219.18	336.62
96.98	162.28	44.94	9.46	59.71	44.87	56.37	35.39	121.87	108.15	24.83	23.47
	13.19							11.02	15.58		
7.19	5.09	45.16	45.75	281.01	466.02	88.81	19.89	37.76	43.14	13.14	21.01
21.11	25.69	86.51	84.35	225.95	232.22	62.53	178.68	167.33	227.82	30.30	14.48
21.11	25.69	86.51	84.35	225.95	232.22	61.92	178.68	113.03	179.11	30.30	14.48
						0.61		54.30	48.71		
494.41	626.97	1157.85	1493.03	1545.49	1807.16	2299.12	2726.16	2673.83	3334.45	1296.4	1666.49
117.33	173.10	265.06	339.88	697.06	745.09	728.15	825.36	1071.12	1377.02	466.51	595.45
298.81	340.53	734.90	952.64	626.06	803.68	1222.81	1528.91	1205.22	1498.03	472.90	660.53
68.39	88.04	139.27	178.75	174.69	207.52	249.29	299.35	263.82	308.36	231.26	256.88
5.96	4.05	13.66	14.03	38.14	47.45	38.77	40.22	101.09	126.83	55.21	51.65
3.92	21.25	4.95	7.72	9.54	3.42	60.10	32.32	32.58	24.21	70.53	101.99
6880.21	**7478.51**	**4712.22**	**5806.00**	**9156.28**	**7807.60**	**3312.74**	**2577.70**	**7020.20**	**7614.22**	**4839.91**	**3929.87**
6582.53	7133.39	3902.28	5403.62	7073.28	6837.53	2879.67	2139.63	5305.81	6033.90	3280.29	2908.03
52.48	4.71		3.62	743.45	10.72	72.93	7.02	388.36	192.23	137.51	60.64
42.26	54.96	345.09	73.69	169.26	69.08	20.84	21.51	259.85	316.69	723.70	227.35
45.01	11.93		8.33	206.06	175.73	16.84	42.70	214.70	222.23	49.08	24.47
		0.31	14.99	119.70		34.73	0.04	44.29	13.62	21.09	19.52
0.37	1.26	17.32	16.78	56.02	40.98	165.65	70.24	111.75	5.36	286.57	378.77
150.57	267.56	439.33	282.07	773.85	651.61	122.07	296.56	485.65	764.27	234.36	288.27
			2.90		16.59			2.10			
6.99	4.70			14.66	5.36			19.91	19.07	107.31	22.82
		7.88						187.77	46.85		

3-15-2 各市城镇居民家庭人均支出情况(2)

单元:元

项目	Item	六安 Lu'an 2011	六安 Lu'an 2012	马鞍山 Maanshan 2011	马鞍山 Maanshan 2012
家庭总支出	Total Expenditure	17674.12	22151.00	24700.85	28067.91
消费性支出	Total Consumption Expenditure	12993.10	15058.78	15814.54	18286.42
#服务性消费支出	# Consumption Expenditure of Service	3185.21	3293.37	4103.31	5160.23
食品	Food	5350.38	5580.09	5964.33	6855.40
粮油类	Grain and Oil	645.50	654.59	717.02	810.13
粮食	Grain	406.93	403.22	449.89	513.80
大米	Rice	278.31	260.97	293.37	309.65
面粉	Flour	15.43	16.56	24.18	21.53
其他粮食及制品	Other Grain & Products	113.19	125.69	132.34	182.62
淀粉及薯类	Starches and Tubers	32.01	31.83	33.62	45.56
干豆类及豆制品	Bean and Its Products	72.53	73.50	85.27	100.94
油脂类	Oil or Fat	134.03	146.05	148.24	149.83
食用植物油	Edible Oil	116.12	133.47	142.98	142.53
食用动物油	Consumption of Animal Oil	17.91	12.57	5.26	7.30
肉禽蛋水产品类	Poutry, Eggs and Aquatic Products	1402.19	1416.26	1651.17	1833.73
肉类	Meat	782.09	764.60	823.70	928.95
猪肉	Pork	565.95	543.08	585.20	658.28
牛肉	Beef	83.34	95.14	105.21	112.79
羊肉	Lamb	75.35	59.65	29.45	37.25
其他肉及制品	Other Stewed & Products	57.45	66.73	103.84	120.63
禽类	Poultry	304.34	322.59	331.70	335.95
鸡	Chicken	179.93	167.05	175.03	160.97
鸭	Duck	51.54	43.04	49.86	40.21
其他禽类及制品	Other Poultry Processed & Products	72.88	112.50	106.81	134.78
蛋类	Eggs	149.79	147.10	132.02	139.46
鲜蛋	Fresh Eggs	140.67	134.22	117.75	119.04
蛋制品	Eggs Processed Products	9.12	12.88	14.27	20.43
水产品类	Aquatic Products	165.97	181.97	363.76	429.36
鱼	Fish	101.12	107.09	183.36	233.91
虾	Shrimp	38.12	42.46	110.67	113.60
其他水产品及制品	Other Aquatic & Products	26.73	32.42	69.73	81.85
蔬菜类	Vegetables	516.96	588.24	658.91	751.77
鲜菜	Fresh Vegetables	469.47	537.32	576.04	663.83
干菜	Dried Vegetables	35.82	36.24	46.00	46.73
菜制品	Vegetable Products	11.66	14.68	36.87	41.20
调味品	Flavoring	38.81	40.56	50.02	54.85
糖烟酒饮料类	Sugar, Tobacco, Wine and Beverages	1033.27	977.59	1103.10	1151.62
糖类	Carbohydrate Products	39.28	45.12	42.89	60.41
烟草类	Tobacco	360.80	331.48	619.75	627.90
酒类	Spirits	445.04	409.42	297.75	337.77

Expenditure per Capita of Major Urban Residents(2)

(yuan)

芜湖 Wuhu		宣城 Xuancheng		铜陵 Tongling		池州 Chizhou		安庆 Anqing		黄山 Huangshan	
2011	2012	2011	2012	2011	2012	2011	2012	2011	2012	2011	2012
21373.23	**23096.58**	**19788.52**	**22893.84**	**22226.69**	**24168.84**	**16856.67**	**19299.85**	**17019.01**	**18058.93**	**17485.97**	**21521.91**
15009.28	**16992.23**	**13530.62**	**15401.60**	**15629.76**	**18144.00**	**12824.32**	**14432.35**	**12317.30**	**13952.28**	**13144.29**	**15697.09**
3929.57	5047.69	3574.82	4236.25	4267.94	5271.49	3177.03	3623.93	3001.36	3444.15	3418.40	3972.01
5742.40	6211.32	5450.35	5932.15	6236.08	6292.78	4904.64	5550.10	5465.75	6339.91	5195.17	5969.62
738.09	727.11	650.17	696.70	678.88	771.65	569.74	619.90	640.62	658.34	715.04	666.62
461.45	438.60	387.24	415.48	415.42	481.93	342.50	361.79	408.96	415.40	445.20	420.83
323.95	300.41	272.31	277.80	275.39	324.44	270.27	269.45	292.67	295.64	288.43	258.10
13.69	9.51	12.74	14.69	19.30	27.37	11.39	13.26	14.79	16.23	16.70	20.03
123.80	128.69	102.19	122.99	120.73	130.13	60.85	79.08	101.50	103.53	140.06	142.70
29.67	38.14	38.26	45.93	26.12	31.36	24.81	30.77	20.51	19.97	32.00	31.13
81.67	90.71	79.29	73.05	66.63	70.27	52.41	62.05	50.15	43.01	121.19	69.10
165.30	159.65	145.38	162.25	170.72	188.08	150.02	165.28	160.99	179.96	116.65	145.56
155.37	148.85	127.86	141.31	152.76	169.98	138.78	145.05	140.28	163.51	101.65	139.07
9.93	10.81	17.52	20.94	17.97	18.10	11.24	20.23	20.71	16.45	15.00	6.49
1700.50	1725.01	1368.72	1417.09	1586.43	1703.90	1100.73	1211.34	1482.67	1648.96	1353.47	1498.55
893.89	916.79	741.20	743.07	827.65	886.38	605.09	649.02	810.06	885.95	691.25	788.15
652.31	664.89	590.99	591.87	613.34	639.18	477.09	520.86	623.27	617.09	593.45	566.75
124.22	134.20	73.31	69.94	116.88	132.99	80.42	97.00	137.05	192.91	53.60	115.55
31.88	23.94	34.06	33.45	45.24	45.23	14.00	11.58	11.40	19.37	4.96	34.32
85.47	93.76	42.84	47.82	52.19	68.98	33.57	19.59	38.34	56.57	39.24	71.53
301.00	295.64	204.50	228.67	280.28	307.37	164.05	192.69	282.25	302.14	254.55	292.81
126.42	128.55	111.14	125.84	159.43	173.48	91.50	113.94	144.13	177.26	142.52	185.15
72.15	66.41	45.67	54.56	49.44	46.53	32.52	37.85	68.30	63.49	45.52	32.89
102.43	100.67	47.70	48.28	71.41	87.36	40.03	40.90	69.82	61.39	66.51	74.77
157.28	143.86	127.09	139.13	173.50	186.61	113.18	137.04	134.56	139.68	151.48	154.67
143.92	133.64	118.67	130.61	159.27	170.86	105.69	131.10	126.22	131.83	135.39	141.79
13.36	10.22	8.42	8.52	14.23	15.75	7.48	5.94	8.35	7.85	16.09	12.88
348.33	368.72	295.92	306.22	305.00	323.54	218.42	232.58	255.80	321.20	256.19	262.92
201.15	215.37	177.02	191.06	176.44	176.44	142.07	154.82	179.77	204.77	178.16	135.13
96.07	102.96	75.16	81.57	87.30	90.83	40.25	48.29	47.09	67.41	50.18	82.56
51.11	50.38	43.74	33.59	41.26	56.27	36.10	29.48	28.94	49.02	27.85	45.23
656.57	669.07	611.64	606.98	707.05	769.73	658.06	725.80	742.04	836.42	557.13	528.51
583.25	600.98	556.88	554.20	643.67	707.47	627.98	688.76	696.54	783.34	487.69	462.78
38.69	33.72	28.17	30.10	46.04	42.10	17.99	18.26	36.32	40.85	49.51	45.27
34.63	34.37	26.58	22.67	17.34	20.16	12.09	18.77	9.18	12.23	19.94	20.45
48.08	47.01	42.77	54.30	46.67	50.82	26.78	33.64	39.53	41.27	38.50	45.82
894.69	1067.78	905.67	989.32	926.50	960.73	896.14	1015.76	997.74	1255.79	681.81	1105.57
46.94	44.71	55.71	69.90	38.32	75.66	45.70	49.17	30.66	51.60	39.73	53.45
492.16	566.31	432.21	407.38	456.36	460.11	457.60	548.98	550.99	682.75	347.32	532.07
197.84	255.52	248.61	345.69	277.25	256.58	211.19	275.90	284.57	357.48	211.06	366.27

3-15-2 续表1

项 目	Item	六 安 Lu'an		马鞍山 Maanshan	
		2011	2012	2011	2012
白酒	White Spirit	400.89	354.87	227.59	276.41
果酒	Wine	17.50	19.78	45.39	31.36
啤酒	Beer	26.54	34.46	22.99	27.18
其他酒	Others	0.11	0.32	1.79	2.82
饮料	Beverages	188.14	191.57	142.71	125.55
碳酸饮料	Carbonated Beverages	9.61	14.56	14.05	11.58
瓶装饮用水	Bottled Drinking Water	4.57	7.61	7.64	7.64
茶叶	Tea	139.56	140.73	93.59	81.73
其他饮料	Other Beverages	34.40	28.67	27.44	24.59
干鲜瓜果类	Dried and Fresh Melons and Fruits	304.69	369.97	441.28	518.65
鲜果	Fresh Fruits	189.55	224.80	264.44	292.94
鲜瓜	Fresh Melons	35.85	56.47	56.11	74.66
其他干鲜瓜果类及制品	Others Melon and Fruits & Products	79.28	88.70	120.73	151.06
糕点、奶及奶制品	Pastry, Milk and Milk Products	322.02	338.36	483.66	471.92
糕点	Pastry	61.72	56.90	62.91	80.50
奶及奶制品	Milk and Its Products	260.30	281.47	420.76	391.42
鲜乳品	Fresh Milk	52.93	80.46	165.53	159.43
奶粉	Milk Powder	93.47	65.62	127.51	92.59
酸奶	Yogurt	97.27	118.97	106.72	110.35
其他奶制品	Other Dairy Products	16.63	16.42	20.99	29.04
其他食品	Other Food	58.56	114.30	125.43	104.43
饮食服务	Food Service	1028.39	1080.20	733.72	1158.30
食品加工服务费	Food Processing Cost	2.51	2.75	3.40	4.38
在外饮食	Eating Out	1025.87	1077.44	730.32	1153.92
非食品类	Non-food	7642.72	9478.69	9850.21	11431.02
衣着	Clothing	1578.58	1929.76	1505.03	1775.96
服装	Garments	1106.54	1377.00	991.30	1259.51
衣着材料	Clothing Material	10.08	15.95	12.17	16.78
鞋类	Shoes	407.51	448.18	402.24	409.09
其他衣着用品	Other Clothing Articles	43.00	69.49	87.07	79.95
衣着加工服务费	Clothes Processing Service Cost	11.45	19.15	12.25	10.63
家庭设备用品及服务	Household Facilities, Articles and Service	876.08	698.13	741.80	918.16
耐用消费品	Durable Consumer Goods	533.76	285.52	414.38	399.95
家具	Furniture	137.15	36.77	63.62	134.15
家庭设备	Household Facilities	244.63	238.79	350.76	265.80
洗衣机	Washing Machine			63.36	35.68
电冰箱	Refrigerator	7.97	26.52	69.17	58.31
微波炉	Microwave Oven		22.03	3.06	5.81
空调器	Air Conditioner	25.19	53.56	86.75	57.88
淋浴热水器	Shower Water Heaters	28.80	23.02	6.88	33.62

Continued 1

芜湖 Wuhu		宣城 Xuancheng		铜陵 Tongling		池州 Chizhou		安庆 Anqing		黄山 Huangshan	
2011	2012	2011	2012	2011	2012	2011	2012	2011	2012	2011	2012
163.76	221.38	188.92	275.78	217.75	191.37	164.23	222.20	229.88	302.43	173.03	307.67
10.96	6.06	20.58	33.67	22.18	19.10	16.57	18.39	18.10	26.90	14.75	26.51
20.45	25.80	33.48	33.93	35.88	40.24	30.19	35.29	36.48	28.16	11.06	31.49
2.67	2.28	5.62	2.31	1.44	5.86	0.21	0.02	0.11		12.22	0.60
157.75	201.24	169.14	166.35	154.57	168.38	181.65	141.71	131.53	163.95	83.71	153.77
8.81	18.19	18.21	17.09	7.55	11.29	8.91	8.44	9.93	8.62	11.49	12.90
4.40	9.87	9.27	9.25	8.44	9.35	6.01	11.42	3.14	3.49	4.49	4.69
125.04	155.24	109.88	108.39	121.82	126.43	143.60	105.73	101.76	125.20	51.60	104.41
19.50	17.94	31.77	31.62	16.77	21.32	23.12	16.12	16.70	26.63	16.13	31.76
365.62	432.95	385.50	437.81	455.59	494.67	329.92	383.24	311.00	370.15	364.10	379.56
218.74	248.28	207.57	236.09	281.99	304.93	190.27	238.33	210.42	231.32	215.96	224.12
45.25	72.52	51.82	77.97	52.87	72.12	30.65	43.30	38.08	53.01	40.67	49.16
101.63	112.15	126.10	123.74	120.72	117.62	109.00	101.60	62.50	85.82	107.46	106.28
389.08	383.93	328.75	332.48	412.60	443.21	406.10	369.49	315.22	382.82	477.03	472.77
101.65	83.80	100.15	97.18	66.42	65.28	71.87	90.41	64.66	74.00	91.71	62.12
287.43	300.13	228.60	235.3	346.18	377.93	334.23	279.08	250.56	308.82	385.33	410.65
148.87	139.09	44.73	53.34	111.30	112.42	60.38	82.56	27.69	33.12	93.99	178.85
60.93	60.21	105.26	105.85	106.08	134.48	171.02	85.37	139.89	187.59	191.43	109.11
61.58	84.16	69.40	66.12	109.55	116.87	80.32	85.68	69.47	62.76	71.60	103.28
16.05	16.67	9.21	9.99	19.25	14.16	22.52	25.46	13.52	25.36	28.30	19.42
86.85	99.85	106.45	117.21	175.38	207.12	122.32	183.37	123.99	93.39	149.92	80.20
862.93	1058.62	1050.70	1280.26	1246.98	890.95	794.84	1007.57	812.95	1052.77	858.16	1192.02
2.69	3.93	2.34	1.91	3.44	2.26	2.72	2.53	4.09	2.93	1.22	2.15
860.23	1054.69	1048.35	1278.35	1243.54	888.69	792.12	1005.05	808.86	1049.84	856.95	1189.87
9266.88	10780.91	8080.27	9469.45	9393.68	11851.22	7919.68	8882.25	6851.55	7612.37	7949.12	9727.47
1457.89	1548.5	1480.65	1803.16	1797.08	2449.71	1769.19	2038.10	1238.91	1426.21	1475.19	1674.14
1020.86	1117.42	1075.83	1335.55	1300.03	1782.48	1299.00	1416.85	827.67	965.41	1094.64	1188.08
9.20	11.12	12.25	5.97	11.02	8.84	5.42	18.46	8.49	4.86	12.06	9.20
370.77	360.94	341.84	400.58	408.50	516.34	387.78	478.43	324.85	378.87	307.28	399.48
44.97	42.12	41.68	50.82	65.06	130.43	59.44	95.14	70.89	69.45	49.00	68.25
12.11	16.89	9.05	10.23	12.47	11.63	17.56	29.22	7.01	7.62	12.20	9.13
1086.17	792.96	860.38	763.27	672.60	703.58	790.11	763.83	537.10	722.00	658.41	661.86
595.98	326.50	435.31	265.22	278.56	274.67	325.29	315.78	188.77	267.85	317.24	285.31
293.66	22.86	92.12	57.42	27.96	14.81	18.59		6.46	10.34	65.93	51.18
302.32	251.75	343.18	198.45	192.40	259.86	208.47	231.87	131.99	257.51	237.18	234.14
47.59	52.12	26.04	11.35	17.35	46.86	20.69	21.67	13.02	23.83	39.08	16.63
14.51	40.41	54.14	39.36	50.32	6.99	48.75	60.72	10.63			24.81
12.74		12.66	9.89	19.84	29.46		73.53		6.10		9.31
98.00	43.29	38.38	36.80	48.50	62.32	76.83	75.96	36.61	112.96	64.22	72.61
55.83	10.68	39.38			18.84	35.91		13.43	5.19	15.70	4.83

3-15-2 续表2

项　目	Item	六安 Lu'an		马鞍山 Maanshan	
		2011	2012	2011	2012
消毒碗柜	Disinfectant Machine				
洗碗机	Dishwashers				
其他家庭设备	Others	182.67	113.66	121.53	74.50
室内装饰品	Interior Decorations	25.17	34.73	12.63	16.73
床上用品	Bed Articles	83.30	130.69	99.95	187.80
家庭日用杂品	Daily Use Household Articles	208.32	229.14	176.31	246.52
家具材料	Furniture Material	4.22	4.22	1.36	9.45
家庭服务	Household Service	21.31	13.83	37.18	57.71
家政服务	Domestic Service	5.57	3.31	31.30	33.13
加工维修服务费	Processing Maintenance Services	12.43	5.44	5.88	24.58
医疗保健	Health Care and Medical Services	735.14	616.77	1040.15	1091.59
医疗器具	Medical Appliances	6.76	6.46	9.98	15.09
保健器具	Constitutional Appliances	5.23	3.11	10.33	5.85
药品费	Medicine Expense	351.95	348.46	486.69	478.88
滋补保健品	Nourishing Healthful Products	32.49	41.80	93.38	176.37
医疗费	Medical Care Expense	328.96	204.32	377.03	369.99
其他医疗保健支出	Others	9.76	12.61	62.75	45.40
交通和通信	Transport and Communications	1364.03	3147.67	2143.74	2350.02
交通	Transport	674.00	2413.60	1397.30	1507.14
家庭交通工具	Household Transportation	73.14	1687.31	805.62	626.48
摩托车	Motor	14.93		13.66	19.96
助力车	Moped	57.20	65.75	51.70	69.94
家用汽车	Domestic Car		1619.91	731.63	532.27
其他交通工具	Other Modes of Transport	1.00	1.65	8.63	4.31
车辆用燃料及零配件	Fuel and Accessories for Vehicle	210.87	369.09	264.98	446.98
燃料	Fuel	195.02	334.56	232.31	385.60
零配件	Accessories	13.52	34.45	32.64	60.41
其他	Others	2.34	0.08	0.03	0.97
交通工具服务支出	Transport Services Expenditure	24.30	55.16	37.46	74.09
维修费	Maintenance Costs	13.07	20.40	28.75	41.22
车辆使用税费	Vehicles Using Tax		22.57	1.56	8.10
其他车辆使用费用	Other Vehicles Cost	8.34	12.19	7.16	24.78
交通费	Transport	365.69	302.04	289.23	359.59
飞机	Aircraft			40.29	75.00
火车	Train	68.40	34.87	53.58	61.33
长途汽车	Long-distance Coach	32.50	53.75	56.91	50.92
市内公共交通	City Bus Transport	112.92	80.13	60.90	76.63
出租汽车费	Taxi Fees	151.80	133.29	77.16	90.68
其他交通费	Other Traffic Charges	0.06		0.39	5.03
通信	Communication	690.03	734.07	746.44	842.88

Continued 2

芜湖 Wuhu		宣城 Xuancheng		铜陵 Tongling		池州 Chizhou		安庆 Anqing		黄山 Huangshan	
2011	2012	2011	2012	2011	2012	2011	2012	2011	2012	2011	2012
73.65	105.25	172.59	101.06	56.39	95.38	26.28		58.32	109.43	118.19	105.94
51.21	20.21	42.41	10.74	12.94	16.09	20.92	23.25	17.40	12.35	56.66	31.39
109.51	110.74	92.55	120.94	103.65	167.71	114.64	102.75	58.25	72.83	51.65	78.86
220.69	278.79	234.79	291.09	164.18	184.15	249.06	260.57	160.60	170.37	197.99	194.22
3.46			0.06	70.63	0.18	2.27	2.19	5.81	0.15	1.48	4.53
105.32	56.72	55.32	75.23	42.63	60.78	77.92	59.29	106.27	198.45	33.38	67.54
55.52	41.31	45.51	58.76	40.27	56.61	68.34	54.13	92.29	186.40	28.62	61.84
49.80	15.40	9.81	16.46	2.00	4.18	4.47	3.50	13.98	12.05	4.76	5.70
796.98	1023.82	742.81	790.01	581.61	773.27	429.99	615.02	732.37	651.04	992.77	909.79
21.34	6.84	3.34	5.17	1.72	6.36	0.14	0.45	6.60	6.34	5.02	8.39
6.80	1.57	3.43	9.85	4.75	14.28	22.61	0.18	1.30	3.66	9.75	7.60
385.00	394.04	423.95	426.42	262.61	285.07	144.76	287.22	374.75	325.78	386.33	421.41
92.90	84.39	79.82	106.04	56.45	69.29	112.84	55.73	49.89	56.08	132.69	94.66
286.41	521.26	224.37	232.21	237.78	373.28	140.23	268.94	269.41	225.75	436.37	361.90
4.54	15.74	7.90	10.32	18.30	25.00	9.42	2.49	30.41	33.43	22.59	15.85
1767.94	2247.60	1436.50	1854.12	1721.89	2310.36	1307.91	1645.58	1171.53	1666.40	1288.98	2337.07
935.40	1339.80	636.13	989.58	951.24	1394.81	657.39	847.06	496.81	846.99	591.06	1375.77
266.39	493.87	92.62	325.42	300.73	290.97	246.07	404.12	133.86	330.38	91.75	535.71
								67.78	13.70		0.80
78.91	68.95	15.95	33.94	20.21	48.93	34.90	69.62	62.66	51.91	66.10	62.96
185.15	264.29	75.63	279.40	252.35	238.97	201.22	333.38		257.49		460.41
2.33	160.64	1.04	12.08	28.16	3.07	9.95	1.13	3.43	7.27	25.65	11.55
266.61	476.98	203.63	301.34	228.59	524.50	142.12	208.58	138.09	152.01	165.66	385.59
239.15	435.80	195.67	287.96	207.45	500.45	114.43	206.51	106.03	129.11	130.81	356.66
27.46	36.69	7.96	4.59	21.14	24.04	21.24	2.07	32.06	22.90	34.85	28.73
	4.49		8.79								0.20
138.83	92.24	16.58	35.90	33.33	77.47	64.92	17.62	35.15	25.01	37.01	49.17
121.93	63.28	12.63	27.23	28.89	41.88	4.74	6.92	22.86	18.07	37.01	41.12
12.02	24.73	1.29	1.84	0.10		57.91			1.14		2.49
4.88	4.24	0.74	0.26	3.32	0.73			12.29	4.50		5.56
263.56	276.71	323.30	326.92	388.60	501.87	204.29	216.73	189.70	339.6	296.64	405.29
16.27	40.68	43.25	68.87	24.35	43.10	7.42	1.85	0.29	88.58	51.17	49.37
54.23	39.49	60.36	33.69	78.80	78.37	60.39	53.67	18.17	53.38	95.66	71.56
34.78	30.52	68.40	63.46	77.58	65.55	33.05	36.41	65.45	81.09	47.71	36.44
97.00	81.22	65.03	71.30	71.89	137.37	34.27	53.44	29.71	34.42	35.70	137.63
61.30	84.24	86.25	89.60	135.91	175.96	67.88	71.36	76.08	81.39	66.33	110.22
	0.55			0.07	1.52	1.27			0.74	0.06	0.08
832.54	907.81	800.37	864.55	770.65	915.54	650.52	798.52	674.72	819.40	697.92	961.30

3-15-2 续表3

项　目	Item	六安 Lu'an		马鞍山 Maanshan	
		2011	2012	2011	2012
通信工具	Communication Tools	67.22	128.64	176.53	221.71
电话机	Telephone	3.39	0.76	0.23	0.89
移动电话	Mobile Telephone	48.35	85.05	175.99	220.72
其他通信工具	Other Communication Tools	1.75		0.30	0.10
通信服务	Communication Service	622.81	605.43	569.91	621.16
电信费	Communications	620.86	597.06	568.10	615.17
邮费	Postage	0.24	0.75	0.48	3.01
其他通信服务费	Others	1.72	7.62	1.33	2.98
教育文化娱乐服务	Recreation, Education and Cultural Services	1570.22	1554.58	2591.61	3205.58
文化娱乐用品	Recreation and Cultural Facilities	589.88	273.32	497.29	561.14
彩色电视机	Color TV	50.25	26.32	68.38	129.62
家用电脑	Home Computer	179.16	17.58	82.05	160.93
整机电脑	Unit Computer	242.18	29.28	98.18	197.68
计算机外部设备	Computer Peripheral Equipment	35.69	3.01	7.17	8.81
各种零配件及耗材	Various Parts & Supplies	27.34	8.68	8.96	27.94
组合音响	Hi-Fi Stereo Component System	4.03		0.44	0.31
摄像机	Vedio Cameras	16.60	10.66		7.94
照相机	Cameras	15.73	3.35	87.39	6.84
钢琴	Piano				
其他中高档乐器	Other Middle-grade Instruments		12.22	12.45	14.15
健身器材	Fitness Equipment		0.78	4.09	4.55
电子辞典	Electronic Dictionary	0.15	4.13		4.76
音像制品及软件	Audio-video Products and Software	10.96	2.45	46.82	4.75
体育用品	Sport Goods	6.13	6.22	9.36	12.55
书报杂志	Newspapers and Magazines	88.05	80.36	47.89	51.43
纸张文具	Paper Stationery	60.36	29.75	27.90	20.29
其他文娱用品	Other Cultural Items	95.43	67.81	94.40	106.27
文化娱乐服务	Recreation, and Cultural Service	375.72	429.53	817.59	1011.12
参观游览	Tourists	35.91	28.62	37.71	91.51
健身活动	Fitness Activities	44.65	34.43	60.35	41.22
团体旅游	Group Tourist	171.31	243.28	564.00	701.63
其他文娱活动	Other Cultural Activities	119.31	114.81	144.80	171.12
文娱用品修理服务费	Civic Supplies Repair Services	4.53	8.39	10.73	5.64
教育	Education	604.62	851.73	1276.73	1633.32
教材	Textbook	82.57	93.72	216.39	110.83
课本及参考书	Textbooks and Reference Books	82.57	89.73	216.39	110.83
教育软件	Educational Software				
其他教材	Other Materials				
教育费用	Education Expense	522.06	758.00	1060.34	1522.49
非义务教育学杂费	Non-compulsory Education Fees	199.47	248.73	461.82	537.99

Continued 3

芜 湖 Wuhu		宣 城 Xuancheng		铜 陵 Tongling		池 州 Chizhou		安 庆 Anqing		黄 山 Huangshan	
2011	2012	2011	2012	2011	2012	2011	2012	2011	2012	2011	2012
212.87	249.04	162.27	212.30	134.21	224.35	123.7	200.75	138.92	171.54	196.69	173.89
17.16	0.42	0.74	0.15	0.36	0.86	0.37	8.58	1.80	0.12	1.85	2.44
179.02	147.45	157.55	196.19	126.90	202.62	78.71	133.18	122.42	160.93	172.95	171.03
	12.81		14.52	0.16		0.33		1.70	0.12	0.72	0.41
619.67	658.77	638.11	652.25	636.45	691.19	526.82	597.77	535.80	647.86	501.23	787.41
617.64	658.09	634.48	633.69	635.05	683.24	523.22	593.44	524.78	642.58	497.33	783.11
1.46	0.35	2.44	2.95	0.44		1.18	4.02	1.37	4.37	3.49	0.89
0.56	0.33	1.18	15.61	0.96	7.95	2.42	0.31	9.65	0.90	0.41	3.41
2114.96	2436.81	1792.19	2141.31	2111.64	3271.06	1841.04	2077.14	1588.95	1567.32	1684.28	2122.74
589.69	382.33	389.89	400.52	435.90	569.94	426.43	479.08	401.28	358.14	441.27	496.47
216.81	51.54	58.29	31.69	135.03	83.09	31.65	2.61	67.37	33.11	111.41	113.98
155.59	120.51	82.09	194.58	101.38	209.91	134.80	128.43	47.35	80.94	66.35	123.36
200.12	150.69	102.85	206.42	127.03	244.02	165.96	191.00	65.23	100.47	151.61	104.03
12.03	6.59	1.19	3.59	9.16	12.43	1.99	37.02	8.08	5.37	44.27	8.47
32.5	23.58	19.57	8.24	16.49	21.68	29.17	25.55	9.80	14.16	40.98	24.52
					3.18						0.71
				21.81	18.94						
40.37	5.87	54.04		3.02	39.92	15.50	42.08	3.93	40.02	6.50	28.38
											23.31
16.77		7.88	13.99		2.30	12.8	27.69		9.61		1.52
				7.08	27.03		0.43	64.83		1.07	22.90
5.22				18.64			5.71	7.19			2.44
2.96	2.49	2.82	8.03	2.33	4.40	3.03	2.13	8.57	2.17	6.53	7.56
3.49	5.81	1.00	3.45	6.36	34.23	3.00	5.94	16.39	9.66	7.02	14.41
22.52	52.88	40.37	38.76	37.39	42.82	45.56	36.22	48.05	40.90	23.07	37.84
5.06	17.52	11.29	14.83	16.32	17.07	23.19	30.30	19.43	15.38	18.89	15.18
76.37	95.54	111.35	83.34	60.89	52.94	125.74	134.98	100.3	106.83	115.17	71.88
764.01	963.61	678.19	759.13	585.50	1202.94	445.18	440.96	448.87	426.08	427.75	656.30
73.50	30.60	50.41	35.61	41.11	41.76	39.62	69.92	7.83	16.97	22.97	61.22
6.22	19.76	23.93	5.57	46.71	48.23	1.48	2.15	22.80	17.76	22.29	33.05
468.28	695.68	482.62	570.63	387.69	985.33	277.05	243.46	305.50	295.79	146.67	367.17
204.63	212.84	117.04	139.41	106.21	122.97	126.04	123.58	100.41	93.00	223.52	182.06
11.38	4.72	4.18	7.90	3.77	4.65	1.00	1.85	12.33	2.56	12.29	12.79
761.25	1090.87	724.11	981.66	1090.24	1498.18	969.43	1157.10	738.79	783.11	815.26	969.97
75.77	62.67	82.97	70.64	112.05	127.86	118.41	148.13	72.23	77.40	68.96	144.91
75.77	62.67	82.97	70.64	112.05	126.24	115.93	141.45	71.64	77.40	52.57	144.91
						2.24	6.68				
					1.62	0.24		0.59			
685.49	1028.20	641.14	911.03	978.19	1370.32	851.02	1008.98	666.56	705.71	746.30	825.06
243.82	275.70	177.05	338.78	223.45	409.15	267.22	315.82	321.61	207.03	225.85	314.27

3-15-2 续表4

项　　目	Item	六　安 Lu'an		马鞍山 Maanshan	
		2011	2012	2011	2012
义务教育学杂费	Compulsory Fees	6.39	33.80		
托幼费	Nurseries Charge	127.37	142.21	120.20	139.24
成人教育费	Adult Education Fee	46.71	57.56	94.61	79.17
家教费	Tutor Fee	76.69	129.53	148.12	215.42
培训班	Training Course	61.24	121.20	133.34	158.93
学校住宿费	Boarding School				
其他教育费用	Others	4.19	24.97	102.25	391.74
购房与建房支出	Expenditure on House-purchase and Building		2188.26	3076.77	1785.06
购房	House-purchase		2178.62	3076.77	1785.06
建房	House Building		9.63		
转移性支出	Tranferred Expenditure	3173.91	3315.84	2352.51	3877.30
交纳所得税	Paid Individual Income Tax	10.97	7.21	168.13	94.38
捐赠支出	Donation	1743.82	1922.08	1216.52	1917.16
购买彩票	Purchase of Lottery	37.28	25.68	24.56	19.98
赡养支出	Support Expenditure	1294.75	1187.76	745.18	1523.86
#在外就学子女费用	# Attend Children Expense Outside	1078.28	934.52	546.17	1117.28
各种非储蓄性保险支出	Non-saving Insurance	34.36	134.93	165.23	274.08
#车辆保险支出	# Vehicle Insurance	14.36	21.08		8.62
其他转移性支出	Other Transferred Expenditure	52.72	38.18	32.88	47.83
财产性支出	Property Expenditure	43.72	52.91	118.23	118.32
非生产性贷款利息支出	Payout of the Non-Productive Interests	43.72	52.91	118.23	118.27
其他	Others				0.05
社会保障支出	Social Security Expenditure	1463.39	1535.21	3338.81	4000.82
个人交纳的养老基金	Personal Paid Pension Fund	304.89	388.51	1137.14	1291.03
个人交纳的住房公积金	Personal Paid Housing Accumulation Fund	958.96	965.27	1708.86	2209.79
个人交纳的医疗基金	Personal Paid Medical Care Fund	181.71	167.96	295.93	356.81
个人交纳的失业基金	Personal Paid Unemployment Fund	13.33	9.43	125.11	136.95
其他社会保障支出	Others	4.51	4.03	71.78	6.24
借贷支出	**Lending and Loaning Expenditure**	**3043.69**	**3567.85**	**12824.84**	**14746.60**
存入储蓄款	Savings	2275.02	2450.09	11696.01	13077.06
借出款	Lended Funds	28.15	52.71	58.57	175.46
归还借款	Rreturned Loan	167.11	147.51	149.03	290.39
储蓄性保险支出	Endowment Assurance Expenditure	122.63	248.66	147.54	100.35
购买有价证券	Purchase of Securities		26.88	48.36	29.68
其他投资支出	Other Investment Expenditure		14.06	99.26	170.84
归还住房贷款	Returned Accomodation Loan	415.79	468.82	614.21	875.06
归还汽车贷款	Returned Automobile Loan			4.74	18.74
归还教育贷款	Returned Education Loan				
归还其他贷款	Returned Other Loan	22.10		7.13	8.89
其他借贷支出	Others	12.89	159.12		0.12

Continued 4

芜湖 Wuhu		宣城 Xuancheng		铜陵 Tongling		池州 Chizhou		安庆 Anqing		黄山 Huangshan	
2011	2012	2011	2012	2011	2012	2011	2012	2011	2012	2011	2012
7.97	15.72	50.21	63.83	24.18	34.87	129.49	76.50			75.47	17.11
91.41	64.52	79.30	57.58	78.62	101.48	63.15	71.07	81.26	110.99	42.36	99.26
74.32	139.34	48.52	29.75	96.98	90.86	34.57	194.14	30.59	38.82	101.78	31.74
120.41	349.05	176.01	230.09	425.60	453.82	294.09	270.54	120.92	211.10	60.60	150.08
143.68	165.23	100.70	176.52	129.35	249.46	56.05	80.92	92.54	96.1	240.09	206.23
2.37	2.60		13.07								
1.52	16.02	9.36	1.40		30.67	6.45		19.64	41.66	0.15	6.37
2005.41	1142.86	845.79	2003.92	1774.64	202.70		105.59	908.81			1376.25
2005.41	1142.86	845.79	2003.92	1774.64	202.70		105.59	908.81			1376.25
2255.84	2830.82	2908.72	2675.03	1856.08	2559.16	2305.39	2807.28	1963.63	2015.72	2155.59	2107.52
59.42	105.56	65.20	37.69	54.75	20.48	14.46	4.25	20.34	1.36	89.25	66.48
1272.12	1404.00	1809.03	1659.31	875.41	1277.74	982.19	1139.92	888.50	1167.68	984.64	1357.03
16.94	28.29	15.98	16.22	11.95	25.29	8.59	3.73	7.46	17.13	19.50	32.87
488.38	582.6	944.18	861.17	860.15	1121.47	1195.16	1612.74	921.07	781.70	1003.95	482.47
339.47	378.64	756.81	688.02	534.79	798.79	802.15	1104.30	786.56	660.60	603.89	180.97
76.22	179.37	25.96	83.43	37.07	104.84	23.24	25.64	97.00	26.01	47.48	154.78
8.57	17.04						25.64	11.48			
342.76	531.00	48.37	17.20	16.76	9.34	81.74	20.99	29.26	21.85	10.77	13.87
133.57	164.68	549.84	518.82	251.27	289.13	53.57	126.16	79.63	49.89	377.57	117.81
131.88	164.68	549.84	518.82	251.27	289.13	53.57	126.16	79.63	49.89	372.02	117.81
1.68										5.55	
1969.14	1965.99	1953.56	2294.48	2714.93	2973.85	1673.39	1828.48	1749.64	2041.04	1808.52	2223.24
852.11	911.86	493.22	528.55	714.49	756.43	316.88	362.85	603.83	658.20	487.17	961.82
780.06	720.14	1239.97	1489.98	1647.97	1759.23	1147.15	1247.69	873.85	1106.48	1144.12	802.36
298.07	284.86	171.56	238.25	252.60	292.04	198.54	209.88	201.70	220.12	148.07	376.17
35.01	39.87	23.92	36.75	55.06	55.79	8.87	7.58	31.65	30.96	22.28	55.24
3.88	9.26	24.90	0.94	44.81	110.37	1.95	0.47	38.62	25.28	6.86	27.65
6818.14	**8542.26**	**6939.88**	**8962.99**	**5515.93**	**6243.84**	**7571.07**	**7373.05**	**6472.43**	**4880.60**	**3914.1**	**5310.47**
5635.64	7084.58	3411.10	4488.12	3551.07	4994.21	6253.50	6059.17	5658.01	4528.95	2167.93	3156.43
12.89	28.57	186.50	250.81	141.50	84.16	88.49	99.18	71.77	30.34	3.58	162.85
211.88	348.48	998.19	409.10	73.78	58.14	162.02	227.78	120.56	75.60	345.11	122.51
84.35	254.04	81.96	140.87	371.26	19.03	465.82	538.01	69.82	78.87	250.47	147.67
48.95	9.64	398.90		99.61	24.23			71.41		64.03	11.85
		199.54	36.12	156.80	5.59	13.00	6.79	173.62	3.18	41.50	221.89
747.98	694.96	937.11	987.72	754.34	1000.70	447.38	442.13	296.01	139.20	1022.41	1407.05
5.22	114.41	82.62	173.97					7.40	24.46	19.08	58.67
	5.07										
	2.50	45.45		320.34	57.78	29.02		3.83			21.53
71.23		598.51	2476.30	47.24		111.81					

3-16 各市城镇居民家庭平均每百户耐用消费品拥有量及信息化情况(2012年)

项　目	Item	合 肥 Hufei	淮 北 Huaibei	亳 州 Bozhou	宿 州 Suzhou
一、主要消费品拥有量	**Ownership of Major Durable Consumer Goods**				
摩托车(辆)	Motorcycle (unit)	11.50	8.91	29.00	18.00
助力车(辆)	Man-drawn Vehicle(unit)	49.75	12.87	118.00	49.00
家用汽车(辆)	Household Automobile(unit)	20.25	10.89	11.00	6.00
洗衣机(台)	Washing Machine(set)	99.25	97.03	106.00	98.00
电冰箱(台)	Refrigerator(set)	100.75	97.03	101.00	92.00
彩色电视机(台)	Color TV (set)	135.25	121.78	136.00	118.00
家用电脑(台)	Household Computer(set)	88.75	72.28	80.00	69.00
组合音响(套)	Hi-Fi Stereo Component System(set)	17.00	15.84	8.00	11.00
摄像机(架)	Video Camera(set)	11.50	9.90	4.00	5.00
照相机(架)	Camera(set)	43.75	21.78	27.00	28.00
钢琴(架)	Piano(set)	2.25		1.00	1.00
其他中高档乐器(件)	Other Medium Upscale Musical Instrument(unit)	3.00	1.98	1.00	4.00
微波炉(台)	Microwave Oven(unit)	78.25	45.54	33.00	60.00
空调器(台)	Air Conditioner(unit)	163.75	123.76	116.00	125.00
淋浴热水器(台)	Shower(unit)	98.75	90.10	47.00	82.00
消毒碗柜(台)	Disinfectant Machine (unit)	12.25	5.94	5.00	4.00
洗碗机(台)	Dishwasher (unit)	0.75			
健身器材(套)	Healthy Equipment(set)	3.00	3.96	1.00	2.00
固定电话(部)	Telephone (unit)	59.25	84.16	82.00	79.00
移动电话(部)	Mobile Telephone (unit)	202.50	171.29	213.00	203.00
二、信息化调查情况	**Informationization**				
接入有线电视网络的电视机(台)	Cable Television(set)	101.50	72.28	106.00	92.00
接入互联网的计算机(台)	Network-connected Computers(set)	61.25	43.56	63.00	53.00
接入互联网的移动电话(部)	Network-connected Hand Telephone(unit)	11.25	14.85	44.00	15.00

Ownership of Durable Consumer Goods and Informationization per 100 Urban Households in Various Cities (2012)

蚌 埠 Bengbu	阜 阳 Fuyang	淮 南 Huainan	滁 州 Chuzhou	六 安 Lu'an	马鞍山 Maanshan	芜 湖 Wuhu	宣 城 Xuancheng	铜 陵 Tongling	池 州 Chizhou	安 庆 Anqing	黄 山 Huangshan
6.96	18.00	11.72	25.00	38.00	19.47	8.86	20.39	15.35	19.00	30.92	29.81
15.82	63.00	24.94	60.00	51.00	59.41	50.63	19.74	20.30	70.00	65.79	68.27
5.06	14.00	5.49	3.00	11.00	16.50	18.99	13.82	18.32	10.00	6.58	15.38
98.10	100.00	100.00	108.00	96.00	102.31	96.20	99.34	95.54	100.00	98.03	93.27
97.47	97.00	100.50	98.00	99.00	101.32	98.73	105.92	99.50	102.00	102.63	98.08
146.84	144.00	157.11	150.00	160.00	152.15	168.99	163.16	139.60	130.00	145.39	167.31
74.68	86.00	80.55	67.00	79.00	86.80	86.08	84.21	78.71	109.00	76.97	94.23
8.23	26.00	15.21	15.00	16.00	22.77	19.62	11.84	18.32	13.00	15.79	11.54
5.06	16.00	4.49	8.00	8.00	13.86	6.33	6.58	9.41	5.00	5.26	7.69
27.22	49.00	32.67	36.00	36.00	53.80	37.97	44.08	39.11	54.00	34.87	41.35
1.27	1.00	1.75	3.00	3.00	1.98	4.43	2.63	5.45	1.00	1.97	2.88
1.90	3.00	6.98	2.00	4.00	3.30	1.27	6.58	3.96	8.00	2.63	1.92
77.85	64.00	71.32	84.00	68.00	89.44	76.58	67.11	67.33	64.00	63.82	59.62
133.54	137.00	146.13	136.00	154.00	178.55	179.11	188.82	165.35	199.00	160.53	140.38
99.37	94.00	103.24	103.00	115.00	104.29	99.37	90.79	101.98	116.00	89.47	96.15
2.53	5.00	2.24	3.00	10.00	8.25	12.03	17.11	12.38	8.00	8.55	12.50
1.27	3.00		1.00		1.32	0.63	0.66	0.50	1.00	1.32	0.96
1.90	7.00	3.24	3.00	6.00	4.62	3.80	3.95	3.47	3.00	0.66	2.88
76.58	70.00	68.08	76.00	81.00	84.82	78.48	81.58	82.18	73.00	78.29	80.77
187.97	217.00	228.43	194.00	215.00	189.11	189.87	195.39	196.04	240.00	190.79	226.92
117.09	**81.00**	**131.67**	**131.00**	**119.00**	**123.10**	**134.81**	**105.92**	**62.87**	**103.00**	**95.39**	**124.04**
58.23	53.00	66.83	59.00	63.00	72.28	64.56	69.74	49.01	94.00	48.03	67.31
10.76	33.00	35.41	71.00	25.00	31.02	28.48	23.68	29.21	47.00	21.71	32.69

3-17　农村居民家庭基本情况(2008—2012 年)
Basic Conditions of Rural Households(2008—2012)

项　　目 Item	2008	2009	2010	2011	2012
调查户数(户) Number of Households Surveyed(household)	3100	3100	3100	3100	3100
调查户常住人口(人) Number of Permanent Residents Per Households(person)	4.06	4.05	4.03	3.88	3.85
平均每户整半劳动力(人) Average Full-Time and Part-Time Labors Per Household (person)	2.85	2.87	2.90	2.82	2.79
平均每个劳动力负担人口(人) Average Person Supported by Each Labor (person)	1.42	1.40	1.39	1.38	1.38
劳动力文化程度状况(%) **Education Attainments**					
不识字或识字很少 Few Illiteracy and Illiteracy	10.8	10.6	9.5	9.4	8.7
小学程度 Primary School	22.1	21.2	21.2	25.0	24.6
初中程度 Junior School	54.2	54.9	54.7	54.7	55.0
高中程度 Senior Secondary School	9.0	9.2	9.8	7.3	7.5
中专程度 Secondary Technical School	2.4	2.3	2.4	1.7	1.7
大专及以上 Junior College and Above	1.6	1.7	2.4	1.9	2.5
期末实际经营的土地面积(亩/人) Land Area Dealing in Actually at the End of Term (mu/person)	2.2	2.3	2.4	2.3	2.3
耕地 Farmland	1.8	1.8	1.9	1.9	1.9
山地 Mountains	0.3	0.3	0.3	0.3	0.3
园地 Gardening Land	0.1	0.1	0.1	0.1	0.1
养殖水面 Aquatic Space	0.1	0.1	0.1	0.1	0.1
期末住房情况 Housing Conditions at the Year-end					
住房面积(平方米/人) Dwelling Space(sq.m/person)	29.88	31.01	32.20	35.00	35.90

3-17 续表 Continued

项 目 Item	2008	2009	2010	2011	2012
住房价值(元/人) Value of Houses(yuan/person)	9326.52	10545.53	12434.52	20920.0	23796.7
住房类型(平方米/人) Housing Styles(sq.m/person)					
楼房面积 Building Space	16.43	17.73	18.94	21.60	23.20
砖瓦平房面积 Bungalow Space	12.99	12.61	12.51	12.50	11.90
住房结构(平方米/人) Housing Structure(sq.m/person)					
钢筋混凝土结构面积 Reinforced Structure	15.51	17.98	18.77	20.10	21.80
砖木结构面积 Brick and Wood Structure	13.91	12.73	12.83	13.90	13.00
期内新建(购)住房情况 Newly-built Houses Within the Year					
新建(购)住房面积(平方米/人) Newly-built House Space(sq.m/person)	1.57	1.57	1.12	1.30	1.20
新建(购)住房价值(元/人) Value in Each Squre Meter(yuan/person)	797.94	949.25	762.97	1077.78	947.50
年末户均生产性固定资产(元) Original Value of Productive Fixed Assets at Year-end(yuan/household)	8620.76	8759.08	9296.89	13597.29	15134.35
#农业 # Agriculture	6006.76	5984.01	6109.75	8048.54	8602.45
牧业 Animal Husbandry	705.14	796.82	860.07	1233.95	1598.72
渔业 Fishery	51.53	46.71	44.00	98.52	112.90
年末生产性固定资产拥有量(每百户) Major Productive Fixed Assets at Year-end (per 100 Households)					
#汽车 Automobile	1.5	1.3	1.7	2.6	2.9
大中型拖拉机 Large and Medium Tractors	3.7	4.9	3.7	6.0	5.7
小型和手扶拖拉机 Mini and Walking Tractors	39.9	39.7	39.8	35.2	35.3
水泵 Pumps	53.7	54.2	55.4	46.8	48.1

3-18 农村居民按纯收入分组的户数占调查户比重

Percentage of Rural Households Grouped by Net Income per Capita

项　目 Item	2008	2009	2010	2011	2012
按纯收入分组户数占调查户比重（%） Percentage of Rural Households Grouped by Per Capita Net Income					
1000 元以下 Less Than 1000 Yuan	2.04	2.73	0.97	1.76	1.68
1000～1500 元 1000～1500 Yuan	4.42	4.04	2.32	2.00	1.39
1500～2000 元 1500～2000 Yuan	7.16	6.03	3.48	2.97	1.81
2000～2500 元 2000～2500 Yuan	9.03	7.32	5.97	4.19	3.74
2500～3000 元 2500～3000 Yuan	10.16	8.74	6.35	4.94	4.45
3000～3500 元 3000～3500 Yuan	10.03	9.35	7.65	5.45	4.03
3500～4000 元 3500～4000 Yuan	9.35	8.74	8.74	7.10	5.39
4000～4500 元 4000～4500 Yuan	8.74	8.16	7.48	6.61	6.06
4500～5000 元 4500～5000 Yuan	7.42	6.97	7.23	5.29	4.84
5000 元以上 5000 Yuan and over	31.65	37.90	49.81	59.68	66.61

3-19 农村居民家庭人均总收入及构成
Total Income and Composition per Capita of Rural Households

单位:元、%　　　　(yuan、%)

项　目 Item	2008	2009	2010	2011	2012
总收入 **Total Income(yuan)**	**5769.8**	**6000.6**	**6895.6**	**8469.1**	**9630.3**
工资性收入 Income from Wages and Salaries	1737.8	1882.4	2203.9	2723.2	3243.5
家庭经营收入 Household Business Income	3594.6	3640.7	4146.0	5059.6	5558.8
农业 Farming	2415.6	2480.3	2830.7	3248.5	3465.7
林业 Forestry	50.3	54.3	70.7	101.3	92.9
牧业 Animal Husbandry	546.9	481.2	489.9	701.6	800.8
渔业 Fishery	94.8	88.6	102.4	194.9	215.0
工业 Industry	30.3	46.8	40.3	87.0	145.8
建筑业 Construction	96.6	104.1	137.5	158.7	202.2
交通、运输、邮电业 Transport and Telecommunications Industries	103.7	113.1	154.6	200.8	224.8
批发和零售贸易、餐饮业 Wholesale and Retail Trade, Catering Industry	167.8	182.0	208.0	284.7	313.2
文教卫生业 Cultural, Educational and Health Industry	20.7	23.0	22.1	14.1	15.4
其他行业 Other Industry	20.7	23.0	22.1	14.1	15.4
财产性收入 Property Income	119.0	117.0	141.6	106.0	111.8
转移性收入 Transferred Income	318.3	360.5	403.8	580.3	716.2
总收入构成(%) **Composition of Total Income(%)**					
工资性收入 Income from Wages and Salaries	30.1	31.4	32.0	32.2	33.7
家庭经营收入 Income from Household Operations	62.3	60.7	60.1	59.7	57.7
财产性收入 Income from Properties	2.1	1.9	2.1	1.3	1.2
转移性收入 Income from Transfers	5.5	6.0	5.9	6.9	7.4

3-20 农村居民家庭人均纯收入及构成
Annual Net Income of Rural Households per Capita and Composition

单位:元、% (yuan,%)

项目 Item	2008	2009	2010	2011	2012
全年纯收入 Net Income(yuan)	**4202.49**	**4504.32**	**5285.17**	**6232.2**	**7160.458**
按收入来源分 Grouped by Income Source					
(一)工资性收入 Income from Wages and Salaries	1737.84	1882.42	2203.94	2723.17	3243.47
1.在非企业组织中劳动得到收入 Income Got from Non-enterprises	183.00	196.41	227.91	242.74	286.82
2.在本乡地域内劳动得到收入 Income Got from Local Town	479.54	542.30	665.88	944.09	1200.46
在企业中劳动得到收入 Income Got from Enterprises	243.87	267.58	324.61	376.56	454.60
3.外出从业得到收入 Income Got from Outside	1075.30	1143.72	1310.16	1536.33	1756.18
(二)家庭经营纯收入 Income from Household Operations	2114.24	2238.62	2626.42	2986.07	3265.64
1.第一产业纯收入 Income of Primary Industry	1748.62	1856.16	2153.61	2409.70	2558.45
(1)农业收入 Farming	1466.40	1603.84	1878.10	2052.84	2183.59
(2)林业收入 Forestry	41.96	49.57	65.75	73.66	76.17
(3)牧业收入 Animal Husbandry	190.59	155.72	158.13	202.70	202.51
(4)渔业收入 Fishery	49.67	47.04	51.63	80.50	96.18
2.第二产业纯收入 Income of Secondary Industry	115.00	118.52	153.57	180.40	242.69
(1)工业收入 Industry	23.14	24.02	30.21	45.69	73.22
(2)建筑业收入 Construction	91.86	94.51	123.36	134.72	169.47
3.第三产业纯收入 Income of Tertiary Industry	250.61	263.94	319.24	395.96	464.50
(1)交通、运输、邮电业收入 Transport and Telecommunications Industries	61.10	67.00	90.54	107.66	130.57
(2)批零贸易业、饮食业收入 Wholesale and Retail Trade, Catering Industry	112.14	125.22	141.66	227.27	255.41

3-20 续表 Continued

项目 Item	2008	2009	2010	2011	2012
(3)社会服务业收入 Social Services	30.61	38.07	43.05	28.25	38.51
(4)文教卫生业收入 Culture, Education and Health	17.20	14.14	17.28	9.41	12.56
(5)其他行业收入 Other Industry	29.56	19.51	26.72	23.38	27.45
(三)财产性纯收入 Income from Properties	119.04	117.00	141.95	105.96	111.81
1.利息 Interest	4.26	4.92	10.15	9.56	18.81
2.租金(包括农业机械) Rent (including Aricultural Machinery)	4.40	7.25	17.19	17.51	19.82
3.土地征用补偿收入 Compensation for Rural Collective Land Expropriation	73.80	61.96	56.50		
8.转让承包土地经营权收入 Income Got from Transfering Right of Contractual Management of Rural Land	3.34	1.37	8.06	10.48	21.83
(四)转移性纯收入 Income from Transfers	231.37	266.27	312.86	417.00	539.54
1.家庭非常住人口寄回和带回 Sent Back by Non-usual Residents	20.84	14.79	18.91	18.40	13.20
2.城市亲友赠送 Presented by Urban Kith and Kin	5.43	6.26	8.06	21.07	16.24
3.离退休金,养老金 Retired Pay, Pension	26.49	34.96	45.31	81.29	112.94
按收入性质分 **Grouped by Income Properties**					
生产性纯收入 Productive Income	3821.47	4082.97	4787.31	5680.99	6470.60
非生产性纯收入 Non-productive Income	381.02	421.35	497.86	551.22	689.86
纯收入构成(%) **Composition of Net Income(%)**					
工资性收入 Income from Wages and Salaries	41.35	41.79	41.70	43.70	45.30
家庭经营收入 Income from Household Operations	50.31	49.70	49.69	47.91	45.61
财产性收入 Income from Properties	2.83	2.60	2.69	1.70	1.56
转移性收入 Income from Transfers	5.51	5.91	5.92	6.69	7.53

3-21 农村居民家庭人均现金收入及构成
Cash Income and Composition per Capita of Rural Households

单位:元、%　　　　(yuan、%)

项目 Item	2008	2009	2010	2011	2012
期内现金收入合计(元) Cash Income(yuan)	**4775.85**	**5224.72**	**5959.79**	**7464.50**	**8505.10**
(一)工资性收入 Income from Wages and Salaries	1737.24	1881.71	2201.62	2721.20	3237.60
在非企业组织中得到收入 Income Got from Non-enterprises	182.76	196.08	226.92	242.10	285.50
在本乡地域内劳动得到收入 Income Got from Local Town	479.33	542.23	665.26	943.40	1199.20
在企业中劳动得到收入 Income Got from Enterprises	243.77	267.55	324.50	376.40	454.10
在国家投资基建项目得到收入 Income Got from Infrastructure Projects of National Investment	19.30	20.17	16.00	19.40	20.00
提供其他劳务收入 Income from Other Labour Service	216.26	254.51	324.76	547.60	725.10
外出从业得到收入 Income Got from Outside	1075.15	1143.40	1309.44	1535.70	1753.00
在乡外县内从业得到收入 Got in other Towns of this County	88.13	105.94	136.00	201.20	260.50
在县外省内从业得到收入 Got in other Counties of this Province	93.69	109.86	142.54	197.40	249.60
在省外国内从业得到收入 Got in other Provinces	890.95	922.34	1029.15	1131.60	1226.40
(二)家庭经营收入 Income from Household Operations	2630.77	2882.03	3259.33	4128.90	4496.10
#出售产品的收入 Selling Products	2090.45	2296.83	2541.56	3202.02	3434.30
出售农业产品收入 Farming Products	1465.92	1724.88	1955.88	2278.80	2380.30
出售林业产品收入 Forestry Products	48.10	51.61	67.96	94.70	86.20
出售牧业产品收入 Animal Husbandry Products	478.22	428.6	419.36	626.50	737.10
出售渔业产品收入 Fishery Products	82.10	64.70	79.63	183.70	190.70
出售工业产品的收入 Industrial Products	14.46	25.31	16.98	15.60	38.60

3-21 续表 Condinued

项目 Item	2008	2009	2010	2011	2012
出售其他产品的收入 Other Products	1.65	1.73	1.75	2.60	1.30
工业加工费 Industry	15.85	21.46	23.26	71.40	107.10
建筑业 Construction	96.54	104.12	137.47	158.70	201.90
交通运输 Transport and Telecommunications Industries	103.68	113.1	154.59	200.82	224.79
批发和零售贸易、餐饮业 Wholesale and Retail Trade, Catering Industry	167.07	182.01	208.01	284.70	313.20
社会服务业 Social services	36.86	44.51	55.26	38.10	50.80
文教卫生业 Cultural, Educational and Health	20.74	23.04	22.07	14.10	15.40
其他家庭经营收入 Other Industry	29.76	21.07	32.87	27.05	27.47
(三)财产性收入 Income from Properties	96.23	106.26	103.16	56.80	82.50
(四)转移性收入 Income from Transfers	311.62	354.71	395.69	557.60	688.80
#家庭非常住人口寄回或带回 Sent Back by Non-usual Residents	20.66	14.79	18.86	18.30	13.10
亲友赠送 Presented by Kith and Kin	88.49	95.86	93.46	166.89	169.86
农村外部亲友赠送 Presented by Kith and Kin Outside the Rural Area	83.07	89.70	85.99	149.00	157.60
非收入所得 **Non-Income**	**490.4**	**725.33**	**781.43**	**974.50**	**1312.30**
现金收入构成(%) **Composition of Cash Income(%)**					
(一)工资性收入 Income from Wages and Salaries	36.4	36.0	36.9	36.5	38.1
(二)家庭经营现金收入 Income from Household Operations	55.1	55.2	54.7	55.3	52.9
(三)财产性收入 Income from Properties	2.0	2.0	1.7	0.8	1.0
(四)转移性收入 Income from Transfers	6.5	6.8	6.6	7.5	8.1

3-22 农村居民家庭人均总支出及构成

Total Expenditure and Composition per Capita of Rural Households

单位:元、%　　　　(yuan、%)

项目 Item	2008	2009	2010	2011	2012
一、总支出(元) Total Expenditure(yuan)	**5048.29**	**5378.03**	**5909.58**	**7602.86**	**8562.63**
(一)家庭经营费用支出 Expenditure for Household Business	1317.59	1240.47	1357.76	1829.46	2026.58
1.第一产业生产费用支出 Primary Industry	1227.82	1118.67	1217.01	1669.62	1830.79
农业 Farming	835.38	763.25	845.53	1053.14	1129.44
林业 Forestry	8.00	4.50	4.95	26.48	15.30
牧业 Animal Husbandry	343.83	311.31	316.95	477.32	570.30
渔业 Fishery	40.62	39.60	49.58	112.68	115.74
2.第二产业生产费用支出 Secondary Industry	7.02	28.07	18.91	50.59	88.23
工业 Industry	3.14	19.70	7.08	31.06	62.25
建筑业 Construction	3.88	8.37	11.82	19.53	25.97
3.第三产业生产费用支出 Tertiary Industry	82.75	93.72	121.85	109.25	107.57
交通、运输、邮电业 Transport and Telecommunications Industries	29.01	32.21	44.92	64.86	63.28
批发和零售贸易、餐饮业 Wholesale and Retail Trade, Catering Industry	45.26	46.62	56.72	29.65	29.06
社会服务和文教卫生业 Social Services and Cultural, Educational, and Public Health Services	7.72	13.20	13.93	11.33	10.96
其他行业 Other Industry	0.77	1.70	6.28	3.40	4.28
(二)购置生产性固定资产支出 Purchase of Productive Fixed Assets	141.80	148.33	147.98	174.76	250.54
(三)建、造生产性固定资产雇工支出 Handling Expenditure for Construction of Productive Fixed Assets	2.09	2.39	2.58	4.17	9.59
(四)税费支出 Taxes and Fee	21.40	17.36	7.98	10.63	4.36
1.第一产业税 Primary Industry	0.05	0.00	0.00	0.00	0.00
2.第二产业税 Secondary Industry	0.09	0.00	0.03	0.47	0.10
3.第三产业生产纳税 Tertiary Industry	0.75	0.16	0.74	4.42	0.01

3-22 续表 Continued

项 目 Item	2008	2009	2010	2011	2012
4.其他各种收费 Others	20.51	17.2	7.21	5.74	4.25
其中:"一事一议"筹资 "One case, one method" Financing	0.00	4.23	3.43	3.35	3.22
(五)生活消费支出 Consumption Expenditure	3284.11	3655.02	4013.31	4957.29	5555.99
食品 Food	1454.18	1494.19	1632.96	2055.23	2180.80
衣着 Clothing	180.04	203.37	232.20	297.00	331.94
居住 Residence	650.51	813.12	867.51	885.15	1139.78
家庭设备、用品及服务 Household Facilities, Articles and Services	165.53	229.66	231.23	304.25	346.90
交通通讯 Transport, Post and Telecommunications	280.63	302.23	338.99	475.19	516.60
文化娱乐用品及服务 Stationery & Recreation Goods and Services	294.84	312.05	363.92	376.18	385.92
医疗保健 Medicines and Medical Services	199.44	227.10	264.39	440.53	510.06
其他商品和服务 Other Commodities and Services	58.94	73.30	82.11	123.75	144.00
(六)财产性支出 Expenditure for Property	5.44	10.08	24.53	6.53	3.28
(七)转移性支出 Transferred Expenditure	275.87	304.37	355.43	620.02	712.28
二、非消费性支出 Non-Consumption Expenditure	**546.05**	**646.2**	**800.54**	**949.10**	**1270.01**
(一)非借贷性支出 Non-debt Expenditure	239.54	325.75	354.82	575.40	696.63
(二)储蓄、借贷性支出 Loan Expenditure	306.51	320.45	445.72	373.70	573.38
总支出构成(%) Composition of Total Expenditure(%)					
家庭经营费用支出 Expenditure for Household Business	26.10	23.07	22.98	24.06	23.67
购置生产性固定资产支出 Purchase of Productive Fixed Assets	2.81	2.76	2.50	2.30	2.93
建、造生产性固定资产雇工支出 Handling Expenditure for Construction of Productive Fixed Assets	0.04	0.04	0.04	0.05	0.11
税费支出 Taxes and Fee	0.42	0.32	0.14	0.14	0.05
生活消费支出 Consumption Expenditure	65.05	67.96	67.91	65.20	64.89
财产性支出 Expenditure for Property	0.11	0.19	0.42	0.09	0.04
转移性支出 Transferred Expenditure	5.46	5.66	6.01	8.16	8.32

3-23 农村居民家庭人均现金支出及构成
Cash Expenditure and Composition per Capita of Rural Households

单位:元、% (yuan、%)

项目 Item	2008	2009	2010	2011	2012
期内现金支出合计(元) Cash Expenditure(yuan)	**4556.46**	**4899.22**	**5377.42**	**7072.55**	**8094.96**
家庭经营费用支出 Expenditure for Household Business	1251.34	1183.53	1297.79	1763.94	1971.07
第一产业生产费用支出 Primary Industry	1161.57	1061.74	1157.04	1604.10	1775.28
农业 Farming	811.44	748.27	837.45	1035.25	1118.31
林业 Forestry	8.00	4.50	4.95	26.48	15.30
牧业 Animal Husbandry	301.63	269.51	265.06	430.18	526.50
渔业 Fishery	40.50	39.46	49.58	112.19	115.16
第二产业生产费用支出 Secondary Industry	7.02	28.07	18.91	50.59	88.23
工业 Industry	3.14	19.70	7.08	31.06	62.25
建筑业 Construction	3.88	8.37	11.82	19.53	25.97
第三产业生产费用支出 Tertiary Industry	82.75	93.72	121.84	109.25	107.57
交通、运输、邮电业 Transport and Telecommunications Industries	29.01	32.21	44.92	64.86	63.28
批发和零售贸易、餐饮业 Wholesale and Retail Trade, Catering Industry	45.26	46.62	56.71	29.65	29.06
社会服务和文教卫生业 Social Services and Cultural, Educational, and Public Health Services	7.72	13.20	13.93	11.33	10.96
其他行业 Other Industry	0.77	1.70	6.28	3.40	4.28

3-23 续表 Continued

项 目 Item	2008	2009	2010	2011	2012
购置生产性固定资产及雇工支出 Purchase of Productive Fixed Assets	141.80	148.33	147.98	174.76	250.54
税费支出 Taxes and Fee	21.40	17.36	7.98	10.63	4.36
生活消费支出 Consumption Expenditure	2859.14	3233.63	3541.90	4499.35	5153.76
财产性支出 Expenditure for Property	5.44	10.08	24.53	6.53	3.28
转移性支出 Transferred Expenditure	275.26	303.89	354.65	613.17	702.35
#赠送亲友支出 Expenditure Presented to kith and kin	195.25	227.77	269.08	343.17	402.98
赠送农村外部亲友 Presented to kith and kin Outside	191.18	222.78	262.53	325.63	385.61
非消费性现金支出 Non-consumption Cash Expenditure	**546.05**	**646.20**	**800.54**	**949.10**	**1270.01**
现金支出构成(%) Composition of Cash Expenditure(%)					
家庭经营费用支出 Expenditure for Household Business	27.5	24.2	24.1	24.9	24.3
购置生产性固定资产及雇工支出 Purchase of Productive Fixed Assets	3.1	3.0	2.8	2.5	3.1
税费支出 Taxes and Fee	0.5	0.4	0.1	0.2	0.1
生活消费支出 Consumption Expenditure	62.7	66.0	65.9	63.6	63.7
财产性支出 Expenditure on Properties	0.1	0.2	0.5	0.1	0.0
转移性支出 Expenditure on Transfers	6.0	6.2	6.6	8.7	8.7

3-24 按收入等级分的农村居民家庭基本情况(2012年)

项 目	Item	总平均 Total
家庭常住人口(人)	Number of Permanent Residents Per Households (person)	11930.25
就业劳动力(人)	Number of Employed Persons (person)	8403.00
劳动力文化程度(人)	Education Attainments of Employed Persons (person)	8403.00
文盲或半文盲	Few Illiteracy and Illiteracy	732.00
小学程度	Primary School	2063.00
初中程度	Junior Secondary School	4625.00
高中程度	Senior Secondary School	631.00
中专程度	Secondary Technical School	144.00
大专及以上	Junior College and Above	208.00
人均生产性固定资产原值(元)	Initial Value of Productive Fixed Assets per Capita (yuan)	3932.57
人均年内新建房屋面积(平方米)	Floor Space of Buildings Newly Started in the Year per Capita(sq.m)	1.15
人均年内新建房屋价值(元)	Value of Buildings Newly Started in the Year per Capita(yuan)	820.41
人均年末住房面积(平方米)	Housing Area at the Year-end per Capita(sq.m)	35.88
人均年末经营耕地面积(平方米)	Arable Land Area at the Year-end per Capita(sq.m)	1.89
人均主要农产品消费量(公斤)	Consumption of Major Farm Products per Capita(kg)	
粮食	Grain	151.43
蔬菜及制品	Fresh Vegetables and Related Products	68.98
食用油	Edible Oil	8.08
食糖	Sugar	4.36
卷烟(盒)	Cigarette(Boxes)	27.22
水果	Fruits	9.90
瓜类	Melon	10.05
猪肉	Pork	10.89
牛羊肉	Butcher	0.71
家禽	Poultry	6.05
蛋类及制品	Eggs and Related Products	7.23
水产品	Aquatic Products	6.20
奶和奶制品	Milk and Diary Products	3.38
酒	Spirits	12.24

Basic Conditions of Rural Households Grouped by Income Bracket(2012)

低收入户 Low Income Households	中低收入户 Lower Middle Income Households	中等收入户 Middle Income Households	中高收入户 Upper Middle Income Households	高收入户 High Income Households
2719.25	2555.50	2448.25	2268.25	1939.00
1756.00	1726.00	1710.00	1685.00	1526.00
1756.00	1726.00	1710.00	1685.00	1526.00
198.00	184.00	133.00	111.00	106.00
460.00	408.00	418.00	409.00	368.00
979.00	971.00	973.00	924.00	778.00
87.00	118.00	125.00	138.00	163.00
17.00	15.00	30.00	41.00	41.00
15.00	30.00	31.00	62.00	70.00
3593.25	3160.27	3824.33	3913.77	5584.93
1.86	0.78	1.04	0.78	1.21
1387.25	624.77	647.07	590.68	770.91
29.84	32.80	35.00	39.14	45.73
1.31	1.59	1.78	2.24	2.81
130.67	145.13	148.22	161.36	181.25
53.81	60.90	67.50	78.07	92.16
6.87	7.58	7.82	8.83	9.87
0.76	0.87	0.88	19.11	1.16
21.34	23.71	24.74	28.67	41.52
7.94	8.86	9.50	11.21	13.01
6.96	9.21	10.37	11.61	13.23
8.44	9.25	10.26	12.36	15.60
0.44	0.59	0.65	0.87	1.13
4.00	4.94	6.03	6.67	9.69
5.50	6.71	7.07	8.01	9.61
4.79	5.17	5.68	7.20	9.01
2.21	2.76	3.96	3.42	5.06
9.03	10.31	11.05	13.67	19.10

3-25 按收入等级分的农村居民家庭人均收入情况(2012年)

单位:元、%

项目	Item	总平均 Total
一、全年纯收入	**Net Income(yuan)**	**7160.5**
(一)工资性收入	Income from Wages and Salaries	3243.5
1.在非企业组织中劳动得到收入	1. Income Got from Non-enterprises	286.8
2.在本乡地域内劳动得到收入	2. Income Got from Local Town	1200.5
(1)在企业中劳动得到收入	(1) Income Got from Enterprises	454.6
3.外出从业得到收入	3. Income Got from Outside	1756.2
(1)在乡外县内从业得到收入	Got in other Towns of this County	260.5
(2)在县外省内从业得到收入	Got in other Counties of this Province	250.6
(3)在省外国内从业得到收入	Got in other Provinces	1228.2
(二)家庭经营纯收入	Income from Household Operations	3265.6
1.第一产业纯收入	1. Income of Primary Industry	2558.5
(1)农业收入	(1) Farming	2183.6
(2)林业收入	(2) Forestry	76.2
(3)牧业收入	(3) Animal Husbandry	202.5
(4)渔业收入	(4) Fishery	96.2
2.第二产业纯收入	2. Income of Secondary Industry	242.7
3.第三产业纯收入	3. Income of Tertiary Industry	464.5
(三)财产性纯收入	Income from Properties	111.8
(四)转移性纯收入	Income from Transfers	539.5
二、总收入	**Total Income(yuan)**	**9630.2**
(一)工资性收入	Income from Wages and Salaries	3243.5
(二)家庭经营总收入	Household Business Income	5558.8
1.第一产业总收入	Income of Primary Industry	4573.4
(1)农业收入	Farming	3465.7
(2)林业收入	Forestry	92.9
(3)牧业收入	Animal Husbandry	800.8
(4)渔业收入	Fishery	214.0
2.第二产业总收入	Income of Secondary Industry	348.0
3.第三产业总收入	Income of Tertiary Industry	637.4
(三)财产性总收入	Property Income	111.8
(四)转移性总收入	Transferred Income	716.2

Income per Capita of Rural Households Grouped by Income Bracket(2012)

(yuan、%)

低收入户 Low Income Households	中低收入户 Lower Middle Income Households	中等收入户 Middle Income Households	中高收入户 Upper Middle Income Households	高收入户 High Income Households
2467.9	**4677.3**	**6665.8**	**9193.8**	**15260.0**
987.4	1921.1	3110.7	4413.4	6949.3
22.4	91.0	184.0	345.6	976.9
372.6	667.4	1167.0	1612.9	2623.8
81.6	118.2	354.6	600.9	1376.2
592.3	1162.8	1759.7	2455.0	3348.6
48.9	108.6	256.7	420.9	574.8
49.7	116.5	236.6	454.8	488.0
492.5	937.6	1258.1	1555.0	2223.1
1137.0	2271.5	2989.6	4079.7	6957.3
1048.3	1933.5	2372.3	3244.4	4932.5
1061.8	1723.2	2064.6	2760.5	3838.8
35.0	52.6	98.1	86.9	124.7
-48.7	149.4	136.9	256.9	643.9
0.2	8.3	72.7	140.0	325.1
29.2	98.9	189.3	287.5	746.5
59.4	239.1	428.0	547.9	1278.2
43.7	70.0	98.1	124.3	265.1
299.9	414.6	467.4	576.3	1088.3
4563.9	**6302.7**	**8608.4**	**11651.4**	**20046.5**
987.4	1921.1	3110.7	4413.4	6949.3
3080.5	3742.9	4795.6	6336.1	11481.7
2825.8	3275.8	3907.2	5255.8	8777.3
1987.1	2747.3	3218.3	4211.3	5926.2
40.3	63.5	114.9	104.6	164.0
692.6	448.3	433.0	711.0	1986.7
105.8	16.6	141.0	228.8	700.5
76.9	130.7	335.1	373.4	1001.1
177.7	336.5	553.3	707.0	1703.3
43.7	70.0	98.1	124.3	265.1
452.4	568.7	604.1	777.6	1350.5

3-26 按收入等级分的农村居民家庭人均支出情况(2012 年)

单位:元、%

项　　目	Item	总平均 Total
一、总支出	**Total Expenditure**	**8562.63**
家庭经营费用支出	Expenditure for Household Business	2026.58
第一产业生产费用支出	Primary Industry	1830.79
农业	Farming	1129.44
林业	Forestry	15.30
牧业	Animal Husbandry	570.30
渔业	Fishery	115.74
第二产业生产费用支出	Secondary Industry	88.23
第三产业生产费用支出	Tertiary Industry	107.57
购置生产性固定资产支出	Purchase of Productive Fixed Assets	250.54
税费支出	Taxes and Fee	4.36
生活消费支出	Consumption Expenditure	5555.99
食品	Food	2180.80
衣着	Clothing	331.94
居住	Residence	1139.78
家庭设备用品及服务	Household Facilities, Articles and Services	346.90
交通通讯	Transport, Post and Telecommunications	516.60
文教娱乐用品及服务	Stationery & Recreation Goods and Services	385.92
医疗保健	Medicines and Medical Services	510.06
其他商品和服务	Other Commodities and Services	144.00
财产性支出	Expenditure for Property	3.28
转移性支出	Transferred Expenditure	712.28
二、现金支出	**Cash Expenditure(yuan)**	**8094.96**
家庭经营费用现金支出	Expenditure for Household Business	1971.07
第一产业生产费用支出	Primary Industry	1775.28
第二产业生产费用支出	Secondary Industry	88.23
第三产业生产费用支出	Tertiary Industry	107.57
购置生产性固定资产现金支出	Purchase of Productive Fixed Assets	250.54
税费现金支出	Taxes and Fee	4.36
生活消费现金支出	Consumption Expenditure	5153.76
财产性现金支出	Expenditure for Property	3.28
转移性现金支出	Transferred Expenditure	702.35

Expenditures per Capita of Rural Households Grouped by Income Bracket(2012)

(yuan、%)

低收入户 Low Income Households	中低收入户 Lower Middle Income Households	中等收入户 Middle Income Households	中高收入户 Upper Middle Income Households	高收入户 High Income Households
6093.27	**6204.90**	**7966.05**	**9502.26**	**14787.08**
1701.60	1257.24	1547.68	1989.23	4144.66
1595.85	1189.69	1355.37	1821.11	3616.80
776.51	884.05	996.96	1292.90	1923.88
4.36	10.63	15.70	15.22	36.40
711.45	286.99	275.58	427.15	1285.33
103.52	8.02	67.14	85.83	371.19
42.05	25.25	121.78	68.26	216.97
63.71	42.30	70.53	99.86	310.89
155.50	107.80	314.22	139.22	621.73
2.35	3.51	3.33	6.22	7.44
3813.92	4333.88	5429.63	6478.98	8689.59
1637.29	1834.46	2070.54	2490.66	3176.22
205.08	249.34	307.21	407.82	561.19
662.44	785.09	1267.13	1410.01	1799.74
236.60	280.35	328.10	428.78	517.22
397.30	387.20	508.55	521.66	858.68
223.70	274.02	351.49	495.68	675.99
362.82	411.38	485.62	572.91	803.93
88.68	112.04	110.99	151.46	296.62
2.32	4.32	5.79	1.94	1.66
395.89	498.16	658.30	880.70	1309.31
5742.82	**5796.13**	**7481.07**	**8982.05**	**14160.75**
1664.81	1216.40	1491.11	1921.94	4058.69
1559.05	1148.84	1298.80	1753.82	3530.83
42.05	25.25	121.78	68.26	216.97
63.71	42.30	70.53	99.86	310.89
155.50	107.80	314.22	139.22	621.73
2.35	3.51	3.33	6.22	7.44
3508.25	3971.98	5010.97	6039.60	8163.00
2.32	4.32	5.79	1.94	1.66
387.90	492.13	648.55	867.17	1295.53

3-27 农村居民家庭每百户耐用消费品拥有量

Ownership of Durable Consumer Goods per 100 Rural Households

项　　目	Item	2008	2009	2010	2011	2012
洗衣机	Washing Mathine(set)	44.71	52.62	56.41	55.29	60.06
电冰箱	Refrigerator(set)	40.64	52.62	64.47	74.77	79.77
空调机	Air Conditioner(set)	12.19	20.24	24.18	30.74	38.26
抽油烟机	Exhaust Fan(set)	4.06	4.05	8.06	7.26	9.61
微波炉	Microwave Oven (unit)	4.06	4.05	8.06	9.13	8.35
热水器	Shower(set)	28.45	36.43	44.32	49.68	56.61
自行车	Bicycle(set)	105.67	105.25	100.73	86.00	85.58
摩托车	Motorcycle(set)	48.77	52.62	56.41	51.77	52.74
汽车(生活用)	Automobile(set)	0.00	0.00	0.00	1.74	2.29
固定电话机	Telephone(set)	81.28	68.82	68.50	57.65	53.61
移动电话	Mobile Telephone(set)	101.60	109.30	137.00	163.71	174.77
彩色电视机	Color TV Set (set)	101.60	105.25	112.82	113.48	116.16
黑白电视机	Black and White TV Set (set)	12.19	8.10	8.06	4.35	3.26
摄像机	Video Camera(set)	0.00	0.00	0.00	0.81	0.39
影碟机	Video Disc Player(set)	44.71	40.48	40.29	18.74	19.55
照相机	Camera(set)	4.06	4.05	4.03	1.90	2.16
家用计算机	Computer(set)	4.06	4.05	8.06	10.39	13.87

3-28 农村居民家庭户均生产性固定资产原值(2008—2012 年)
Initial Value of Productive Fixed Assets in Rural Households(2008—2012)

项　目	Item	2008	2009	2010	2011	2012
生产性固定资产原值	Initial Value of Productive Fixed Assets (yuan/household)	8620.76	8759.08	9296.89	13597.27	15134.35
1.农业	Farming	6006.76	5984.01	6109.75	8048.54	8602.45
2.林业	Forestry	11.54	10.36	1.01	66.74	78.76
3.牧业	Animal Husbandry	705.14	796.82	860.07	1233.95	1598.72
4.渔业	Fishery	51.53	46.71	44.00	98.52	112.96
5.采矿业	Mining	8.05	8.06	17.41	33.77	42.41
6.制造业	Manufacturing	228.77	170.50	159.20	522.87	560.24
7.电力煤气与水的生产及供应	Production and Supply of Electricity, Gas and Water	3.21	3.52	0.28	20.80	20.70
8.建筑业	Construction	50.11	75.09	138.05	266.19	404.80
9.交通运输业、仓储和邮政业	Transportation, Storage and Postal Services	817.96	842.89	1151.15	1689.40	1875.84
10.批发和零售贸易业	Wholesale & Retail Trade	297.66	359.91	483.52	1385.65	1555.64
11.住宿和餐饮业	Accommodation and Catering Trade	224.02	240.58	81.88	97.85	185.13
12.居民服务与其他服务业	Resident Services and Other Services	55.92	64.81	82.60	156.14	200.97
13.教育	Education	14.43	9.35	19.34	20.77	25.28
14.卫生、社会保障和福利业	Health Care, Social Protection and Social Welfare	53.12	34.21	32.23	13.53	13.67
15.文化、体育和娱乐业	Culture, Sports and Entertainment	1.63	19.96	20.71	8.05	14.76
16.其他	Others	90.88	92.26	95.74	119.51	88.00

3-29 农村居民家庭每百户生产性固定资产拥有量(2008—2012 年)
Ownership of Productive Fixed Assets per 100 Rural Households (2008—2012)

项 目 Item	2008	2009	2010	2011	2012
房屋及建筑物(平方米/户) House and Building (sq.m/household)	22.5	18.6	18.4	18.5	21.0
汽车(辆) Automobile(unit/Per 100 Rural Households)	1.5	1.3	1.7	2.6	2.9
大中型拖拉机(台) Large and Medium Tractors (set/per 100 Rural Households)	3.7	4.9	3.7	6.0	5.7
小型和手扶拖拉机(台) Mini and Walking Tractors (set/per 100 Rural Households)	39.9	39.7	39.8	35.2	35.3
机动脱粒机(台) Motorized Threshing Machines (set/per 100 Rural Households)	16.2	15.5	16.1	12.3	12.5
收割机(台) Harvesters (set/per 100 Rural Households)	4.0	3.6	2.2	1.6	2.0
农用动力机械(台) Machinery for Agricultural Irrigation(set/per 100 Rural Households)	11.0	9.7	11.4	12.4	12.1
胶轮大车(辆) Rubber-tired Farm Carts (unit/per 100 Rural Households)	4.9	5.2	4.3	2.6	2.7
水泵(台) Pumps (unit/per 100 Rural Households)	53.7	54.2	55.4	46.8	48.1
役畜(头) Draught Animals (head/per 100 Rural Households)	5.2	5.6	5.6	2.5	2.5
产品畜(头) Commodity Animals (head/per 100 Rural Households)	20.3	19.6	14.4	14.5	60.9

3-30 农村居民家庭人均主要食品消费量
Main Food Consumption per Capita of Rural Households

单位:千克 (kg)

项　目	Item	2008	2009	2010	2011	2012
一、粮食消费量	Grain	191.2	181.6	174.8	164.9	151.4
#小 麦	Wheat	58.9	55.2	50.2	48.3	44.1
二、油脂类消费量	Oil and Fats	6.9	6.3	6.5	8.3	8.1
植物油	Edible Vegetable Oil	5.9	5.4	5.7	7.4	7.2
动物油	Edible Animal Oil	1.0	0.9	0.8	0.9	0.8
三、烟叶消费量	Tobacco	0.0	0.1	0.0	0.0	0.0
四、豆类及豆制品	Beans and Processed Products	5.3	6.0	6.0	7.8	7.9
大豆	Soybean	1.4	1.5	1.6	2.2	1.9
五、蔬菜及菜制品消费量	Vegetables and Processed Products	109.6	76.9	77.3	73.4	69.0
鲜菜	Fresh Vegetables	107.5	75.6	76.2	72.3	67.7
六、瓜类	Melons	6.9	8.9	9.6	9.1	10.0
七、水果类	Fruit	6.9	7.6	6.7	8.1	9.9
八、消费茶叶	Tea	0.2	0.2	0.2	0.2	0.2
九、坚果消费量	Nuts and Grain Products	0.7	0.7	0.7	1.0	1.3
十、肉禽及其制品	Meat,Poultry and Processed Products	15.7	16.0	17.0	19.7	20.9
1.猪肉	Pork	8.2	9.0	9.7	10.7	10.9
2.牛肉	Beef	0.4	0.4	0.4	0.6	0.5
3.羊肉	Mutton	0.1	0.2	0.2	0.2	0.2
4.家禽	Poultry	5.4	4.7	4.8	5.4	6.1
5.其他肉禽及制品	Others	1.6	1.7	1.9	2.8	3.2
十一、蛋类及蛋制品	Eggs and Processed Products	6.0	5.8	5.9	6.1	7.2
十二、奶和奶制品	Milk and Dairy Products	1.2	1.4	2.0	3.0	3.4
十三、水产品	Aquatic Products	5.7	5.4	5.6	6.3	6.2
十四、食糖	Sugar	1.0	1.0	0.9	0.9	4.4
十五、酒	Liquor and Drinks	12.5	12.9	12.0	11.9	12.2
其中:1.白酒	Wine Spirit	3.2	3.2	3.0	3.3	3.2
2.啤酒	Beer	9.2	9.7	9.0	8.4	8.9

3-31 农村居民家庭年人均出售主要农副产品情况
Annual Selling of Farm and Sideline Products of Rural Households per Capita

单位:千克 (kg)

项　目	Item	2008	2009	2010	2011	2012
粮食	Grain	593.4	621.5	679.8	714.3	763.4
#小麦	#Wheat	298.4	296.4	319.2	333.6	385.4
稻谷	Paddy	230.4	230.1	250.3	238.5	266.9
棉花	Cotton	24.4	40.6	19.3	25.7	25.4
油料	Oil Producer	26.2	41.8	23.5	19.3	14.1
糖料	Sugar	2.1	1.7	1.0	6.2	5.2
烟草	Tobacco	0.2	0.2	0.7	2.0	2.3
蔬菜	Vegetable	43.6	44.3	45.8	38.6	27.5
瓜类	Melon	19.4	18.7	21.4	11.7	10.5
水果	Fruits	4.1	4.0	3.7	1.2	0.6
茶叶	Tea	1.6	1.4	1.6	2.9	3.5
猪肉	Pork	13.7	15.9	16.0	16.0	17.4
家禽	Poultry	11.2	10.3	10.6	9.5	19.9
蛋类	Eggs	1.0	1.5	1.7	6.8	11.1
水产品	Aquatic Products	5.0	4.3	4.9	6.8	7.4

3-32 农村居民家庭主要生活用品购买量
Purchases of Articles for Daily Use of Rural Households per Capita

项 目	Item	单 位	Unit	2008	2009	2010	2011	2012
粮食	Grain	（千克/人）	(kg/person)	39.86	42.39	45.99	62.00	65.99
植物油	Edible Vegetable Oil	（千克/人）	(kg/person)	4.03	3.58	3.67	4.91	4.73
动物油	Edible Animal Oil	（千克/人）	(kg/person)	0.94	0.83	0.75	0.87	0.83
蔬菜	Vegetables	（千克/人）	(kg/person)	50.58	17.77	19.02	26.69	24.01
猪肉	Pork	（千克/人）	(kg/person)	6.82	7.64	8.35	9.30	9.94
牛羊肉	Beef and Mutton	（千克/人）	(kg/person)	0.49	0.53	0.55	0.76	0.70
家禽	Poultry	（千克/人）	(kg/person)	3.23	2.94	3.06	3.79	4.20
鲜蛋	Fresh Eggs	（千克/人）	(kg/person)	3.03	2.77	2.80	3.34	4.12
鲜活鱼类	Fresh Fish	（千克/人）	(kg/person)	5.22	4.87	5.00	5.64	5.54
卷烟	Tobacco	（盒/人）	(pack/person)	26.41	26.21	25.34	27.48	27.22
酒	Spirits	（千克/人）	(kg/person)	12.37	12.86	11.94	11.75	12.15
水果	Fruits	（千克/人）	(kg/person)	6.24	6.86	6.43	7.91	9.69
服装	Clothing	（件/人）	(piece/person)	5.83	3.67	2.57	3.12	3.22
鞋类	Shoes	（双/人）	(two/person)	1.71	1.81	1.86	2.06	2.20
水泥	Cement	（千克/人）	(kg/person)	136.33	197.08	155.63	158.51	150.13
钢材	Steel	（千克/人）	(kg/person)	8.85	19.87	11.57	13.82	13.70
生活用煤	Coal	（千克/人）	(kg/person)	31.70	21.99	20.62	12.35	8.07
电视机	TV Sets	（台/百户）	(set/100 households)	4.06	4.06	4.06	6.96	6.51
洗衣机	Washing Machine	（台/百户）	(set/100 households)	4.06	0.00	4.06	4.66	4.70
电风扇	Electric Fans	（台/百户）	(set/100 households)	12.19	12.19	16.26	16.07	18.33
电冰箱	Refrigerators	（台/百户）	(set/100 households)	4.06	4.06	4.06	6.58	6.54
自行车	Bicycle	（辆/百户）	(set/100 households)	8.13	8.13	4.06	5.23	5.06
摩托车	Motorcycle	（辆/百户）	(set/100 households)	4.06	4.06	4.06	2.63	2.28
热水器	Shower	（台/百户）	(set/100 households)	4.06	4.06	4.06	3.95	3.27
电话机	Telephone Sets	（部/百户）	(set/100 households)	8.13	4.06	4.06	5.57	4.22
手机	Mobile Phones	（部/百户）	(set/100 households)	12.19	16.26	20.32	29.11	34.41

3-33 农村居民家庭固定资产投资情况
Fixed Assets Investment of Rural Households

单位:万元 (10000 yuan)

项目 Item	2008	2009	2010	2011	2012
新增固定资产原值 **New Original Value of Fixed Assets**	**3161046.3**	**3855697.0**	**4262299.0**	**3861275.0**	**4483516.0**
固定资产投资完成额 **Finished Value of Investment of the Fixed Assets**	**3182660.2**	**3907537.6**	**4390804.0**	**4478243.0**	**4820212.0**
按投资来源分 **Investment by Source**					
国内贷款 Domestic Loans	56283.0	16546.0	57631.0	73648.0	103772.0
自筹资金 Self-raising Funds	3055339.1	3824669.7	4272890.0	4341783.0	4716440.0
其他资金 Others	71038.1	66322.0	60283.0	62812.0	
按投资构成分 **According to Constitute Sub-investment**					
建筑工程 Construction	2397596.1	3163850.4	3477032.0	3555098.0	3682536.0
安装工程 Installation	182.2				
设备工、器具购置 For Equipment, the Purchase of Equipment	510342.7	603778.3	797207.0	787382.0	1068279.0
其他 Others	274539.2	139908.9	116565.0	135763.0	69397.0
按投资方向分 **According to the Investment Direction Pm**					
农业 Agriculture	633755.9	539314.6	447648.0	721565.0	774794.0
采矿业 Mining					
制造业 Manufacturing	2726.3	2072.4	21878.0	54445.0	30550.0
电力、燃气及水的生产和供应业 Production and Supply of Electricity, Gas and Water					
建筑业 Construction	3055.1	22388.8	75493.0	85019.0	26186.0

3-33 续表 1 Continued 1

项 目 Item	2008	2009	2010	2011	2012
交通运输、仓储和邮政业 Transport, Storage and Post	207302.1	226847.6	350292.0	298828.0	434057.0
信息传输、计算机服务和软件业 Information Transmission, Computer Services and Software					
批发和零售业 Wholesale and Retail Trades	1814.0	4119.9	30729.0	47042.0	3987.0
住宿和餐饮业 Hotels and Catering Services					
金融业 Financial Intermediation					
房地产业 Real Estate	2329544.7	3111967.0	3427379.0	3254446.0	3527577.0
租赁和商务服务业 Leasing and Business Services					
科学研究、技术服务和地质勘查业 Scientific Research, Technical Services,and Geological Prospecting					
水利、环境和公共设施管理业 Management of Water Conservancy,Environment and Public Facilities					
居民服务和其他服务业 Serices to Households and Other Services	3158.3	827.3	21428.0	16898.0	23061.0
教育 Education	1303.8				
卫生、社会保障和社会福利业 Health, Social Securities and Social Welfare					
文化、体育和娱乐业 Culture,Sports and Entertainment			15957.0		
公共管理和社会组织 Public Management and Social Organizations					
国际组织 International Organizations					
按具体投资项目分 **Based on specific investment projects pm**					
房屋 Housing	2375838.1	3156212.8	3471834.0	3543727.0	3682536.0

3-33 续表2 Continued 2

项 目 Item	2008	2009	2010	2011	2012
道路 Road	9805.0	2668.0	1169.0	1395.0	
桥梁 Bridge					
设备 Equipment	499672.8	603778.3	797207.0	787382.0	1068279.0
水利 Water	1830.2				
其他 Others	295514.1	144878.5	120594.0	145739.0	69397.0
施工房屋面积(万平方米) Floor Space of Buildings(10 000 sq.m)	**4224.3**	**5365.2**	**4968.0**	**4828.0**	**5011.0**
其中:住宅 Residential Buildings	3977.2	5095.9	4769.0	4613.0	4741.0
竣工房屋面积(万平方米) Floor Space of Buildings Completed(10 000 sq.m)	**3925.8**	**5019.8**	**4511.0**	**4130.0**	**4364.0**
其中:住宅 Residential Buildings	3698.5	4803.6	4344.0	3808.0	4149.0
竣工房屋投资完成额 Completion Amount of Investment of Buildings Completed	**1954737.5**	**2751504.6**	**2816587.0**	**2926759.0**	**3345840.0**
其中:住宅 Residential Buildings	1838637.7	2666481.2	2741224.0	2759295.0	3224556.0

3-34 农民工监测情况(抽样调查)
Monitoring Survey on Migrant Workers(Sample Survey)

单位:万元 (10000 yuan)

指标名称	Item	单位	Unit	2011	2012
家庭人员基本情况	**Basic Conditions**				
一、调查户数	Number of Households Surveyed(household)	户	household	3100.0	3100.0
二、期末家庭全部人口	Household Size(person/household)	人	person	12336.0	12236.0
三、性别	Gender	人	person	12336.0	12236.0
1.男性	Male	人	person	6413.0	6373.0
2.女性	Female	人	person	5923.0	5863.0
四、年龄	Age	人	person	33873.0	12236.0
1.5 岁及以下	Aged 5 and Below	人	person	866.0	768.0
2.6~15 岁	Aged 6~15	人	person	1301.0	1291.0
3.16~18 岁	Aged 16~18	人	person	586.0	540.0
4.19~22 岁	Aged 19~22	人	person	1020.0	950.0
5.23~25 岁	Aged 23~25	人	person	681.0	724.0
6.26~30 岁	Aged 26~30	人	person	743.0	766.0
7.31~40 岁	Aged 31~40	人	person	1687.0	1566.0
8.41~50 岁	Aged 41~50	人	person	2352.0	2472.0
9.51~60 岁	Aged 51~60	人	person	1493.0	1400.0
10.61~65 岁	Aged 61~65	人	person	675.0	729.0
11.66 岁及以上	Aged 66 and Over	人	person	932.0	1030.0
农村劳动力从业情况	Employment				
一、基本情况	Basic Conditions				
(一)性别	Gender	人	person	8604.0	8485.0
1.男性	Male	人	person	4539.0	4536.0
2.女性	Female	人	person	4065.0	3949.0
(二)年龄	Age	人	person	8604.0	8485.0
1.16 岁及以下	Aged 16 and Below	人	person		
2.16~18 岁	Aged 16~18	人	person	178.0	129.0
3.19~22 岁	Aged 19~22	人	person	678.0	590.0
4.23~25 岁	Aged 23~25	人	person	618.0	636.0
5.26~30 岁	Aged 26~30	人	person	698.0	729.0
6.31~40 岁	Aged 31~40	人	person	1636.0	1503.0
7.41~50 岁	Aged 41~50	人	person	2295.0	2391.0
8.51~60 岁	Aged 51~60	人	person	1413.0	1314.0
9.61~65 岁	Aged 61~65	人	person	603.0	643.0
10.66 岁及以上	Aged 66 and Over	人	person	485.0	550.0

3-34 续表1 Continued 1

指标名称	Item	单位	Unit	2011	2012
(三)户口性质	Household Registration	人	person	8604.0	8485.0
1.农业	rural	人	person	8379.0	8255.0
2.非农业	Non-rural	人	person	221.0	224.0
3.其他	Others	人	person	4.0	6.0
(四)户籍所在地	Registered Permanent Residence	人	person	8604.0	8485.0
1.村内	Village	人	person	8328.0	8193.0
2.乡内	Town	人	person	135.0	133.0
3.乡外县内	Other Town of this County	人	person	58.0	58.0
4.县外省内	Other County of this Province	人	person	36.0	45.0
5.省外	Other Provinces	人	person	47.0	56.0
6.其他	Others	人	person		
(五)家庭成员参加医疗保险情况	Conditions of Family Members Participating in Medical Insurance	人	person	8604.0	8485.0
1.农村新型农村合作医疗	New Rural Cooperative Medical	人	person	8367.0	8263.0
2.城镇医疗保险	Urban Medical Insurance	人	person	188.0	205.0
3.商业医疗保险	Commercial Medical Insurance	人	person	16.0	11.0
4.其他医疗保险	Other Medical Insurance	人	person	30.0	31.0
5.没有参加任何医疗保险	Not Participating Medical Insurance	人	person	41.0	24.0
(六)家庭成员参加养老保险情况	Conditions of Family Members Participating in Endowment Insurance	人	person	8604.0	8485.0
1.农村社会养老保险	Urban Basic Endowment Insurance	人	person	4212.0	7161.0
2.城镇基本养老保险	Rural Social Endowment Insurance	人	person	189.0	232.0
3.商业养老保险	Other Endowment Insurance	人	person	57.0	48.0
4.其他养老保险	Commercial Endowment Insurance	人	person	116.0	83.0
5.没有参加任何养老保险	Not Participating Endowment Insurance	人	person	4059.0	1009.0
(七)6周岁及以上家庭成员文化程度	Education Attainments of Family Members Aged 6 and Over	人	person	8604.0	8485.0
1.不识字或识字很少	Few Illiteracy and Illiteracy	人	person	801.0	734.0
2.小学	Primary School	人	person	2138.0	2066.0
3.初中	Junior Secondary School	人	person	4716.0	4683.0
4.高中	Senior Secondary School	人	person	628.0	642.0
5.中专	Secondary Technical School	人	person	149.0	147.0
6.大专及以上	Junior College and Above	人	person	172.0	213.0
二、从业情况	Employment				
(一)从业人数	Number of Employees	人	person	8604.0	8485.0
1.整劳动力	Full-Time Labors	人	person	5442.0	5256.0
2.半劳动力	Part-Time Labors	人	person	3162.0	3229.0

3-34 续表2 Continued 2

指标名称	Item	单位	Unit	2011	2012
(二)就业状况	Employment Condition				
1.本地务农	Engaged in Agriculture at Home	人	person	5657.0	5305.0
2.本地非农自营	Nonfarm Self-employed at Home	人	person	773.0	739.0
3.本地非农务工	Non-agricultural Working at Home	人	person	1761.0	1795.0
4.外出从业	Employed Outside	人	person	3087.0	3098.0
(三)主要从业地区	Working Area				
1.乡内	Town	人	person	5728.0	5545.0
2.县内乡外	Other Town of this County	人	person	284.0	323.0
3.省内县外	Other County of this Province	人	person	428.0	451.0
4.国内省外	Other Provinces	人	person	2157.0	2158.0
5.国外	Abroad	人	person	7.0	8.0
(四)主要从事行业	Industries Engaged				
1.第一产业	Primary Industry	人	person	4135.0	3918.0
(1)农、林、牧、渔业	Agriculture, Forestry, Animal Husbandry and Fishery	人	person	4135.0	3918.0
2.第二产业	Secondary Industry	人	person	2555.0	2641.0
(2)采矿业	Mining	人	person	52.0	39.0
(3)制造业	Manufacturing	人	person	1355.0	1366.0
(4)电力、燃气及水的生产和供应业	Production and Supply of Electricity, Gas and Water	人	person	53.0	63.0
(5)建筑业	Construction	人	person	1095.0	1173.0
3.第三产业	Tertiary Industry	人	person	1914.0	1926.0
(6)交通运输、仓储和邮政业	Transport, Storage and Post	人	person	249.0	277.0
(7)信息传输、计算机服务和软件业	Information Transmission, Computer Services and Software	人	person	67.0	75.0
(8)批发和零售业	Wholesale and Retail Trades	人	person	475.0	436.0
(9)住宿和餐饮业	Hotels and Catering Services	人	person	276.0	255.0
(10)金融业	Financial Intermediation	人	person	6.0	11.0
(11)房地产业	Real Estate	人	person	15.0	14.0
(12)租赁和商务服务业	Leasing and Business Services	人	person	37.0	37.0
(13)科学研究、技术服务和地质勘察业	Scientific Research, Technical Services, and Geological Prospecting	人	person	9.0	14.0
(14)水利、环境和公共设施管理业	Management of Water Conservancy, Environment and Public Facilities	人	person	7.0	10.0
(15)居民服务和其他服务业	Serices to Households and Other Services	人	person	447.0	460.0
(16)教育	Education	人	person	94.0	93.0
(17)卫生、社会保障和社会福利业	Health, Social Securities and Social Welfare	人	person	47.0	45.0

3-34 续表3 Continued 3

指标名称	Item	单位	Unit	2011	2012
(18)文化、体育和娱乐业	Culture, Sports and Entertainment	人	person	26.0	40.0
(19)公共管理和社会组织	Public Management and Social Organizations	人	person	159.0	159.0
(20)国际组织	International Organizations	人	person		
(五)主要从事工作	Profession Engaged				
1.私营企业主	Boss of Private Enterprise	人	person	71.0	55.0
2.企业经营管理	Enterprise Management	人	person	59.0	42.0
3.个体经营	Self-employment	人	person	646.0	634.0
4.专业技术	Professional Technology	人	person	612.0	634.0
5.办事人员及有关	Clerks	人	person	187.0	192.0
6.商业	Business	人	person	86.0	83.0
7.服务业	Service	人	person	510.0	495.0
8.农、林、牧、渔、水利业	Agriculture, Forestry, Animal Husbandry, Fishery and Water Conservancy	人	person	4039.0	3872.0
9.生产、运输设备操作人员及有关	Operators of Production and Transport Equipment	人	person	1356.0	1451.0
10.其他	Others	人	person	1038.0	1027.0
(六)从业时间	Working Time	月	month		
1.本地务农	Engaged in Agriculture at Home	月	month	29299.6	29011.2
2.本地非农自营	Nonfarm Self-employed at Home	月	month	5093.0	5193.5
3.本地非农务工	Non-agricultural Working at Home	月	month	9330.3	9903.6
4.外出从业	Working Outside	月	month	27617.5	28526.6
(七)从业收入	Income				
1.本地务农	Engaged in Agriculture at Home	元	yuan		
2.本地非农自营	Nonfarm Self-employed at Home	元	yuan	9772288.0	12315963.0
3.本地非农务工	Non-agricultural Working at Home	元	yuan	15116781.5	18424274.0
4.外出从业	Working Outside	元	yuan	63504751.0	73122950.0
其中:寄回带回	Sent Back	元	yuan	20746390.0	23495163.0
生活消费总支出	Consumption Expenditure	元	yuan	20200185.0	23480104.0
三、期末就业状况	Employment at the End of the Period	人	person	8604.0	8485.0
1.本地务农	Engaged in Agriculture at Home	人	person	4060.0	3814.0
2.本地非农自营	Nonfarm Self-employed at Home	人	person	521.0	528.0
3.本地非农务工	Non-agricultural Working at Home	人	person	836.0	926.0
4.外出从业	Working Outside	人	person	2833.0	2886.0
5.其他从业	Other Employment	人	person	149.0	160.0
6.未从业	Non-employed	人	person	205.0	171.0
四、年后打算	Plan the Next Year	人	person	8604.0	8485.0
1.打算外出从业	Working Outside	人	person	2587.0	2639.0
2.不打算外出从业	Not Working Outside	人	person	5167.0	5191.0

3-34 续表4 Continued 4

指标名称	Item	单位	Unit	2011	2012
3.还不确定	Not Decided Yet	人	person	850.0	655.0
五、上年外出从业而本年未外出的人数	Number of Persons Woking Outside Last Year but not This Year	人	person	68.0	109.0
本年未继续外出的原因	Causes not Continuing Workinging Outside this Year				
1.找不到工作	Cannot Find a Job	人	person		2.0
2.在外生活条件差	Poor Living Condition Outside	人	person	7.0	11.0
3.收入没有在家稳定	Unstable Income	人	person	5.0	13.0
4.受歧视	Discrimination	人	person		
5.疾病或伤残	Illness or Disability	人	person	3.0	2.0
6.家中农业生产缺乏劳动力	Short of Agricultural Labor Force at Home	人	person	32.0	42.0
7.回家结婚、生育	Going Home to Marry and Bear	人	person	3.0	10.0
8.其他原因	Others	人	person	18.0	29.0
六、曾经外出从业过的人数	Number of Persons that Having Woking Outside Before	人	person	3299.0	3358.0
农民工外出从业情况	**Employment of Migrant Workers**				
一、外出从业情况	Conditions of Woking Outside				
(一)外出人数	Number of Persons Going Outside	人	person	3087.0	3098.0
其中:1.整劳动力	Full-Time Labors	人	person	2791.0	2814.0
2.半劳动力	Part-Time Labors	人	person	296.0	284.0
其中:1.本年新外出的人数	Number of Persons Beginning Going Outside This Year	人	person	569.0	418.0
2.上年外出从业过的人数	Number of Persons Going Outside from Last Year	人	person	2518.0	2680.0
其中:1.外出从业时间超过一个月的人数	Number of Persons Working More than One Month Outside	人	person	3085.0	3095.0
2.外出从业时间不足一个月的人数	Number of Persons Working Less than One Month Outside	人	person	2.0	3.0
其中:经常在家居住的人数	Number of Persons Often Living at Home	人	person	244.0	272.0
(二)外出地区	Working Area	人	person	3087.0	3098.0
1.本省	In the Province	人	person	809.0	854.0
(1)乡外县内	Other Town of this County	人	person	327.0	363.0
(2)县外省内	Other County of this Province	人	person	482.0	491.0
2.省外	Outside the Province	人	person	2278.0	2244.0
(三)输入地区	Migrant Area	人	person	2278.0	2244.0
(1)东部地区	The East Area	人	person	2145.0	2124.0
北 京	Beijing	人	person	82.0	78.0
天 津	Tianjin	人	person	18.0	21.0
河 北	Hebei	人	person	15.0	21.0

3-34 续表5 Continued 5

指标名称	Item	单位	Unit	2011	2012
辽　宁	Liaoning	人	person	4.0	7.0
上　海	Shanghai	人	person	534.0	543.0
江　苏	Jiangsu	人	person	630.0	608.0
浙　江	Zhejiang	人	person	702.0	673.0
福　建	Fujian	人	person	45.0	52.0
山　东	Shandong	人	person	30.0	37.0
广　东	Guangdong	人	person	83.0	82.0
海　南	Hainan	人	person	2.0	2.0
(2)中部地区	The Central Area	人	person	73.0	59.0
山　西	Shanxi	人	person	12.0	7.0
吉　林	Jilin	人	person	6.0	1.0
黑龙江	Heilongjiang	人	person	2.0	
安　徽	Anhui	人	person	809.0	854.0
江　西	Jiangxi	人	person	7.0	7.0
河　南	Henan	人	person	21.0	19.0
湖　北	Hubei	人	person	16.0	16.0
湖　南	Hunan	人	person	9.0	9.0
(3)西部地区	The Western Area	人	person	53.0	53.0
内蒙古	Inner Mongolia	人	person	3.0	3.0
广　西	Guangxi	人	person	16.0	11.0
重　庆	Chongqing	人	person		
四　川	Sichuan	人	person	6.0	9.0
贵　州	Guizhou	人	person	3.0	2.0
云　南	Yunnan	人	person	6.0	10.0
西　藏	Tibet	人	person	1.0	
陕　西	Shanxi	人	person	7.0	4.0
甘　肃	Gansu	人	person	2.0	2.0
青　海	Qinghai	人	person	2.0	2.0
宁　夏	Ningxia	人	person	1.0	
新　疆	Xinjiang	人	person	6.0	10.0
(4)其他地区	Other Area	人	person	7.0	8.0
(四)外出地区类型	Type of Migrant Areas	人	person	3087.0	3098.0
1.直辖市	Municipality	人	person	581.0	604.0
2.省会城市	City of Provincial Capital	人	person	538.0	529.0
3.地级市	Prefectural-Level City	人	person	1173.0	1170.0
4.县级市	County-Level City	人	person	579.0	570.0
5.建制镇	Designated Town	人	person	147.0	166.0
6.村	Village	人	person	27.0	25.0
7.其他地区	Other Area	人	person	42.0	34.0

3-34 续表6 Continued 6

指标名称	Item	单位	Unit	2011	2012
（五）外出从事行业	Industries Engaged	人	person	3087.0	3098.0
1.第一产业	Primary Industry	人	person	56.0	47.0
（1）农、林、牧、渔业	Agriculture, Forestry, Animal Husbandry and Fishery	人	person	56.0	47.0
2.第二产业	Secondary Industry	人	person	1875.0	1923.0
（2）采矿业	Mining	人	person	21.0	19.0
（3）制造业	Manufacturing	人	person	1044.0	1056.0
（4）电力、燃气及水的生产和供应业	Production and Supply of Electricity, Gas and Water	人	person	37.0	44.0
（5）建筑业	Construction	人	person	773.0	804.0
3.第三产业	Tertiary Industry	人	person	1156.0	1128.0
（6）交通运输、仓储和邮政业	Transport, Storage and Post	人	person	151.0	155.0
（7）信息传输、计算机服务和软件业	Information Transmission, Computer Services and Software	人	person	66.0	75.0
（8）批发和零售业	Wholesale and Retail Trades	人	person	235.0	196.0
（9）住宿和餐饮业	Hotels and Catering Services	人	person	246.0	217.0
（10）金融业	Financial Intermediation	人	person	6.0	10.0
（11）房地产业	Real Estate	人	person	12.0	11.0
（12）租赁和商务服务业	Leasing and Business Services	人	person	35.0	31.0
（13）科学研究、技术服务和地质勘察业	Scientific Research, Technical Services, and Geological Prospecting	人	person	7.0	12.0
（14）水利、环境和公共设施管理业	Management of Water Conservancy, Environment and Public Facilities	人	person	7.0	7.0
（15）居民服务和其他服务业	Serices to Households and Other Services	人	person	329.0	342.0
（16）教育	Education	人	person	16.0	20.0
（17）卫生、社会保障和社会福利业	Health, Social Securities and Social Welfare	人	person	20.0	19.0
（18）文化、体育和娱乐业	Culture, Sports and Entertainment	人	person	18.0	26.0
（19）公共管理和社会组织	Public Management and Social Organizations	人	person	8.0	7.0
（20）国际组织	International Organizations	人	person		
（六）外出从事的工作种类	Profession Engaged	人	person	3087.0	3098.0
1.私营企业主	Boss of Private Enterprise	人	person	24.0	30.0
2.企业经营管理	Enterprise Management	人	person	54.0	38.0
3.个体经营	Self-employment	人	person	279.0	267.0
4.专业技术	Professional Technology	人	person	482.0	509.0
5.办事人员及有关	Clerks	人	person	84.0	70.0
6.商业	Business	人	person	65.0	49.0
7.服务业	Service	人	person	437.0	441.0

3-34 续表7 Continued 7

指标名称	Item	单位	Unit	2011	2012
8.农、林、牧、渔、水利业生产	Agriculture, Forestry, Animal Husbandry, Fishery and Water Conservancy	人	person	35.0	24.0
9.生产、运输设备操作人员及有关	Operators of Production and Transport Equipment	人	person	963.0	1029.0
10.其他	Others	人	person	664.0	641.0
(七)外出从业住所类型	Type of Accommodation	人	person	3087.0	3098.0
1.单位宿舍	Dormitory of the Unit	人	person	726.0	794.0
2.工地工棚	Site Hut	人	person	355.0	370.0
3.生产经营场所	Production or Business Premises	人	person	202.0	156.0
4.与人合租住房	Flat-share Housing	人	person	569.0	649.0
5.独立租赁住房	Rental Housing Oneself	人	person	913.0	826.0
6.务工地自购房	Purchasing House in the Migrant Areas	人	person	22.0	17.0
7.乡外从业但回家居住(老家)	Living at Home While Woking Outside the Town	人	person	193.0	206.0
8.其他	Others	人	person	107.0	80.0
(八)外出从业时间	Working Time Outside				
1.从事这份工作的时间	Engaged in the Job	月	month	120481.0	132830.0
其中:1年以下	Less than One Year	人	person	893.0	580.0
1~2年	1~2 Years	人	person	676.0	711.0
2~3年	2~3 Years	人	person	425.0	569.0
3~5年	3~5 Years	人	person	536.0	630.0
5年及以上	5 Years and Over	人	person	557.0	608.0
2.每月平均工作的天数	Average Days in One Month	天	day	80099.0	80448.0
3.每天平均工作的小时数	Average Hours in a Day	小时	hour	28018.0	27721.0
其中:6小时以下	Less than 6 Hours	人	person	11.0	7.0
6~8小时	6~8 Hours	人	person	58.0	50.0
8~10小时	8~10 Hours	人	person	1680.0	1873.0
其中:8小时	8 Hours	人	person	1304.0	1485.0
10~12小时	10~12 Hours	人	person	1188.0	1040.0
12小时及以上	More than 12 Hours	人	person	150.0	128.0
二、外出收支情况	Income and Expenditure				
(一)总收入	Total Income	元	yuan	63504751.0	73122950.0
其中:寄带回的收入	Sent Back	元	yuan	20746390.0	23495163.0
(二)月收入	Monthly Income	元	yuan	7013463.0	7910403.0
其中:600元以下	Less Than 600 Yuan	人	person	14.0	8.0
600~800元	600~800 yuan	人	person	9.0	2.0
800~1200元	800~1200 yuan	人	person	163.0	74.0

3-34 续表 8 Continued 8

指标名称	Item	单位	Unit	2011	2012
1200~1600 元	1200~1600 yuan	人	person	497.0	308.0
1600~2400 元	1600~2400 yuan	人	person	1176.0	1156.0
2400~3000 元	2400~3000 yuan	人	person	475.0	590.0
3000 元及以上	3000 yuan and Over	人	person	750.0	960.0
注:明确收入水平的人数	People that Knowing Their Income	人	person	3084.0	3098.0
注:不清楚收入水平的人数	People that not Knowing Their Income	人	person	3.0	
(三)生活消费总支出	Consumption Expenditure	元	yuan	20200185.0	23480104.0
(四)每月平均居住支出	Average Housing Expenditure per Month	元	yuan	733675.0	766176.0
三、社会保障与福利情况	Welfare and Social Security				
(一)外出从业的劳动关系	Employment Relations	人	person	3087.0	3098.0
1.无固定期限劳动合同工	Labor Contracts without a Fixed Period	人	person	416.0	453.0
2.一年及以上劳动合同工	Labor Contracts of One-year and Over	人	person	405.0	465.0
3.一年以下劳动合同工	Labor Contracts Less than One-year	人	person	109.0	86.0
4.没有劳动合同	Without Labor Contracts	人	person	1817.0	1787.0
5.自营	Self-employed	人	person	293.0	273.0
6.其他	Others	人	person	47.0	34.0
(二)单位或雇主提供伙食情况	Meals Supplied by Employer or Unit	人	person	2700.0	2759.0
1.每天提供三顿	Three Meals Everyday	人	person	484.0	439.0
2.每天提供两顿	Two Meals Everyday	人	person	312.0	353.0
3.每天提供一顿	One Meal Everyday	人	person	595.0	705.0
4.不提供,但补贴部分伙食费	No Meal, but Having Food Allowance	人	person	176.0	186.0
5.不提供,也没有补贴	Neither Meal nor Food Allowance	人	person	1180.0	1108.0
(三)单位或雇主提供住宿情况	Accommodation Supplied by Employer or Unit	人	person	2747.0	2791.0
1.提供住宿	Accommodation Supplied	人	person	1217.0	1240.0
2.不提供住宿,但住房有补贴	No Accommodation, but Having Allowance	人	person	265.0	264.0
3.不提供住宿,也没有住房补贴	Neither Accommodation nor Allowance	人	person	1265.0	1287.0
(四)单位或雇主拖欠工资情况	Arrears of Wages	人	person	2747.0	2791.0
1.被拖欠工资人数	Number of Employees Unpaid	人	person	13.0	3.0
2.被拖欠工资的金额	Amount of Wages Unpaid	元	yuan	84200.0	17000.0
3.不被拖欠工资人数	Number of Employees Paid	人	person	2734.0	2788.0
(五)单位或雇主上养老保险情况	Employer or Unit Effecting Endowment Insurance for Workers or Not	人	person	2747.0	2791.0
1.上养老保险	Yes	人	person	162.0	258.0
2.不上养老保险	No	人	person	2281.0	2293.0
3.不知道	Unknown	人	person	304.0	240.0

3-34 续表9 Contiuned 9

指标名称	Item	单位	Unit	2011	2012
(六)单位或雇主上工伤保险情况	Employer or Unit Effecting Work-Related Injury Insurances for Workers or Not	人	person	2747.0	2791.0
1.上工伤保险	Yes	人	person	438.0	483.0
2.不上工伤保险	No	人	person	1956.0	2026.0
3.不知道	Unknown	人	person	353.0	282.0
(七)单位或雇主上医疗保险情况	Employer or Unit Effecting Medical Insurances for Workers or Not	人	person	2747.0	2791.0
1.上医疗保险	Yes	人	person	242.0	291.0
2.不上医疗保险	No	人	person	2215.0	2237.0
3.不知道	Unknown	人	person	290.0	263.0
(八)单位或雇主上失业保险情况	Employer or Unit Effecting Unemployment Insurances for Workers or Not	人	person	2747.0	2791.0
1.上失业保险	Yes	人	person	68.0	110.0
2.不上失业保险	No	人	person	2384.0	2410.0
3.不知道	Unknown	人	person	295.0	271.0
(九)单位或雇主上生育保险情况	Employer or Unit Effecting Maternity Insurances for Workers or Not	人	person	2747.0	2791.0
1.上生育保险	Yes	人	person	54.0	79.0
2.不上生育保险	No	人	person	2415.0	2444.0
3.不知道	Unknown	人	person	278.0	268.0
(十)单位或雇主缴纳住房公积金的情况	Employer or Unit Paying Housing Funds or Not	人	person	2747.0	2791.0
1.上住房公积金	Yes	人	person	49.0	83.0
2.不上住房公积金	No	人	person	2436.0	2451.0
3.不知道	Unknown	人	person	262.0	257.0
四、返乡情况	Returning Home				
(一)返乡人数	Number of Migrant Workers Returning Home	人	person	278.0	237.0
(二)返乡原因	Reasons of Returning Home	人	person	278.0	288.0
1.回家过年	for the Spring Festival	人	person	49.0	288.0
2.企业关停	Closure of Enterprises	人	person	6.0	5.0
3.企业裁员	Enterprises Layoffs	人	person	1.0	3.0
4.收入低	Low Income	人	person	29.0	14.0
5.家庭原因	Family Reasons	人	person	112.0	117.0
6.找不到工作	Unable to Find a Job	人	person	2.0	4.0
7.其他原因	Other Reasons	人	person	79.0	70.0

3-35 全国及分省(区、市)城镇居民家庭人均收入
Income per Capita of Urban Households by Provinces and Regions

单位:元 (yuan)

地区 Region	总收入 Total Income		工薪收入 Income of Wages and Salaries		经营收入 Net Business Income		财产性收入 Income from Properties		转移性收入 Income from Transfers		可支配收入 Disposable Income	
	2011	2012	2011	2012	2011	2012	2011	2012	2011	2012	2011	2012
全国 National	**23979.20**	**26958.99**	**15411.91**	**17335.62**	**2209.74**	**2548.29**	**648.97**	**706.96**	**5708.58**	**6368.12**	**21809.78**	**24564.72**
北京 Beijing	37124.39	41103.11	25161.22	27961.78	1191.29	1430.22	696.64	717.56	10075.23	10993.54	32903.03	36468.75
天津 Tianjin	29916.04	32944.01	18794.08	21523.81	1059.29	1200.10	462.28	515.49	9600.40	9704.61	26920.86	29626.41
河北 Hebei	19591.91	21899.42	11686.60	13154.52	1836.45	2257.48	318.43	338.47	5750.43	6148.95	18292.23	20543.44
山西 Shanxi	19666.10	22100.31	13146.47	14973.64	875.24	1041.43	274.09	301.84	5370.29	5783.41	18123.87	20411.71
内蒙古 Inner Mongolia	21890.19	24790.79	14779.08	16872.58	2320.36	2698.67	513.36	564.02	4277.38	4655.51	20407.57	23150.26
辽宁 Liaoning	22879.77	25915.72	13093.86	14846.05	2285.41	2710.30	333.55	493.01	7166.95	7866.35	20466.84	23222.67
吉林 Jilin	19211.71	21659.64	12217.09	13535.33	1860.32	2168.82	235.31	324.03	4898.99	5631.45	17796.57	20208.04
黑龙江 Heilongjiang	17118.49	19367.84	10235.04	11700.50	1529.14	1729.29	141.26	186.10	5213.05	5751.95	15696.18	17759.75
上海 Shanghai	40532.29	44754.50	28550.76	31109.30	1994.12	2267.15	633.12	575.82	9354.29	10802.23	36230.48	40188.34
江苏 Jiangsu	28971.98	32519.10	17761.58	20102.05	3026.57	3421.90	667.06	689.96	7516.76	8305.20	26340.73	29676.97
浙江 Zhejiang	34264.38	37994.83	20334.25	22385.09	4383.89	4694.40	1572.34	1465.32	7973.91	9450.02	30970.68	34550.30
安徽 Anhui	20751.11	23524.56	12915.97	14812.54	1874.45	2155.33	569.96	549.62	5390.73	6007.07	18606.13	21024.21
福建 Fujian	27378.11	30877.92	17438.81	19976.01	2991.66	3336.96	1752.82	1795.21	5194.82	5769.73	24907.40	28055.24
江西 Jiangxi	18656.52	21150.24	11654.36	13348.06	1721.84	1946.82	471.73	527.63	4808.59	5327.72	17494.87	19860.36

3-35 续表 Contiuned

地 区 Region	总收入 Total Income		工薪收入 Income of Wages and Salaries		经营收入 Net Business Income		财产性收入 Income from Properties		转移性收入 Income from Transfers		可支配收入 Disposable Income	
	2011	2012	2011	2012	2011	2012	2011	2012	2011	2012	2011	2012
山 东 Shandong	24889.80	28005.61	17629.40	19856.05	2294.85	2621.41	615.69	704.90	4349.86	4823.24	22791.84	25755.19
河 南 Henan	19526.92	21897.23	12039.24	13666.49	2264.36	2545.14	286.02	333.81	4937.30	5351.78	18194.80	20442.62
湖 北 Hubei	20193.27	22903.85	12622.44	14191.04	1906.73	2158.33	357.15	476.23	5306.95	6078.25	18373.87	20839.59
湖 南 Hunan	20083.87	22804.55	11550.09	13237.06	2674.18	3008.33	770.66	867.76	5088.95	5691.40	18844.05	21318.76
广 东 Guangdong	30218.76	34044.38	21092.14	23632.20	3035.25	3603.89	1242.95	1468.73	4848.42	5339.56	26897.48	30226.71
广 西 Guangxi	20846.11	23209.41	13550.16	14693.47	1699.84	2131.79	844.91	883.71	4751.20	5500.43	18854.06	21242.80
海 南 Hainan	20094.18	22809.87	12876.92	14672.28	2158.62	2397.44	715.40	717.61	4343.24	5022.54	18368.95	20917.71
重 庆 Chongqing	21794.27	24810.98	13827.72	15415.44	1779.43	2183.51	433.71	538.43	5753.42	6673.59	20249.70	22968.14
四 川 Sichuan	19688.09	22328.33	12687.29	14249.32	1670.51	2017.84	523.24	633.82	4807.05	5427.34	17899.12	20306.99
贵 州 Guizhou	17598.87	20042.88	10754.45	12309.17	1614.67	1982.45	356.41	355.70	4873.34	5395.56	16495.01	18700.51
云 南 Yunnan	20255.13	23000.43	12416.17	14408.29	1785.61	2425.03	1273.99	999.98	4779.36	5167.14	18575.62	21074.50
西 藏 Tibet	18115.76	20224.17	15854.97	17672.12	486.92	570.88	358.07	417.86	1415.80	1563.31	16195.56	18028.32
陕 西 Shanxi	20069.87	22606.01	14051.28	15547.32	771.75	881.96	214.18	269.58	5032.65	5907.14	18245.23	20733.88
甘 肃 Gansu	16267.37	18498.46	11195.26	12514.92	914.30	1125.68	161.66	259.63	3996.15	4598.23	14988.68	17156.89
青 海 Qinghai	17794.98	19746.63	11403.97	12614.39	1054.60	1191.42	78.64	92.98	5257.77	5847.84	15603.31	17566.28
宁 夏 Ningxia	19654.59	21902.24	12396.71	13965.62	2367.47	2522.84	198.48	160.88	4691.94	5252.90	17578.92	19831.41
新 疆 Xinjiang	17631.15	20194.55	12653.43	14432.12	1412.32	1633.22	149.06	145.50	3416.35	3983.71	15513.62	17920.68

3-36 全国及分省(区、市)城镇居民家庭人均总支出
Total Expenditures per Capita of Urban Households by Provinces and Regions

单位:元 (yuan)

地 区	Region	总支出 Total Expenditure		消费支出 Total Consumption Expenditure	
		2011	2012	2011	2012
全 国	**National**	**20365.71**	**22341.42**	**15160.89**	**16674.32**
北 京	Beijing	28253.04	30828.09	21984.37	24045.86
天 津	Tianjin	26344.51	29424.94	18424.09	20024.24
河 北	Hebei	15215.52	16117.15	11609.29	12531.12
山 西	Shanxi	16442.01	17104.90	11354.30	12211.53
内蒙古	Inner Mongolia	20270.86	22562.52	15878.07	17717.10
辽 宁	Liaoning	20055.99	23457.02	14789.61	16593.60
吉 林	Jilin	16957.82	19727.64	13010.63	14613.53
黑龙江	Heilongjiang	15932.55	17228.82	12054.19	12983.55
上 海	Shanghai	33778.52	35432.02	25102.14	26253.47
江 苏	Jiangsu	23190.67	26128.62	16781.74	18825.28
浙 江	Zhejiang	29109.35	30639.72	20437.45	21545.18
安 徽	Anhui	18830.03	21420.80	13181.46	15011.66
福 建	Fujian	22569.32	25273.92	16661.05	18593.21
江 西	Jiangxi	15153.33	16190.34	11747.21	12775.65
山 东	Shandong	19341.27	20657.38	14560.67	15778.24
河 南	Henan	15477.17	17300.48	12336.47	13732.96
湖 北	Hubei	18123.42	20107.11	13163.77	14495.97
湖 南	Hunan	18162.77	20121.37	13402.87	14608.95
广 东	Guangdong	27126.26	29128.98	20251.82	22396.35
广 西	Guangxi	17125.96	18889.23	12848.37	14243.98
海 南	Hainan	16438.95	18290.01	12642.75	14456.55
重 庆	Chongqing	18537.10	20984.13	14974.49	16573.14
四 川	Sichuan	17825.27	19495.97	13696.30	15049.54
贵 州	Guizhou	15558.27	17312.83	11352.88	12585.70
云 南	Yunnan	16397.44	18447.48	12248.03	13883.93
西 藏	Tibet	12948.85	14204.94	10398.91	11184.33
陕 西	Shanxi	18432.53	20002.95	13782.75	15332.84
甘 肃	Gansu	14311.11	16766.83	11188.57	12847.05
青 海	Qinghai	15381.85	16633.41	10955.46	12346.29
宁 夏	Ningxia	18705.06	19240.41	12896.04	14067.15
新 疆	Xinjiang	16057.60	18447.93	11839.40	13891.72

3-37 全国及分省(区、市)城镇居民家庭人均现金消费支出

Cash Consumption Expenditures per Capita of Urban Households by Provinces and Regions

单位:元 (yuan)

地区	Region	消费性支出 Consumption Expenditure		食品 Food		粮油类 Grain and Oil		肉禽蛋水产类 Poutry, Eggs and Aquatic Products		蔬菜类 Vegetables		调味品 Flavoring	
		2011	2012	2011	2012	2011	2012	2011	2012	2011	2012	2011	2012
全国	**National**	**15160.89**	**16674.32**	**5506.33**	**6040.85**	**707.62**	**746.74**	**1576.57**	**1711.51**	**527.32**	**591.97**	**68.84**	**76.10**
北京	Beijing	21984.37	24045.86	6905.51	7535.29	725.75	734.75	1446.21	1527.83	536.87	583.57	120.90	128.73
天津	Tianjin	18424.09	20024.24	6663.31	7343.64	707.50	741.22	1726.67	1885.50	555.79	614.19	103.06	116.79
河北	Hebei	11609.29	12531.12	3927.26	4211.16	619.52	647.61	996.68	1068.84	390.51	412.78	60.18	69.11
山西	Shanxi	11354.30	12211.53	3558.04	3855.56	652.34	679.59	681.21	726.30	352.14	383.69	51.61	56.58
内蒙古	Inner Mongolia	15878.07	17717.10	4962.40	5463.18	655.03	689.15	1120.11	1218.38	403.33	457.17	61.18	62.79
辽宁	Liaoning	14789.61	16593.60	5254.96	5809.39	731.71	770.11	1407.26	1585.20	515.76	581.19	82.16	90.33
吉林	Jilin	13010.63	14613.53	4252.85	4635.27	683.32	723.26	1009.38	1110.62	452.21	489.50	68.53	78.69
黑龙江	Heilongjiang	12054.19	12983.55	4348.45	4687.23	731.96	767.57	1121.50	1183.68	441.68	463.23	69.69	74.44
上海	Shanghai	25102.14	26253.47	8905.95	9655.60	987.27	1019.34	2401.48	2608.70	672.39	761.58	85.49	91.92
江苏	Jiangsu	16781.74	18825.28	6060.91	6658.37	685.79	735.15	1787.27	1987.72	582.89	662.97	66.92	76.37
浙江	Zhejiang	20437.45	21545.18	7066.22	7552.02	721.57	770.96	1965.90	2185.76	582.55	660.54	61.93	65.02
安徽	Anhui	13181.46	15011.66	5246.76	5814.92	704.59	735.77	1372.41	1452.14	538.66	577.93	43.21	47.99
福建	Fujian	16661.05	18593.21	6534.94	7317.42	787.43	837.53	2504.22	2835.75	534.17	629.91	68.23	76.61
江西	Jiangxi	11747.21	12775.65	4675.16	5071.61	718.74	760.20	1472.51	1557.21	580.69	671.48	51.93	56.84
山东	Shandong	14560.67	15778.24	4827.61	5201.32	624.25	648.20	1322.85	1395.85	427.02	439.17	62.46	67.06
河南	Henan	12336.47	13732.96	4212.76	4607.47	640.83	641.51	979.97	1034.12	375.92	400.70	59.05	64.16
湖北	Hubei	13163.77	14495.97	5363.68	5837.93	837.70	902.66	1488.43	1567.74	653.65	703.01	76.33	73.89
湖南	Hunan	13402.87	14608.95	4943.89	5441.63	700.94	751.97	1451.16	1541.73	558.90	627.38	52.39	57.37
广东	Guangdong	20251.82	22396.35	7471.88	8258.44	798.04	839.54	2731.84	2986.76	642.09	742.25	62.43	74.15
广西	Guangxi	12848.37	14243.98	5074.49	5552.56	615.14	637.95	1960.05	2079.01	448.41	521.24	41.84	45.74
海南	Hainan	12642.75	14456.55	5673.65	6556.10	498.63	545.98	2510.36	2864.35	580.75	726.07	46.54	53.56
重庆	Chongqing	14974.49	16573.14	5847.90	6870.23	709.92	826.43	1744.83	1993.18	624.99	797.03	110.56	137.92
四川	Sichuan	13696.30	15049.54	5571.69	6073.86	705.12	755.03	1748.96	1818.36	608.90	710.36	105.69	115.95
贵州	Guizhou	11352.88	12585.70	4565.85	4992.85	609.63	653.00	1245.04	1325.31	513.14	558.19	64.05	67.21
云南	Yunnan	12248.03	13883.93	4802.26	5468.17	623.14	653.68	1195.79	1324.81	614.03	744.88	59.07	65.53
西藏	Tibet	10398.91	11184.33	5184.18	5517.69	690.17	643.22	1215.10	1296.79	600.81	682.52	60.02	59.32
陕西	Shanxi	13782.75	15332.84	5040.47	5550.71	688.71	724.33	833.86	931.41	481.61	538.90	79.13	87.52
甘肃	Gansu	11188.57	12847.05	4182.47	4602.33	618.83	664.55	786.67	881.16	462.58	509.66	67.01	77.02
青海	Qinghai	10955.46	12346.29	4260.27	4667.34	684.19	695.39	1088.76	1160.01	467.77	493.94	62.69	61.36
宁夏	Ningxia	12896.04	14067.15	4483.44	4768.91	627.22	622.09	928.16	981.53	402.09	422.65	54.91	58.93
新疆	Xinjiang	11839.40	13891.72	4537.46	5238.89	685.22	767.72	1234.21	1412.22	427.51	499.33	49.22	57.90

3-37 续表 1 Continued 1

地 区	Region	糖烟酒饮料类 Sugar, Tobacco Wine and Other Beverages		干鲜瓜果类 Dried and Fresh Melons and Fruits		糕点、奶及奶制品 Pastry, Milk and Dairy Products		其他食品 Other Food		饮食服务 Food Service		衣 着 Clothing	
		2011	2012	2011	2012	2011	2012	2011	2012	2011	2012	2011	2012
全 国	**National**	**559.32**	**621.12**	**449.14**	**506.30**	**344.10**	**376.55**	**88.44**	**93.64**	**1184.97**	**1316.94**	**1674.70**	**1823.39**
北 京	Beijing	838.78	973.06	705.92	772.88	619.00	679.10	79.17	101.16	1832.90	2034.22	2265.88	2638.90
天 津	Tianjin	691.31	762.05	615.62	664.40	454.73	541.15	118.75	136.77	1689.89	1881.57	1754.98	1881.43
河 北	Hebei	424.44	467.25	366.89	408.96	277.33	313.63	102.67	110.71	689.04	712.26	1425.99	1541.99
山 西	Shanxi	417.85	475.38	353.45	402.92	295.69	314.82	75.04	82.80	678.70	733.47	1461.90	1529.47
内蒙古	Inner Mongolia	653.78	745.73	432.46	484.96	272.31	310.82	228.21	239.87	1135.98	1254.31	2514.09	2730.23
辽 宁	Liaoning	517.38	582.32	562.50	638.97	306.41	352.29	85.15	91.41	1046.63	1117.57	1854.63	2042.40
吉 林	Jilin	378.59	444.68	460.69	530.94	210.51	236.23	110.96	99.16	878.67	922.20	1769.47	2044.80
黑龙江	Heilongjiang	381.14	421.50	459.06	502.81	231.33	268.79	58.12	62.25	853.96	942.96	1681.88	1806.92
上 海	Shanghai	989.41	967.67	695.27	756.66	700.21	766.28	99.23	85.15	2275.21	2598.31	2053.81	2111.17
江 苏	Jiangsu	736.60	789.62	441.46	513.86	398.05	433.97	122.96	127.26	1238.97	1331.46	1772.06	1915.97
浙 江	Zhejiang	790.38	727.05	611.57	664.99	407.91	423.55	81.26	88.76	1843.14	1965.39	2138.99	2109.58
安 徽	Anhui	843.48	966.76	351.57	378.58	378.56	407.88	90.84	89.43	923.45	1158.44	1371.01	1540.66
福 建	Fujian	558.17	596.50	468.01	541.04	356.70	382.06	52.72	52.03	1205.27	1365.99	1494.96	1634.21
江 西	Jiangxi	392.27	486.06	392.04	423.16	302.70	327.69	103.59	113.02	660.69	675.96	1272.88	1476.63
山 东	Shandong	511.73	566.23	484.14	546.77	372.06	391.18	90.99	103.51	932.11	1043.33	2008.84	2196.98
河 南	Henan	449.00	524.97	357.91	410.78	301.80	321.28	95.23	98.41	953.06	1111.55	1706.94	1885.99
湖 北	Hubei	647.15	727.53	345.60	385.98	311.51	338.97	70.44	57.09	932.87	1081.06	1677.91	1783.41
湖 南	Hunan	466.99	573.05	412.81	471.33	232.74	243.02	114.83	124.04	953.14	1051.73	1499.02	1624.57
广 东	Guangdong	454.86	538.33	483.95	551.94	370.62	406.90	56.68	64.95	1871.36	2053.63	1404.60	1520.59
广 西	Guangxi	331.57	390.13	363.02	406.75	276.53	289.63	51.05	56.13	986.88	1125.96	1019.34	1146.46
海 南	Hainan	277.72	302.70	326.35	377.61	211.52	227.87	38.10	33.26	1183.67	1424.68	780.10	864.96
重 庆	Chongqing	533.94	642.20	362.69	460.46	338.21	402.80	71.46	99.43	1351.30	1510.79	2056.79	2228.76
四 川	Sichuan	556.07	599.66	378.78	425.78	310.68	348.20	57.98	65.73	1099.51	1234.79	1483.54	1651.14
贵 州	Guizhou	508.79	592.09	375.50	408.36	229.49	244.49	99.50	86.95	920.70	1057.25	1209.88	1399.00
云 南	Yunnan	561.81	651.93	353.03	422.47	326.59	371.90	58.24	59.61	1010.56	1173.35	1587.18	1759.89
西 藏	Tibet	800.33	849.27	292.39	315.56	444.57	432.22	151.91	156.05	928.89	1082.73	1261.29	1361.57
陕 西	Shanxi	564.66	615.39	486.65	527.62	394.35	430.63	112.00	116.87	1399.51	1578.05	1673.24	1789.06
甘 肃	Gansu	517.07	579.76	384.88	443.60	264.70	295.63	188.84	171.88	891.89	979.08	1470.26	1631.40
青 海	Qinghai	442.82	579.49	386.02	408.76	261.23	281.13	106.57	94.18	760.23	893.09	1394.28	1512.24
宁 夏	Ningxia	498.32	500.02	454.83	504.76	283.51	318.04	120.43	137.20	1113.98	1223.69	1701.73	1875.70
新 疆	Xinjiang	348.39	403.81	462.68	549.88	290.20	342.11	65.47	82.34	974.55	1123.59	1715.94	2031.14

3-37 续表2 Contiuned 2

地区	Region	服装 Clothes		衣着材料 Clothes Material		鞋类 Shoes		其他衣着用品 Other Clothing Articles		衣着加工服务费 Clothes Processing Service Cost		家庭设备用品及服务 Household Facilities, Articles and Service
		2011	2012	2011	2012	2011	2012	2011	2012	2011	2012	2011
全国	**National**	**1237.03**	**1344.87**	**11.10**	**10.77**	**364.95**	**401.71**	**52.07**	**56.63**	**9.56**	**9.42**	**1023.17**
北京	Beijing	1612.12	1814.80	14.19	13.43	551.34	706.48	72.89	88.66	15.35	15.52	1562.55
天津	Tianjin	1274.91	1347.62	13.80	13.58	378.87	429.35	75.26	79.83	12.13	11.04	1174.62
河北	Hebei	1020.03	1081.25	11.19	12.81	331.20	375.88	56.69	65.57	6.89	6.48	809.85
山西	Shanxi	1094.58	1143.34	10.15	9.26	311.48	329.99	38.15	38.32	7.54	8.56	832.74
内蒙古	Inner Mongolia	1859.84	2017.83	7.20	6.36	528.85	575.66	104.79	119.08	13.41	11.30	1162.87
辽宁	Liaoning	1295.08	1435.01	10.90	13.37	459.80	503.73	74.63	76.70	14.23	13.60	929.37
吉林	Jilin	1272.43	1486.68	7.30	5.82	414.74	473.22	62.54	66.95	12.46	12.13	839.31
黑龙江	Heilongjiang	1194.59	1279.50	6.65	6.52	411.35	448.12	56.69	58.78	12.60	14.01	723.58
上海	Shanghai	1558.24	1581.14	21.48	17.27	404.20	439.65	53.17	56.96	16.72	16.15	1826.22
江苏	Jiangsu	1338.75	1438.02	18.07	16.21	346.32	388.24	56.55	62.32	12.37	11.18	1193.81
浙江	Zhejiang	1658.21	1618.46	20.56	18.51	396.14	408.62	52.81	52.24	11.26	11.74	1109.42
安徽	Anhui	954.30	1076.97	11.56	13.71	338.06	376.59	56.89	65.45	10.20	7.95	690.66
福建	Fujian	1167.05	1268.31	3.26	4.38	281.48	314.91	38.04	40.03	5.13	6.58	1179.84
江西	Jiangxi	978.76	1142.00	12.53	10.79	247.28	285.24	29.19	33.14	5.13	5.45	914.88
山东	Shandong	1463.71	1606.62	10.79	13.32	456.72	491.11	66.38	76.03	11.24	9.90	1013.82
河南	Henan	1265.53	1395.05	10.18	9.00	380.26	426.92	41.07	44.87	9.90	10.14	977.52
湖北	Hubei	1259.76	1360.76	12.68	10.12	348.92	355.10	48.92	50.24	7.63	7.18	814.81
湖南	Hunan	1123.49	1227.60	8.70	9.79	313.03	335.64	47.41	44.63	6.40	6.91	940.79
广东	Guangdong	1065.71	1152.79	2.02	2.26	293.34	318.83	37.99	39.98	5.54	6.73	1370.28
广西	Guangxi	778.29	874.12	8.66	6.40	201.96	232.39	25.11	27.39	5.32	6.17	884.85
海南	Hainan	615.59	675.77	0.97	0.75	145.20	167.11	16.12	19.73	2.23	1.60	729.86
重庆	Chongqing	1516.13	1633.46	9.76	12.38	458.18	490.29	65.80	84.68	6.92	7.95	1079.27
四川	Sichuan	1099.76	1234.58	9.86	8.48	317.50	351.79	46.16	47.01	10.25	9.28	1020.16
贵州	Guizhou	853.39	1005.75	18.57	15.02	295.36	337.48	38.38	36.83	4.18	3.93	857.55
云南	Yunnan	1127.95	1269.15	12.83	13.04	411.39	437.75	32.26	37.53	2.75	2.42	570.46
西藏	Tibet	873.83	946.79	6.79	3.99	362.00	390.23	14.88	13.76	3.78	6.79	428.03
陕西	Shanxi	1224.95	1321.91	13.10	11.07	380.84	397.06	43.84	49.42	10.50	9.60	914.26
甘肃	Gansu	1049.68	1165.08	14.01	12.51	332.36	375.59	66.18	69.01	8.03	9.22	660.48
青海	Qinghai	1026.26	1127.95	7.82	6.66	300.40	317.42	52.10	51.74	7.70	8.47	723.23
宁夏	Ningxia	1265.75	1399.12	12.06	9.69	360.30	406.15	49.90	50.47	13.72	10.27	885.36
新疆	Xinjiang	1209.04	1458.13	20.38	20.48	404.23	451.78	64.40	82.66	17.89	18.09	791.43

3-37 续表3 Contiuned 3

地 区	Region		耐用消费品 Druable Consumer Goods		室内装饰品 Interior Decorations		床上用品 Bed Articles		家庭日用杂品 Family Daily Use Goods		家具材料 Furniture Material	
		2012	2011	2012	2011	2012	2011	2012	2011	2012	2011	2012
全 国	**National**	**1116.06**	**423.81**	**431.52**	**26.70**	**27.37**	**88.91**	**108.05**	**402.07**	**460.64**	**8.87**	**10.94**
北 京	Beijing	1610.70	737.15	651.50	43.98	55.12	123.67	183.96	532.68	604.57	12.69	11.14
天 津	Tianjin	1151.16	616.71	537.96	46.98	42.80	88.29	88.95	355.55	411.28	6.76	5.87
河 北	Hebei	876.10	385.79	371.96	24.05	21.56	62.74	73.97	288.97	340.15	8.45	16.08
山 西	Shanxi	832.52	421.25	384.47	25.15	23.95	72.97	85.30	265.68	296.06	6.56	6.10
内蒙古	Inner Mongolia	1242.64	534.49	538.84	49.72	34.09	99.65	133.74	394.48	446.86	31.67	36.44
辽 宁	Liaoning	1069.65	320.74	373.29	31.43	32.85	91.83	109.47	410.17	480.07	8.74	5.99
吉 林	Jilin	871.46	315.00	286.66	17.10	17.38	70.16	82.43	377.46	419.61	5.08	3.65
黑龙江	Heilongjiang	742.22	295.15	268.97	18.51	23.17	55.18	72.95	311.36	338.71	6.43	8.23
上 海	Shanghai	1906.49	743.83	672.21	45.18	40.10	162.33	211.71	714.98	784.85	1.97	1.79
江 苏	Jiangsu	1288.42	475.03	487.45	21.99	24.33	105.04	129.77	485.33	533.96	3.67	10.59
浙 江	Zhejiang	1161.39	395.30	403.46	21.55	19.52	110.88	110.91	446.35	475.71	6.10	4.77
安 徽	Anhui	811.23	339.24	366.49	32.30	25.95	83.51	115.97	191.91	244.31	6.53	10.06
福 建	Fujian	1254.71	494.47	480.41	19.69	23.29	97.25	103.72	448.41	535.75	6.37	2.41
江 西	Jiangxi	966.23	379.17	336.87	20.94	23.06	78.66	105.28	376.51	442.49	16.28	10.94
山 东	Shandong	1125.99	499.49	534.44	30.81	37.51	76.69	94.74	356.39	406.20	14.44	12.38
河 南	Henan	1145.42	458.19	546.23	29.69	24.77	111.69	131.34	339.15	395.96	6.72	8.92
湖 北	Hubei	978.26	317.76	400.45	16.79	25.97	59.74	74.37	369.48	405.30	15.08	24.72
湖 南	Hunan	1034.30	362.01	377.70	17.93	23.49	87.36	101.01	396.18	442.86	8.71	25.49
广 东	Guangdong	1467.20	464.92	452.90	27.63	27.11	96.56	118.03	589.79	695.32	10.33	8.88
广 西	Guangxi	1125.39	388.63	531.67	30.97	38.79	84.73	104.63	334.86	369.54	2.10	2.11
海 南	Hainan	777.20	261.39	269.74	7.78	13.27	48.59	47.84	375.00	420.37	6.84	8.15
重 庆	Chongqing	1196.03	483.89	414.35	36.96	27.13	118.33	154.12	373.41	499.73	14.29	32.57
四 川	Sichuan	1097.93	421.00	414.60	22.86	18.67	95.21	107.75	419.74	482.16	9.92	10.61
贵 州	Guizhou	849.94	366.57	270.72	15.94	13.46	64.00	85.38	360.95	401.78	5.40	10.79
云 南	Yunnan	634.09	230.55	241.99	15.55	11.89	49.13	54.76	231.21	274.62	3.67	1.37
西 藏	Tibet	474.69	76.01	95.16	19.04	34.12	98.08	92.96	212.82	233.80	12.02	8.80
陕 西	Shanxi	986.82	365.93	369.93	21.22	26.79	75.71	92.50	397.72	447.07	5.79	1.58
甘 肃	Gansu	833.15	267.14	356.06	27.35	26.90	46.91	61.11	272.75	338.12	9.86	13.55
青 海	Qinghai	923.70	295.37	414.26	36.21	61.39	64.83	74.57	299.60	327.76	8.79	16.87
宁 夏	Ningxia	929.01	369.99	372.95	41.69	40.01	65.99	69.44	366.32	401.24	4.62	2.65
新 疆	Xinjiang	950.17	279.89	303.05	44.21	54.14	52.40	71.10	376.02	466.46	4.55	5.26

3-37 续表4 Contiuned 4

地区	Region	家庭服务 Household Service		医疗保健 Medicine and Medical Service		医疗器具 Medical Equipment		保健器具 Healthful Equipment		药品费 Medicine Expense		滋补保健器 Nourishing Healthful Product
		2011	2012	2011	2012	2011	2012	2011	2012	2011	2012	2011
全国	National	72.81	77.54	968.98	1063.68	8.27	8.86	18.60	16.38	453.20	492.73	137.40
北京	Beijing	112.38	104.41	1523.32	1658.37	16.29	18.12	52.37	50.67	707.24	767.88	207.03
天津	Tianjin	60.34	64.30	1415.39	1556.35	6.16	13.58	22.54	25.51	719.11	737.64	137.77
河北	Hebei	39.85	52.38	955.95	1047.28	5.88	9.79	24.94	31.09	462.81	523.18	99.01
山西	Shanxi	41.13	36.64	851.30	905.88	12.43	5.84	16.28	13.84	382.70	437.99	74.00
内蒙古	Inner Mongolia	52.86	52.66	1239.36	1354.09	8.82	18.49	13.88	18.42	548.10	574.87	86.39
辽宁	Liaoning	66.46	67.98	1208.30	1309.62	9.09	10.66	18.19	17.97	479.06	546.41	204.18
吉林	Jilin	54.51	61.72	1108.51	1447.50	8.75	11.50	9.76	18.00	484.20	639.55	121.01
黑龙江	Heilongjiang	36.95	30.18	1082.96	1180.67	11.38	9.43	16.52	12.53	593.64	630.03	82.18
上海	Shanghai	157.94	195.83	1140.82	1016.65	6.97	15.90	20.93	11.70	485.74	413.04	304.78
江苏	Jiangsu	102.75	102.32	962.45	1058.11	10.11	5.03	19.42	20.35	415.56	405.29	216.57
浙江	Zhejiang	129.24	147.01	1248.90	1228.02	8.09	14.07	11.67	13.55	555.39	518.06	296.48
安徽	Anhui	37.18	48.45	907.58	1142.96	10.53	9.46	11.18	6.52	443.88	522.29	102.46
福建	Fujian	113.65	109.14	773.26	773.22	2.44	4.63	15.41	21.24	319.34	325.23	137.30
江西	Jiangxi	43.32	47.60	641.23	670.71	5.00	1.94	11.57	6.01	326.38	327.22	78.65
山东	Shandong	36.00	40.71	938.86	1005.25	8.18	8.04	33.12	22.44	395.08	421.45	157.85
河南	Henan	32.07	38.21	919.83	1085.47	3.58	10.01	26.81	19.38	441.48	514.70	75.04
湖北	Hubei	35.96	47.45	915.72	1029.55	4.68	3.42	13.66	13.51	395.46	446.65	78.28
湖南	Hunan	68.61	63.74	790.76	918.41	2.69	7.19	10.04	12.07	454.75	508.63	82.15
广东	Guangdong	181.07	164.96	948.18	1048.28	14.32	7.57	23.25	12.94	430.70	490.62	212.61
广西	Guangxi	43.56	78.64	779.08	883.56	10.10	5.72	11.48	14.53	385.85	436.09	74.34
海南	Hainan	30.25	17.83	783.34	993.24	1.17	2.59	6.33	6.78	347.09	454.12	95.90
重庆	Chongqing	52.40	68.13	1050.62	1101.56	10.56	5.19	18.68	8.82	491.34	553.83	124.06
四川	Sichuan	51.43	64.16	735.26	772.75	8.26	9.73	7.67	11.85	412.76	426.50	69.51
贵州	Guizhou	44.69	67.81	578.33	654.53	5.87	5.73	4.67	7.01	287.44	317.66	29.16
云南	Yunnan	40.35	49.46	822.41	939.13	7.59	17.19	11.94	11.65	412.58	467.51	58.49
西藏	Tibet	10.06	9.85	424.10	467.23	1.48	1.42	3.96	6.07	235.13	261.91	58.90
陕西	Shanxi	47.89	48.95	1100.51	1212.44	5.13	9.05	22.05	12.31	606.11	688.88	67.10
甘肃	Gansu	36.46	37.42	874.05	1049.65	2.47	5.98	13.20	10.86	461.98	520.88	41.28
青海	Qinghai	18.43	28.86	854.25	906.14	3.42	5.18	12.94	8.26	393.88	438.46	45.89
宁夏	Ningxia	36.75	42.72	978.12	1063.09	18.23	15.68	15.97	6.22	588.97	602.75	71.59
新疆	Xinjiang	34.37	50.16	912.99	1027.60	4.42	5.97	5.78	9.58	381.91	434.72	79.01

3-37 续表 5 Continued 5

地 区	Region		医疗费 Medical Care Expense		其 他 Others		交通和通讯 Transport and Communications		交 通 Transport		通 信 Communication	
		2012	2011	2012	2011	2012	2011	2012	2011	2012	2011	2012
全 国	**National**	**151.38**	**341.01**	**383.03**	**10.50**	**11.29**	**2149.69**	**2455.47**	**1397.09**	**1628.35**	**752.60**	**827.12**
北 京	Beijing	281.34	526.11	521.85	14.29	18.51	3521.20	3781.51	2482.73	2725.74	1038.46	1055.77
天 津	Tianjin	188.85	521.27	582.04	8.54	8.73	2699.53	3083.37	1749.35	2004.89	950.18	1078.48
河 北	Hebei	89.83	350.94	380.92	12.36	12.46	1526.60	1723.75	966.11	1115.09	560.49	608.67
山 西	Shanxi	85.04	357.93	357.24	7.95	5.93	1487.66	1672.29	880.31	1012.22	607.35	660.08
内蒙古	Inner Mongolia	101.67	566.86	623.10	15.31	17.54	2003.54	2572.93	1374.19	1863.06	629.35	709.88
辽 宁	Liaoning	203.83	489.99	521.46	7.79	9.28	1899.06	2323.29	1181.00	1507.46	718.05	815.83
吉 林	Jilin	148.80	475.92	608.89	8.88	20.75	1541.37	1780.67	888.51	1083.91	652.86	696.75
黑龙江	Heilongjiang	101.30	372.78	421.75	6.46	5.62	1363.62	1462.61	858.12	922.41	505.50	540.19
上 海	Shanghai	282.81	312.81	279.37	9.60	13.82	3808.41	4563.80	2502.23	3221.58	1306.18	1342.23
江 苏	Jiangsu	246.07	289.31	369.27	11.48	12.10	2262.19	2689.51	1603.90	1855.02	658.28	834.48
浙 江	Zhejiang	343.22	367.28	332.07	9.98	7.05	3728.23	4133.50	2725.79	3048.46	1002.44	1085.04
安 徽	Anhui	123.52	323.06	451.66	16.47	29.50	1365.01	1809.72	677.96	1012.05	687.06	797.67
福 建	Fujian	150.36	293.49	266.30	5.26	5.47	2470.18	2961.78	1531.17	1924.89	939.01	1036.89
江 西	Jiangxi	86.19	214.93	244.31	4.70	5.03	1310.21	1501.34	763.55	915.30	546.66	586.04
山 东	Shandong	172.66	329.76	368.52	14.87	12.14	2203.99	2370.23	1539.95	1634.99	664.04	735.24
河 南	Henan	82.77	367.50	448.88	5.42	9.73	1573.64	1730.35	1024.94	1125.25	548.70	605.09
湖 北	Hubei	67.90	408.31	481.13	15.33	16.94	1382.20	1476.98	827.81	867.08	554.39	609.90
湖 南	Hunan	81.66	234.81	301.06	6.33	7.79	1975.50	2084.15	1331.53	1421.93	643.98	662.23
广 东	Guangdong	215.10	257.00	310.70	10.30	11.35	3630.62	4176.66	2416.57	2882.35	1214.05	1294.31
广 西	Guangxi	90.18	292.52	328.08	4.78	8.94	2000.57	2088.64	1404.87	1448.53	595.70	640.12
海 南	Hainan	92.15	320.92	426.41	11.92	11.19	1830.80	2004.34	1184.67	1261.77	646.13	742.57
重 庆	Chongqing	138.74	388.83	378.71	17.16	16.27	1718.73	1903.24	957.61	1090.36	761.11	812.88
四 川	Sichuan	85.55	225.64	231.29	11.42	7.83	1757.52	1946.72	992.78	1088.11	764.74	858.61
贵 州	Guizhou	40.10	243.16	279.38	8.03	4.65	1395.28	1891.03	698.37	1146.18	696.91	744.85
云 南	Yunnan	80.73	309.49	352.97	22.32	9.08	1905.86	2264.23	1213.38	1476.18	692.47	788.05
西 藏	Tibet	71.44	118.30	112.01	6.33	14.39	1278.00	1387.45	544.29	582.29	733.71	805.16
陕 西	Shanxi	78.07	394.62	417.47	5.51	6.67	1502.44	1788.38	818.74	1046.19	683.70	742.19
甘 肃	Gansu	46.85	336.02	455.50	19.10	9.58	1289.80	1575.67	605.41	799.76	684.39	775.90
青 海	Qinghai	58.15	387.98	385.09	10.15	11.00	1293.45	1549.76	823.54	983.65	469.91	566.11
宁 夏	Ningxia	112.31	279.17	320.51	4.18	5.62	1637.61	2110.41	1041.41	1468.29	596.20	642.12
新 疆	Xinjiang	98.49	436.87	472.39	5.00	6.45	1377.67	1660.27	813.19	1030.83	564.48	629.45

3-37 续表6 Continued 6

地区	Region	教育文化娱乐服务 Education, Culture and Recreation Services		文化娱乐用品 Recreation, and Cultural Facilities		文化娱乐服务 Education and Cultural Services		教育 Education		住房 Residence		住房 Accomodation
		2011	2012	2011	2012	2011	2012	2011	2012	2011	2012	2011
全国	**National**	**1851.74**	**2033.50**	**449.55**	**451.88**	**652.19**	**762.00**	**749.99**	**819.62**	**1405.01**	**1484.26**	**451.25**
北京	Beijing	3306.82	3695.98	874.97	823.54	1260.58	1658.20	1171.28	1214.24	1923.71	1970.94	793.50
天津	Tianjin	2116.01	2254.22	650.96	553.15	684.20	775.82	780.85	925.25	1763.44	1854.22	700.17
河北	Hebei	1203.99	1203.80	313.56	320.90	366.89	401.51	523.54	481.39	1372.25	1502.41	379.21
山西	Shanxi	1419.43	1506.20	322.90	380.90	373.61	405.54	722.92	719.76	1327.78	1438.88	385.33
内蒙古	Inner Mongolia	1812.07	1971.78	510.89	514.30	560.78	670.96	740.41	786.53	1418.60	1583.56	468.76
辽宁	Liaoning	1614.52	1843.89	396.05	436.00	460.52	591.31	757.94	816.58	1385.62	1433.28	311.32
吉林	Jilin	1468.34	1642.70	358.23	347.43	370.97	412.16	739.14	883.10	1468.29	1594.14	327.79
黑龙江	Heilongjiang	1190.87	1216.56	286.89	285.73	305.28	303.54	598.70	627.29	1185.96	1336.85	291.94
上海	Shanghai	3746.38	3723.74	1054.28	917.08	1406.50	1565.31	1285.61	1241.36	2225.68	1790.48	1225.04
江苏	Jiangsu	2695.52	3077.76	655.92	670.60	1033.95	1295.52	1005.65	1111.65	1187.74	1437.08	438.00
浙江	Zhejiang	2816.12	2996.59	550.69	512.29	932.80	1027.26	1332.63	1457.04	1518.06	1551.69	518.41
安徽	Anhui	1631.28	1932.74	374.24	413.61	480.14	571.01	776.90	948.12	1501.39	1396.97	726.87
福建	Fujian	1879.02	2104.83	516.82	500.82	733.09	847.92	629.11	756.09	1661.84	1753.86	617.94
江西	Jiangxi	1429.30	1487.30	317.87	321.57	500.74	617.08	610.69	548.65	1114.49	1173.91	341.18
山东	Shandong	1538.44	1655.91	457.42	463.03	424.19	500.85	656.83	692.03	1510.84	1572.35	420.05
河南	Henan	1373.94	1525.33	377.10	392.78	452.24	582.70	544.60	549.85	1087.08	1190.81	381.24
湖北	Hubei	1489.67	1651.92	272.88	304.23	525.92	621.85	690.86	725.83	1172.11	1371.15	358.51
湖南	Hunan	1526.10	1737.64	319.04	330.26	580.20	620.18	626.86	787.20	1292.55	1301.60	322.78
广东	Guangdong	2647.94	2954.13	565.28	552.09	1153.64	1323.65	929.03	1078.38	2005.15	2099.75	541.63
广西	Guangxi	1502.65	1626.05	460.30	424.81	480.54	521.37	561.81	679.88	1237.91	1377.26	441.31
海南	Hainan	1141.81	1319.54	243.81	322.41	332.91	424.84	565.08	572.28	1342.29	1521.04	503.73
重庆	Chongqing	1474.88	1470.64	375.94	332.67	638.85	657.39	460.09	480.59	1205.66	1177.02	336.25
四川	Sichuan	1369.47	1587.43	317.96	376.95	517.32	588.32	534.18	622.15	1226.14	1284.09	405.23
贵州	Guizhou	1331.43	1396.00	323.35	315.85	520.72	580.28	487.36	499.87	1102.99	1013.53	365.28
云南	Yunnan	1350.65	1434.30	279.94	288.71	608.69	642.65	462.02	502.94	827.84	973.76	298.58
西藏	Tibet	514.44	550.48	112.61	139.16	174.04	185.91	227.79	225.41	781.12	845.18	147.35
陕西	Shanxi	1857.60	2078.52	439.89	443.02	544.49	680.02	873.23	955.48	1193.81	1322.22	291.67
甘肃	Gansu	1158.30	1388.21	339.92	386.78	371.36	484.11	447.01	517.32	1139.85	1287.93	266.16
青海	Qinghai	967.90	1097.21	287.04	328.47	352.61	346.72	328.25	422.02	1055.15	1232.39	273.22
宁夏	Ningxia	1441.18	1515.91	422.14	386.81	452.33	547.95	566.71	581.15	1247.14	1193.37	355.66
新疆	Xinjiang	1122.18	1280.81	326.80	359.49	280.80	321.30	514.57	600.01	888.16	1166.59	200.17

3-37 续表 7 Continued 7

地区	Region		水电燃料及其他 Water, Electricity and Other Fuels		居住服务费 Residental Service Fees		其他商品和服务 Miscellaneous Goods and Services		其他商品 Miscellaneous Goods		服务 Services	
		2012	2011	2012	2011	2012	2011	2012	2011	2012	2011	2012
全国	**National**	**463.64**	**841.70**	**900.62**	**112.07**	**120.01**	**581.26**	**657.10**	**380.89**	**439.80**	**200.37**	**217.3**
北京	Beijing	869.75	961.56	941.31	168.66	159.88	975.37	1154.18	659.63	804.41	315.75	349.77
天津	Tianjin	704.46	1002.94	1075.91	60.33	73.84	836.82	899.87	643.08	667.62	193.74	232.25
河北	Hebei	439.42	926.01	989.32	67.04	73.66	387.40	424.63	254.15	293.77	133.25	130.86
山西	Shanxi	362.83	867.04	986.78	75.40	89.26	415.44	470.72	257.57	312.36	157.87	158.36
内蒙古	Inner Mongolia	616.02	853.54	861.53	96.29	106.00	765.13	798.68	545.12	572.69	220.01	225.99
辽宁	Liaoning	293.64	981.52	1054.28	92.78	85.35	643.15	762.07	384.92	472.45	258.23	289.62
吉林	Jilin	348.84	1049.90	1156.56	90.60	88.74	562.48	597.00	316.17	357.54	246.32	239.46
黑龙江	Heilongjiang	269.72	839.26	996.89	54.76	70.24	476.89	550.51	284.15	348.75	192.73	201.76
上海	Shanghai	768.08	799.57	823.57	201.07	198.83	1394.86	1485.53	974.68	1058.56	420.18	426.97
江苏	Jiangsu	548.34	658.50	774.07	91.24	114.67	647.06	700.06	426.32	476.83	220.74	223.23
浙江	Zhejiang	518.22	893.93	935.45	105.72	98.03	811.51	812.39	549.98	520.90	261.53	291.49
安徽	Anhui	558.86	661.03	736.95	113.49	101.16	467.77	562.44	312.52	359.70	155.26	202.74
福建	Fujian	656.72	899.52	936.52	144.38	160.62	667.00	793.17	436.14	539.23	230.86	253.95
江西	Jiangxi	318.18	718.26	773.90	55.05	81.83	389.06	427.93	268.70	306.16	120.36	121.77
山东	Shandong	441.13	992.20	1017.21	98.59	114.01	518.27	650.21	377.11	495.54	141.16	154.67
河南	Henan	420.68	650.98	707.95	54.86	62.18	484.76	562.13	309.64	374.84	175.12	187.29
湖北	Hubei	476.75	747.25	828.09	66.36	66.31	347.68	366.78	235.60	266.04	112.08	100.74
湖南	Hunan	283.74	871.49	924.32	98.29	93.54	434.25	466.65	258.27	292.37	175.98	174.27
广东	Guangdong	572.34	1176.15	1225.80	287.37	301.62	773.17	871.30	490.02	562.67	283.15	308.63
广西	Guangxi	498.69	745.20	804.54	51.40	74.02	349.48	444.06	225.54	295.76	123.94	148.3
海南	Hainan	572.35	746.78	839.52	91.78	109.17	360.91	420.13	229.06	287.43	131.85	132.7
重庆	Chongqing	292.95	729.10	733.10	140.31	150.97	540.63	625.66	364.31	428.40	176.32	197.26
四川	Sichuan	433.98	698.61	716.64	122.30	133.47	532.52	635.62	312.54	353.96	219.98	281.66
贵州	Guizhou	212.52	672.77	731.03	64.94	69.98	311.57	388.82	207.86	265.74	103.71	123.08
云南	Yunnan	402.05	462.21	498.82	67.05	72.89	381.38	410.35	233.71	247.80	147.67	162.55
西藏	Tibet	190.25	588.38	618.74	45.39	36.18	527.74	580.05	266.61	319.78	261.12	260.27
陕西	Shanxi	335.10	806.63	878.23	95.50	108.89	500.42	604.69	319.39	410.20	181.04	194.49
甘肃	Gansu	315.92	778.84	868.67	94.85	103.34	413.37	478.72	294.18	354.76	119.20	123.96
青海	Qinghai	359.34	701.96	765.12	79.96	107.92	406.93	457.51	276.33	342.36	130.61	115.15
宁夏	Ningxia	303.87	799.20	797.25	92.28	92.25	521.47	610.74	368.59	443.19	152.88	167.56
新疆	Xinjiang	402.96	630.38	688.86	57.61	74.77	493.56	536.24	374.80	408.77	118.76	127.47

3-38 全国及分省(区、市)农村居民家庭人均总收入
Total Income per Capita of Rural Households by Provinces and Regions

单位:元 (yuan)

地 区	Region	2008	2009	2010	2011	2012
全 国	**National**	**6700.70**	**7115.60**	**8119.50**	**9833.10**	**10990.67**
北 京	Beijing	12530.30	13844.90	15119.60	17424.00	19132.16
天 津	Tianjin	10424.80	11688.60	13258.40	15649.70	18019.06
河 北	Hebei	6905.70	7228.50	8293.90	10046.90	11189.40
山 西	Shanxi	5260.60	5496.80	6393.60	7419.90	8203.71
内蒙古	Inner Mongolia	8059.20	8403.40	9358.00	11972.50	13647.19
辽 宁	Liaoning	9346.40	9912.60	10902.50	13898.10	15274.61
吉 林	Jilin	8322.50	8644.00	10085.50	13243.50	15018.75
黑龙江	Heilongjiang	9545.50	9385.20	11526.80	14621.80	16557.88
上 海	Shanghai	12292.90	13186.50	14777.60	17305.80	19078.04
江 苏	Jiangsu	9092.80	9747.00	11138.50	13838.50	15347.46
浙 江	Zhejiang	12260.00	13421.90	15366.50	17260.60	18631.11
安 徽	Anhui	5769.80	6000.60	6895.60	8469.10	9630.25
福 建	Fujian	7655.30	8204.90	8993.10	10769.00	12136.83
江 西	Jiangxi	6170.40	6552.70	7468.50	8994.50	10040.30
山 东	Shandong	8136.70	8683.80	9877.30	12146.70	13645.26
河 南	Henan	5994.40	6414.40	7293.40	8724.60	9829.40
湖 北	Hubei	6266.30	6663.10	7699.30	9387.20	10525.66
湖 南	Hunan	6200.60	6628.30	7480.40	9141.80	10030.31
广 东	Guangdong	7790.90	8264.50	9386.80	11080.20	12521.37
广 西	Guangxi	5256.10	5535.20	6181.50	7521.10	8458.92
海 南	Hainan	5870.80	6195.80	6904.90	8646.50	9843.80
重 庆	Chongqing	5443.70	5798.80	6726.70	8421.50	9551.61
四 川	Sichuan	5903.30	6238.50	6982.80	8656.50	9497.86
贵 州	Guizhou	3889.70	4050.40	4560.50	5659.60	6443.90
云 南	Yunnan	4889.10	5105.30	5837.60	7396.60	8188.14
西 藏	Tibet	4085.80	4497.40	5084.10	6137.50	6986.18
陕 西	Shanxi	4483.70	4830.70	5793.60	7044.10	7999.36
甘 肃	Gansu	3959.20	4291.00	4771.90	5878.00	6704.96
青 海	Qinghai	4177.90	4430.60	5042.20	6491.20	7039.84
宁 夏	Ningxia	6173.90	6627.30	7330.80	8388.90	9485.76
新 疆	Xinjiang	6688.70	7265.50	8806.90	11590.90	13675.79

3-39 全国及分省(区、市)农村居民家庭人均总支出
Total Expenditures per Capita of Rural Households by Provinces and Regions

单位:元 (yuan)

地 区	Region	2008	2009	2010	2011	2012
全 国	**National**	**5915.70**	**6333.90**	**6991.80**	**8641.60**	**9605.53**
北 京	Beijing	9732.70	11607.40	11864.10	14503.40	15292.84
天 津	Tianjin	6579.50	7462.20	8329.10	10361.10	12663.25
河 北	Hebei	5480.50	5619.00	6402.90	8148.90	8927.01
山 西	Shanxi	4609.30	4875.80	5566.80	6936.10	7946.07
内蒙古	Inner Mongolia	7520.90	8146.50	9114.10	11828.10	13379.93
辽 宁	Liaoning	8289.70	9146.20	9604.70	12241.40	13326.99
吉 林	Jilin	7867.10	8689.50	9182.40	12715.10	14480.02
黑龙江	Heilongjiang	9593.40	9729.20	10982.00	13073.30	14225.37
上 海	Shanghai	10844.90	11435.80	11973.90	13458.20	14727.24
江 苏	Jiangsu	7484.30	8027.60	9163.60	11939.80	13219.48
浙 江	Zhejiang	11219.90	11730.10	13646.60	14875.80	15793.99
安 徽	Anhui	5048.30	5378.00	5909.60	7602.90	8562.63
福 建	Fujian	6440.40	6850.50	7414.40	8944.00	10132.14
江 西	Jiangxi	5040.60	5306.20	5904.30	7280.60	7871.96
山 东	Shandong	6697.40	7258.20	7981.00	10298.70	11462.92
河 南	Henan	4832.40	5220.10	5767.40	6858.60	7852.11
湖 北	Hubei	5402.10	5537.60	6131.20	7971.50	8923.73
湖 南	Hunan	5695.00	6024.20	6507.90	8480.50	9356.80
广 东	Guangdong	6458.30	6556.20	7199.10	8846.10	9795.63
广 西	Guangxi	4734.60	4957.80	5270.80	6792.10	7753.50
海 南	Hainan	4438.90	4569.10	5067.50	6511.30	7379.11
重 庆	Chongqing	4422.10	4753.30	5495.60	7035.80	7942.15
四 川	Sichuan	5154.80	6330.50	6166.40	7641.80	8366.06
贵 州	Guizhou	3590.50	3862.80	4350.30	5722.50	6370.25
云 南	Yunnan	4923.20	4855.50	5522.90	7000.40	7746.01
西 藏	Tibet	2921.90	3304.90	3474.90	3834.20	3968.34
陕 西	Shanxi	4629.90	5245.80	5998.20	7184.20	8071.22
甘 肃	Gansu	3784.80	4255.00	4528.50	5932.30	6657.37
青 海	Qinghai	4307.60	4626.60	5186.80	6835.10	7406.59
宁 夏	Ningxia	6095.00	6411.00	7191.60	8669.90	9707.10
新 疆	Xinjiang	6229.90	6847.50	8241.00	11250.20	13536.12

3-40 全国及分省(区、市)农村居民家庭人均纯收入
Net Income per Capita of Rural Households by Provinces and Regions

单位:元 (yuan)

地 区	Region	2008	2009	2010	2011	2012
全 国	**National**	**4760.62**	**5153.17**	**5919.01**	**6977.29**	**7916.58**
北 京	Beijing	10661.92	11668.59	13262.29	14735.68	16475.74
天 津	Tianjin	7910.78	8687.56	10074.86	12321.22	14025.54
河 北	Hebei	4795.46	5149.67	5957.98	7119.69	8081.39
山 西	Shanxi	4097.24	4244.10	4736.25	5601.40	6356.63
内蒙古	Inner Mongolia	4656.18	4937.80	5529.59	6641.56	7611.31
辽 宁	Liaoning	5576.48	5958.00	6907.93	8296.54	9383.72
吉 林	Jilin	4932.74	5265.91	6237.44	7509.95	8598.17
黑龙江	Heilongjiang	4855.59	5206.76	6210.72	7590.68	8603.85
上 海	Shanghai	11440.26	12482.94	13977.96	16053.79	17803.68
江 苏	Jiangsu	7356.47	8003.54	9118.24	10804.95	12201.95
浙 江	Zhejiang	9257.93	10007.31	11302.55	13070.69	14551.92
安 徽	Anhui	4202.49	4504.32	5285.17	6232.21	7160.46
福 建	Fujian	6196.07	6680.18	7426.86	8778.55	9967.17
江 西	Jiangxi	4697.19	5075.01	5788.56	6891.63	7829.43
山 东	Shandong	5641.43	6118.77	6990.28	8342.13	9446.54
河 南	Henan	4454.24	4806.95	5523.73	6604.03	7524.94
湖 北	Hubei	4656.38	5035.26	5832.27	6897.92	7851.71
湖 南	Hunan	4512.46	4909.04	5621.96	6567.06	7440.17
广 东	Guangdong	6399.79	6906.93	7890.25	9371.73	10542.84
广 西	Guangxi	3690.34	3980.44	4543.41	5231.33	6007.55
海 南	Hainan	4389.97	4744.36	5275.37	6446.01	7408.00
重 庆	Chongqing	4126.21	4478.35	5276.66	6480.41	7383.27
四 川	Sichuan	4121.21	4462.05	5086.89	6128.55	7001.43
贵 州	Guizhou	2796.93	3005.41	3471.93	4145.35	4753.00
云 南	Yunnan	3102.60	3369.34	3952.03	4721.99	5416.54
西 藏	Tibet	3175.82	3531.72	4138.71	4904.28	5719.38
陕 西	Shanxi	3136.46	3437.55	4104.98	5027.87	5762.52
甘 肃	Gansu	2723.79	2980.10	3424.65	3909.37	4506.66
青 海	Qinghai	3061.24	3346.15	3862.68	4608.46	5364.38
宁 夏	Ningxia	3681.42	4048.33	4674.89	5409.95	6180.32
新 疆	Xinjiang	3502.90	3883.10	4642.67	5442.15	6393.68

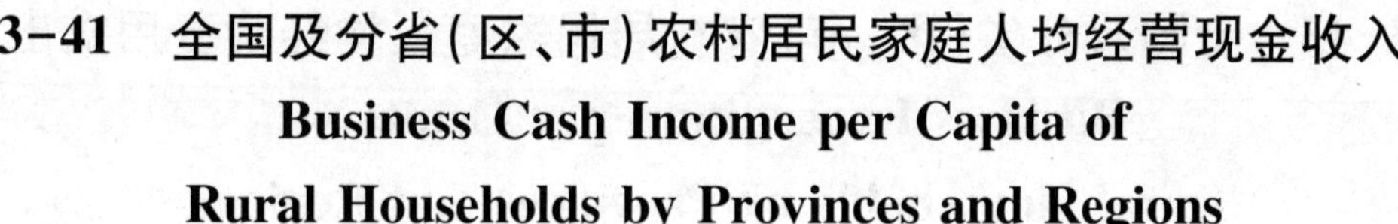

3-41 全国及分省(区、市)农村居民家庭人均经营现金收入

Business Cash Income per Capita of Rural Households by Provinces and Regions

单位:元 (yuan)

地 区	Region	2008	2009	2010	2011
全 国	**National**	**3370.50**	**3590.80**	**3955.40**	**4810.40**
北 京	Beijing	3570.40	3335.80	3365.00	3770.00
天 津	Tianjin	5038.90	5930.90	6325.00	6878.10
河 北	Hebei	3543.70	3813.80	4061.80	4805.10
山 西	Shanxi	2394.60	2607.20	2975.30	2995.10
内蒙古	Inner Mongolia	4979.00	5461.70	5882.50	7478.90
辽 宁	Liaoning	5749.30	6255.60	6557.30	8765.30
吉 林	Jilin	5788.40	6242.30	6448.80	8419.30
黑龙江	Heilongjiang	6822.20	6903.60	8219.30	9169.00
上 海	Shanghai	1290.70	1040.70	1014.10	1661.20
江 苏	Jiangsu	3690.60	3921.5	4272.70	5657.50
浙 江	Zhejiang	6318.70	6831.70	7843.80	8625.60
安 徽	Anhui	2630.80	2882.00	3259.30	4128.90
福 建	Fujian	3844.30	4032.70	4352.30	5139.20
江 西	Jiangxi	2947.40	3183.20	3532.50	4307.50
山 东	Shandong	4574.40	4977.80	5486.80	6627.00
河 南	Henan	3045.90	3291.20	3586.80	4267.30
湖 北	Hubei	3289.10	3509.20	4063.40	5012.00
湖 南	Hunan	2600.00	2842.40	2988.00	3599.30
广 东	Guangdong	2622.10	2577.40	2862.40	3319.20
广 西	Guangxi	2723.20	2744.90	3072.30	4119.80
海 南	Hainan	3780.50	4048.90	4366.40	5392.30
重 庆	Chongqing	1977.10	2135.40	2244.50	3095.50
四 川	Sichuan	2417.10	2518.70	2711.00	3733.80
贵 州	Guizhou	1670.80	1652.30	1571.90	2169.90
云 南	Yunnan	2721.70	2754.20	3077.50	4124.80
西 藏	Tibet	1759.00	1883.00	1908.60	2841.00
陕 西	Shanxi	2186.40	2369.70	2791.70	3233.40
甘 肃	Gansu	1806.80	2105.00	2290.50	2835.80
青 海	Qinghai	1731.30	2056.10	2134.8	2676.30
宁 夏	Ningxia	3392.60	3496.90	3655.10	4370.10
新 疆	Xinjiang	4936.20	5445.80	6525.30	8682.50

3-42 全国及分省(区、市)农村居民家庭人均经营费用支出

Business Expenditure per Capita of Rural Households by Provinces and Regions

单位:元 (yuan)

地 区	Region	2008	2009	2010	2011	2012
全 国	**National**	**1704.50**	**1700.10**	**1915.60**	**2431.10**	**2626.00**
北 京	Beijing	1531.60	1650.90	1564.20	2182.30	2143.50
天 津	Tianjin	2235.50	2662.30	2831.70	2914.90	3498.40
河 北	Hebei	1860.30	1827.50	2072.30	2472.20	2647.81
山 西	Shanxi	1018.60	1081.60	1474.50	1522.30	1556.64
内蒙古	Inner Mongolia	3064.60	3097.70	3434.40	4677.50	5357.14
辽 宁	Liaoning	3386.60	3551.90	3618.80	4834.00	5175.80
吉 林	Jilin	2978.60	2966.80	3399.20	5170.70	5789.88
黑龙江	Heilongjiang	4309.00	3756.10	4877.00	6363.20	7164.09
上 海	Shanghai	714.30	588.80	570.50	930.40	947.43
江 苏	Jiangsu	1417.30	1411.90	1604.70	2517.60	2603.11
浙 江	Zhejiang	2531.30	2876.00	3445.80	3499.60	3360.89
安 徽	Anhui	1317.60	1240.50	1357.80	1829.50	2026.58
福 建	Fujian	1255.20	1283.20	1319.60	1636.90	1824.51
江 西	Jiangxi	1307.90	1297.20	1484.50	1837.70	1935.00
山 东	Shandong	2139.40	2165.90	2463.80	3270.30	3606.66
河 南	Henan	1377.70	1418.70	1562.50	1838.00	2009.50
湖 北	Hubei	1493.00	1489.40	1713.20	2199.10	2402.73
湖 南	Hunan	1374.40	1344.30	1464.50	1967.60	1984.85
广 东	Guangdong	1267.70	1207.00	1326.60	1517.40	1741.58
广 西	Guangxi	1437.40	1406.30	1475.20	2000.10	2132.61
海 南	Hainan	1349.50	1279.90	1423.40	1953.90	2175.03
重 庆	Chongqing	1139.10	1097.20	1217.90	1571.90	1740.66
四 川	Sichuan	1578.70	1555.10	1654.10	2109.60	2059.35
贵 州	Guizhou	944.60	872.50	871.60	1218.90	1367.00
云 南	Yunnan	1611.80	1547.40	1672.10	2308.00	2396.39
西 藏	Tibet	526.90	567.40	555.60	616.80	622.23
陕 西	Shanxi	1181.80	1210.70	1489.40	1725.30	1927.53
甘 肃	Gansu	1096.70	1164.50	1192.40	1625.90	1849.58
青 海	Qinghai	930.80	880.00	898.20	1490.00	1238.52
宁 夏	Ningxia	2194.40	2214.20	2244.60	2584.50	2851.18
新 疆	Xinjiang	2918.40	3100.90	3800.20	5621.00	6682.96

3-43 全国及分省(区、市)农村居民家庭人均现金收入
Cash Income per Capita of Rural Households by Provinces and Regions

单位:元 (yuan)

地 区	Region	2008	2009	2010	2011	2012
全 国	**National**	**5737.00**	**6270.20**	**7088.80**	**8638.50**	**9787.19**
北 京	Beijing	12223.70	13496.90	14793.80	17157.90	18902.08
天 津	Tianjin	9852.40	11070.60	12509.00	15327.70	17609.11
河 北	Hebei	5927.10	6526.50	7248.60	8958.10	10226.33
山 西	Shanxi	4496.30	4939.90	5667.40	6396.60	7066.27
内蒙古	Inner Mongolia	6399.20	7155.30	7718.20	9750.90	11064.52
辽 宁	Liaoning	8449.50	9219.60	9907.70	12855.20	14171.21
吉 林	Jilin	7415.90	7977.90	8386.00	10792.70	12674.98
黑龙江	Heilongjiang	8419.60	8779.90	10431.00	11716.00	13397.30
上 海	Shanghai	12131.50	13022.80	14603.80	17079.40	18867.99
江 苏	Jiangsu	8291.90	9019.70	10230.80	13053.40	14523.88
浙 江	Zhejiang	11947.80	13133.70	15042.90	16916.80	18381.75
安 徽	Anhui	4775.90	5224.70	5959.80	7464.50	8505.56
福 建	Fujian	6937.30	7459.00	8270.20	9927.80	11374.36
江 西	Jiangxi	5146.20	5627.60	6462.10	7863.20	8797.16
山 东	Shandong	7326.80	8057.90	9093.70	11083.20	12758.06
河 南	Henan	4807.50	5232.50	5900.00	7318.10	8444.61
湖 北	Hubei	5256.30	5718.40	6664.40	8232.90	9337.04
湖 南	Hunan	5137.20	5763.20	433.00	7887.10	8726.86
广 东	Guangdong	7078.20	7543.10	8638.60	10262.00	11777.17
广 西	Guangxi	4260.40	4537.10	5151.60	6448.80	7380.51
海 南	Hainan	4962.50	5411.70	6118.30	8085.60	9337.05
重 庆	Chongqing	4173.80	4624.90	5312.90	6963.30	8122.39
四 川	Sichuan	4534.20	4978.60	5626.20	7248.70	8090.60
贵 州	Guizhou	3013.00	3188.30	3448.30	4439.50	5078.31
云 南	Yunnan	3692.30	3876.10	4565.20	5951.30	6693.12
西 藏	Tibet	2983.50	3395.80	3652.40	4587.10	5395.34
陕 西	Shanxi	3866.50	4270.40	5032.70	6323.90	7208.95
甘 肃	Gansu	2986.30	3517.20	3856.00	4914.00	5668.42
青 海	Qinghai	3198.20	3752.60	4096.30	5263.40	6154.86
宁 夏	Ningxia	5004.10	5379.90	5879.20	7034.30	8247.04
新 疆	Xinjiang	5657.70	6231.80	7517.30	10258.70	12596.49

3-44 全国及分省(区、市)农村居民家庭人均现金支出
Cash Expenditure per Capita of Rural Households by Provinces and Regions

单位:元 (yuan)

地 区	Region	2008	2009	2010	2011	2012
全 国	**National**	**5257.90**	**5694.80**	**6307.40**	**7984.90**	**8961.85**
北 京	Beijing	9641.90	11522.40	11753.20	14361.30	15155.89
天 津	Tianjin	6458.40	7338.10	8211.20	10302.30	12624.96
河 北	Hebei	5101.10	5265.60	6011.10	7879.20	8664.92
山 西	Shanxi	4280.90	4532.80	5170.00	6522.00	7588.32
内蒙古	Inner Mongolia	6399.80	7072.20	8093.00	10422.60	12020.88
辽 宁	Liaoning	7626.50	8508.90	8937.50	11667.90	12761.61
吉 林	Jilin	7341.00	8129.70	8646.20	11936.70	13668.50
黑龙江	Heilongjiang	8966.10	9265.50	10535.60	12534.70	13790.61
上 海	Shanghai	10679.60	11261.70	11799.10	13227.40	14490.03
江 苏	Jiangsu	6933.80	7467.90	8587.30	11452.50	12814.74
浙 江	Zhejiang	10959.90	11472.60	13374.70	14663.00	15586.01
安 徽	Anhui	4556.50	4899.20	5377.40	7072.60	8094.96
福 建	Fujian	5837.90	6310.00	6868.00	8479.70	9682.80
江 西	Jiangxi	4410.00	4675.10	5219.10	6615.10	7174.11
山 东	Shandong	6317.40	6886.80	7589.50	9913.70	11116.24
河 南	Henan	4404.70	4773.40	5326.90	6557.30	7585.54
湖 北	Hubei	4496.90	4723.50	5294.40	7194.80	8149.22
湖 南	Hunan	4825.60	5130.90	5567.80	7521.80	8378.04
广 东	Guangdong	5844.70	5934.00	6530.90	8231.20	9173.43
广 西	Guangxi	3931.70	4146.30	4475.60	5959.50	6828.22
海 南	Hainan	3764.30	3879.00	4369.00	6107.30	7022.34
重 庆	Chongqing	3355.10	3750.90	4313.90	5910.00	6974.45
四 川	Sichuan	4098.90	5217.90	5003.40	6574.70	7174.29
贵 州	Guizhou	2701.80	3039.20	3339.50	4659.80	5390.31
云 南	Yunnan	3737.40	3781.30	4293.20	5754.30	6533.98
西 藏	Tibet	2081.30	2489.90	2622.40	3122.40	3100.81
陕 西	Shanxi	4213.80	4847.60	5562.30	6839.10	7734.45
甘 肃	Gansu	3003.40	3540.80	3734.50	5208.10	6056.44
青 海	Qinghai	3457.40	3934.90	4333.10	5982.10	6677.67
宁 夏	Ningxia	5114.50	5423.50	6129.50	7795.10	8960.79
新 疆	Xinjiang	5633.10	6218.90	7464.20	10586.00	12872.44

3-45 全国及分省(区、市)农村居民家庭人均生活消费支出
Living Expenditure per Capita of Rural Households by Provinces and Regions

单位:元 (yuan)

地 区	Region	2008	2009	2010	2011	2012
全 国	**National**	**3660.68**	**3993.45**	**4381.82**	**5221.10**	**5908.00**
北 京	Beijing	7284.65	8897.59	9254.77	11077.70	11878.90
天 津	Tianjin	3825.43	4273.15	4936.73	6725.40	8336.60
河 北	Hebei	3125.55	3349.74	3844.92	4711.20	5364.10
山 西	Shanxi	3097.54	3304.76	3663.86	4587.00	5566.20
内蒙古	Inner Mongolia	3618.11	3968.42	4460.83	5507.70	6382.00
辽 宁	Liaoning	3814.03	4254.03	4489.50	5406.40	5998.40
吉 林	Jilin	3443.24	3902.90	4147.36	5305.80	6186.20
黑龙江	Heilongjiang	3844.73	4241.27	4391.17	5333.60	5718.10
上 海	Shanghai	9119.67	9804.37	10210.46	11049.30	11971.50
江 苏	Jiangsu	5328.37	5804.45	6542.87	8094.60	9138.20
浙 江	Zhejiang	7534.09	7731.70	8928.89	9965.10	10652.70
安 徽	Anhui	3284.11	3655.02	4013.31	4957.30	5556.00
福 建	Fujian	4661.94	5015.72	5498.33	6540.90	7401.90
江 西	Jiangxi	3309.21	3532.66	3911.61	4659.90	5129.50
山 东	Shandong	4077.05	4417.18	4807.18	5900.60	6776.00
河 南	Henan	3044.21	3388.47	3682.21	4320.00	5032.10
湖 北	Hubei	3652.57	3725.24	4090.78	5010.70	5726.70
湖 南	Hunan	3804.97	4020.87	4310.37	5179.40	5870.10
广 东	Guangdong	4872.46	5019.81	5515.58	6725.60	7458.60
广 西	Guangxi	2985.03	3231.14	3455.29	4210.90	4933.60
海 南	Hainan	2883.10	3088.56	3446.24	4166.10	4776.30
重 庆	Chongqing	2884.92	3142.14	3624.62	4502.10	5018.60
四 川	Sichuan	3127.94	4141.40	3897.53	4675.50	5366.70
贵 州	Guizhou	2165.70	2421.95	2852.48	3455.80	3901.70
云 南	Yunnan	2990.61	2924.85	3398.33	3999.90	4561.30
西 藏	Tibet	2199.59	2399.47	2666.92	2741.60	2967.60
陕 西	Shanxi	2979.37	3349.23	3793.80	4491.70	5114.70
甘 肃	Gansu	2400.95	2766.45	2941.99	3664.90	4146.20
青 海	Qinghai	2896.62	3209.41	3774.50	4536.80	5338.90
宁 夏	Ningxia	3094.86	3347.94	4013.17	4726.60	5351.40
新 疆	Xinjiang	2691.79	2950.63	3457.88	4397.80	5301.30

主要统计指标解读

城镇家庭总收入 指调查户中生活在一起的所有家庭成员在调查期得到的工薪收入、经营净收入、财产性收入、转移性收入的总和,不包括出售财物和借贷收入。

城镇家庭可支配收入 指调查户可用于最终消费支出和其他非义务性支出以及储蓄的总和,即居民家庭可以用来自由支配的收入。它是家庭总收入扣除交纳的所得税、个人交纳的社会保障费以及调查户的记账补贴后的收入。计算公式为:

可支配收入=家庭总收入-交纳所得税-个人交纳的社会保障费-记账补贴

城镇家庭总支出 指家庭除借贷支出以外的全部实际支出。包括消费性支出、购房建房支出、转移性支出、财产性支出、社会保障支出。

城镇家庭消费性支出 指调查户用于本家庭日常生活的全部支出,包括食品、衣着、家庭设备用品及服务、医疗保健、交通和通信、教育文化娱乐服务、居住、杂项商品和服务八大类等。

农村居民家庭总收入 指调查期内农村住户和住户成员从各种来源渠道得到的收入总和。按收入的性质划分为工资性收入、家庭经营收入、财产性收入和转移性收入。

农村居民家庭纯收入 指农村住户当年从各个来源得到的总收入相应地扣除所发生的费用后的收入总和。计算方法:

纯收入=总收入-税费支出-家庭经营费用支出-生产性固定资产折旧-赠送农村外部亲友支出

纯收入主要用于再生产投入和当年生活消费支出,也可用于储蓄和各种非义务性支出。“农民人均纯收入”按人口平均的纯收入水平,反映的是一个地区或一个农户农村居民的平均收入水平。

农村居民家庭生活消费支出 指农村住户用于物质生活和精神生活方面的支出。生活消费支出包括食品、衣着、居住、家庭设备用品及服务、医疗保健、交通和通讯、文化教育娱乐用品及服务、其他商品和服务等消费支出。

价格调查

Price Survey

简 要 说 明

一、本篇资料内容主要反映生产、流通、消费与投资等环节的价格变动趋势和变动幅度。内容主要包括居民消费价格指数、商品零售价格指数、农业生产资料价格指数、工业生产者出厂价格指数、工业生者购进价格指数、固定资产投资价格指数及房地产价格指数等。

二、消费、零售价格指数采用分层抽样调查方法编制，以样本推断总体，调查实行月报，被抽选的调查市县16个。

三、农产品生产价格调查采用抽样调查和重点调查相结合的方法，调查采用季报方式，目前抽选的调查县为31个。

四、工业生产者出厂价格及工业生产者购进价格指数采用重点调查和典型调查相结合的方法，调查实行月报，调查对象包括全省16个市的2800余家工业企业。

五、固定资产投资价格调查采用重点调查与典型调查相结合的方法，调查实行季报，调查对象为全省重点建筑施工企业和建设单位。

六、住宅销售价格统计调查分为新建住宅销售价格统计调查与二手住宅销售价格调查两部分。新建住宅销售价格统计调查的原始燃料直接采用行政记录即房地产管理部门的网签数据，二手住宅销售价格调查为非全面调查，采用重点调查与典型调查相结合的方法。调查实行月报，调查城市为3个。

本版责任编辑：闵志宏　邓　泓　张军锋
周玉华　邓炜炜

4-1 各种价格总指数
Price Indices

上年=100 (preceding year=100)

年份 Year	居民消费价格指数 Consumer Price Index	城市居民消费价格指数 Urban Household	农村居民消费价格指数 Rural Household	商品零售价格指数 Retail Price Index	工业生产者出厂价格指数 Producer Price Index for Industrial Products	工业生产者购进价格指数 Purchasing Price Index for Industrial Producers	农业生产资料价格指数 Price Index of Agricultural Means of Production	固定资产投资价格指数 Price Index for Investment in Fixed Assets
1978				100.0			100.1	
1979		102.6		102.1			102.4	
1980		104.1		103.4			102.1	
1981		103.2		101.7			101.7	
1982		100.1		101.0			101.3	
1983		102.2		101.1			102.8	
1984	102.1	102.1	102.0	102.0			107.0	
1985	107.1	107.8	106.4	106.4			101.7	
1986	106.2	105.8	106.5	105.2			102.1	
1987	109.1	109.9	108.3	109.7			112.8	
1988	120.9	121.4	119.1	121.8			118.6	
1989	117.2	115.7	118.8	117.1			121.7	
1990	102.7	102.6	102.8	101.9			103.9	
1991	106.1	107.4	104.1	105.7			102.3	114.8
1992	108.2	108.8	108.0	106.6			102.5	119.8
1993	114.7	114.4	115.4	112.9	125.3	128.7	112.9	123.0
1994	126.9	127.4	126.3	123.2	120.9	122.3	122.8	120.1
1995	114.8	115.9	113.7	112.7	117.2	117.9	128.0	106.5
1996	109.9	110.1	109.7	107.1	101.5	110.0	107.2	103.4
1997	101.3	101.9	100.7	99.4	99.3	101.7	98.9	101.3
1998	100.0	100.3	99.9	98.1	96.4	96.0	94.8	100.0
1999	97.8	97.6	98.0	96.6	95.9	94.5	95.3	99.3
2000	100.7	100.9	100.5	98.0	98.9	102.6	98.2	101.6
2001	100.5	100.0	101.3	99.6	98.6	100.2	97.9	99.5
2002	99.0	99.1	98.7	99.2	99.8	98.2	99.9	101.1
2003	101.7	101.8	101.7	101.3	103.5	106.7	100.2	103.5
2004	104.5	104.3	104.8	102.7	108.2	115.0	112.0	106.1
2005	101.4	101.0	101.9	100.6	103.3	107.2	108.3	101.0
2006	101.2	101.4	100.9	100.8	103.1	103.9	100.0	101.9
2007	105.3	105.3	105.2	104.5	103.6	105.1	106.8	105.4
2008	106.2	106.0	106.4	106.3	108.4	112.4	123.9	109.4
2009	99.1	98.9	99.4	99.0	92.8	95.3	95.8	96.0
2010	103.1	103.0	103.4	103.2	109.0	111.8	102.0	105.4
2011	105.6	105.4	105.9	105.3	108.3	110.8	114.3	108.1
2012	102.3	102.2	102.4	102.1	98.3	98.2	105.3	101.0

4-2 各种价格定基指数
Fixed-base Price Indices

年 份 Year	居民消费价格指数 Consumer Price Index (1983=100)	城市居民消费价格指数 Urban Household (1978=100)	农村居民消费价格指数 Rural Household (1983=100)	商品零售价格指数 Retail Price Index (1978=100)	工业生产者出厂价格指数 Producer Price Index for Industrial Products (1992=100)	工业生产者购进价格指数 Purchasing Price Index for Industrial Producers (1992=100)	农业生产资料价格指数 Price Index of Agricultural Means of Production (1983=100)	固定资产投资价格指数 Price Index for Investment in Fixed Assets (1990=100)
1979		102.6		102.1			102.4	
1980		106.8		105.6			104.6	
1981		110.2		107.4			106.3	
1982		110.3		108.4			107.7	
1983		112.8		109.6			110.7	
1984	102.1	115.1	102.0	111.8			118.5	
1985	109.3	124.1	108.5	119.0			120.5	
1986	116.1	131.3	115.6	125.2			123.0	
1987	126.7	144.3	125.2	137.3			138.8	
1988	153.2	175.2	149.1	167.2			164.6	
1989	179.5	202.7	177.1	195.8			200.3	
1990	184.4	208.0	182.1	199.6			208.1	
1991	195.6	223.4	189.5	210.9			212.9	114.8
1992	211.7	243.0	204.7	224.9			218.2	137.5
1993	242.8	278.0	236.2	253.9	125.3	128.7	246.4	169.2
1994	308.1	354.2	298.3	312.8	151.5	157.4	302.5	203.2
1995	353.7	410.5	339.2	352.5	177.5	185.6	387.2	216.4
1996	388.7	451.9	372.1	377.5	180.3	204.2	415.1	223.7
1997	393.7	460.5	374.7	375.2	179.0	207.6	410.6	226.6
1998	393.7	461.9	374.4	368.1	172.5	199.2	389.2	226.6
1999	385.1	450.8	366.9	355.6	165.4	188.2	370.9	225.0
2000	387.8	454.9	368.7	348.5	163.5	193.1	364.2	228.6
2001	389.7	454.9	373.5	347.1	161.3	193.4	256.6	227.5
2002	385.8	450.8	368.6	344.3	161.0	190.0	356.2	230.3
2003	392.4	458.9	374.9	348.8	166.6	202.8	356.9	238.1
2004	410.0	478.6	392.9	358.2	180.2	233.2	399.8	252.5
2005	415.8	483.4	400.4	360.4	186.2	250.0	433.0	255.1
2006	420.8	490.2	404.0	363.2	192.0	259.7	433.0	259.8
2007	443.1	516.2	425.0	379.6	199.0	273.0	462.4	273.8
2008	470.5	547.1	452.2	403.5	215.7	306.8	572.9	299.7
2009	466.3	541.1	449.5	399.5	200.2	292.3	548.9	287.6
2010	480.7	557.4	464.7	412.3	218.2	326.6	559.8	303.0
2011	507.7	587.5	492.2	434.1	236.3	361.9	639.9	327.6
2012	519.3	600.4	504.0	443.2	232.3	355.4	673.8	330.8

4-3 居民消费价格分类指数(2012年)
Consumer Price Indices by Category

上年=100 (preceding year=100)

指　　标	Item	全省 Provincial Indices	城市 Urban Indices	农村 Rural Indices
居民消费价格总指数	**Consumer Price Index**	**102.3**	**102.2**	**102.4**
非食品价格指数	Non-food Price Index	101.5	101.5	101.6
服务项目价格指数	Items of Service Price Index	101.4	101.4	101.3
工业品价格指数	Industrial Products Price Index	101.7	101.6	101.8
扣除食品和能源价格指数	Deduction Food and Energy Price Index	101.3	101.3	101.3
扣除鲜菜鲜果总指数	Deduction Fresh Vegetables and Fruits Price Index	102.0	102.0	102.0
消费品价格指数	Consumable Price Index	102.6	102.5	102.8
一、食品	**Food**	**103.8**	**103.6**	**104.0**
1.粮食	Grain	104.2	104.7	103.6
大米	Rice	104.4	105.4	103.4
面粉	Flour	102.8	103.1	101.9
2.淀粉及制品	Starches and Tubers	104.5	102.4	108.8
3.干豆类及豆制品	Beans and Bean Products	101.7	101.7	101.5
4.油脂	Oil or Fat	105.8	106.1	105.1
5.肉禽及其制品	Meal,Poultry and Their Products	98.7	99.3	97.5
6.蛋	Eggs	94.3	94.0	94.8
7.水产品	Aquatic Products	110.8	109.2	114.3
8.菜	Vegetables	113.3	112.1	115.7
鲜菜	Fresh Vegetable	114.9	113.5	117.5
9.调味品	Flavoring	106.7	107.6	105.2
10.糖	Sugar	107.2	106.8	107.9
11.茶及饮料	Tea and Beverages	103.9	103.1	105.4
(1)茶叶	Tea	104.6	103.8	106.0
(2)饮料	Beverage	103.2	102.5	104.7
12.干鲜瓜果	Dried and Fresh Melons and Fruits	99.3	98.9	100.3
鲜瓜果	Fresh Melons and Fruits	96.9	96.9	97.0
13.糕点饼干面包	Cake,Cookie,Bread	103.0	102.7	103.8
14.液体乳及乳制品	Milk and Its Products	103.8	104.7	101.7
15.在外用膳食品	Dinning Out	104.5	104.5	104.7

4-3 续表1 Continued 1

指 标	Item	全省 Provincial Indices	城市 Urban Indices	农村 Rural Indices
16.其他食品	Other Foods	106.0	106.6	105.1
二、烟酒	**Tobacco, Liquor**	**103.3**	**103.2**	**103.6**
1.烟草	Tobacco	100.0	99.9	100.0
2.酒	Liquor	108.1	107.2	109.5
三、衣着	**Clothing**	**102.5**	**102.5**	**102.7**
1.服装	Garments	102.9	102.8	103.1
2.衣着材料	Clothing Material	102.9	102.6	103.2
3.鞋袜帽	Footwear, Sock and Hat	101.4	101.6	101.1
4.衣着加工服务费	Clothing Processing	106.0	104.6	108.2
四、家庭设备用品及维修服务	**Household Facilities and Articles**	**101.6**	**101.7**	**101.3**
1.耐用消费品	Durable Consumer Goods	100.1	100.3	99.7
(1)家具	Furniture	100.7	100.5	101.1
(2)家庭设备	Household Facilities	99.9	100.3	99.2
2.室内装饰品	Interior Decorations	100.6	100.0	102.1
3.床上用品	Bed Articles	99.4	99.0	100.5
4.家庭日用杂品	Daily-Use Household Article	102.5	102.4	102.7
5.家庭服务及加工维修服务	Household Service and maintenance	109.0	110.6	105.4
五、医疗保健和个人用品	**Medic-care and Personal Articles**	**101.5**	**101.3**	**101.8**
1.医疗保健	Medic-care and health	101.0	100.8	101.3
(1)医疗器具及用品	Medical Instrument and Article	101.5	101.6	101.4
(2)中药材及中成药	Traditional Chinese Medicine	102.0	102.1	101.8
(3)西药	Western Medicine	101.0	100.7	101.6
(4)保健器具及用品	Health Care Appliances and Article	102.6	102.1	103.7
(5)医疗保健服务	Health Care Services	99.9	99.8	100.1
2.个人用品及服务	Personal Articles and Services	102.4	102.1	103.6
(1)化妆美容用品	Cosmetic	100.7	100.5	101.4
(2)清洁类化妆品	Sanitation Article	104.0	104.2	103.4
(3)个人饰品	Personal Ornament	99.3	99.5	98.9
(4)个人服务	Personal Service	105.2	104.3	107.9
六、交通和通信	**Transportation and Communication**	**100.7**	**100.6**	**100.9**
1.交通	Transportation	101.3	101.2	101.6
(1)交通工具	Transportation Facility	100.7	99.9	102.0

4-3 续表2 Continued 2

指　　标	Item	全省 Provincial Indices	城市 Urban Indices	农村 Rural Indices
(2)车用燃料及零配件	Fuels and Part	102.7	102.5	103.0
(3)车辆使用及维修费	Fee for Vehicles Use and Maintenance	101.6	101.8	101.3
(4)市区公共交通费	Incity Traffic Fare	101.0	101.3	100.3
(5)城市间交通费	Intercity Traffic Fare	101.9	102.0	101.8
2.通信	Communication	100.0	100.0	100.2
(1)通信工具	Communication Facility	99.9	99.4	100.5
(2)通信服务	Communication Service	100.1	100.1	100.1
七、娱乐教育文化用品及服务	**Recreation,Education,Culture Articles and Services**	**101.7**	**101.6**	**101.8**
1.文娱用耐用消费品及服务	Durable Consumer Goods for Recreational Use	98.4	98.1	98.9
2.教育	Education	102.1	102.1	102.2
(1)教材及参考书	Teaching Material and Reference Book	104.9	105.3	104.1
(2)教育服务	Education Service	101.5	101.4	101.7
3.文化娱乐类	Cultural and Recreational Article	101.1	101.0	101.4
(1)文化娱乐用品	Cultural Article	100.9	100.6	101.6
(2)书报杂志	Newspaper and Magazine	102.0	101.7	102.6
(3)文娱费	Expenditure on Culture and Recreation	100.8	101.0	100.2
4.旅游	Tourism	103.6	103.4	104.5
八、居住	**Residence**	**101.0**	**101.2**	**100.8**
1.建房及装修材料	Building and Decoration Material	99.5	99.4	99.6
2.住房租金	Tenancy	101.6	101.8	100.6
3.自有住房	Housing	100.9	101.0	100.7
4.水、电、燃料	Water,Electricity and Fuel	102.5	102.7	102.2

4-4　分月居民消费价格指数(2012年)

上年同月=100

指　标	Item	1月 January	2月 February	3月 March
居民消费价格总指数	**Consumer Price Index**	**104.7**	**102.9**	**103.3**
非食品价格指数	Non-food Price Index	101.4	101.6	101.7
服务项目价格指数	Items of Service Price Index	101.3	101.3	101.2
工业品价格指数	Industrial Products Price Index	101.4	101.8	102.0
扣除食品和能源价格指数	Deduction Food and Energy Price Index	101.1	101.3	101.2
扣除鲜菜鲜果总指数	Deduction Fresh Vegetables and Fruits Price Index	103.8	102.8	102.9
消费品价格指数	Consumable Price Index	106.1	103.5	104.2
一、食品	**Food**	**111.9**	**105.6**	**106.8**
1.粮食	Grain	107.8	107.1	104.8
大米	Rice	108.4	107.5	105.1
面粉	Flour	104.4	104.2	102.0
2.淀粉及制品	Starches and Tubers	107.7	107.1	105.9
3.干豆类及豆制品	Beans and Bean Products	99.5	97.0	98.0
4.油脂	Oil or Fat	108.1	107.2	106.6
5.肉禽及其制品	Meal, Poultry and Their Products	120.4	108.9	108.2
6.蛋	Eggs	96.0	83.1	88.6
7.水产品	Aquatic Products	112.2	109.1	115.7
8.菜	Vegetables	132.8	108.9	120.7
鲜菜	Fresh Vegetables	137.3	110.5	123.8
9.调味品	Flavoring	110.2	110.0	108.7
10.糖	Sugar	112.4	111.9	110.8
11.茶及饮料	Tea and Beverages	104.6	104.7	104.9
(1)茶叶	Tea	105.0	105.4	105.4
(2)饮料	Beverages	104.1	104.1	104.5
12.干鲜瓜果	Dried and Fresh Melons and Fruits	102.9	95.6	93.6
鲜瓜果	Fresh Melons and Fruits	100.9	91.9	89.0
13.糕点饼干面包	Cake, Cookie, Bread	107.7	107.1	103.3
14.液体乳及乳制品	Milk and Its Products	103.7	104.3	104.0
15.在外用膳食品	Dinning Out	105.2	105.1	104.9
16.其他食品	Other Foods	111.0	109.9	108.9

Consumer Price Indices by Month（2012）

（the same moth last year＝100）

4月 April	5月 May	6月 June	7月 July	8月 August	9月 September	10月 October	11月 November	12月 December
102.8	**102.5**	**101.4**	**101.1**	**101.7**	**101.6**	**101.4**	**101.7**	**102.1**
101.4	101.3	101.6	101.6	101.4	101.7	101.6	101.5	101.6
101.2	101.2	101.4	101.4	101.2	101.5	101.7	101.5	101.6
101.6	101.4	101.7	101.8	101.5	101.8	101.6	101.5	101.6
101.0	101.0	101.3	101.4	101.2	101.5	101.5	101.4	101.4
102.5	102.0	101.4	101.0	100.9	101.2	101.4	101.6	102.1
103.5	103.0	101.4	101.0	101.8	101.6	101.2	101.8	102.4
105.8	**105.0**	**101.0**	**100.1**	**102.2**	**101.4**	**100.8**	**102.2**	**103.3**
103.3	103.2	103.1	102.6	102.8	103.8	104.2	104.1	104.4
103.7	103.5	103.4	102.9	103.0	104.0	104.2	103.9	104.0
100.3	100.6	100.9	100.7	101.5	103.3	104.3	104.8	107.2
105.0	104.4	104.4	103.7	103.7	103.8	103.2	103.0	102.9
99.1	99.7	101.0	102.9	103.3	104.3	105.4	105.0	105.1
106.6	107.1	106.4	106.1	105.1	104.3	104.0	104.1	104.0
104.7	100.0	91.0	88.1	89.3	90.9	92.6	95.9	100.0
90.1	84.4	92.1	91.0	95.6	98.8	98.9	102.4	109.1
119.2	119.1	113.0	109.5	106.8	104.9	106.4	106.7	108.1
127.4	124.2	100.5	99.8	118.7	106.8	98.7	112.2	110.7
131.5	127.5	100.7	99.5	120.6	107.1	97.9	113.0	111.1
108.2	108.7	108.6	108.5	108.5	103.9	102.6	101.9	101.8
110.7	110.9	110.8	108.5	105.8	103.1	101.4	101.5	100.9
104.2	103.6	103.4	103.6	103.6	103.6	103.7	103.4	103.3
104.9	104.0	104.0	104.5	104.6	104.5	104.5	104.6	104.6
103.6	103.3	102.8	102.8	102.8	102.8	102.9	102.3	102.3
86.4	96.3	104.1	108.6	110.8	109.9	104.5	94.4	92.8
80.8	93.4	103.5	110.5	113.8	111.8	104.0	90.6	88.4
101.9	102.0	102.2	102.2	102.0	102.0	101.8	102.1	102.1
103.6	104.5	104.4	104.2	103.9	103.5	103.1	103.2	103.3
104.5	104.3	104.5	104.1	104.1	104.4	104.6	104.4	104.3
107.8	107.8	105.0	105.6	105.2	104.7	103.3	102.5	101.9

4-4 续表1

指　　标	Item	1月 January	2月 February	3月 March
二、烟酒	**Tobacco, Liquor**	**105.1**	**104.8**	**104.5**
1.烟草	Tobacco	99.9	99.9	99.9
2.酒	Liquor	112.8	111.9	111.2
三、衣着	**Clothing**	**101.6**	**102.3**	**103.2**
1.服装	Garments	102.2	103.0	103.8
2.衣着材料	Clothing Material	105.5	105.4	104.6
3.鞋袜帽	Footwear, Sock and Hat	99.6	100.5	101.8
4.衣着加工服务费	Clothing Processing	105.3	105.7	105.5
四、家庭设备用品及维修服务	**Household Facilities and Articles**	**101.6**	**101.3**	**101.3**
1.耐用消费品	Durable Consumer Goods	99.5	99.6	99.8
(1)家具	Furniture	101.1	101.1	100.7
(2)家庭设备	Household Facility	98.9	99.1	99.5
2.室内装饰品	Interior Decorations	100.6	100.6	100.6
3.床上用品	Bed Article	99.2	98.8	98.1
4.家庭日用杂品	Daily-Use Household Article	103.5	103.2	103.1
5.家庭服务及加工维修服务	Household Service and maintenance	110.5	108.2	107.4
五、医疗保健和个人用品	**Medic-care and Personal Articles**	**102.3**	**102.1**	**102.1**
1.医疗保健	Medic-care and health	102.0	101.8	101.6
(1)医疗器具及用品	Medical Instrument and Article	101.9	101.9	102.0
(2)中药材及中成药	Traditional Chinese Medicine	106.1	105.3	104.7
(3)西药	Western Medicine	101.4	101.2	101.3
(4)保健器具及用品	Health Care Appliance and Article	103.6	103.1	103.0
(5)医疗保健服务	Health Care Service	99.5	99.5	99.5
2.个人用品及服务	Personal Articles and Services	103.0	103.0	103.1
(1)化妆美容用品	Cosmetics	100.7	100.7	101.0
(2)清洁类化妆品	Sanitation Article	103.0	103.7	103.2
(3)个人饰品	Personal Ornament	102.3	103.0	102.8
(4)个人服务	Personal Service	104.9	103.9	104.6
六、交通和通信	**Transportation and Communication**	**100.7**	**100.5**	**100.7**
1.交通	Transportation	102.3	101.8	102.0

Continued 1

4月 April	5月 May	6月 June	7月 July	8月 August	9月 September	10月 October	11月 November	12月 December
104.4	**104.2**	**104.1**	**104.0**	**103.7**	**102.1**	**101.4**	**101.0**	**100.9**
99.9	100.0	99.9	99.9	99.9	100.0	100.0	100.0	100.0
110.9	110.4	109.9	109.7	109.0	105.1	103.3	102.4	102.1
101.9	**102.1**	**103.6**	**103.5**	**103.1**	**103.0**	**102.1**	**102.0**	**102.0**
102.3	102.6	103.8	103.7	103.2	103.3	102.4	102.3	102.5
103.3	102.7	102.8	102.5	102.4	102.4	101.6	101.1	101.0
100.8	100.8	102.9	103.0	102.7	102.2	101.2	100.9	100.7
105.2	105.2	106.5	106.9	107.1	107.2	106.1	105.3	106.2
101.1	**101.5**	**101.8**	**101.8**	**101.8**	**101.7**	**101.8**	**101.6**	**101.5**
100.0	100.1	100.1	100.3	100.6	100.5	100.5	100.2	100.3
101.4	101.1	100.5	100.5	100.3	100.5	100.7	100.2	100.0
99.6	99.8	100.0	100.3	100.7	100.5	100.4	100.1	100.4
100.5	100.6	100.9	100.7	100.8	100.5	100.4	100.5	100.4
97.6	99.2	100.4	100.6	100.3	100.0	100.1	99.5	99.2
102.6	102.9	102.9	102.9	102.5	102.0	101.7	101.8	101.4
106.9	107.6	109.3	107.8	107.7	108.8	111.3	110.9	111.6
101.7	**101.4**	**101.4**	**101.3**	**100.9**	**100.9**	**101.1**	**101.0**	**101.3**
101.3	101.1	101.0	100.8	100.5	100.4	100.4	100.5	100.8
102.0	102.1	102.0	101.0	100.8	101.0	101.1	101.2	101.2
103.8	102.3	101.7	101.2	100.4	99.7	99.2	99.7	100.4
101.0	101.2	100.9	100.8	100.6	100.8	101.2	101.0	101.1
102.5	102.8	102.8	102.8	102.1	101.7	102.2	102.2	102.2
99.5	99.8	100.0	100.0	100.0	100.0	100.0	100.0	100.4
102.5	102.1	102.3	102.5	101.9	101.9	102.7	102.1	102.2
101.0	101.0	101.2	100.9	100.5	100.2	100.4	100.5	100.4
103.3	103.7	104.4	104.8	104.8	104.3	104.4	104.0	103.9
100.8	98.9	98.7	98.1	95.8	96.3	99.3	97.8	98.9
104.4	104.6	104.7	105.9	106.3	106.4	106.0	105.6	105.2
100.9	**100.7**	**100.7**	**100.6**	**100.6**	**100.7**	**100.9**	**100.7**	**100.5**
101.9	101.5	101.0	100.6	100.4	100.8	101.3	101.2	101.1

4-4 续表2

指　　标	Item	1月 January	2月 February	3月 March
(1)交通工具	Transportation Facility	101.4	101.4	101.3
(2)车用燃料及零配件	Fuel and Part	105.8	106.7	107.0
(3)车辆使用及维修费	Fees for Vehicles Use and Maintenance	101.7	101.5	101.0
(4)市区公共交通费	Incity Traffic Fare	102.1	101.2	101.2
(5)城市间交通费	Intercity Traffic Fare	102.3	100.7	101.8
2.通信	Communication	99.1	99.2	99.3
(1)通信工具	Communication Facility	95.0	96.0	97.0
(2)通信服务	Communication Service	100.0	99.9	99.8
七、娱乐教育文化用品及服务	**Recreation, Education, Culture Articles and Services**	**100.1**	**101.2**	**100.9**
1.文娱用耐用消费品及服务	Durable Consumer Goods for Recreational Use	96.2	96.5	97.1
2.教育	Education	100.7	101.9	100.8
(1)教材及参考书	Teaching Materials and Reference Book	100.2	105.4	99.6
(2)教育服务	Education Service	100.7	101.2	101.1
3.文化娱乐类	Cultural and Recreational Articles	101.2	101.2	101.2
(1)文化娱乐用品	Cultural Article	101.1	101.2	101.0
(2)书报杂志	Newspaper and Magazine	102.1	102.0	102.0
(3)文娱费	Expenditure on Culture and Recreation	100.5	100.5	100.7
4.旅游	Tourism	100.8	102.7	104.6
八、居住	**Residence**	**101.2**	**101.2**	**101.2**
1.建房及装修材料	Building and Decoration Material	100.8	100.7	100.8
2.住房租金	Tenancy	103.1	103.0	102.0
3.自有住房	Housing	101.5	101.4	100.8
4.水、电、燃料	Water, Electricity and Fuel	100.5	100.8	102.4

Continued 2

4月 April	5月 May	6月 June	7月 July	8月 August	9月 September	10月 October	11月 November	12月 December
100.9	100.7	101.1	101.1	100.6	100.0	100.0	99.9	99.8
106.6	103.7	99.5	95.8	96.8	100.7	104.2	103.6	102.3
101.0	101.1	101.2	101.4	101.5	102.0	102.1	102.4	102.8
101.3	101.0	100.5	100.5	100.5	100.7	101.0	101.0	101.0
101.7	102.2	102.6	102.2	101.8	101.7	101.9	101.9	102.2
99.8	99.9	100.4	100.7	100.7	100.7	100.5	100.2	99.9
99.6	100.3	102.0	103.4	102.6	102.7	101.3	100.0	99.1
99.9	99.9	100.1	100.1	100.3	100.3	100.3	100.3	100.1
100.7	**100.9**	**101.2**	**101.3**	**101.1**	**103.1**	**103.4**	**103.0**	**103.1**
97.9	98.5	99.1	99.5	99.8	99.5	99.4	98.8	98.6
100.8	100.8	101.0	101.0	101.0	104.2	104.4	104.4	104.4
99.6	99.6	99.6	99.6	99.6	114.3	114.3	114.3	114.3
101.1	101.1	101.4	101.4	101.3	102.0	102.3	102.3	102.3
101.0	101.0	101.2	101.2	101.1	101.3	101.1	101.1	101.0
100.7	100.8	101.0	101.0	100.9	101.2	100.8	100.7	100.6
102.0	102.0	102.0	102.0	102.0	102.1	102.0	102.0	102.0
100.5	100.5	100.9	100.9	100.9	100.9	100.9	101.0	100.9
102.9	103.4	104.1	104.1	102.6	104.0	105.9	103.7	104.5
101.2	**100.8**	**100.7**	**101.0**	**100.9**	**100.9**	**101.0**	**101.1**	**101.3**
99.8	99.1	99.0	98.8	98.5	98.6	98.9	99.2	99.5
101.6	101.7	101.5	101.5	101.1	101.1	101.2	100.9	101.1
101.0	100.9	100.9	100.9	100.7	100.6	100.6	100.6	100.6
102.6	101.9	101.6	102.9	103.1	103.2	103.3	103.8	104.3

4-5 各调查市县居民消费价格总指数(1984—2012年)

上年=100

年 份 Year	合肥市 Hefei	芜湖市 Wuhu	蚌埠市 Bengbu	淮南市 Huainan	马鞍山市 Maanshan	淮北市 Huaibei	铜陵市 Tongling	安庆市 Anqing
1984	102.0	101.7	100.5	101.3		101.0		101.5
1985	111.0	108.6	108.9	114.2		107.8		109.1
1986	107.4	106.5	106.8	106.4		104.9		107.1
1987	110.8	109.0	111.5	108.4		109.7		109.1
1988	120.5	120.1	119.4	120.9		124.1		117.6
1989	115.2	117.1	114.6	115.0	115.1	117.5		117.4
1990	103.6	105.5	101.9	102.5	102.6	103.5		105.2
1991	109.3	107.8	107.8	109.1	109.0	107.1	108.5	107.6
1992	109.7	110.1	106.8	109.1	110.6	108.5	108.5	111.0
1993	116.5	120.5	114.7	111.0	121.3	112.7	115.6	117.7
1994	127.6	131.4	124.8	126.8	125.7	124.1	132.3	129.9
1995	117.1	112.7	117.7	115.1	116.8	113.5	116.2	115.3
1996	111.5	109.6	109.1	108.7	111.0	109.2	108.5	109.9
1997	102.6	101.0	102.0	103.0	101.2	100.3	103.7	101.1
1998	99.1	101.5	101.2	101.7	100.3	99.4	99.4	100.1
1999	97.7	97.8	97.8	97.2	98.0	97.1	99.1	97.3
2000	101.3	100.8	102.0	101.6	102.5	99.6	99.8	101.1
2001	99.4	99.6	100.6	99.9	99.5	99.8	103.7	100.0
2002	99.1	99.9	98.1	99.5	100.2	98.8	99.9	99.3
2003	101.2	101.2	101.5	103.1	101.3	103.1	100.4	101.4
2004	102.2	104.5	105.2	105.1	103.8	104.5	105.1	103.6
2005	100.9	100.4	100.4	100.9	100.6	100.9	101.2	101.6
2006	100.9	101.2	102.3	100.1	102.7	101.3	100.9	102.0
2007	105.6	105.3	105.2	105.2	105.2	105.2	104.6	105.8
2008	106.4	106.6	106.6	105.0	105.2	106.2	106.1	107.2
2009	99.1	99.2	99.5	98.3	98.3	98.2	98.9	98.6
2010	102.7	103.8	103.0	102.3	103.0	102.9	103.0	103.6
2011	105.7	105.7	105.4	105.2	104.8	105.4	105.3	105.5
2012	102.2	102.4	102.2	102.2	102.0	102.2	102.5	102.1

Consumer Price Indices in Major Cities (1984—2012)

(preceding year = 100)

桐城市 Tongcheng	黄山市 Huangshan	歙县 Shexian	滁州市 Chuzhou	阜阳市 Fuyang	亳州市 Bozhou	宿州市 Suzhou	六安市 Lu'an	宣城市 Xuancheng
98.5		100.8	101.2	102.8	99.5	105.4	102.7	101.2
106.1		107.9	103.7	104.9	107.2	104.8	110.7	106.8
104.4		107.2	107.2	104.5	108.1	108.8	107.7	106.6
110.5		112.4	109.8	110.2	111.0	107.3	110.2	111.8
117.9		121.3	116.4	123.8	122.1	119.8	123.0	122.7
115.0		114.5	119.3	116.7	116.5	119.3	116.5	117.2
98.1		102.8	102.8	103.1	98.6	104.4	104.0	102.6
106.6		101.5	106.5	107.6	109.5	105.5	104.6	102.2
111.3		109.6	110.5	110.0	110.2	108.7	109.3	107.8
112.1		124.4	118.5	111.9	113.8	113.1	114.1	114.8
123.9		125.2	125.4	121.3	125.8	124.2	133.5	126.1
114.5		112.7	116.9	112.4	111.8	112.1	112.9	116.8
111.1	108.6	108.3	110.3	110.3	107.8	110.7	109.4	110.4
99.9	101.2	99.9	99.8	100.7	102.0	99.3	100.9	102.7
99.0	100.8	99.5	99.8	98.9	100.3	99.8	99.4	100.2
98.2	99.1	98.0	97.3	95.8	96.8	96.6	99.2	99.4
99.3	102.4	100.8	100.9	100.8	97.6	104.8		100.2
102.9	99.1	100.9	100.0	100.7	99.8			100.8
99.9	97.4	98.6	99.7	100.7	99.6	100.9		99.4
101.1	101.6	101.3	101.1	101.3	103.2	102.4		103.1
104.9	104.3	105.9	103.3	104.2	103.4	104.3		105.0
102.9	101.5	101.8	102.0	102.0	100.9	100.6		102.3
101.5	101.2	101.0	101.9	101.6	102.0	101.1		100.2
105.6	104.8	104.9	105.3	104.8	105.6	105.2		105.1
106.4	105.9	107.2	105.4	106.0	105.0	105.7		105.7
99.0	98.4	99.4	100.1	98.8	98.3	99.1		99.7
103.4	104.0	104.2	103.3	103.3	103.0	102.8		102.9
106.1	105.3	106.5	105.2	105.6	104.9	105.4	105.2	105.4
102.8	102.4	102.8	102.1	102.5	102.2	102.0	101.5	102.0

4-6 各市居民消费价格分类指数(2012)

上年=100

指标 Item	合肥市 Hefei	芜湖市 Wuhu	蚌埠市 Bengbu	淮南市 Huainan	马鞍山市 Maanshan	淮北市 Huaibei
居民消费价格总指数 Consumer Price Index	102.2	102.4	102.2	102.2	102.0	102.2
非食品价格指数 Non-food Price Index	101.8	101.7	101.5	101.2	101.2	101.4
服务项目价格指数 Items of Service Price Index	101.9	101.4	101.2	101.0	101.1	101.1
工业品价格指数 Industrial Products Price Index	101.7	101.9	101.8	101.4	101.3	101.5
扣除食品和能源价格指数 Deduction Food and Energy Price Index	101.6	101.2	101.4	101.1	101.0	101.2
扣除鲜菜鲜果总指数 Deduction Fresh Vegetables and Fruits Price Index	102.1	102.3	102.1	101.6	101.9	101.8
消费品价格指数 Consumable Price Index	102.3	102.8	102.5	102.7	102.4	102.6
一、食品 Food	**103.0**	**103.9**	**103.4**	**104.1**	**103.9**	**103.9**
1.粮食 Grain	104.7	104.9	103.6	105.8	104.9	103.7
大米 Rice	106.1	105.2	102.8	105.4	105.9	106.0
面粉 Flour	101.4	106.7	102.4	106.6	102.6	99.8
2.淀粉及制品 Starches and Tubers	100.2	108.8	103.0	103.7	113.4	95.6
3.干豆类及豆制品 Beans and Bean Products	102.5	102.1	101.0	99.2	97.9	105.6
4.油脂 Oil or Fat	103.7	108.6	104.6	106.0	107.6	106.7
5.肉禽及其制品 Meal, Poultry and Their Products	98.6	99.9	100.1	99.8	98.5	99.4
6.蛋 Eggs	93.5	95.2	94.1	94.5	95.3	95.0
7.水产品 Aquatic Products	112.1	108.1	108.1	112.8	112.7	108.2
8.菜 Vegetables	109.5	108.0	108.5	122.5	110.1	116.4
鲜菜 Fresh Vegetables	110.7	109.3	110.2	125.3	111.0	118.7
9.调味品 Flavoring	106.6	104.8	108.9	108.9	107.1	105.9

Consumer Price Indices by Category in Major Cities(2012)

(preceding year=100)

铜陵市 Tongling	安庆市 Anqing	桐　城 Tongcheng	黄山市 Huangshan	歙　县 Shexian	滁州市 Chuzhou	阜阳市 Fuyang	亳州市 Bozhou	宿州市 Suzhou	六安市 Lu'an	宣城市 Xuancheng
102.5	102.1	102.8	102.4	102.8	102.1	102.5	102.2	102.0	101.5	102.0
102.0	101.4	101.5	100.9	101.4	101.2	101.7	101.5	101.1	101.4	101.7
102.0	101.3	101.6	100.8	100.9	100.6	101.5	101.6	101.4	101.4	101.4
102.0	101.5	101.5	101.0	101.8	101.5	101.9	101.5	100.9	101.4	102.0
101.7	101.3	101.3	100.7	101.3	100.7	101.5	101.3	101.0	101.2	101.3
102.6	101.8	102.4	101.5	102.2	102.0	102.0	101.9	101.7	101.4	101.7
102.8	102.4	103.2	103.1	103.5	102.6	102.9	102.4	102.3	101.6	102.2
103.7	**103.4**	**105.2**	**105.6**	**105.5**	**104.0**	**104.1**	**103.6**	**103.9**	**101.8**	**102.6**
103.5	107.0	103.7	102.3	105.2	102.8	105.9	103.4	104.1	105.6	102.8
103.0	107.5	103.6	103.0	105.0	102.4	106.8	104.4	107.2	106.3	102.6
104.5	103.3	101.9	100.1	101.4	107.6	104.1	101.6	101.9	104.7	102.2
96.0	100.0	100.1	107.5	112.2	102.7	100.0	109.5	105.7	99.8	111.2
101.3	110.5	100.9	101.0	101.5	101.6	100.7	98.5	101.2	98.6	101.8
104.8	105.7	110.6	106.4	102.7	106.1	110.5	106.3	100.8	102.2	102.5
95.9	98.2	100.7	101.8	98.2	99.4	99.0	101.2	101.0	97.4	95.3
95.4	88.4	95.5	94.0	97.4	96.3	94.2	95.1	94.6	95.7	92.8
105.2	109.7	114.2	117.0	116.4	110.3	107.5	105.3	109.2	106.5	113.3
104.4	112.6	116.6	122.2	118.7	107.0	117.3	110.9	115.2	101.6	113.7
105.3	113.9	119.6	125.1	120.9	108.3	119.2	112.3	116.3	102.2	114.7
112.6	108.0	107.6	106.6	106.4	109.6	107.6	105.8	107.8	104.1	103.2

4-6 续表 1

指　　标 Item	合肥市 Hefei	芜湖市 Wuhu	蚌埠市 Bengbu	淮南市 Huainan	马鞍山市 Maanshan	淮北市 Huaibei
10.糖 Sugar	102.1	107.4	111.7	104.6	104.3	99.9
11.茶及饮料 Tea and Beverages	101.8	102.0	104.1	105.0	101.4	105.8
(1)茶叶 Tea	102.6	107.8	100.0	101.2	100.8	107.6
(2)饮料 Beverages	101.0	98.1	106.3	107.3	101.9	104.7
12.干鲜瓜果 Dried and Fresh Melons and Fruits	95.6	98.5	96.7	103.3	100.7	101.4
鲜瓜果 Fresh Melons and Fruits	92.9	96.6	94.3	103.2	98.3	100.2
13.糕点饼干面包 Cake,Cookie,Bread	101.0	105.3	100.9	100.1	103.4	101.2
14.液体乳及乳制品 Milk and Its Products	107.2	105.2	105.4	101.4	104.8	102.4
15.在外用膳食品 Dinning Out	103.7	105.6	105.3	100.5	104.7	104.4
16.其他食品 Other Foods	105.7	113.4	110.7	102.7	107.3	106.8
二、烟酒 Tobacco,Liquor	**102.8**	**105.1**	**102.4**	**102.5**	**102.4**	**102.1**
1.烟草 Tobacco	100.0	100.0	100.2	100.0	100.0	100.0
2.酒 Liquor	106.7	111.6	105.3	105.7	106.9	104.2
三、衣着 Clothing	**101.7**	**103.3**	**103.7**	**102.0**	**102.9**	**102.1**
1.服装 Garments	102.4	103.7	104.4	101.7	103.8	103.2
2.衣着材料 Clothing Material	101.7	100.0	108.2	106.3	101.7	104.5
3.鞋袜帽 Footwear,Socks and Hats	99.7	102.7	100.8	102.6	100.7	99.1
4.衣着加工服务费 Clothing Processing	110.5	101.9	110.2	103.8	103.8	102.3
四、家庭设备用品及维修服务 Household Facilities and Articles	**102.4**	**102.2**	**101.7**	**101.6**	**99.7**	**101.2**
1.耐用消费品 Durable Consumer Goods	101.5	99.4	100.3	99.7	98.1	97.4

Continued 1

铜陵市 Tongling	安庆市 Anqing	桐城 Tongcheng	黄山市 Huangshan	歙县 Shexian	滁州市 Chuzhou	阜阳市 Fuyang	亳州市 Bozhou	宿州市 Suzhou	六安市 Lu'an	宣城市 Xuancheng
106.2	105.7	106.7	105.2	104.5	106.6	108.4	110.4	107.7	103.0	111.1
104.8	101.6	105.8	103.3	105.6	104.5	103.4	104.6	102.5	102.7	105.0
107.4	104.3	106.4	95.2	107.2	101.6	102.6	103.4	111.6	101.5	104.7
102.6	98.6	104.7	108.4	103.8	106.8	104.0	105.6	97.5	103.6	105.2
97.6	95.0	97.4	108.3	104.9	100.5	100.2	101.8	97.5	104.4	100.0
96.8	91.4	92.4	109.7	103.5	96.7	99.2	101.1	95.2	106.1	97.1
104.3	102.7	102.5	104.1	107.0	104.2	102.7	101.2	107.0	101.4	102.8
103.9	103.9	103.6	100.4	100.2	108.0	101.8	99.6	106.5	106.2	101.1
114.8	104.4	106.5	101.0	106.8	106.0	104.4	104.1	102.8	102.4	102.2
94.6	103.3	103.0	104.9	102.5	111.2	107.1	107.8	103.5	98.6	107.6
104.3	**101.4**	**103.9**	**103.4**	**102.4**	**105.2**	**102.9**	**104.4**	**102.9**	**102.8**	**103.9**
100.0	99.8	100.0	100.0	100.0	99.2	100.0	100.0	100.0	99.9	100.0
110.2	104.2	109.9	108.3	106.0	110.8	105.5	109.9	106.8	106.6	110.8
101.8	**102.5**	**102.2**	**98.9**	**103.1**	**102.7**	**104.1**	**102.7**	**100.5**	**102.3**	**102.7**
101.1	102.6	101.2	101.4	103.4	102.3	103.9	103.3	100.0	104.0	104.2
104.0	101.5	106.5	100.9	104.7	103.0	102.7	100.7	99.8	98.2	100.1
103.6	102.2	104.1	91.5	102.1	103.9	105.1	101.7	101.5	98.6	98.8
109.1	101.3	105.9	104.0	106.1	104.5	103.7	100.8	107.7	102.7	110.1
102.3	**101.7**	**100.7**	**100.2**	**100.5**	**101.8**	**102.7**	**100.6**	**100.9**	**99.5**	**102.0**
102.7	100.8	98.5	101.4	100.1	100.3	102.3	99.7	99.3	98.7	100.2

4-6 续表2

指 标 Item	合肥市 Hefei	芜湖市 Wuhu	蚌埠市 Bengbu	淮南市 Huainan	马鞍山市 Maanshan	淮北市 Huaibei
(1)家具 Furniture	101.6	99.3	101.5	99.2	99.7	104.0
(2)家庭设备 Household Facilities	101.4	99.4	100.1	99.9	97.3	95.5
2.室内装饰品 Interior Decorations	97.6	100.6	100.0	100.8	101.2	101.0
3.床上用品 Bed Articles	97.3	100.1	96.2	100.2	99.8	101.8
4.家庭日用杂品 Daily-Use Household Articles	102.4	103.1	101.5	103.8	100.8	103.8
5.家庭服务及加工维修服务 Household Service and Maintenance	113.2	115.4	120.1	106.9	106.3	112.2
五、医疗保健和个人用品 Medic-care and Personal Articles	**101.8**	**101.3**	**101.5**	**101.1**	**100.7**	**101.0**
1.医疗保健 Medic-care and health	101.5	100.7	102.0	101.5	99.9	101.0
(1)医疗器具及用品 Medical Instrument and Articles	102.5	99.9	104.7	99.5	98.0	101.3
(2)中药材及中成药 Traditional Chinese Medicine	107.4	100.2	106.4	104.3	102.9	102.5
(3)西药 Western Medicine	101.3	100.0	100.8	101.3	98.5	100.4
(4)保健器具及用品 Health Care Appliances and Articles	102.0	105.2	100.9	100.5	98.1	103.2
(5)医疗保健服务 Health Care Services	98.1	100.5	100.0	100.0	100.0	100.0
2.个人用品及服务 Personal Articles and Services	102.1	102.6	100.6	100.2	102.3	101.0
(1)化妆美容用品 Cosmetics	99.9	100.1	99.3	102.4	99.4	101.0
(2)清洁类化妆品 Sanitation Articles	106.3	101.4	103.1	102.4	104.2	106.8
(3)个人饰品 Personal Ornaments	99.1	98.5	96.2	97.2	100.0	97.6
(4)个人服务 Personal Services	103.8	109.0	103.1	100.3	105.2	100.5
六、交通和通信 Transportation and Communication	**99.7**	**101.1**	**99.9**	**100.5**	**100.2**	**101.8**
1.交通 Transportation	101.2	100.6	100.6	101.4	100.5	102.4
(1)交通工具 Transportation Facility	100.7	98.4	100.2	100.2	100.7	99.9

Continued 2

铜陵市 Tongling	安庆市 Anqing	桐　城 Tongcheng	黄山市 Huangshan	歙　县 Shexian	滁州市 Chuzhou	阜阳市 Fuyang	亳州市 Bozhou	宿州市 Suzhou	六安市 Lu'an	宣城市 Xuancheng
101.9	100.3	100.3	102.5	101.7	98.5	101.8	100.6	98.0	99.2	101.2
103.0	100.9	97.8	101.1	99.5	100.9	102.4	99.4	99.8	98.6	99.8
100.5	100.0	100.4	100.0	101.1	100.1	102.5	100.1	99.7	100.0	103.5
99.7	99.9	101.3	83.3	100.0	94.2	104.4	100.2	95.8	97.1	100.2
100.8	101.8	101.6	102.4	100.5	103.5	101.7	101.6	103.5	100.6	104.5
110.1	108.4	110.0	110.9	103.2	116.6	105.2	102.9	108.8	103.2	104.3
102.3	**101.8**	**101.1**	**102.0**	**102.4**	**101.6**	**100.6**	**99.9**	**102.0**	**101.1**	**102.0**
102.0	101.0	100.9	101.1	102.6	102.3	98.8	99.2	101.2	101.2	100.9
101.4	104.0	104.7	102.5	100.2	104.2	99.5	100.0	99.5	100.0	100.0
104.9	101.1	101.1	101.1	103.8	105.6	94.6	97.7	101.6	102.1	101.3
101.7	100.6	100.7	101.1	103.4	102.5	99.5	99.2	102.5	101.7	101.3
103.8	104.9	104.3	104.6	104.8	99.5	104.6	100.2	99.8	101.0	102.5
100.0	100.0	100.0	100.0	100.4	100.0	100.0	100.0	100.0	100.0	100.0
102.8	103.4	101.9	103.6	101.8	100.0	103.7	101.1	103.7	100.8	105.5
103.4	100.5	100.6	100.4	100.6	100.1	101.0	100.0	102.2	100.8	102.2
105.8	107.7	104.2	108.5	101.9	103.6	102.0	102.2	103.4	103.3	103.9
102.1	99.7	100.1	99.1	100.2	98.1	101.5	99.8	102.7	99.5	97.3
101.3	106.6	102.9	106.8	103.2	100.0	108.3	102.4	106.0	100.1	113.4
100.4	**102.4**	**101.1**	**100.0**	**100.7**	**99.7**	**100.8**	**101.2**	**100.5**	**101.4**	**100.9**
101.4	103.0	102.7	100.8	101.5	99.8	100.9	101.8	101.1	101.7	101.0
100.5	102.0	105.5	99.1	101.3	97.7	98.6	101.1	99.4	101.6	100.5

4-6 续表3

指标 Item	合肥市 Hefei	芜湖市 Wuhu	蚌埠市 Bengbu	淮南市 Huainan	马鞍山市 Maanshan	淮北市 Huaibei
(2)车用燃料及零配件 Fuels and Parts	102.6	102.5	102.5	102.3	102.5	102.9
(3)车辆使用及维修费 Fees for Vehicles Use and Maintenance	102.6	105.9	101.2	103.3	100.0	103.6
(4)市区公共交通费 Incity Traffic Fare	101.2	100.0	100.0	101.8	100.0	105.9
(5)城市间交通费 Intercity Traffic Fare	100.3	101.6	100.6	101.0	99.9	100.9
2.通信 Communication	97.8	101.5	99.1	99.6	99.8	101.3
(1)通信工具 Communication Facility	99.1	100.4	101.4	95.9	99.1	101.0
(2)通信服务 Communication Services	97.6	101.7	98.8	100.4	100.0	101.3
七、娱乐教育文化用品及服务 Recreation, Education, Culture Articles and Services	**102.8**	**101.1**	**101.4**	**101.2**	**102.4**	**100.6**
1.文娱用耐用消费品及服务 Durable Consumer Goods for Recreational Use	95.9	96.5	99.1	100.3	99.9	99.1
2.教育 Education	103.7	101.3	101.9	101.1	103.3	100.6
(1)教材及参考书 Teaching Materials and Reference Books	105.3	106.1	103.9	106.6	108.3	103.5
(2)教育服务 Education Services	103.3	100.3	101.5	100.0	102.4	100.0
3.文化娱乐类 Cultural and Recreational Articles	101.0	103.4	100.6	99.8	101.8	100.5
(1)文化娱乐用品 Cultural Articles	101.4	101.1	100.4	99.7	100.4	99.2
(2)书报杂志 Newspapers and Magazines	101.3	115.6	100.6	100.0	100.2	101.0
(3)文娱费 Expenditure on Culture and Recreation	100.6	100.1	101.0	100.0	104.2	102.5
4.旅游 Tourism	104.7	102.7	102.7	103.3	101.4	102.5
八、居住 Residence	**102.0**	**101.0**	**101.3**	**101.0**	**100.7**	**101.2**
1.建房及装修材料 Building and Decoration Materials	100.2	95.7	100.3	99.5	99.7	99.4
2.住房租金 Tenancy	103.4	101.7	103.8	101.7	100.3	101.4
3.自有住房 Housing	102.0	100.4	100.6	100.9	100.5	100.3
4.水、电、燃料 Water, Electricity and Fuels	103.1	103.3	102.9	102.7	102.8	103.5

Continued 3

铜陵市 Tongling	安庆市 Anqing	桐　城 Tongcheng	黄山市 Huangshan	歙　县 Shexian	滁州市 Chuzhou	阜阳市 Fuyang	亳州市 Bozhou	宿州市 Suzhou	六安市 Lu'an	宣城市 Xuancheng
100.7	102.4	103.3	102.3	103.0	102.2	103.1	102.6	102.3	102.5	102.9
102.1	100.7	100.5	101.5	103.9	100.5	101.0	101.1	100.0	100.1	100.4
100.0	103.9	100.0	100.0	100.2	100.0	100.9	100.0	102.6	101.4	100.5
104.9	104.8	102.3	102.7	101.6	101.2	103.1	105.1	100.4	102.5	101.6
99.2	101.7	99.5	99.2	99.8	99.6	100.8	100.5	99.9	101.1	100.8
93.6	99.2	97.3	95.4	99.1	97.3	102.6	99.7	98.9	101.9	103.3
100.0	102.1	100.3	100.0	100.0	100.0	100.4	100.6	100.0	100.9	100.0
101.3	**100.4**	**101.5**	**100.5**	**101.2**	**100.4**	**101.7**	**102.2**	**101.7**	**102.4**	**102.3**
98.7	98.0	95.7	99.2	99.1	96.0	100.2	98.2	97.1	97.0	100.9
102.1	100.7	102.4	101.8	101.6	102.3	101.5	103.5	101.3	103.9	102.3
103.9	104.0	105.8	105.8	105.5	104.2	105.3	106.8	105.3	103.9	102.3
101.8	100.0	101.3	101.1	100.9	101.9	100.9	102.8	100.1	103.9	102.3
100.7	101.3	101.2	101.0	100.4	100.1	101.1	100.6	100.3	100.4	102.1
100.8	101.2	102.4	101.0	100.6	100.0	101.2	100.5	100.3	99.2	101.5
100.0	101.9	100.4	100.0	100.0	99.0	101.2	101.2	100.0	102.7	105.8
100.9	100.8	100.1	102.0	100.5	101.7	101.1	100.4	100.6	100.0	100.1
101.8	100.6	105.4	96.0	103.0	99.1	104.7	102.8	107.9	104.9	104.8
102.8	**100.8**	**101.1**	**101.9**	**100.8**	**100.5**	**100.9**	**101.4**	**100.6**	**100.5**	**100.6**
101.8	101.2	100.0	100.1	101.0	96.2	99.1	99.6	99.1	100.4	98.6
105.2	102.8	102.6	102.2	101.3	98.5	100.5	100.5	101.1	100.8	100.0
103.1	100.0	101.8	100.3	100.6	100.0	100.9	101.4	100.4	100.0	100.0
102.7	101.2	100.6	105.0	100.9	104.1	102.3	102.3	101.7	101.8	103.2

4-7 商品零售价格分类指数(2012年)
Retail Price Indices by Category(2012)

上年=100 (preceding year=100)

指 标	Item	全省	城市	农村
商品零售价格总指数	**Retail General Price Index**	**102.1**	**102.0**	**102.3**
一、食品	Food	103.9	103.8	104.1
1.粮食	Grain	104.4	104.7	103.6
2.淀粉及制品	Starches and Tubers	103.9	102.5	108.7
3.干豆类及豆制品	Beans and Bean Products	101.9	102.0	101.5
4.油脂	Oil or Fat	105.7	105.9	105.0
5.肉禽及其制品	Meal,Poultry and Their Products	98.7	99.2	97.4
6.蛋	Eggs	94.1	93.9	94.7
7.水产品	Aquatic Products	110.5	109.3	114.2
8.菜	Vegetables	112.6	111.5	115.6
9.调味品	Flavoring	106.8	107.5	105.2
10.糖	Sugar	106.4	105.8	108.2
11.干鲜瓜果	Dried and Fresh Melons and Fruits	99.0	98.6	100.3
12.糕点饼干面包	Cake,Cookie,Bread	103.2	102.7	104.7
13.液体乳及乳制品	Milk and Its Products	104.0	104.8	101.6
14.在外用膳食品	Dinning Out	104.4	104.4	104.5
15.其他食品	Other Food	106.1	106.4	105.2
二、饮料、烟酒	Tobacco,Liquor and Articles	104.0	103.6	105.0
1.茶及饮料	Tea and Drinks	103.5	102.8	105.3
2.烟草	Tobacco	100.0	99.9	100.0
3.酒	Liquor	107.7	107.1	109.5
三、服装、鞋帽	Garments, Shoes and Hats	102.4	102.3	102.4
1.服装	Garments	102.9	102.8	103.1
2.鞋袜帽	Footwear,Socks and Hats	101.2	101.3	101.0
3.其他	Others	99.0	99.5	97.8
四、纺织品	Textiles	100.2	99.7	101.4
1.衣着材料	Clothing Material	102.6	102.3	103.0
2.床上用品	Bed Articles	99.1	98.6	100.2
五、家用电器及音像器材	Electric Household Appliance and Sound Apparatus	99.3	99.4	98.7
1.家庭设备	Household Facilities	100.1	100.4	99.2

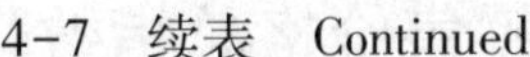

4-7 续表 Continued

指　　标	Item	全省	城市	农村
2.文娱用耐用消费品	Durable Consuming Goods for Entertainment	97.7	97.7	97.8
3.专业音像器材	Sound Apparatus	99.7	99.9	99.1
六、文化办公用品	Cultural and Office Goods	99.4	99.2	100.0
七、日用品	Articles for Daily Use	101.9	101.9	102.1
1.日用百货	Merchandise for Daily Use	101.6	101.5	102.0
2.日用杂品	Sundries for Daily Use	102.0	101.9	102.2
3.洗涤用品	Washing and Cleaning Goods	103.4	103.6	102.8
4.其他日用品	Other Daily-use Goods	100.7	100.5	101.3
八、体育娱乐用品	Sports and Entertainment Goods	100.8	101.0	100.0
1.体育用品	Sports Goods	101.5	101.7	100.8
2.娱乐用品	Recreational Goods	100.3	100.5	99.5
九、交通、通信用品	Traffic and Telecommunication Goods	99.5	99.3	100.1
1.交通运输机械	Traffic and Transport Machinery	99.5	99.3	100.1
2.通信器材	Telecommunication Apparatus	99.5	99.3	100.3
十、家具	Furniture	100.8	100.7	101.1
十一、化妆品	Cosmetics	101.6	101.5	101.8
十二、金银珠宝	Gold and Silver Jewels	99.2	99.3	98.3
十三、中西药品及医疗保健用品	Chinese and Western Medicines and Health Supplies	101.8	101.7	102.0
1.医疗器具及用品	Medical-care Apparatus and Goods	101.7	101.7	101.5
2.中药材及中成药	Chinese Herbs and Patent Medicine	102.6	102.9	101.9
3.西药	Western Medicine	101.1	100.8	101.7
4.保健器具及用品	Healthy Devices and Goods	102.6	102.3	103.6
十四、书报杂志及电子出版物	Books, Magazines and Electronic Publications	102.8	103.0	102.2
1.教材及参考书	Texts and Reference Books	104.2	104.9	102.2
2.书报杂志	Newspapers and Magazines	102.4	102.3	102.8
3.电子音像制品	Electronic Audio and Video Products	100.1	100.1	100.0
十五、燃料	Fuels	103.5	103.6	103.3
1.煤炭及制品	Coal and Its Products	102.6	102.3	103.1
2.石油及制品	Oil and Its Products	103.7	103.8	103.4
十六、建筑材料及五金电料	Building Apparatus and Hardwares	98.5	98.7	98.2
1.建筑装潢材料	Building Decoration Materials	97.8	97.9	97.4
2.五金电料	Hardwares and Electrical Apparatus	101.2	101.1	101.8

4-8 各市商品零售价格总指数(1984—2012年)

上年=100

年 份 Year	合肥市 Hefei	芜湖市 Wuhu	蚌埠市 Bengbu	淮南市 Huainan	马鞍山市 Maanshan	淮北市 Huaibei	铜陵市 Tongling	安庆市 Anqing
1984	100.6	101.4	100.3	101.3		101.1		101.3
1985	111.4	108.4	108.8	112.5		108.1		109.5
1986	105.9	106.5	106.2	106.4		105.0		107.2
1987	110.3	108.9	111.0	108.1		109.2		109.2
1988	122.1	121.2	120.7	121.9		125.5		118.9
1989	115.0	115.9	114.8	114.6	115.3	116.2		116.6
1990	101.7	103.6	100.6	102.0	100.6	101.2		102.6
1991	109.5	107.7	108.1	108.8	108.6	107.3	108.1	107.1
1992	108.8	108.5	106.2	108.1	108.6	107.2	106.6	108.7
1993	115.0	118.9	112.3	107.4	118.3	109.5	124.0	114.3
1994	120.5	126.0	119.9	121.3	123.9	117.8	124.0	127.9
1995	113.8	115.5	111.7	112.0	111.4	112.8	112.7	113.7
1996	107.1	106.9	106.7	107.0	106.6	106.5	106.7	107.0
1997	100.9	100.0	100.1	101.1	100.7	99.2	101.0	98.8
1998	98.2	98.9	99.1	97.8	98.3	98.6	98.1	98.3
1999	96.5	96.2	95.8	97.0	97.6	96.8	97.2	96.6
2000	97.2	98.1	98.7	98.3	99.0	98.8	97.9	98.3
2001	97.7	98.9	98.5	99.3	99.9	99.3	98.7	98.3
2002	99.3	98.9	98.8	99.2	100.3	99.6	99.9	99.5
2003	101.4	100.3	100.9	101.1	101.7	103.1	99.4	99.4
2004	100.8	102.3	103.4	102.3	103.0	102.6	102.9	102.5
2005	99.7	99.2	99.8	99.8	100.2	101.4	99.9	100.7
2006	100.6	100.6	101.9	99.8	101.8	101.1	100.2	101.4
2007	104.6	104.1	104.6	104.9	104.9	104.4	103.3	104.2
2008	106.3	106.2	106.4	105.6	106.6	106.3	105.6	106.8
2009	99.8	98.1	98.7	98.1	98.7	99.0	98.5	98.8
2010	102.1	102.7	102.7	101.8	103.1	103.4	102.4	103.2
2011	105.1	105.0	105.4	104.9	103.9	104.9	105.5	105.1
2012	101.9	102.2	102.1	102.2	101.9	102.0	102.2	101.8

Overall Retail Price Index in Major Cities(1984—2012)

(preceding year = 100)

桐城市 Tongcheng	黄山市 Huangshan	歙县 Shexian	滁州市 Chuzhou	阜阳市 Fuyang	亳州市 Bozhou	宿州市 Suzhou	六安市 Lu'an	宣城市 Xuancheng
98.3		100.5	101.3	102.3	98.7	104.8	102.5	100.5
106.2		108.3	103.2	105.2	105.0	103.4	109.2	106.6
104.1		107.4	104.7	104.0	108.2	107.6	105.1	105.7
111.0		113.2	109.4	110.1	111.2	111.5	110.7	112.2
118.1		122.5	117.5	123.8	123.3	116.7	123.1	123.7
115.9		114.7	118.5	115.5	115.7	116.8	116.9	115.6
98.2		101.4	100.5	102.2	97.8	103.7	103.0	102.1
106.6		101.5	106.8	107.5	109.9	104.4	104.1	102.6
109.8		107.3	107.2	110.0	109.6	106.1	107.4	104.4
109.5		115.6	118.8	109.6	110.4	112.1	112.2	115.7
116.4		122.9	122.2	117.9	125.3	122.5	127.8	124.3
113.2		111.4	114.5	111.0	108.1	112.6	112.6	112.1
107.4	106.8	107.8	107.3	107.7	106.7	107.7	107.1	106.9
98.8	98.1	98.4	99.4	99.2	97.9	98.5	98.9	99.8
97.9	99.9	98.2	98.7	97.7	99.4	96.8	98.3	98.7
96.2	96.8	96.1	96.8	95.5	97.3	95.1	96.6	98.4
98.6	99.7	97.0	97.3	97.7	96.3	96.5		98.5
99.6	99.4	98.9	99.1	98.0	100.1			101.9
98.9	98.4	98.3	99.0	98.3	98.3			102.0
101.4	102.5	100.6	100.6	100.2	103.1	102.0		102.2
104.2	103.8	104.6	101.4	102.4	101.8	102.4		103.5
102.3	99.9	101.3	100.7	100.6	99.4	99.9		101.8
101.4	100.4	100.7	101.0	101.3	101.3	101.0		100.7
105.2	103.9	104.7	104.2	103.9	105.5	104.9		104.2
106.3	105.6	106.3	105.2	105.5	105.0	106.1		106.3
97.8	98.9	98.9	99.6	97.9	98.4	99.0		100.0
103.9	104.2	104.5	102.7	103.1	103.9	102.6		103.9
106.4	105.4	107.0	104.6	105.4	104.4	105.1	104.8	105.6
102.5	101.8	102.8	101.9	102.5	102.1	101.6	101.0	101.9

4-9 各市商品零售价格分类指数(2012年)

上年=100

指标 Item	合肥市 Hefei	芜湖市 Wuhu	蚌埠市 Bengbu	淮南市 Huainan	马鞍山市 Maanshan	淮北市 Huaibei
商品零售价格总指数 Retail General Price Index	101.9	102.2	102.1	102.2	101.9	102.0
一、食品 Food	103.3	104.2	103.9	104.2	104.1	103.9
1.粮食 Grain	104.7	104.9	103.6	105.8	104.9	103.7
2.淀粉及制品 Starches and Tubers	100.2	108.8	103.0	103.7	113.4	95.6
3.干豆类及豆制品 Beans and Bean Products	102.5	102.1	101.0	99.2	97.9	105.6
4.油脂 Oil or Fat	103.7	108.6	104.6	106.0	107.6	106.7
5.肉禽及其制品 Meal, Poultry and Their Products	98.6	99.9	100.1	99.8	98.5	99.4
6.蛋 Eggs	93.5	95.2	94.1	94.5	95.3	95.0
7.水产品 Aquatic Products	112.1	108.1	108.1	112.8	112.7	108.2
8.菜 Vegetables	109.5	108.0	108.5	122.5	110.1	116.4
9.调味品 Flavoring	106.6	104.8	108.9	108.9	107.1	105.9
10.糖 Sugar	102.1	107.4	111.7	104.6	104.3	99.9
11.干鲜瓜果 Dried and Fresh Melons and Fruits	95.6	98.5	96.7	103.3	100.7	101.4
12.糕点饼干面包 Cake, Cookie, Bread	100.8	106.0	102.0	101.4	103.7	101.2
13.液体乳及乳制品 Milk and Its Products	107.2	104.9	105.4	101.4	104.8	102.4
14.在外用膳食品 Dinning Out	103.7	105.6	105.3	100.5	104.7	104.4
15.其他食品 Other Food	105.7	113.4	110.7	102.7	107.3	106.8
二、饮料、烟酒 Tobacco, Liquor and Articles	103.4	105.4	103.1	103.2	103.3	102.6
1.茶及饮料 Tea and Drinks	101.8	102.0	104.1	105.0	101.4	105.8
2.烟草 Tobacco	100.0	100.0	100.2	100.0	100.0	100.0

Retail Price Indices by Catgeory in Major Cities（2012）

（preceding year = 100）

铜陵市 Tongling	安庆市 Anqing	桐城 Tongcheng	黄山市 Huangshan	歙县 Shexian	滁州市 Chuzhou	阜阳市 Fuyang	亳州市 Bozhou	宿州市 Suzhou	六安市 Lu'an	宣城市 Xuancheng
102.2	**101.8**	**102.5**	**101.8**	**102.8**	**101.9**	**102.5**	**102.1**	**101.6**	**101.0**	**101.9**
103.8	103.7	105.4	105.4	105.4	104.1	104.5	103.8	104.5	101.7	102.7
103.5	107.0	103.7	102.3	105.2	102.8	105.9	103.4	104.1	105.6	102.8
96.0	100.0	100.1	107.5	112.2	102.7	100.0	109.5	105.7	99.8	111.2
101.3	110.5	100.9	101.0	101.5	101.6	100.7	98.5	101.2	98.6	101.8
104.8	105.7	110.6	106.4	102.7	106.1	110.5	106.3	100.8	102.2	102.5
95.9	98.2	100.7	101.8	98.2	99.4	99.0	101.2	101.0	97.4	95.3
95.4	88.4	95.5	94.0	97.4	96.3	94.2	95.1	94.6	95.7	92.8
105.2	109.7	114.2	117.0	116.4	110.3	107.5	105.3	109.2	106.5	113.3
104.4	112.6	116.6	122.2	118.7	107.0	117.3	110.9	115.2	101.6	113.7
112.6	108.0	107.6	106.6	106.4	109.6	107.6	105.8	107.8	104.1	103.2
106.2	105.7	106.7	105.2	104.5	106.6	108.4	110.4	107.7	103.0	111.1
97.6	95.0	97.4	108.3	104.8	100.5	100.2	101.8	97.5	104.4	100.0
105.1	101.7	103.4	105.1	106.9	105.2	102.0	102.1	108.3	101.6	104.2
103.9	103.9	103.6	100.4	100.2	108.0	101.8	99.6	106.5	106.2	101.1
114.8	104.4	106.5	101.0	106.8	106.0	104.4	104.1	102.8	102.4	102.2
94.6	103.3	103.0	104.9	102.5	111.2	107.1	107.8	103.5	98.6	107.6
105.2	102.0	105.3	104.2	103.6	105.3	103.0	105.3	103.4	103.2	105.6
104.8	101.6	105.8	103.3	105.6	104.5	103.4	104.6	102.5	102.7	105.0
100.0	99.8	100.0	100.0	100.0	99.2	100.0	100.0	100.0	99.9	100.0

4-9 续表1 Continued 1

指标 Item	合肥市 Hefei	芜湖市 Wuhu	蚌埠市 Bengbu	淮南市 Huainan	马鞍山市 Maanshan	淮北市 Huaibei
3.酒 Liquor	106.7	111.6	105.3	105.7	106.9	104.2
三、服装、鞋帽 Garments, Shoes and Hats	101.7	103.3	103.1	101.9	103.1	102.2
1.服装 Garments	102.4	103.6	104.4	101.7	103.8	103.2
2.鞋袜帽 Footwear,Socks and Hats	99.7	102.7	100.8	102.6	100.7	99.1
3.其他 Others	99.5	99.1	93.7	102.0	100.0	103.5
四、纺织品 Textiles	98.0	100.5	99.3	101.7	100.5	102.8
1.衣着材料 Clothing Material	101.7	100.0	108.2	106.3	101.7	104.5
2.床上用品 Bed Articles	97.3	100.7	95.9	100.3	99.8	101.8
五、家用电器及音像器材 Electric Household Appliance and Sound Apparatus	100.0	99.4	99.8	99.7	97.8	97.1
1.家庭设备 Household Facilities	101.4	99.4	100.1	99.9	97.3	95.5
2.文娱用耐用消费品 Durable Consuming Goods for Entertainment	96.2	99.3	99.2	99.4	98.2	99.3
3.专业音像器材 Sound Apparatus	102.8	100.0	100.0	99.6	100.4	99.9
六、文化办公用品 Cultural and Office Goods	98.9	98.5	99.6	100.2	100.9	98.2
七、日用品 Articles for Daily Use	101.7	101.8	101.2	102.7	102.5	102.5
1.日用百货 Merchandise for Daily Use	102.1	101.1	100.7	101.9	102.5	100.3
2.日用杂品 Sundries for Daily Use	101.9	100.9	99.7	106.4	100.7	99.2
3.洗涤用品 Washing and Cleaning Goods	102.6	105.7	103.8	103.3	105.3	110.7
4.其他日用品 Other Daily-use Goods	100.1	100.3	100.1	100.1	100.9	100.2
八、体育娱乐用品 Sports and Entertainment Goods	101.6	100.2	99.4	100.8	101.4	100.0
1.体育用品 Sports Goods	103.9	101.3	98.7	98.6	99.4	101.8

Continued 1

铜陵市 Tongling	安庆市 Anqing	桐城 Tongcheng	黄山市 Huangshan	歙县 Shexian	滁州市 Chuzhou	阜阳市 Fuyang	亳州市 Bozhou	宿州市 Suzhou	六安市 Lu'an	宣城市 Xuancheng
110.2	104.2	109.9	108.3	106.0	110.8	105.5	109.9	106.8	106.6	110.8
101.8	102.5	101.7	99.0	102.8	102.6	104.1	102.6	100.7	102.1	102.6
101.3	102.6	101.2	101.4	103.3	102.3	103.9	103.3	100.0	104.0	104.2
103.6	102.2	104.1	91.5	102.1	103.9	105.1	101.7	101.5	98.6	98.8
100.3	100.6	94.7	100.3	100.1	94.3	100.4	96.4	102.8	93.7	99.8
101.3	100.5	103.6	86.2	102.0	96.2	103.8	100.2	96.7	97.6	99.9
104.0	101.5	106.5	100.9	104.7	103.0	102.7	100.7	99.8	98.2	100.1
100.4	99.8	101.2	82.6	100.0	94.0	104.7	100.0	94.8	97.2	99.8
101.6	99.6	97.2	99.8	99.0	97.7	101.1	98.7	98.5	98.1	99.4
103.0	100.9	97.8	101.1	99.5	100.9	102.4	99.4	99.8	98.6	99.8
99.5	97.9	96.6	98.2	98.1	94.2	99.7	97.4	96.5	97.2	98.5
100.0	100.2	93.9	99.8	100.0	92.9	100.0	100.0	97.6	97.0	100.0
99.6	98.9	99.4	100.0	100.0	99.0	99.6	99.2	98.5	98.2	100.3
101.7	102.8	103.6	101.1	100.7	101.6	101.5	101.4	102.4	101.1	101.8
102.2	102.5	104.7	100.7	100.8	101.2	101.0	101.9	101.5	101.3	101.2
99.9	100.3	101.3	102.8	100.7	104.2	102.1	101.2	104.2	100.1	103.4
102.4	106.1	105.9	101.7	99.8	102.2	101.5	102.1	103.3	102.2	102.4
101.6	101.2	101.2	100.1	101.8	99.5	101.8	99.7	101.3	100.0	101.1
101.3	102.1	100.4	100.3	101.8	99.6	101.3	100.2	102.3	99.6	99.1
102.8	102.7	100.9	101.0	101.0	100.0	101.6	100.0	103.8	100.1	100.6

4-9 续表 2

指 标 Item	合肥市 Hefei	芜湖市 Wuhu	蚌埠市 Bengbu	淮南市 Huainan	马鞍山市 Maanshan	淮北市 Huaibei
2.娱乐用品 Recreational Goods	100.1	99.3	100.0	102.1	102.5	98.9
九、交通、通信用品 Traffic and Telecommunication Goods	99.6	99.1	100.3	98.8	99.3	100.0
1.交通运输机械 Traffic and Transport Machinery	99.7	98.8	99.9	99.7	99.3	99.6
2.通信器材 Telecommunication Apparatus	99.2	100.2	101.3	95.9	99.3	100.9
十、家具 Furniture	101.6	99.3	101.5	99.2	99.7	104.0
十一、化妆品 Cosmetics	101.4	101.1	100.7	102.0	100.7	102.2
十二、金银珠宝 Gold and Silver Jewels	98.6	97.3	99.1	98.6	98.8	98.6
十三、中西药品及医疗保健用品 Chinese and Western Medicines and Health Supplies	103.3	101.0	102.8	102.3	99.9	101.5
1.医疗器具及用品 Medical-care Apparatus and Goods	102.5	99.9	104.7	99.5	98.0	101.3
2.中药材及中成药 Chinese Herbs and Patent Medicine	107.4	100.2	106.4	104.3	102.9	102.5
3.西药 Western Medicine	101.3	100.5	100.8	101.3	98.5	100.4
4.保健器具及用品 Healthy Devices and Goods	102.0	105.0	100.9	100.5	97.8	103.2
十四、书报杂志及电子出版物 Books, Magazines and Electronic Publications	103.1	108.7	101.8	103.3	102.6	101.9
1.教材及参考书 Texts and Reference Books	105.3	104.1	103.9	106.6	106.6	103.5
2.书报杂志 Newspapers and Magazines	101.3	114.7	100.6	100.0	100.2	101.0
3.电子音像制品 Electronic Audio and Video Products	100.0	99.0	99.8	102.9	99.7	100.0
十五、燃料 Fuels	104.0	105.1	103.7	103.3	103.5	102.5
1.煤炭及制品 Coal and Its Products	99.1	107.2	99.8	100.0	95.5	96.4
2.石油及制品 Oil and Its Products	104.5	104.9	104.4	104.5	105.2	104.5
十六、建筑材料及五金电料 Building Apparatus and Hardwares	99.5	96.4	98.4	99.6	98.9	99.9
1.建筑装潢材料 Building Decoration Materials	99.3	95.0	97.9	97.4	98.1	97.6
2.五金电料 Hardwares and Electrical Apparatus	100.6	100.9	99.9	103.7	101.1	105.6

Continued 2

铜陵市 Tongling	安庆市 Anqing	桐　城 Tongcheng	黄山市 Huangshan	歙　县 Shexian	滁州市 Chuzhou	阜阳市 Fuyang	亳州市 Bozhou	宿州市 Suzhou	六安市 Lu'an	宣城市 Xuancheng
100.3	101.7	100.0	100.0	102.3	99.3	101.0	100.3	101.2	99.1	98.2
97.1	99.1	100.0	98.5	99.7	98.3	100.0	100.3	98.5	98.9	100.4
98.9	99.0	100.9	99.6	99.9	98.7	99.1	100.6	98.3	97.5	99.7
94.2	99.2	97.8	95.6	99.2	97.4	102.6	99.7	98.8	101.8	103.1
101.9	100.3	100.3	102.5	101.7	98.5	101.8	100.6	98.0	99.2	101.2
102.9	102.6	101.5	102.7	101.1	101.2	101.3	100.5	102.2	101.5	102.3
101.7	99.6	101.5	100.0	99.7	101.6	100.8	102.8	98.6	101.4	95.8
103.0	101.5	101.5	101.6	103.5	103.3	98.4	99.3	101.8	101.7	101.4
101.4	104.0	104.7	102.5	100.2	104.2	99.5	100.0	99.5	100.0	100.0
104.9	101.1	101.1	101.1	103.8	105.6	94.6	99.1	101.6	102.1	101.3
101.7	100.6	100.7	101.1	103.4	102.5	99.5	99.3	102.5	101.7	101.3
103.8	104.9	103.9	104.6	104.7	99.5	104.6	100.2	99.8	101.0	102.8
100.7	102.0	101.4	101.9	101.6	101.5	102.8	103.1	101.4	103.9	102.8
102.0	104.0	102.7	105.8	103.3	104.2	105.3	106.9	103.8	103.9	101.6
100.0	101.9	100.6	100.0	100.0	99.0	101.2	101.2	100.0	102.7	105.8
100.1	98.2	100.0	100.0	100.0	100.0	101.0	100.0	99.9	107.1	100.1
104.6	102.1	101.8	102.7	102.9	104.0	103.5	104.7	102.1	102.7	104.4
107.9	103.6	102.6	100.0	103.9	102.0	106.7	108.8	101.2	100.9	102.8
103.6	101.9	101.4	102.9	102.4	104.3	102.9	102.5	102.4	103.3	104.8
100.1	99.1	98.8	98.4	99.5	96.6	98.8	98.7	98.2	99.0	97.3
99.7	99.0	98.1	97.7	98.3	94.7	97.8	98.2	97.8	98.8	96.8
101.3	99.5	100.9	100.4	103.4	101.0	103.1	100.0	99.8	100.3	101.7

4-10 农业生产资料价格分类指数

Price Indices by Category of Agricultural Means of Production

上年=100 (preceding year=100)

指　标	Item	2011	2012
农业生产资料价格指数	**Price Index of Agricultural Means of Production**	**114.3**	**105.3**
一、农用手工工具	Agricultural Craft Tool	107.9	107.3
二、饲料	Forage	111.1	108.9
三、产品畜	Animals for Products	157.3	104.8
四、半机械化农具	Semi-mechanized Farm Tools	104.5	100.8
五、机械化农具	Mechanized Farm Machinery	106.4	103.1
六、化学肥料	Chemical Fertilizer	114.5	103.5
氮肥	Nitrogenous Fertilizer	116.8	101.1
磷肥	Phosphatic Fertilizer	111.8	105.3
钾肥	Potassic Fertilizer	105.6	99.9
复合肥料	Complex Fertilizer	114.6	106.0
七、农药及农药器械	Pesticide & Its Appliances	101.5	101.1
1.化学农药	Chemical Pesticide	101.4	101.0
2.农药器械	Pesticide Appliances	103.2	102.3
八、农用机油	Oil for Farm Machinery	114.5	103.7
九、其他农业生产资料	Other Agricultural Means of Production	109.8	107.5
1.农用种子	Agricultural Seeds	112.6	111.0
2.其他	Others	105.5	101.8
十、农业生产服务	Agricultural Production Service	111.7	109.0

4-11 各调查市县农业生产资料分类指数(2012年)
Price Indices by Category of Agricultural Means of Production by Cities Surveyed(2012)

上年=100 (preceding year=100)

指 标	Item	桐城市 Tongcheng	歙 县 Shexian	宣城市 Xuancheng
农业生产资料价格指数	**Price Index of Agricultural Means of Production**	**106.2**	**103.7**	**106.0**
一、农用手工工具	Agricultural Craft Tool	111.3	100.9	109.5
二、饲料	Forage	112.5	106.7	107.6
三、产品畜	Animals for Products	111.1	92.5	109.8
四、半机械化农具	Semi-mechanized Farm Tools	102.5	99.3	100.7
五、机械化农具	Mechanized Farm Machinery	100.6	104.6	103.7
六、化学肥料	Chemical Fertilizer	103.6	102.9	103.9
氮肥	Nitrogenous Fertilizer	102.1	101.5	99.9
磷肥	Phosphatic Fertilizer	106.1	106.3	104.2
钾肥	Potassic Fertilizer	104.0	99.1	98.7
复合肥料	Complex Fertilizer	104.4	104.2	108.3
七、农药及农药器械	Pesticide & Its Appliances	100.8	101.2	101.2
1.化学农药	Chemical Pesticide	100.7	101.3	100.9
2.农药器械	Pesticide Appliances	101.7	100.1	104.2
八、农用机油	Oil for Farm Machinery	103.6	103.5	103.9
九、其他农业生产资料	Other Agricultural Means of Production	103.8	114.7	106.0
1.农用种子	Agricultural Seeds	105.2	121.0	107.4
2.其他	Others	101.7	102.0	101.7
十、农业生产服务	Agricultural Production Service	106.9	107.1	111.2

4-12 分月农业生产资料价格指数（2012年）

上年同月=100

指　　标	Item	1月 January	2月 February
农业生产资料价格指数	**Price Index of Agricultural Means of Production**	**110.6**	**110.8**
一、农用手工工具	Agricultural Craft Tool	108.9	111.5
二、饲料	Forage	113.6	113.1
三、产品畜	Animals for Products	129.0	135.3
四、半机械化农具	Semi-mechanized Farm Tools	103.3	103.3
五、机械化农具	Mechanized Farm Machinery	104.0	104.2
六、化学肥料	Chemical Fertilizer	107.9	106.9
氮肥	Nitrogenous Fertilizer	108.2	105.7
磷肥	Phosphatic Fertilizer	102.6	102.7
钾肥	Potassic Fertilizer	102.1	100.4
复合肥料	Complex Fertilizer	110.2	110.4
七、农药及农药器械	Pesticide & Its Appliances	99.2	99.2
1.化学农药	Chemical Pesticide	99.1	99.1
2.农药器械	Pesticide Appliances	100.6	100.6
八、农用机油	Oil for Farm Machinery	110.8	111.0
九、其他农业生产资料	Other Agricultural Means of Production	108.3	108.3
1.农用种子	Agricultural Seeds	111.3	111.4
2.其他	Others	103.5	103.3
十、农业生产服务	Agricultural Production Service	115.3	114.5

Price Indices of Agricultural Means of Production by Month (2012)

(the same month last year=100)

3月 March	4月 April	5月 May	6月 June	7月 July	8月 August	9月 September	10月 October	11月 November	12月 December
109.4	**108.8**	**108.1**	**105.8**	**103.4**	**101.4**	**101.3**	**101.2**	**102.4**	**102.5**
108.1	108.6	109.3	107.8	107.5	107.5	107.5	104.4	103.3	104.3
109.4	108.9	108.4	108.4	107.6	106.0	107.1	108.3	109.0	107.5
126.7	122.9	115.9	102.6	90.3	84.3	87.3	87.0	98.0	103.8
102.2	101.1	100.3	100.3	100.3	100.0	100.0	99.4	99.4	100.0
105.0	103.6	103.8	103.4	103.2	102.8	102.4	101.9	101.6	101.5
106.7	107.1	108.4	105.8	104.0	101.9	99.6	98.8	98.5	98.0
105.2	106.3	108.1	102.8	99.8	98.3	95.5	95.0	95.3	94.9
106.0	106.8	106.8	106.8	106.8	106.4	106.1	104.6	104.6	104.0
100.1	100.1	102.0	102.0	100.8	99.8	99.8	98.5	96.8	97.1
109.7	109.2	110.2	109.3	108.1	104.6	101.9	101.0	100.2	99.4
100.5	102.1	101.8	101.7	101.7	101.7	101.9	100.9	100.9	101.0
100.4	102.1	101.8	101.7	101.7	101.7	101.8	100.8	100.8	100.8
102.8	102.8	102.8	102.8	102.8	102.8	102.8	102.2	102.2	102.7
111.3	110.6	106.7	101.3	95.5	96.3	99.0	101.3	101.8	101.0
109.2	108.9	108.9	108.7	108.6	106.2	106.4	105.9	105.7	105.5
112.6	112.6	112.6	112.6	112.6	109.3	110.3	109.5	109.1	108.7
103.5	102.9	102.9	102.4	102.2	100.9	100.0	100.0	100.0	100.1
112.9	109.8	108.4	109.3	109.3	107.5	106.2	106.2	105.0	105.0

4-13 工业生产者出厂价格分类指数(1993-2012 年)
Producer Price Indices for Industrial Products by Category(1993-2012)

上年=100 (preceding year=100)

年 份 Year	工业生产者出厂价格指数 Producer Price Indices for Industrial Products	轻工业 Light Industry	以农产品为原料 Agricultural products as raw materials	以非农产品为原料 Non-agricultural Products as Raw Materials	重工业 Heavy Industry	采掘 Mining & Quarrying Industry	原料 Raw Materials Industry	加工 Processing Industry	生产资料 Means of Production	生活资料 Consumer Goods
1993	125.3	109.1	109.3	108.3	143.6	135.1	161.7	121.5	140.0	109.0
1994	120.9	125.3	129.0	113.2	116.3	117.3	112.6	120.1	116.9	125.7
1995	117.2	124.0	126.4	115.7	110.1	116.0	104.4	115.0	113.2	121.9
1996	101.5	99.9	100.3	99.0	103.5	113.8	103.1	101.9	102.7	100.5
1997	99.3	99.1	99.4	98.7	99.4	99.3	100.2	98.5	98.9	100.1
1998	96.4	96.4	96.7	96.1	96.1	92.1	96.0	97.0	95.7	97.1
1999	95.9	94.4	94.1	96.4	97.3	94.2	97.9	97.2	96.9	94.5
2000	98.9	95.7	95.4	97.6	102.1	101.0	106.1	97.7	102.1	93.7
2001	98.6	96.9	96.9	97.1	100.2	105.2	99.0	100.2	99.8	96.3
2002	99.8	97.5	97.1	98.7	101.6	115.4	99.2	100.0	100.1	99.3
2003	103.5	101.7	102.7	100.7	104.9	102.4	107.2	103.8	105.3	98.9
2004	108.2	104.6	106.5	102.7	110.9	116.7	115.6	106.5	110.9	101.4
2005	103.3	99.0	99.6	98.5	106.3	112.2	111.3	101.3	105.0	98.7
2006	103.1	99.8	99.7	99.8	105.1	98.0	115.2	99.9	104.6	98.4
2007	103.6	103.4	103.8	103.0	103.8	104.2	102.9	104.3	103.7	103.3
2008	108.4	105.4	107.1	103.8	110.1	119.0	104.9	111.7	109.3	105.4
2009	92.8	97.0	97.9	96.2	90.5	95.4	90.3	89.5	91.4	97.8
2010	109.0	104.8	106.4	103.2	111.4	111.0	116.6	108.1	110.9	103.0
2011	108.3	107.7	109.9	103.6	108.5	104.8	110.9	107.7	109.2	105.6
2012	98.3	101.4	101.3	101.5	97.1	96.9	99.3	96.1	97.0	101.7

4-14 分月工业生产者出厂价格指数(2012年)
Producer Price Indices for Industrial Products by Month (2012)

上年同月=100 (the same month last year=100)

类别	Item	全年 Total	1月 January	2月 February	3月 March	4月 April	5月 May	6月 June
工业生产者出厂价格指数	**Producer Price Indices for Industrial Products**	**98.3**	**100.8**	**100.1**	**100.0**	**99.8**	**99.1**	**98.0**
轻工业	Light Industry	101.4	103.2	102.6	102.0	101.7	101.7	101.2
以农产品为原料	Using Farm Produces as Raw Materials	101.3	103.5	102.6	102.1	101.8	101.7	100.9
以非农产品为原料	Using Non-farm Produces as Raw Materials	101.5	102.6	102.4	101.8	101.4	101.7	101.8
重工业	Heavy Industry	97.1	100.0	99.2	99.3	99.1	98.2	96.8
采掘	Mining and Quarrying	96.9	100.3	98.9	100.6	101.0	98.9	99.4
原料	Raw Material	99.3	100.6	101.4	101.2	101.4	100.7	98.3
加工	Processing	96.1	99.7	98.2	98.1	97.7	96.9	95.7
生产资料	Means of Production	97.0	100.0	99.2	99.1	98.9	98.1	96.7
生活资料	Life Material	101.7	103.3	102.8	102.5	102.2	102.1	101.7

4-14 续表 Continued

类别	Item	7月 July	8月 August	9月 September	10月 October	11月 November	12月 December
工业生产者出厂价格指数	**Producer Price Indices for Industrial Products**	**97.1**	**96.1**	**95.8**	**97.1**	**97.6**	**97.8**
轻工业	Light Industry	100.8	100.7	100.5	100.5	100.8	101.2
以农产品为原料	Using Farm Produces as Raw Materials	100.6	100.4	100.2	100.4	100.8	101.3
以非农产品为原料	Using Non-farm Produces as Raw Materials	101.2	101.2	101.0	100.7	101.1	101.0
重工业	Heavy Industry	95.7	94.4	94.2	95.8	96.4	96.5
采掘	Mining and Quarrying	96.7	94.9	93.4	92.2	93.1	93.8
原料	Raw Material	97.0	95.7	96.5	100.0	99.4	99.9
加工	Processing	95.0	93.8	93.1	94.2	95.3	95.1
生产资料	Means of Production	95.6	94.4	94.1	95.7	96.3	96.4
生活资料	Life Material	101.2	101.0	100.7	100.8	101.2	101.4

4-15 分行业工业生产者出厂价格指数(2012 年)

上年同月 = 100

类　别	Item	全 年 Total	1月 January
总指数	**General Index**	**98.3**	**100.8**
煤炭开采和洗选业	Coal Mining and Selecting Industry	99.9	102.3
烟煤和无烟煤开采洗选	The Bituminous Coal and Anthracite Coals Mining and Dressing	99.9	102.3
黑色金属矿采选业	Black Metal Mineral Mining and Selecting Industry	87.8	91.6
铁矿采选	The Iron Mineral Mining and Selecting	87.8	91.7
锰矿、铬矿采选	Other Black Metal Mineral Mining and Selecting	87.5	81.4
有色金属矿采选业	Colored Metal Mineral Mining and Selecting	91.3	91.5
常用有色金属矿采选	The Regular Colored Metal Mineral Mining and Selecting	89.4	88.9
贵金属矿采选	The Precious Metal Mineral Mining and Selecting	101.0	105.6
非金属矿采选业	Non-Metal Mineral Mining and Selecting	104.5	109.9
土砂石开采	Gravel Mining and Selecting	103.4	106.7
化学矿开采	Chemical Mineral Mining and Selecting	97.8	110.7
采盐	Salt Mining	105.9	132.2
石棉及其他非金属矿采选	Asbestos and Other Non-Metal Mineral Mining and Selecting	113.9	117.7
农副食品加工业	Farm and Side-Line Food Processed Industry	103.7	106.7
谷物磨制	Corn Whetted	104.2	106.5
饲料加工	Forage Processed	102.9	105.0
植物油加工	Planting-Oil Processed	102.0	104.1
屠宰及肉类加工	Slaughtered Meat and Meat Processes	102.9	111.1
水产品加工	Fishery Product Processed	104.8	113.0
蔬菜、水果和坚果加工	Vegetable, Fruit and Nut Processed	105.6	106.0
其他农副食品加工	Other Farm and Side-line Food Processed	103.0	103.0
食品制造业	Food Manufacture Industry	101.2	104.6
焙烤食品制造	Baked Food Manufacturing	104.2	100.8
糖果、巧克力及蜜饯制造	Candy, Chocolate and Preserves Manufacturing	102.3	102.6
方便食品制造	Convenient Food Manufacturing	100.2	101.6
乳制品制造	Dairy Products Manufacturing	106.5	104.7
罐头食品制造	Canning	102.8	108.4
调味品、发酵制品制造	Condiment, Ferment Product Manufacturing	94.2	107.3
其他食品制造	Other Food Manufacturing	105.2	104.5
酒、饮料和精制茶制造业	Beverage Manufacture Industry	100.5	103.1
酒的制造	Wine Manufacturing	100.0	103.1
饮料制造	Beverage Manufacturing	100.5	97.7
精制茶加工	Refined-tea Process	103.2	108.4
烟草制品业	Tobacco Product Industry	100.2	100.1

Producer Price Indices for Industrial Products by Industry(2012)

(the same month last year=100)

2月 February	3月 March	4月 April	5月 May	6月 June	7月 July	8月 August	9月 September	10月 October	11月 November	12月 December
100.1	**100.0**	**99.8**	**99.1**	**98.0**	**97.1**	**96.1**	**95.8**	**97.1**	**97.6**	**97.8**
104.0	104.3	106.0	103.4	103.5	101.0	98.0	95.3	93.9	93.5	94.0
104.0	104.3	106.0	103.4	103.5	101.0	98.0	95.3	93.9	93.5	94.0
90.9	90.2	91.7	91.3	90.6	89.9	83.5	79.4	78.8	86.3	89.7
91.0	90.3	91.8	91.3	90.6	89.9	83.5	79.3	78.7	86.2	89.6
77.6	78.6	89.7	86.7	89.0	89.0	87.9	87.9	87.9	100.0	100.0
88.6	88.9	87.9	88.5	86.1	85.9	87.4	89.8	100.7	100.4	102.3
85.2	85.7	85.1	86.0	83.4	83.2	86.1	88.4	101.3	101.4	103.4
109.1	107.3	104.5	102.6	101.9	101.4	94.4	97.0	97.7	96.0	97.1
108.1	106.1	104.2	102.8	102.4	102.2	103.3	105.1	104.1	103.8	102.6
105.6	104.6	101.9	101.0	100.5	100.8	102.6	104.6	104.6	103.7	104.1
112.2	107.8	105.0	100.3	101.3	95.2	92.4	91.7	87.9	87.3	85.9
118.1	106.4	110.9	105.3	105.8	103.5	101.9	103.5	94.8	100.0	96.3
116.9	115.3	115.3	114.8	114.3	114.2	114.2	114.2	114.2	114.2	102.5
105.5	104.9	105.0	105.0	103.2	102.7	102.5	101.6	101.9	102.5	103.0
105.7	105.1	105.0	105.5	104.6	103.9	104.3	102.8	102.4	102.4	102.3
104.0	102.8	103.6	103.7	103.2	102.6	101.9	102.5	102.1	101.6	102.2
100.8	102.5	106.1	105.9	100.6	100.3	98.9	100.3	99.3	101.6	104.6
108.8	106.3	104.8	103.4	99.0	98.1	97.1	97.7	101.6	103.6	104.7
112.1	112.6	111.7	109.9	108.5	106.4	100.8	98.4	95.5	95.7	96.9
105.7	107.1	106.7	105.1	106.6	107.2	107.7	103.6	104.0	104.0	104.0
104.0	103.0	102.1	103.0	101.9	105.5	104.2	102.4	101.0	102.2	103.5
104.2	102.9	102.1	102.8	101.5	99.5	99.1	99.4	99.5	99.1	99.8
104.2	103.4	103.9	105.3	105.1	105.0	104.6	104.6	104.6	104.6	104.2
102.3	102.9	103.0	102.4	102.4	102.7	102.7	101.4	102.3	101.8	101.1
101.6	101.2	101.3	100.8	100.4	99.4	99.2	99.3	99.0	98.9	99.4
103.7	103.5	104.4	108.4	108.0	108.6	106.8	106.8	106.8	108.0	108.0
107.0	106.1	105.1	103.6	102.6	101.6	100.2	100.3	99.8	99.7	99.7
105.7	101.5	98.5	96.7	92.7	86.8	87.8	89.0	89.6	87.8	90.7
103.6	103.6	103.1	107.9	108.0	107.0	105.5	105.9	106.3	104.9	102.7
102.9	102.8	102.3	100.4	99.4	99.1	98.6	98.1	99.3	99.9	100.7
103.1	102.2	101.3	99.6	98.9	98.6	97.6	96.8	98.6	99.6	100.6
96.0	100.1	101.2	101.6	102.2	100.7	102.0	102.4	100.9	100.6	100.5
108.5	108.5	108.6	102.9	99.4	100.0	100.4	100.6	101.0	101.0	101.2
100.1	100.2	100.3	100.3	100.3	100.3	100.3	100.3	100.3	100.2	100.2

4-15 续表1

类　别	Item	全　年 Total	1月 January
烟叶复烤	Tobacco Leaves Retroacting	108.0	109.2
卷烟制造	Cigarette Manufacturing	100.1	100.0
其他烟草制品制造	Other Tobacco Products Manufacturing	100.0	100.0
纺织业	Textile Industry	95.1	96.0
棉纺织及印染精加工	Cotton Textile and Printing and Dyeing Refined Processing	91.9	91.8
毛纺织及染整精加工	Wool Textile and Printing and Dyeing Refined Processing	94.9	95.5
麻纺织及染整精加工	Hemp Textile and Printing and Dyeing Refined Processing	100.3	104.8
丝绢纺织及印染精加工	Silk-textile and Refined Process	92.6	91.4
针织或钩针编织物及其制品制造	Knitted Fabric and Its Products Manufacturing	101.0	103.2
家用纺织制成品制造	Textile Products Manufacturing	101.0	104.3
非家用纺织制成品制造	Knitwear, Knitted Products	96.4	99.8
纺织服装、服饰业	Textile Clothing Industry	104.3	107.6
机织服装制造	Woven Clothing Manufacturing	104.4	107.5
服饰制造	Textile Clothing Manufacturing	100.8	110.2
皮革、毛皮、羽毛及其制品和制鞋业	Leather, Furriery, Feather and It Products Industry	101.2	103.3
皮革鞣制加工	Leather Processing	107.9	108.6
皮革制品制造	Leather Product Processing	98.3	98.7
毛皮鞣制及制品加工	Leather Processing and Its Products Manufacturing	114.4	127.2
羽毛(绒)加工及制品制造	Feather Processing and Its Products Manufacturing	100.9	102.8
制鞋业	Shoe Industry	103.4	107.4
木材加工和木、竹、藤、棕、草制品业	Bamboo, Ratten, Palm and Straw Products	102.7	103.7
木材加工	Wood-Material Processing	99.7	101.3
人造板制造	Artificial Plank Manufacturing	102.5	101.9
木制品制造	Timber Product Manufacturing	102.1	104.9
竹、藤、棕、草等制品制造	Bamboo, Ratten, Palm and Straw Product Manufacturing	105.0	110.2
家具制造业	Furniture Manufacture Industry	101.9	101.4
木质家具制造	Timber Furniture Manufacture	102.9	101.8
竹、藤家具制造	Bamboo Furniture Manufacture	106.1	101.5
金属家具制造	Metal Furniture Manufacturing	100.0	100.0
其他家具制造	Other Furniture Manufacturing	100.7	101.6
造纸和纸制品业	Paper Making and Paper Products Industry	101.1	100.7
纸浆制造	Paper Pulp Manufacturing	103.3	111.5
造纸	Paper Making	102.0	101.9
纸制品制造	Paper Products Manufacturing	99.6	98.7
印刷和记录媒介复制业	Printing and Reproduction of Recording Media	97.3	104.7

Continued 1

2月 February	3月 March	4月 April	5月 May	6月 June	7月 July	8月 August	9月 September	10月 October	11月 November	12月 December
109.2	109.2	109.2	109.2	109.2	109.2	109.2	109.2	109.2	104.5	100.0
100.0	100.1	100.2	100.2	100.2	100.2	100.2	100.2	100.2	100.2	100.2
100.0	100.0	100.0	100.0	100.0	100.0	100.0	100.0	100.0	100.0	100.0
94.1	92.3	92.7	93.2	94.2	95.2	95.6	96.5	96.7	97.4	98.1
89.3	87.5	88.8	89.7	91.2	91.8	93.6	94.8	94.8	95.7	95.6
95.2	94.4	93.7	95.0	93.8	92.2	91.6	92.4	97.3	98.6	100.0
104.6	104.7	101.9	101.6	100.4	98.6	96.6	95.9	97.4	98.7	98.9
89.9	88.0	86.5	85.4	84.2	89.7	93.8	98.7	101.3	102.9	103.8
102.3	101.3	102.1	101.9	104.2	104.3	98.7	98.1	98.0	98.3	100.4
103.1	102.1	101.6	100.9	100.7	99.8	99.8	100.5	100.0	99.8	100.1
98.1	94.2	92.2	94.3	95.1	97.6	97.9	97.2	95.8	96.6	98.1
107.5	107.2	104.7	104.3	104.0	103.4	103.4	103.3	102.4	102.2	101.9
107.7	107.4	104.9	104.4	104.1	103.5	103.4	103.4	102.5	102.2	101.9
100.0	100.0	100.0	100.0	100.0	100.0	100.0	100.0	100.0	100.0	100.0
103.4	104.5	103.3	101.4	100.0	99.5	99.3	98.9	99.1	100.5	102.3
107.4	103.9	106.6	107.6	105.8	106.4	107.0	109.8	110.2	110.4	110.8
98.9	98.5	98.4	99.0	96.7	97.2	95.7	98.3	98.8	98.9	100.3
115.4	115.4	117.9	117.9	119.7	116.7	109.4	109.4	109.4	109.4	109.4
103.2	105.3	103.8	100.9	99.8	98.8	98.9	97.8	97.9	99.9	102.4
107.1	106.4	104.2	103.6	101.6	102.5	102.3	101.7	101.5	101.8	101.2
103.1	104.0	103.6	103.8	103.2	102.8	101.7	102.0	101.8	101.8	101.2
100.3	100.6	100.6	100.6	100.4	99.1	98.6	98.4	98.5	98.5	99.2
101.5	103.5	103.2	103.5	102.5	102.5	101.9	102.7	102.5	102.4	102.3
104.4	102.5	102.2	100.9	101.9	102.0	101.7	101.8	101.7	101.2	100.8
108.8	108.1	107.4	108.6	107.6	105.9	102.3	100.9	100.9	101.7	98.9
101.3	101.9	101.7	102.0	102.0	102.0	101.7	102.6	102.2	102.1	102.1
101.6	102.7	102.5	103.1	103.1	103.1	102.6	104.2	103.3	103.2	103.1
104.1	110.8	108.5	105.3	107.1	107.4	104.6	105.1	106.7	105.9	106.5
100.0	100.0	100.0	100.0	100.0	100.0	100.0	100.0	100.0	100.0	100.0
101.2	100.9	100.5	100.3	100.5	100.4	100.4	100.4	100.5	100.7	100.7
101.4	102.2	101.3	101.4	101.8	101.4	101.5	100.7	100.3	100.0	100.9
111.5	106.3	106.3	106.3	100.0	100.0	100.0	100.0	100.0	100.0	100.0
102.8	103.1	102.2	102.3	103.6	102.4	102.6	101.5	100.7	99.9	101.3
99.0	100.6	99.8	99.8	99.0	99.7	99.8	99.4	99.7	100.1	100.1
100.4	100.0	97.2	95.5	97.3	95.1	95.3	95.4	94.3	96.3	97.2

4-15 续表2

类别	Item	全年 Total	1月 January
印刷	Painting	97.3	104.6
装订及印刷相关服务	Binding and Other Painting Service Activity	107.3	121.5
文教、工美、体育和娱乐用品制造业	Culture, Education and Athletics Manufacture Industry	105.1	105.6
文教办公用品制造	Culture Articles Manufacturing	101.5	105.2
工艺美术品制造	Arts and Crafts Manufacturing	106.0	105.5
体育用品制造	Athelitic Articles Manufacturing	105.2	107.1
玩具制造	Toy Manufacturing	104.0	105.6
游艺器材及娱乐用品制造	Athletics Manufacture Industry	104.4	102.8
石油加工、炼焦和核燃料加工业	Petroleum Process, Coking and Nuclear Fuel Processing Industry	102.4	105.2
精炼石油产品制造	Refined Coking Petroleum Manufacturing	103.8	106.3
炼焦	Coking	94.5	99.3
化学原料和化学制品制造业	Chemical Material and Chemical Product Manufacturing	99.1	103.5
基础化学原料制造	Basic Chemical Material Manufacturing	98.2	101.5
肥料制造	Fertilizer Manufacture	101.6	109.8
农药制造	Insectcide Manufacture	102.9	102.5
涂料、油墨、颜料及类似产品制造	Coating, Printing Ink,Pigment and the Similar Products Manufacture	102.4	103.3
合成材料制造	Compounded Material Manufacture	90.1	96.6
专用化学产品制造	Specialized Chemical Product Manufacture	91.6	92.8
炸药、火工及焰火产品制造	Explosive and Fireworks Product Manufacture	100.1	102.2
日用化学产品制造	Daily Chemical Product Manufacture	102.0	104.7
医药制造业	Medical Manufacture Industry	101.3	101.3
化学药品原料药制造	Original Medicine of Chemical Medicine Manufacture	98.3	100.1
化学药品制剂制造	Chemical Medicine Agent Manufacture	98.2	101.5
中药饮片加工	TCM Decoction Pieces Processing	106.1	102.0
中成药生产	Medium Paternt Manufacture	103.8	102.9
兽用药品制造	Medicine in Herbs Manufacture	99.5	99.3
生物药品制造	Biology, Bio-chemical Product Manufacture	100.7	98.8
卫生材料及医药用品制造	Medical Products Manufacture	101.5	105.2
化学纤维制造业	Chemaical Fiber Manufacture Industry	93.6	98.4
纤维素纤维原料及纤维制造	Cellulose Fiber Material and Fiber Manufacture	96.7	94.5
合成纤维制造	Synthetic Fiber Manufacture	93.3	98.8
橡胶和塑料制品业	Rubber and Plastic Products Industry	97.7	102.2
橡胶制品业	Rubber Product Industry	93.5	104.8
塑料制品业	Plastic Product Industry	99.4	101.1
非金属矿物制品业	Non-metal Mineral Product Industry	91.0	99.0

Continued 2

2月 February	3月 March	4月 April	5月 May	6月 June	7月 July	8月 August	9月 September	10月 October	11月 November	12月 December
100.3	99.9	97.2	95.5	97.3	95.1	95.3	95.3	94.3	96.3	97.2
116.2	114.6	109.6	105.7	104.2	103.4	103.1	103.5	103.4	103.5	103.9
105.2	103.0	102.0	104.0	104.9	105.2	105.5	105.0	106.7	106.9	106.6
105.2	104.9	101.5	101.8	100.3	100.5	99.4	99.9	99.9	99.9	99.6
104.7	101.1	100.0	103.8	105.9	106.3	107.0	106.5	110.3	110.5	109.9
107.5	107.7	107.3	106.5	105.7	105.3	104.6	103.8	103.0	102.6	101.8
105.6	104.6	103.8	104.1	103.5	103.7	103.9	103.5	103.0	103.2	103.7
97.1	100.0	100.3	102.1	107.4	111.4	107.6	107.2	105.9	108.1	104.3
105.5	108.7	108.7	105.2	100.8	95.4	95.4	99.0	101.3	102.8	101.7
107.1	110.6	110.7	105.3	100.1	94.5	94.7	100.7	105.9	106.4	104.6
96.7	98.1	98.1	104.9	105.5	100.9	99.3	89.0	75.2	82.0	85.5
102.8	101.9	101.6	101.4	99.4	98.0	97.1	95.6	95.2	96.2	96.5
102.0	101.5	100.2	97.8	96.9	97.3	96.4	95.6	94.8	97.1	97.7
107.6	106.3	108.6	109.4	105.1	101.3	98.5	94.9	93.7	93.9	93.9
105.5	104.4	103.5	102.9	102.5	102.2	102.7	102.6	102.8	102.5	101.4
105.2	102.8	101.7	102.3	100.4	101.4	102.0	102.5	102.5	102.9	101.6
94.2	92.2	88.3	90.0	86.7	87.7	87.4	86.8	88.6	91.2	92.2
91.7	91.0	89.5	89.5	90.2	89.3	91.3	91.7	92.0	94.0	96.2
100.5	99.8	99.7	100.5	99.5	100.2	100.0	99.5	99.9	99.7	99.9
104.6	105.7	105.4	104.0	103.2	100.3	99.7	99.4	99.1	98.8	99.3
101.0	100.1	101.0	100.3	101.0	100.0	100.0	101.1	102.6	103.5	103.4
100.2	99.3	99.6	97.8	96.9	96.9	97.5	97.6	97.5	98.1	98.1
99.5	98.2	98.6	98.6	98.7	98.2	97.7	97.6	97.7	96.2	96.3
103.0	101.9	104.2	103.0	106.6	103.1	103.1	106.2	110.9	115.3	114.7
102.1	103.2	103.3	103.9	103.3	103.3	103.4	103.2	105.2	105.8	105.5
99.3	99.3	99.5	99.5	99.5	99.5	99.5	99.5	99.5	99.5	100.0
99.1	99.1	99.6	101.3	100.5	101.8	101.8	101.8	101.8	101.1	101.6
102.7	101.3	100.8	98.0	97.2	97.6	97.6	104.4	104.4	104.4	104.4
95.4	89.7	92.1	93.6	92.6	93.2	93.0	91.5	94.7	94.7	94.7
94.5	94.5	94.5	94.5	94.5	94.5	100.0	100.0	100.0	100.0	100.0
95.5	89.2	91.8	93.4	92.4	93.1	92.3	90.7	94.2	94.2	94.2
101.2	100.8	99.0	98.6	98.0	96.9	96.4	94.9	95.0	94.2	95.4
101.7	101.8	96.8	94.7	95.0	92.8	91.2	86.1	86.6	84.8	87.3
100.9	100.4	100.0	100.3	99.2	98.6	98.5	98.5	98.5	98.2	98.8
98.3	96.8	94.2	91.7	89.6	87.2	84.6	85.5	87.5	89.3	88.9

4-15 续表3

类 别	Item	全 年 Total	1月 January
水泥、石灰和石膏制造	Cement, Lime and Gypsum Manufacture	82.1	97.2
石膏、水泥制品及类似制品制造	Cement and Gypsum Product Manufacture	95.6	97.5
砖瓦、石材等建筑材料制造	Brick, Stone Material and Other Buildings	104.8	108.5
玻璃制造	Glass Manufacture	87.9	82.7
玻璃制品制造	Glass Product Manufacture	100.4	100.1
玻璃纤维和玻璃纤维增强塑料制品制造	Fiberglass and Reinforced Plastic Products Manufacture	97.1	97.5
陶瓷制品制造	Ceramics Product Manufacture	105.9	111.9
耐火材料制品制造	Fefractory Product Manufacture	100.7	102.5
石墨及其他非金属矿物制品制造	Graphite and Other Non-metal Mineralses Product Manufacture	99.4	103.4
黑色金属冶炼和压延加工业	Black Metal Coking and Pressing Process Industry	89.5	98.6
炼铁	Iron Making	97.5	106.1
炼钢	Steel Making	89.2	101.1
黑色金属铸造	Black Metal	100.7	106.4
钢压延加工	Pressed Steel Processing	88.4	97.8
铁合金冶炼	Iron-alloy Smeltering	91.9	98.4
有色金属冶炼和压延加工业	Coloured Metal Coking and Pressint Process Industry	92.0	91.8
常用有色金属冶炼	General Non-ferrous Metal Coking	91.2	90.3
贵金属冶炼	Precious Metal Smelting	99.1	112.3
稀有稀土金属冶炼	Rare Earth Metal Smelting	91.1	89.6
有色金属合金制造	Non-ferrous Metal Alloy Manufacture	92.6	90.8
有色金属压延加工	Coloured Metal Pressing Process Industry	93.6	94.3
金属制品业	Metal Product Industry	98.2	102.8
结构性金属制品制造	Structural Metal Product	98.4	104.1
金属工具制造	Metal Tools Manufacture	99.7	100.8
集装箱及金属包装容器制造	Container and Metal Packing Container Manufacture	94.4	99.6
金属丝绳及其制品制造	Metal Silk Rope and Its Product Manufacture	92.9	101.8
建筑、安全用金属制品制造	Building, Metal Production Safety Producing Manufacture	102.5	105.4
金属表面处理及热处理加工	Metal Finishing and Heat Treatment	99.8	100.6
搪瓷制品制造	Enamelled Ware Manufacture	100.1	100.5
金属制日用品制造	Stainless Steel and Similar Daily Metal Product Manufacture	101.1	101.8
其他金属制品制造	Other Metal Product Manufacture	99.7	101.3
通用设备制造业	General Equipment Manufacture	100.6	101.4
锅炉及原动设备制造	Boiler and Original Motor	99.3	101.7
金属加工机械制造	Metal Process and Machinery Manufacture	102.7	101.5
物料搬运设备制造	Hoisting Transportation Equipment Manufacture	99.8	99.5

Continued 3

2月 February	3月 March	4月 April	5月 May	6月 June	7月 July	8月 August	9月 September	10月 October	11月 November	12月 December
96.0	92.6	87.8	83.7	79.7	74.9	70.5	71.6	75.4	78.7	77.8
97.2	97.5	97.1	96.7	95.7	95.4	93.1	93.4	94.2	94.4	94.7
106.0	106.2	105.2	104.3	104.4	104.0	103.5	104.2	103.6	103.6	103.8
81.3	79.5	80.4	81.3	87.1	88.5	92.9	90.1	96.9	98.1	103.1
99.4	99.6	100.2	100.9	101.4	101.8	100.7	100.7	99.4	100.1	100.2
96.9	97.3	96.6	95.6	95.3	95.1	95.6	96.5	97.4	101.4	100.6
112.1	112.3	112.0	107.2	107.2	103.3	103.0	101.3	101.0	101.1	100.9
101.8	101.6	100.6	99.4	99.0	101.0	100.6	100.5	100.4	100.6	100.8
103.8	103.7	103.8	100.3	101.2	96.7	95.8	95.4	96.1	96.7	97.1
92.9	93.1	93.8	91.3	89.4	89.0	86.0	82.6	83.2	88.1	85.9
104.8	101.0	105.7	101.9	99.7	94.0	92.5	92.1	90.8	93.1	90.0
99.1	96.1	96.1	95.1	89.4	88.7	83.3	79.9	79.7	82.4	82.2
105.1	102.5	101.6	101.9	100.0	99.5	98.4	96.9	98.4	99.9	99.0
91.6	92.1	92.8	90.2	88.3	88.0	84.8	81.2	81.7	87.0	84.7
97.1	92.4	90.6	90.2	90.5	89.2	88.7	87.7	90.4	92.9	95.5
91.6	92.5	91.2	91.3	88.1	86.5	85.8	90.0	101.7	96.7	99.4
90.7	91.4	90.2	90.0	86.5	85.0	83.8	89.0	103.3	97.1	100.5
116.9	115.9	97.9	90.8	90.6	92.6	88.5	89.7	104.7	98.1	101.0
87.1	87.2	87.5	87.5	90.9	92.6	90.3	91.9	95.4	97.3	97.3
91.5	90.2	89.2	89.0	91.5	91.6	91.2	92.0	97.5	98.0	99.6
93.3	94.4	92.9	93.8	91.0	89.3	89.7	92.2	99.0	96.1	97.7
101.6	100.7	100.8	99.0	98.4	97.6	96.2	94.8	95.2	95.6	95.7
102.8	101.8	101.3	99.0	98.8	98.0	96.2	94.3	94.7	95.2	95.3
100.7	99.0	98.9	98.6	99.5	99.9	99.9	99.7	99.7	99.9	100.1
99.5	99.3	99.4	94.2	92.2	92.6	92.5	90.9	90.6	91.4	91.5
96.9	94.4	95.0	94.7	93.6	93.5	89.4	88.6	88.9	89.1	89.5
105.1	104.6	103.9	101.6	100.2	99.9	100.2	99.3	102.6	102.9	104.2
100.6	100.3	101.0	100.7	100.0	98.5	99.1	99.0	99.3	99.3	99.0
98.3	92.9	100.5	103.2	100.7	102.9	103.6	101.5	100.0	99.7	99.0
101.8	101.8	101.8	101.8	101.8	101.8	100.0	100.0	100.0	100.0	100.0
100.7	101.5	102.5	102.1	101.6	98.5	97.7	96.9	97.7	97.8	98.0
101.5	101.1	100.9	100.7	101.2	101.0	100.2	99.9	100.0	99.8	99.7
103.7	102.4	102.3	102.3	102.0	101.5	95.2	95.5	95.0	95.3	95.1
102.4	102.7	102.7	102.1	103.4	101.5	104.0	103.3	103.1	103.0	102.2
99.6	100.3	99.8	99.8	99.7	100.6	99.7	99.4	99.8	99.5	99.7

4-15 续表4

类别	Item	全年 Total	1月 January
泵、阀门、压缩机及类似机械制造	Pump, Valve, Compressor and Its Similar Mechanical Manufacture	100.8	100.8
轴承、齿轮和传动部件制造	Bearing, Gear Wheel and Drive Parts Manufacture	100.5	104.2
烘炉、风机、衡器、包装等设备制造	Wind-fanning Machine, Scaling and Packing Equipment	101.0	101.3
文化、办公用机械制造	Office Equipments Manufacture	103.1	100.6
通用零部件制造	General Machine Components Manufacture	100.1	102.3
专用设备制造业	Special Equipment Manufacture	100.6	100.6
采矿、冶金、建筑专用设备制造	Ore Mountain, Metallurgy, Building Special Equipment Manufacture	100.2	98.0
化工、木材、非金属加工专用设备制造	Chemical Engineering, Timber, Non-Metal Processed Special Equipments Manufacture	96.6	103.1
食品、饮料、烟草及饲料生产专用设备制造	The Food, Beverage, Tobacco and Fodder Production Special Equipments Manufacture	101.1	104.7
印刷、制药、日化及日用品生产专用设备制造	Printing, Pharmacy, and Commoditys Manufacture	99.3	92.3
纺织、服装和皮革加工专用设备制造	Textile, Clothing and Leather Processing Equipments Manufacture	101.2	103.8
电子和电工机械专用设备制造	Electronics and Electrical Machinery Manufacture	107.7	102.4
农、林、牧、渔专用机械制造	Agriculture, Forestry, Animal Husbandry and Fishery Specific Machinery Manufacture	100.1	101.7
医疗仪器设备及器械制造	Medical Instruments Manufacture	101.8	105.8
环保、社会公共服务及其他专用设备制造	Environment Protection, Public Social Secure and Other Specific Equipment Manufacture	105.0	109.5
汽车制造业	Vehicle Manufacture Industry	99.9	100.9
汽车整车制造	Completely Builded Vehicle Manufacture	99.9	100.1
改装汽车制造	Refit Vehicle Manufacture	98.6	99.4
汽车车身、挂车制造	Vehicle Body and Trailer Manufacture	95.2	98.6
汽车零部件及配件制造	Auto Parts Manufacture	100.6	102.9
铁路、船舶、航空航天和其他运输设备制造业	Rail, Ships, Aeronautical and Other Transportation Equipments Manufacture	103.3	106.8
铁路运输设备制造	Rail Transportation Equipment Manufacture	100.5	100.1
船舶及相关装置制造	Ships and Related Equipment Manufacture	102.9	107.2
摩托车制造	Motorcycle Manufacture	101.3	102.1
自行车制造	Bicycle Manufacture	111.5	113.0
非公路休闲车及零配件制造	Leisure Car and Related Parts Manufacture	100.0	100.0
电气机械和器材制造业	Electricity Machine and Its Equipment Manufacture	100.3	99.0
电机制造	Electric Engineering Manufacture	101.6	99.6
输配电及控制设备制造	Electricity Mixed and Control Equipments Manufacture	101.7	101.6

Continued 4

2月 February	3月 March	4月 April	5月 May	6月 June	7月 July	8月 August	9月 September	10月 October	11月 November	12月 December
100.5	100.3	99.5	99.0	100.9	101.5	101.6	101.8	101.2	101.1	101.2
103.3	99.9	100.9	101.0	101.7	101.1	99.4	99.1	98.8	98.3	98.4
101.1	101.2	101.2	101.3	101.9	100.9	100.9	100.6	100.6	100.7	100.6
100.0	100.0	100.0	100.0	102.9	105.1	105.1	105.1	105.1	105.1	108.0
101.5	100.6	100.2	99.7	99.8	100.2	99.2	99.0	100.0	99.5	99.2
100.3	101.6	100.1	101.7	100.7	100.3	99.8	100.1	100.7	100.7	100.2
98.6	102.6	101.3	101.6	101.7	100.4	99.9	99.9	99.3	99.2	99.6
98.3	92.8	89.1	98.1	92.1	93.6	94.5	95.8	102.3	103.2	98.7
104.7	104.7	100.0	100.0	100.0	100.0	100.0	100.0	100.0	100.0	100.0
100.0	100.0	100.0	100.0	100.0	100.0	99.9	99.9	99.9	100.0	100.0
103.8	101.3	101.3	100.9	100.9	100.8	100.8	100.6	101.2	100.8	98.9
103.8	105.1	107.0	107.0	107.9	108.7	110.0	110.2	110.1	109.5	110.0
100.1	99.3	100.0	99.9	100.2	100.9	99.8	100.2	99.8	100.8	99.3
107.5	104.8	104.5	103.8	99.5	99.5	99.5	99.5	99.5	99.5	99.5
108.8	109.4	106.7	106.4	106.7	106.4	101.4	101.6	101.4	101.5	101.3
101.0	100.9	100.3	100.1	99.7	99.4	99.2	99.2	99.2	99.5	99.9
100.2	100.0	100.0	100.1	99.9	99.9	99.8	99.9	99.7	99.7	100.0
99.5	100.6	100.1	99.8	99.0	98.4	97.2	96.4	96.8	97.5	98.1
96.7	95.7	95.5	93.5	93.5	93.7	93.9	94.2	94.4	96.4	96.3
103.2	102.6	101.2	100.5	99.8	99.2	99.1	98.9	99.2	100.0	100.4
105.3	104.5	104.7	104.6	102.9	102.9	102.7	102.2	102.1	101.1	100.4
100.3	100.3	100.8	100.8	101.0	100.3	100.3	100.5	100.8	100.8	100.3
105.2	104.2	104.4	104.2	102.2	102.2	102.3	101.7	101.7	100.5	100.0
100.9	101.1	101.9	102.6	101.4	102.4	102.3	102.1	100.2	99.4	99.4
114.3	114.5	114.0	114.2	113.1	112.8	110.1	110.0	109.2	108.8	105.4
100.0	100.0	100.0	100.0	100.0	100.0	100.0	100.0	100.0	100.0	100.0
99.9	100.2	100.1	100.5	100.2	99.4	99.8	100.5	101.5	101.1	101.5
99.5	99.8	98.6	101.1	102.7	102.5	102.7	103.0	103.1	103.0	103.3
102.3	102.1	102.7	102.1	102.1	100.0	102.1	101.8	101.4	101.3	100.5

4-15 续表5

类 别	Item	全 年 Total	1月 January
电线、电缆、光缆及电工器材制造	Wire, Cable, Fiber Optic Cable and the Electric Device Manufacture	97.0	93.7
电池制造	Battery Manufacture	102.2	110.6
家用电力器具制造	Electrical Appliance Manufacture	101.9	101.4
非电力家用器具制造	Household Appliance Manufacture	99.4	102.8
照明器具制造	Luminaires Manufacture	110.6	106.0
其他电气机械及器材制造	Other Electric Machines and Device Manufacture	105.5	86.2
计算机、通信和其他电子设备制造业	Tele-communication Equipment, Computer and Other Electron Equipment Manufacture Industry	99.9	96.9
计算机制造	Computer Manufacture	100.1	100.0
通信设备制造	Tele-communication Equipment Manufacture	100.0	104.5
广播电视设备制造	Broadcasting and Television Equipment Manufacture	100.0	100.0
雷达及配套设备制造	Radar and Its Equipment Manufacture	100.0	100.0
视听设备制造	Audio-visual Equipment Manufacture	98.3	93.9
电子器件制造	Electronic Appliances	93.4	98.7
电子元件制造	Electronic Components	102.7	97.6
其他电子设备制造	Other Electronic Equipment	99.0	84.9
仪器仪表制造业	Instruments and Apparatuses Manufacture	99.7	100.1
通用仪器仪表制造	General Instruments Manufacture	100.3	100.6
专用仪器仪表制造	Special Instruments Manufacture	99.4	99.8
光学仪器及眼镜制造	Optical Instrument and Glasses	100.0	100.0
其他制造业	Other Manufacture	96.8	106.4
日用杂品制造	Daily Groceries Manufacture	97.4	104.9
煤制品制造	Coal products Manufacture	96.3	107.4
废弃资源综合利用业	Waste Resource Comprehensive Utilization	98.1	102.9
金属废料和碎屑加工处理	Metal Scrap Processing	96.9	102.8
非金属废料和碎屑加工处理	Non-metal Scrap Processing	103.8	103.8
金属制品、机械和设备修理业	Metal Products Repair Business	92.7	91.7
金属制品修理	Metal Products, Machinery and Equipments Repair	93.8	96.9
专用设备修理	Special Equipment Repair	85.3	80.8
电气设备修理	Electric Equipment Repair	107.5	108.2
电力、热力生产和供应业	Electronic, Thermodynamic Product and Supply Industry	103.8	105.0
电力生产	Electric Power Production	103.8	104.5
电力供应	Electric Power Supply	103.9	105.3
热力生产和供应	Fuel Production and Supply Industry	101.6	101.4
燃气生产和供应业	Fuel Production and Supply Industry	102.7	101.3
水的生产和供应业	Water Production and Supply Industry	101.0	100.1
自来水生产和供应	Tapping-water Production and Supply	101.2	100.2
污水处理及其再生利用	Sewage Treatment and Recycled Use	100.0	100.0

Continued 5

2月 February	3月 March	4月 April	5月 May	6月 June	7月 July	8月 August	9月 September	10月 October	11月 November	12月 December
95.6	96.7	96.5	97.0	95.6	94.7	95.0	97.4	101.3	99.7	101.4
110.4	105.4	103.7	103.5	103.3	101.7	101.3	98.7	97.4	95.9	96.1
101.8	101.8	101.8	102.3	102.5	102.1	102.3	102.4	101.8	101.6	101.4
100.6	98.0	98.6	98.9	98.9	99.2	99.6	98.7	98.6	98.7	100.5
107.0	109.3	108.2	109.5	109.3	109.3	110.8	109.4	109.0	119.5	119.2
86.2	95.6	101.1	99.1	112.9	104.5	126.7	110.5	107.8	113.7	129.8
97.4	99.6	98.6	99.6	100.6	101.3	101.2	100.7	100.6	100.8	101.4
100.0	100.0	100.0	101.1	100.0	100.0	100.0	100.0	100.0	100.0	100.0
99.2	100.0	99.9	101.7	102.4	101.4	96.3	97.3	97.2	98.5	102.1
100.0	100.0	100.0	100.0	100.0	100.0	100.0	100.0	100.0	100.0	100.0
100.0	100.0	100.0	100.0	100.0	100.0	100.0	100.0	100.0	100.0	100.0
95.3	97.3	94.9	96.9	101.1	101.2	100.9	99.8	100.1	99.2	99.9
97.6	95.5	94.2	93.3	92.8	93.0	93.2	89.8	91.7	91.6	89.4
98.9	102.9	101.0	102.1	102.6	103.8	104.5	104.9	103.9	104.6	105.9
84.9	91.8	100.7	101.4	100.7	105.8	105.5	104.5	103.9	103.9	104.2
99.7	99.8	99.6	99.7	99.6	99.6	99.7	99.8	99.7	99.7	99.7
100.4	100.3	100.3	100.4	100.2	100.2	100.2	100.3	100.2	100.2	100.2
99.4	99.5	99.2	99.3	99.3	99.3	99.5	99.5	99.4	99.4	99.4
100.0	100.0	100.0	100.0	100.0	100.0	100.0	100.0	100.0	100.0	100.0
105.7	100.3	97.8	95.6	94.2	93.3	92.8	94.8	93.4	93.8	94.4
101.5	100.7	100.7	94.8	94.1	94.8	93.5	95.7	95.4	96.4	97.9
108.5	100.0	96.1	96.1	94.2	92.3	92.3	94.1	92.2	92.2	92.2
105.6	102.9	108.1	106.4	96.6	96.5	92.3	88.4	89.5	94.7	95.6
104.4	100.7	108.4	107.1	95.1	95.2	90.6	85.9	87.0	93.3	94.7
112.3	114.9	107.4	104.2	103.5	102.2	100.0	99.6	100.3	100.3	99.3
93.6	92.8	94.1	93.1	95.2	93.8	91.1	90.1	90.4	92.5	94.4
98.5	98.1	97.7	95.2	93.8	93.2	91.8	87.9	89.8	91.5	90.8
84.1	81.6	82.7	82.5	88.1	87.1	84.0	85.2	84.5	89.8	95.3
106.4	109.6	115.6	115.4	115.0	110.3	105.7	104.7	104.0	99.4	98.9
105.4	105.1	105.2	105.4	103.6	102.9	102.4	102.6	103.2	103.0	102.2
105.0	104.9	104.9	105.4	104.5	103.3	102.1	102.6	102.7	102.6	103.0
105.6	105.4	105.5	105.4	103.0	102.7	102.6	102.6	103.5	103.3	101.8
101.4	101.5	101.5	102.7	101.9	101.5	101.4	101.3	101.4	101.7	101.6
100.9	102.5	102.6	102.1	102.7	103.4	103.5	103.3	103.4	103.6	103.3
100.2	100.4	100.4	100.4	101.1	101.7	101.7	101.7	101.5	101.6	101.6
100.3	100.4	100.4	100.4	101.3	102.0	101.9	102.0	101.8	101.8	101.8
100.0	100.0	100.0	100.0	100.0	100.0	100.0	100.0	100.0	100.0	100.0

4-16 工业生产者购进价格指数

上年=100

年 份 Year	总指数 General Index	燃料、动力类 Fuel and Power	黑色金属材料类 Ferrous Metals	钢材 Rolle Steel	有色金属材料和电线类 Nonferrous Metals and Wires
1993	128.7	129.6	169.4	167.3	127.3
1994	122.3	119.9	101.9	99.6	109.6
1995	117.9	107.4	94.4	94.1	129.3
1996	110.0	114.2	99.7	100.3	93.8
1997	101.7	106.5	95.4	94.6	100.7
1998	96.0	100.5	95.4	94.4	86.0
1999	94.5	96.9	94.8	94.5	89.0
2000	102.6	103.2	102.9	102.3	110.5
2001	100.2	101.6	98.7	97.3	95.8
2002	98.2	101.7	99.1	98.8	96.3
2003	106.7	105.9	108.9	111.7	104.8
2004	115.0	113.9	122.2	118.7	128.4
2005	107.2	115.0	108.4	106.7	116.4
2006	103.9	105.7	99.2	99.5	135.1
2007	105.1	102.4	105.8	105.7	106.2
2008	112.4	116.7	119.4	118.8	97.5
2009	95.3	98.5	86.9	88.2	84.3
2010	111.8	110.9	113.5	105.3	124.9
2011	110.8	112.9	110.1	107.8	116.1
2012	98.2	100.1	94.0	94.7	95.4

Purchasing Price Indices for Industrial Producers

(preceding year=100)

化工原料类 Raw Chemical Materials	木材及纸浆类 Timber and Paper Pulp	建筑材料及非金属矿类 Building Material and Non-metal Ore	其他工业原材料及半成品类 Other Materials and Semi-finished Category	农副产品类 Agricultural Products	纺织原料类 Textile Materials
120.3	122.2	145.6	112.7	103.1	112.5
121.1	132.4	106.3	113.5	139.5	150.1
127.7	121.1	115.2	107.1	146.0	117.5
95.6	107.0	99.9	104.3	128.1	93.4
97.7	104.9	99.7	95.3	100.7	96.1
91.3	95.3	99.9	88.8	92.9	93.7
94.8	93.4	98.7	92.5	91.9	93.8
109.0	100.2	95.2	100.8	94.3	104.0
98.5	99.1	95.8	99.5	100.1	100.3
97.1	97.8	99.5	97.5	94.2	95.8
105.2	100.5	100.6	103.3	111.0	110.7
112.7	103.9	107.1	112.6	116.5	107.5
107.2	103.2	106.2	104.5	98.1	95.4
102.1	102.1	100.7	102.6	102.8	102.6
104.4	104.3	103.3	106.4	110.6	100.1
107.8	110.5	110.3	110.7	114.9	102.2
90.5	99.3	100.2	94.2	96.1	97.0
111.3	103.9	106.9	105.9	110.1	108.5
109.5	108.7	117.4	103.9	116.3	112.1
97.1	104.4	98.3	98.1	103.1	96.2

4-17 分月工业生产者购进价格指数(2012年)

上年同月=100

类别	Item	累计 Total	1月 January	2月 February
总指数	**General Index**	**98.2**	**101.7**	**100.9**
燃料、动力类	Fules and Power	100.1	106.4	105.3
黑色金属材料类	Material of Black Metal	94.0	99.6	97.2
#钢材	#Rolled Steel	94.7	100.6	97.7
其他	Others	92.9	97.8	96.3
有色金属材料和电线类	Material of Non-ferrous Metal Material and ElectricWire	95.4	97.2	97.7
化工原料类	Chemical Material	97.1	100.1	99.5
木材及纸浆类	Wood and Paper Pulp	104.4	111.9	110.3
建筑材料及非金属矿类	Building Material and Non-metal Ore	98.3	99.4	99.5
其他工业原材料及半成品类	Other Industrial Raw Material and Semi-finished Category	98.1	99.7	99.6
农副产品类	Agricultural and Side-line Produces	103.1	106.5	105.7
纺织原料类	Raw Textile Material	96.2	97.9	96.1

4-18 分月工业生产者购进价格环比指数(2012年)

上月=100

类别	Item	新涨价因素 Total	1月 January	2月 February
总指数	**General Index**	**97.5**	**99.9**	**100.2**
燃料、动力类	Fules and Power	93.9	100.1	99.7
黑色金属材料类	Material of Black Metal	93.8	99.5	99.1
#钢材	#Rolled Steel	92.7	99.6	99.4
其他	Other	96.2	99.3	98.4
有色金属材料和电线类	Material of Non-ferrous Metal Material and Electric Wire	99.1	100.2	102.7
化工原料类	Chemical Material	98.1	99.7	100.2
木材及纸浆类	Wood and Paper Pulp	98.7	99.8	99.5
建筑材料及非金属矿类	Building Material and Non-metal Ore	100.0	100.8	99.8
其他工业原材料及半成品类	Other Industrial Raw Material and Semi-finished Category	98.6	100.2	99.9
农副产品类	Agricultural and Side-line Produces	102.2	99.6	100.4
纺织原料类	Raw Textile Material	99.3	99.9	100.0

Purchasing Price Indices for Industrial Producers by Month (2012)

(the same month last year=100)

3月 March	4月 April	5月 May	6月 June	7月 July	8月 August	9月 September	10月 October	11月 November	12月 December
100.1	**99.2**	**98.6**	**97.6**	**96.8**	**95.8**	**95.9**	**96.8**	**97.2**	**97.5**
104.6	103.1	101.4	100.7	99.5	98.4	97.9	95.8	95.5	93.9
96.6	96.1	95.1	94.1	93.7	91.6	89.8	90.0	91.2	93.8
97.4	96.7	95.5	95.1	94.8	92.6	90.6	90.8	92.1	92.7
95.1	95.1	94.5	92.3	91.9	89.9	88.5	88.6	89.6	96.2
97.2	95.0	94.9	91.8	90.0	89.9	92.8	101.0	100.4	99.1
98.5	98.1	97.1	95.7	95.7	94.9	94.8	95.9	97.2	98.1
109.6	108.1	108.8	108.4	107.7	98.5	97.7	98.1	98.3	98.7
98.4	97.6	97.2	96.9	97.5	97.9	99.2	98.6	97.4	100.0
99.0	98.5	98.5	98.2	97.1	96.5	96.4	96.9	97.8	98.6
104.2	104.2	103.6	102.6	101.6	101.5	101.9	101.9	102.0	102.2
93.8	92.8	93.9	94.8	95.4	96.8	97.3	98.1	98.7	99.3

Purchasing Price Indices for Industrial Producers Comparing with Last Month (2012)

(last month=100)

3月 March	4月 April	5月 May	6月 June	7月 July	8月 August	9月 September	10月 October	11月 November	12月 December
100.2	**100.1**	**99.8**	**99.5**	**99.4**	**99.3**	**99.9**	**99.8**	**99.5**	**99.8**
100.7	100.4	99.4	99.4	98.8	98.7	99.5	98.4	99.8	98.9
99.7	100.2	99.7	99.5	99.4	98.7	98.4	99.6	100.0	100.0
99.5	99.8	99.5	99.3	99.3	98.4	98.1	99.6	100.1	99.8
100.1	101.1	100.0	99.9	99.4	99.2	98.9	99.6	99.9	100.3
101.1	99.0	99.3	98.4	99.2	99.8	101.0	100.8	97.2	100.6
100.0	99.9	99.9	99.0	99.3	99.7	100.3	100.6	99.6	99.9
99.7	99.8	100.7	99.6	98.8	100.0	99.6	100.1	100.1	100.1
99.2	100.0	99.9	99.9	100.2	100.0	99.6	100.4	100.4	99.7
99.7	100.2	100.0	99.9	99.7	99.0	99.9	100.0	100.0	100.0
100.4	100.6	100.3	100.1	100.0	100.4	101.1	99.9	99.6	99.8
99.9	99.4	100.2	99.8	100.2	100.0	99.7	100.1	100.2	99.9

4-19 合肥市住宅销售价格指数(2012 年)
Price Indices for Real Estate of Hefei (2012)

上年同月=100 (the same month last year=100)

类别	Item	1月 January	2月 February	3月 March	4月 April	5月 May	6月 June
新建住宅销售价格指数	Sales Price Indices of New-built Housing	99.9	99.3	99.1	98.7	99.0	98.8
新建商品住宅	Commercialized Buildings	99.8	99.2	99.0	98.6	98.9	98.7
$90m^2$ 及以下	$90m^2$ and Below	100.8	99.7	99.3	99.0	99.2	99.2
$90\sim144m^2$	$90\sim144m^2$	99.5	99.2	99.0	98.5	98.8	98.7
$144m^2$ 以上	above $144m^2$	99.4	98.4	98.4	98.0	98.0	97.7
二手住宅销售价格指数	Sales Price Indices of Second-hand Housing	96.4	96.6	97.3	97.3	97.0	96.7
$90m^2$ 及以下	$90m^2$ and Below	98.1	98.4	98.7	98.7	98.7	98.3
$90\sim144m^2$	$90\sim144m^2$	95.6	95.9	96.7	96.7	96.3	95.9
$144m^2$ 以上	above $144m^2$	97.0	97.0	97.5	97.5	97.4	97.2

4-19 续表 Continued

类别	Item	7月 July	8月 August	9月 September	10月 October	11月 November	12月 December
新建住宅销售价格指数	Sales Price Indices of New-built Housing	99.0	99.1	99.1	99.4	100.0	100.8
新建商品住宅	Commercialized Buildings	98.9	99.0	99.0	99.4	100.0	100.9
$90m^2$ 及以下	$90m^2$ and Below	99.5	99.8	99.8	100.3	101.0	101.7
$90\sim144m^2$	$90\sim144m^2$	98.8	98.8	98.9	99.1	99.8	100.7
$144m^2$ 以上	above $144m^2$	97.7	97.7	97.7	98.5	98.7	99.6
二手住宅销售价格指数	Sales Price Indices of Second-hand Housing	96.6	96.4	95.4	96.3	98.0	99.6
$90m^2$ 及以下	$90m^2$ and Below	98.5	97.6	97.3	98.8	99.0	99.9
$90\sim144m^2$	$90\sim144m^2$	95.8	95.9	94.6	95.4	97.7	98.9
$144m^2$ 以上	above $144m^2$	96.7	96.5	95.7	95.9	97.2	102.5

4-20 蚌埠市住宅销售价格指数(2012年)
Price Indices for Real Estate of Bengbu (2012)

上年同月=100 (the same month last year=100)

类别	Item	1月 January	2月 February	3月 March	4月 April	5月 May	6月 June
新建住宅销售价格指数	Sales Price Indices of New-built Housing	101.4	100.3	99.6	99.3	99.3	99.3
新建商品住宅	Commercialized Buildings	101.4	100.3	99.6	99.3	99.3	99.3
$90m^2$ 及以下	$90m^2$ and Below	101.4	100.5	99.7	99.2	99.2	99.2
$90\sim144m^2$	$90\sim144m^2$	101.4	100.2	99.6	99.3	99.3	99.2
$144m^2$ 以上	above $144m^2$	101.6	100.8	99.6	99.6	99.7	99.6
二手住宅销售价格指数	Sales Price Indices of Second-hand Housing	101.1	100.7	100.5	100.0	100.4	100.2
$90m^2$ 及以下	$90m^2$ and Below	101.2	100.8	100.6	100.0	100.3	100.1
$90\sim144m^2$	$90\sim144m^2$	100.9	100.5	100.3	100.0	100.4	100.2
$144m^2$ 以上	above $144m^2$	101.3	101.3	100.6	100.1	100.8	100.6

4-20续表 Continued

类别	Item	7月 July	8月 August	9月 September	10月 October	11月 November	12月 December
新建住宅销售价格指数	Sales Price Indices of New-built Housing	99.2	99.3	99.2	99.2	99.3	99.9
新建商品住宅	Commercialized Buildings	99.2	99.3	99.2	99.1	99.3	99.9
$90m^2$ 及以下	$90m^2$ and Below	99.2	99.3	99.4	99.4	99.6	100.5
$90\sim144m^2$	$90\sim144m^2$	99.2	99.3	99.1	99.0	99.1	99.7
$144m^2$ 以上	above $144m^2$	99.2	99.2	99.0	99.2	99.6	100.1
二手住宅销售价格指数	Sales Price Indices of Second-hand Housing	100.3	100.3	100.2	100.2	100.2	100.3
$90m^2$ 及以下	$90m^2$ and Below	100.3	100.4	100.0	100.0	100.0	100.2
$90\sim144m^2$	$90\sim144m^2$	100.3	100.3	100.4	100.4	100.4	100.5
$144m^2$ 以上	above $144m^2$	100.6	100.4	100.7	100.7	100.6	100.5

4-21 安庆市住宅销售价格指数(2012 年)
Price Indices for Real Estate of Anqing (2012)

上年同月=100 (the same month last year=100)

类 别	Item	1月 January	2月 February	3月 March	4月 April	5月 May	6月 June
新建住宅销售价格指数	Sales Price Indices of New-built Housing	99.0	98.7	98.8	98.9	99.1	99.0
新建商品住宅	Commercialized Buildings	98.9	98.7	98.7	98.8	99.0	98.9
$90m^2$ 及以下	$90m^2$ and Below	99.8	99.7	99.2	99.2	99.2	99.1
$90\sim144m^2$	$90\sim144m^2$	98.8	98.6	98.6	98.8	99.0	98.7
$144m^2$ 以上	above $144m^2$	99.0	98.7	98.8	98.9	98.9	99.1
二手住宅销售价格指数	Sales Price Indices of Second-hand Housing	96.2	96.0	95.8	95.6	95.5	95.4
$90m^2$ 及以下	$90m^2$ and Below	96.1	96.0	95.8	95.5	95.4	95.3
$90\sim144m^2$	$90\sim144m^2$	96.6	96.3	96.3	96.2	96.3	96.3
$144m^2$ 以上	above $144m^2$	97.7	97.6	97.5	97.3	97.3	97.6

续表 4-21 Continued

类 别	Item	7月 July	8月 August	9月 September	10月 October	11月 November	12月 December
新建住宅销售价格指数	Sales Price Indices of New-built Housing	99.1	99.1	99.2	99.3	99.6	100.0
新建商品住宅	Commercialized Buildings	99.1	99.1	99.2	99.2	99.6	100.0
$90m^2$ 及以下	$90m^2$ and Below	99.2	99.1	99.0	99.0	99.2	100.0
$90\sim144m^2$	$90\sim144m^2$	99.0	99.0	99.1	99.0	99.5	99.8
$144m^2$ 以上	above $144m^2$	99.2	99.2	99.5	99.8	100.0	100.5
二手住宅销售价格指数	Sales Price Indices of Second-hand Housing	95.7	96.0	96.1	96.6	98.0	98.5
$90m^2$ 及以下	$90m^2$ and Below	95.6	95.9	96.0	96.4	97.9	98.8
$90\sim144m^2$	$90\sim144m^2$	96.6	97.5	98.0	98.2	99.1	99.3
$144m^2$ 以上	above $144m^2$	97.7	97.9	97.8	98.4	98.4	98.5

4-22 固定资产投资价格指数(2012年)
Price Indices of Investment in Fixed Assets (2012)

上年同期=100 (same period of preceding year=100)

项目名称	Item	一季度指数 First Quarter	二季度指数 Second Quarter	三季度指数 Third Quarter	四季度指数 Fourth Quarter	全年指数 Annual Year
固定资产投资	**General Index**	**103.4**	**101.8**	**99.5**	**99.2**	**101.0**
建筑安装、装饰工程	Construction and Installation	104.8	102.6	99.1	98.6	101.3
设备、工器具购置	Purchase of Equipment, Tools & Instruments	99.7	99.3	98.7	98.9	99.2
其他费用	Others	102.7	101.9	102.1	102.5	102.3

4-23 历年固定资产投资价格指数
Price Indices of Investment in Fixed Assets over the Years

上年=100 (preceding year=100)

年份 Year	固定资产投资 Investment in Fixed Assets	建筑安装工程 Construction and Installation	设备工器具购置 Purchase of Equipment, Tools and Instruments	其他费用 Others
1991	114.8	114.7	114.4	117.4
1992	119.8	118.9	113.0	153.2
1993	123.0	124.4	119.6	122.2
1994	120.1	119.2	120.7	124.3
1995	106.5	102.4	107.7	131.1
1996	103.4	104.3	101.8	102.1
1997	101.3	101.1	101.6	101.4
1998	100.0	100.3	99.3	99.7
1999	99.3	100.8	96.1	100.1
2000	101.6	102.8	100.1	98.2
2001	99.5	99.6	98.8	100.5
2002	101.1	102.1	98.7	100.4
2003	103.5	105.8	98.3	101.1
2004	106.1	108.1	100.1	105.6
2005	101.0	101.0	100.3	102.3
2006	101.9	100.9	101.3	105.9
2007	105.4	107.4	100.4	103.7
2008	109.4	113.7	101.2	103.8
2009	96.0	94.4	97.1	101.1
2010	105.4	107.5	101.2	101.5
2011	108.1	111.0	101.9	104.0
2012	101.0	101.3	99.2	102.3

4-24 分月农村集贸市场农副产品价格(2012年)

单位:元/公斤

指　　标	Item	省平均价 Average Price	1月 January	2月 February
一、粮食	Grain			
籼稻	Nonglutinous rice	2.55	2.45	2.49
粳稻	Round-grained rice	2.79	2.71	2.74
小麦	Wheat	2.06	2.02	2.02
玉米	Corn	2.35	2.26	2.30
大豆	Soybean	5.37	5.05	5.09
籼米	Long-grained Nonglutinous Rice	4.28	4.12	4.16
粳米	Polished Round-grained Rice	4.91	4.74	4.78
面粉	Flour	3.25	3.19	3.17
二、经济作物类	Economic crops			
棉花(籽棉)	Cotton	8.46	8.70	8.35
花生仁	Peanut	13.89	13.23	13.54
油菜子	Rapeseeds	5.22	5.10	5.10
花生油	Peanut Oil	21.04	17.68	18.20
菜籽油	Rapeseed Oil	14.85	14.50	14.49
豆油	Soybean Oil	12.85	13.11	13.00
三、畜产品	Livestock products			
活猪	Live Hogs	15.60	18.35	17.49
仔猪	Piglet	25.21	25.10	26.20
猪肉	Pork	24.97	28.60	26.90
活牛	Live Cattle	18.82	18.08	18.43
牛肉	Beef	43.67	42.50	41.85
活羊	Live Sheep	26.74	26.00	26.20
羊肉	Mutton	50.78	53.63	52.00
活鸡	Live Chickens	13.86	14.57	13.88
鸡蛋	Hen eggs	10.02	10.92	9.52
四、水产品	Aquatic Products			
草鱼	Grass Carp	13.89	12.92	12.72
鲤鱼	Carp	11.35	11.72	11.29
鲢鱼	Silver Carp	8.32	8.07	7.61
带鱼	Hairtail	17.17	16.90	16.83
五、蔬菜	Vegetables			
大白菜	Chinses Cabbage	1.92	1.24	1.16
黄瓜	Cucumber	4.57	8.50	6.18
西红柿	Tomato	5.06	7.05	5.78
菜椒	Sweet Pepper	5.25	10.10	7.40
四季豆	Kidney Beans	7.27	12.33	11.20
六、水果	Fruits			
红富士苹果	Redfuji Apples	6.92	7.17	6.86
香蕉	Bananas	4.74	5.46	5.36
橙子	Oranges	6.22	5.71	5.69

Monthly Prices of Agricultural Products of Rural Market Fairs(2012)

(yuan/kg)

3月 March	4月 April	5月 May	6月 June	7月 July	8月 August	9月 September	10月 October	11月 November	12月 December
2.50	2.54	2.55	2.55	2.53	2.54	2.59	2.61	2.59	2.61
2.78	2.79	2.79	2.81	2.77	2.79	2.82	2.85	2.81	2.82
2.03	2.05	2.08	2.01	2.00	2.05	2.07	2.10	2.14	2.18
2.36	2.39	2.38	2.36	2.35	2.39	2.39	2.36	2.34	2.34
5.16	5.33	5.48	5.39	5.55	5.49	5.46	5.42	5.49	5.55
4.18	4.27	4.33	4.34	4.29	4.33	4.36	4.34	4.33	4.36
4.79	4.89	4.91	4.89	4.86	5.01	5.01	5.01	5.00	5.03
3.17	3.17	3.21	3.24	3.20	3.22	3.28	3.34	3.37	3.46
8.42	8.68	8.42	8.46	8.30	8.40	8.05	8.27	8.69	8.79
13.89	13.89	13.99	14.07	14.01	14.03	14.32	13.92	13.90	13.93
5.20	5.20	5.43	5.13	5.11	5.15	5.26	5.28	5.27	5.40
18.25	18.28	19.80	20.20	22.50	23.40	23.55	23.55	23.55	23.58
14.54	14.56	14.49	14.54	14.92	14.78	15.26	15.40	15.36	15.36
13.23	13.13	12.95	12.92	12.23	12.87	12.79	12.62	12.55	12.74
16.75	16.09	14.88	13.94	13.82	14.76	14.88	14.91	15.25	16.09
25.91	25.65	24.40	24.08	24.08	25.00	25.42	25.52	25.47	25.66
26.12	24.89	23.16	22.99	23.20	24.11	24.63	24.66	24.68	25.75
18.30	18.00	18.07	18.08	18.08	18.84	19.06	19.40	20.10	21.36
41.65	42.20	40.14	41.00	41.00	43.00	44.14	46.25	48.00	52.33
26.33	25.97	25.30	26.63	26.38	26.38	26.73	27.28	28.58	29.08
50.50	50.00	49.60	47.75	47.50	48.00	49.75	52.17	53.50	55.00
14.14	13.90	13.66	13.70	13.70	13.99	13.62	13.53	13.85	13.85
9.27	9.27	9.10	9.87	9.91	10.94	10.47	10.08	10.35	10.59
12.75	13.43	14.13	14.30	14.58	14.65	14.57	14.29	14.37	13.99
11.22	11.47	11.60	11.84	11.38	11.56	11.21	11.08	10.96	10.94
7.46	7.78	8.38	8.19	8.34	8.70	9.15	8.83	8.71	8.59
16.57	16.33	16.83	17.13	17.48	17.15	17.25	17.75	17.92	17.93
1.50	1.84	2.05	2.13	2.43	2.96	2.83	1.92	1.47	1.52
6.61	4.86	3.33	2.27	3.07	3.76	3.62	3.46	4.08	5.12
5.84	6.19	4.56	3.00	3.77	4.93	5.13	4.62	4.61	5.29
8.62	6.76	4.80	3.08	3.67	3.90	3.83	3.30	3.23	4.34
11.20	9.53	5.06	3.67	4.60	5.63	5.50	4.75	6.25	7.47
7.10	6.96	7.09	7.25	7.22	6.71	6.74	6.65	6.50	6.75
5.46	5.12	4.73	4.72	4.49	4.46	4.50	4.52	4.04	4.03
5.61	5.60	6.16	6.12	6.65	6.67	6.93	6.57	6.43	6.45

4-25 农产品生产价格指数
Producers' Price Indices for Farm Products

上年=100 (preceding year=100)

指 标	Item	2011	2012
总指数	**General Index**	**112.8**	**103.0**
农业产品	**Crop Products**	**106.1**	**103.0**
谷物	Cereals	110.3	103.1
稻谷	Rice	114.9	102.3
麦	Wheat	105.0	105.4
玉米	Corn	110.7	104.2
薯类	Tubers	116.5	93.5
油料	Oil-bearing Crops	113.9	99.9
豆类	Beans	102.4	103.0
棉花(籽棉)	Cotton	73.7	94.3
蔬菜	Vegetables	101.9	103.9
茶叶	Tea	116.2	107.7
绿茶	Green Tea	116.1	107.2
林业产品	**Forestry Products**	**110.7**	**106.8**
苗木类	Seedlings	117.9	117.9
木材采伐产品	Felling and Transport of Wood	107.6	103.1
原木	Log	109.9	103.2
竹材采伐产品	Felling and Transport of Bamboo	104.5	104.8
饲养动物及其产品	**Animal Husbandry Products**	**126.7**	**97.4**
活牲畜	Live Domestic Animals	134.7	96.7
猪	Hogs	138.1	93.5
活牛	Cattle and Buffaloes	109.0	115.9
活羊	Sheep and Goats	123.2	110.1
活家禽	Live Poultry	108.9	99.4
活鸡	Chicken	108.5	98.8
活鸭	Duck	116.4	99.5
畜禽产品	Livestock and Poultry Products	112.8	96.7
禽蛋	Poultry Eggs	114.2	94.9
渔业产品	**Fishery Products**	**112.5**	**110.8**
淡水养殖产品	Freshwater Aquatic Products	112.5	110.8
养殖淡水鱼	Freshwater Fish	113.5	111.9
淡水养殖虾	Freshwater Shrimps	113.4	110.7
淡水养殖蟹	Freshwater Crab	102.8	104.9
其他淡水养殖产品	Other Freshwater Aquatic Products	110.6	107.7

4-26 分季农产品生产价格指数(2012年)
Quarterly Producers' Price Indices for Farm Products (2012)

上年=100 (preceding year=100)

指　标	Item	全年 Annual Year	1季度 ist Quarter	2季度 2st Quarter	3季度 3st Quarter	4季度 4st Quarter
总指数	**General Index**	**103.0**	**109.1**	**101.1**	**100.2**	**101.7**
农业产品	**Crop products**	**103.0**	**102.8**	**103.9**	**103.7**	**102.5**
谷物	Cereals	103.1	107.5	102.7	102.7	103.2
稻谷	Rice	102.3	108.7	104.6	103.5	101.9
小麦	Wheat	105.4	102.5	101.5	101.9	110.2
玉米	Corn	104.2	109.8	110.0	105.8	102.5
大麦	Barley	101.4	0.0	111.1	99.4	0.0
薯类	Tubers	93.5	115.0	109.8	102.7	79.1
油料	Oil-bearing Crops	99.9	108.3	102.7	102.29	99.3
花生	Peanuts	102.9	114.8	114.7	97.0	98.6
油菜子	Rapeseeds	102.4	107.1	102.3	103.1	0.0
芝麻	Sesames	94.1	85.6	97.2	83.3	105.6
油茶子	Camellia Seeds	96.0	103.4	0.0	116.7	95.9
豆类	Beans	103.0	96.5	110.3	115.2	109.8
大豆	Soybean	102.9	96.5	110.3	115.2	109.8
黄大豆	Soybean	102.9	96.1	110.9	116.6	109.9
黑大豆	Soybean	101.8	103.3	100.0	88.0	106.2
棉花	Cotton	94.3	72.0	80.9	96.7	99.2
籽棉	Un-ginned Cotton	94.2	72.0	80.9	96.7	99.2
未加工烟草	Unmanufactured Tobacco	120.2	0.0	0.0	115.9	121.0
蔬菜及食用菌	Vegetables and Edible Fungus	103.7	104.5	103.2	101.4	99.5
蔬菜	Vegetables	103.9	104.7	103.8	101.0	99.2
食用菌	Edible Fungus	100.7	97.6	85.6	111.2	109.7
水果及坚果	Fruits and Nuts	118.1	0.0	107.8	119.1	109.2
水果(园林水果)	Fruits	105.4	0.0	107.8	104.1	100.0
食用坚果	Edible Nuts	163.1	0.0	0.0	163.1	142.9
茶及饮料原料	Tea and Beverage Materials	107.7	106.9	108.0	106.05	105.2
茶叶	Tea	107.7	106.9	108.0	106.1	105.2

4-26 续表 Continued

指　标	Item	全年 Annual Year	1季度 1st Quarter	2季度 2st Quarter	3季度 3st Quarter	4季度 4st Quarter
红茶	Black Tea	104.4	0.0	103.3	112.2	0.0
绿茶	Green Tea	107.2	106.9	108.2	105.7	105.2
中草药材	Chinese Herbal Medicinal Materials	91.8	87.8	80.7	79.1	120.7
林业产品	**Forestry Products**	**106.8**	**113.1**	**107.9**	**106.4**	**100.9**
育种及苗木	Seedlings	117.9	117.8	112.4	117.0	120.7
木材采伐产品	Felling and Transport of Wood	103.1	110.0	105.1	104.1	99.2
原木	Log	103.2	110.0	105.4	104.1	99.4
竹材采伐产品	Felling and Transport of Bamboo	104.8	104.3	101.7	110.2	102.0
饲养动物及其产品	**Animal Husbandry Products**	**97.4**	**111.3**	**90.9**	**84.8**	**95.8**
活牲畜	Live Domestic Animals	96.7	118.1	89.2	79.7	88.9
猪	Hogs	93.5	118.9	85.9	76.7	85.7
其他活猪	Other Live Pigs	93.5	118.9	85.9	76.7	85.7
牛	Cattle	115.9	116.0	110.5	113.7	121.4
黄牛	Cattle and Buffaloes	115.9	116.0	110.5	113.7	121.4
羊	Sheep and Goats	110.1	111.1	111.9	108.3	108.0
山羊	Goats	110.1	111.1	111.9	108.3	108.0
活家禽	Live Poultry	99.4	100.2	96.7	92.5	107.3
活鸡	Chicken	98.8	99.2	96.1	91.7	107.2
活鸭	Duck	99.5	120.0	97.4	97.5	107.9
畜禽产品	Livestock and Poultry Products	96.7	88.2	90.7	101.4	102.9
禽蛋	Poultry Eggs	94.9	88.2	90.5	99.2	98.9
鸡蛋	Hen Eggs	93.6	87.0	88.2	97.6	98.8
鸭蛋	Duck Eggs	108.1	109.8	109.9	104.2	0.0
渔业产品	**Fishery Products**	**110.8**	**113.9**	**110.9**	**111.0**	**107.3**
淡水养殖产品	Freshwater Aquatic Products	110.8	113.9	110.9	111.0	107.3
养殖淡水鱼	Freshwater Fish	111.9	114.4	111.5	112.0	106.3
淡水养殖虾	Freshwater Shrimps	110.7	114.6	111.1	110.2	110.2
淡水养殖蟹	Freshwater Crab	104.9	83.5	103.8	82.1	109.6
其他淡水养殖产品	Other Freshwater Aquatic Products	107.7	100.7	106.4	111.8	106.4

4-27 全国及分省(区、市)居民消费价格指数
Consumer Price Indices by Provinces and Regions

上年=100 (preceding year=100)

地　区	Region	2008	2009	2010	2011	2012
全国平均	**National Average**	**105.9**	**99.3**	**103.3**	**105.4**	**102.6**
北　京	Beijing	105.1	98.5	102.4	105.6	103.3
天　津	Tianjin	105.4	99.0	103.5	104.9	102.7
河　北	Hebei	106.2	99.3	103.1	105.7	102.6
山　西	Shanxi	107.2	99.6	103.0	105.2	102.5
内蒙古	Inner Mongolia	105.7	99.7	103.2	105.6	103.1
辽　宁	Liaoning	104.6	100.0	103.0	105.2	102.8
吉　林	Jilin	105.1	100.1	103.7	105.2	102.5
黑龙江	Heilongjiang	105.6	100.2	103.9	105.8	103.2
上　海	Shanghai	105.8	99.6	103.1	105.2	102.8
江　苏	Jiangsu	105.4	99.6	103.8	105.3	102.6
浙　江	Zhejiang	105.0	98.5	103.8	105.4	102.2
安　徽	**Anhui**	**106.2**	**99.1**	**103.1**	**105.6**	**102.3**
福　建	Fujian	104.6	98.2	103.2	105.3	102.4
江　西	Jiangxi	106.0	99.3	103.0	105.2	102.7
山　东	Shandong	105.3	100.0	102.9	105.0	102.1
河　南	Henan	107.0	99.4	103.5	105.6	102.5
湖　北	Hubei	106.3	99.6	102.9	105.8	102.9
湖　南	Hunan	106.0	99.6	103.1	105.5	102.0
广　东	Guangdong	105.6	97.7	103.1	105.3	102.8
广　西	Guangxi	107.8	97.9	103.0	105.9	103.2
海　南	Hainan	106.9	99.3	104.8	106.1	103.2
重　庆	Chongqing	105.6	98.4	103.2	105.3	102.6
四　川	Sichuan	105.1	100.8	103.2	105.3	102.5
贵　州	Guizhou	107.6	98.7	102.9	105.1	102.7
云　南	Yunnan	105.7	100.4	103.7	104.9	102.7
西　藏	Tibet	105.7	101.4	102.2	105.0	103.5
陕　西	Shanxi	106.4	100.5	104.0	105.7	102.8
甘　肃	Gansu	108.2	101.3	104.1	105.9	102.7
青　海	Qinghai	110.1	102.6	105.4	106.1	103.1
宁　夏	Ningxia	108.5	100.7	104.1	106.3	102.0
新　疆	Xinjiang	108.1	100.7	104.3	105.9	103.8

4-28 全国及分省(区、市)商品零售价格指数
Retail Price Indices by Provinces and Regions

上年=100 (preceding year=100)

地 区	Region	2008	2009	2010	2011	2012
全国平均	**National Average**	**105.9**	**98.8**	**103.1**	**104.9**	**102.0**
北 京	Beijing	104.4	97.8	100.4	103.2	100.6
天 津	Tianjin	105.1	98.9	103.4	104.7	103.0
河 北	Hebei	106.7	99.0	103.1	105.0	102.2
山 西	Shanxi	107.2	99.1	102.3	104.9	101.8
内蒙古	Inner Mongolia	104.7	99.5	103.0	104.9	102.5
辽 宁	Liaoning	105.3	99.8	103.2	105.0	102.2
吉 林	Jilin	106.2	99.3	104.1	104.9	101.7
黑龙江	Heilongjiang	105.8	98.9	103.1	104.5	102.2
上 海	Shanghai	105.3	99.4	101.7	104.1	101.2
江 苏	Jiangsu	104.9	98.9	103.2	104.6	102.1
浙 江	Zhejiang	106.3	98.8	103.9	105.5	101.9
安 徽	**Anhui**	**106.3**	**99.0**	**103.2**	**105.3**	**102.1**
福 建	Fujian	105.7	97.9	103.4	104.8	101.8
江 西	Jiangxi	106.1	99.1	102.7	104.8	102.1
山 东	Shandong	104.9	99.4	102.7	104.7	101.6
河 南	Henan	107.5	99.4	103.7	105.7	102.3
湖 北	Hubei	106.3	98.6	103.1	105.6	102.6
湖 南	Hunan	105.6	98.5	103.1	105.5	101.7
广 东	Guangdong	106.0	96.8	103.3	105.1	102.2
广 西	Guangxi	107.6	98.0	103.0	106.0	102.3
海 南	Hainan	106.7	98.5	104.6	105.4	102.7
重 庆	Chongqing	105.0	97.3	101.7	104.7	101.6
四 川	Sichuan	105.3	100.1	103.0	104.6	101.6
贵 州	Guizhou	107.2	97.6	103.0	105.5	102.0
云 南	Yunnan	106.1	100.1	103.6	105.1	102.4
西 藏	Tibet	103.9	99.5	101.0	103.7	102.9
陕 西	Shanxi	106.9	99.9	103.6	104.8	102.3
甘 肃	Gansu	107.9	101.8	104.6	105.4	102.6
青 海	Qinghai	110.6	101.6	104.3	105.4	102.1
宁 夏	Ningxia	108.5	99.5	103.2	105.3	101.0
新 疆	Xinjiang	108.5	100.4	104.6	105.1	103.3

4-29 36个大中城市居民消费价格指数
Consumer Price Indices of 36 Large-and-Medium Size Cities

上年=100 (preceding year=100)

地 区	Region	2008	2009	2010	2011	2012
全国平均	**National Average**	**105.7**	**99.2**	**103.1**	**105.3**	**102.8**
北 京	Beijing	105.1	98.5	102.4	105.6	103.3
天 津	Tianjin	105.4	99.0	103.5	104.9	102.7
石家庄	Shijiazhuang	106.7	100.3	103.0	105.7	102.8
太 原	Taiyuan	107.4	99.9	103.0	105.4	102.1
呼和浩特	Hohhot	104.6	100.1	102.6	105.5	103.1
沈 阳	Shenyang	104.4	99.9	102.9	105.4	103.0
大 连	Dalian	104.4	100.2	102.7	105.4	103.4
长 春	Changchun	104.4	99.8	103.6	105.5	102.3
哈尔滨	Harbin	104.7	100.2	103.7	105.6	103.2
上 海	Shanghai	105.8	99.6	103.1	105.2	102.8
南 京	Nanjing	106.2	100.1	104.2	105.4	102.7
杭 州	Hangzhou	104.9	98.6	103.9	104.8	102.5
宁 波	Ningbo	105.0	99.4	103.7	105.3	101.7
合 肥	**Hefei**	**106.4**	**99.1**	**102.7**	**105.7**	**102.2**
福 州	Fuzhou	104.2	98.7	103.5	104.9	102.0
厦 门	Xiamen	104.9	97.3	103.0	105.2	102.1
南 昌	Nanchang	106.1	99.7	103.3	105.0	102.9
济 南	Jinan	105.7	100.3	102.1	105.4	102.4
青 岛	Qingdao	104.7	100.5	102.2	105.0	102.7
郑 州	Zhengzhou	106.1	99.8	103.0	104.9	102.7
武 汉	Wuhan	105.7	99.4	103.0	105.2	102.8
长 沙	Changsha	105.2	99.4	102.9	105.5	102.3
广 州	Guangzhou	105.9	97.5	103.2	105.5	103.0
深 圳	Shenzhen	105.9	98.7	103.5	105.4	102.8
南 宁	Nanning	108.4	98.2	102.5	105.7	102.9
海 口	Haikou	105.8	99.9	104.2	105.4	103.3
重 庆	Chongqing	105.6	98.4	103.2	105.3	102.6
成 都	Chengdu	104.3	100.3	103.0	105.4	103.0
贵 阳	Guiyang	107.0	97.7	102.9	105.5	102.6
昆 明	Kunming	105.8	100.8	104.2	104.9	103.1
拉 萨	Lasa	106.4	101.7	102.2	105.0	103.2
西 安	Xi'an	106.0	99.7	103.5	105.6	102.8
兰 州	Lanzhou	107.2	99.6	103.8	105.4	102.4
西 宁	Xining	108.2	102.2	104.5	105.7	102.7
银 川	Yinchuan	107.6	99.7	103.8	105.5	102.6
乌鲁木齐	Urumqi	107.0	100.4	102.7	104.5	103.4

4-30 36个大中城市商品零售价格指数
Retail Price Indices of 36 Large-and-Medium size Cities

上年=100 (preceding year=100)

地 区	Region	2008	2009	2010	2011	2012
全国平均	**National Average**	**105.3**	**98.6**	**102.5**	**104.5**	**101.8**
北 京	Beijing	104.4	97.8	100.4	103.2	100.6
天 津	Tianjin	105.1	98.9	103.4	104.7	103.0
石家庄	Shijiazhuang	107.7	100.1	103.4	104.9	101.9
太 原	Taiyuan	107.9	99.1	102.6	104.8	101.2
呼和浩特	Hohhot	105.4	99.9	102.6	104.7	101.5
沈 阳	Shenyang	105.0	97.9	102.6	105.2	102.4
大 连	Dalian	106.0	99.4	104.0	104.4	102.5
长 春	Changchun	105.6	99.6	104.6	104.8	101.8
哈尔滨	Harbin	105.3	98.5	101.9	104.4	102.5
上 海	Shanghai	105.3	99.4	101.7	104.1	101.2
南 京	Nanjing	103.7	98.7	103.5	104.2	101.4
杭 州	Hangzhou	106.0	98.6	103.7	104.4	101.9
宁 波	Ningbo	107.1	98.8	103.9	105.7	101.8
合 肥	**Hefei**	**106.3**	**99.8**	**102.1**	**105.1**	**101.9**
福 州	Fuzhou	104.4	99.1	102.9	104.0	101.1
厦 门	Xiamen	104.5	97.8	102.8	104.7	101.6
南 昌	Nanchang	106.2	99.4	103.0	105.2	102.4
济 南	Jinan	104.5	98.7	101.3	104.6	101.8
青 岛	Qingdao	103.9	98.6	101.4	104.5	101.7
郑 州	Zhengzhou	106.0	100.3	102.7	104.9	102.4
武 汉	Wuhan	105.1	98.4	103.1	104.7	102.3
长 沙	Changsha	103.9	97.7	103.8	105.4	101.5
广 州	Guangzhou	105.7	96.8	103.2	105.1	101.9
深 圳	Shenzhen	106.5	97.5	103.2	105.3	102.4
南 宁	Nanning	107.9	98.5	102.3	104.9	101.7
海 口	Haikou	105.6	99.2	103.7	105.0	102.8
重 庆	Chongqing	105.0	97.3	101.7	104.7	101.6
成 都	Chengdu	104.5	99.0	102.4	104.3	101.4
贵 阳	Guiyang	105.4	98.2	103.2	105.0	102.0
昆 明	Kunming	105.4	100.0	103.6	104.9	102.0
拉 萨	Lasa	104.6	100.1	101.2	103.9	102.9
西 安	Xi' an	105.4	99.5	102.7	104.4	102.3
兰 州	Lanzhou	107.2	100.5	103.9	105.4	102.4
西 宁	Xining	110.1	102.3	104.6	106.0	102.3
银 川	Yinchuan	105.9	98.5	102.5	104.2	100.6
乌鲁木齐	Urumqi	108.7	100.1	103.4	104.1	102.9

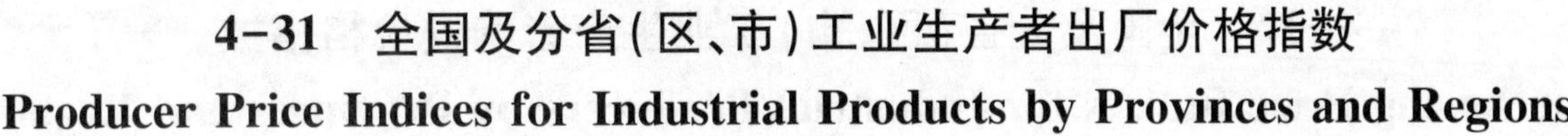

4-31 全国及分省(区、市)工业生产者出厂价格指数
Producer Price Indices for Industrial Products by Provinces and Regions

上年同月=100 (the same month last year=100)

地区	Region	2008	2009	2010	2011	2012
全国	**National**	**106.9**	**94.6**	**105.5**	**106.0**	**98.3**
北京	Beijing	103.3	94.4	102.2	102.3	98.4
天津	Tianjin	104.1	92.5	105.1	103.8	97.0
河北	Hebei	116.7	89.1	109.0	107.7	94.7
山西	Shanxi	122.4	92.0	109.5	107.5	94.5
内蒙古	Inner Mongolia	112.5	96.2	106.7	107.8	100.2
辽宁	Liaoning	110.9	94.0	107.4	106.5	99.9
吉林	Jilin	104.9	96.1	105.2	105.4	99.1
黑龙江	Heilongjiang	114.0	87.4	115.0	112.0	100.0
上海	Shanghai	102.2	93.8	102.3	102.9	98.4
江苏	Jiangsu	104.6	95.2	107.3	106.2	97.1
浙江	Zhejiang	104.3	94.9	106.2	105.0	97.3
安徽	**Anhui**	**108.4**	**92.8**	**109.0**	**108.3**	**98.3**
福建	Fujian	102.7	95.5	103.2	103.9	98.7
江西	Jiangxi	106.4	93.0	115.3	111.3	96.5
山东	Shandong	108.6	94.1	107.2	106.0	98.4
河南	Henan	112.1	94.9	107.8	107.2	99.4
湖北	Hubei	106.1	95.6	104.9	106.6	100.3
湖南	Hunan	109.3	94.3	106.9	108.5	99.1
广东	Guangdong	103.1	95.8	103.2	103.7	99.5
广西	Guangxi	109.0	93.5	112.0	108.5	97.8
海南	Hainan	104.5	90.6	107.7	108.8	100.8
重庆	Chongqing	105.8	95.5	103.1	103.8	99.9
四川	Sichuan	109.3	96.5	105.0	107.3	98.6
贵州	Guizhou	112.4	95.1	104.7	105.4	101.0
云南	Yunnan	105.8	91.5	108.8	104.7	97.9
西藏	Tibet	105.6	98.2	105.8	104.3	99.7
陕西	Shanxi	108.4	96.1	108.7	107.2	100.7
甘肃	Gansu	104.9	91.0	115.0	111.0	96.8
青海	Qinghai	107.6	91.3	109.4	107.4	96.9
宁夏	Ningxia	112.9	93.9	109.1	109.5	97.4
新疆	Xinjiang	116.4	85.5	125.3	114.8	96.9

4-32 全国及分省(区、市)工业生产者购进价格指数
Purchasing Price Indices for Industrial Producers by Provinces and Regions

上年同月=100 (the same month last year=100)

地　区	Region	2008	2009	2010	2011	2012
全　国	**National**	**110.5**	**92.1**	**109.6**	**109.1**	**98.2**
北　京	Beijing	115.8	88.6	110.5	108.4	98.7
天　津	Tianjin	112.9	90.2	110.0	109.7	97.1
河　北	Hebei	115.9	93.5	110.9	110.9	96.2
山　西	Shanxi	118.3	96.6	109.0	108.1	98.1
内蒙古	Inner Mongolia	111.7	99.1	105.0	106.1	102.0
辽　宁	Liaoning	111.5	93.3	108.6	108.3	99.0
吉　林	Jilin	111.3	95.3	108.6	106.1	99.3
黑龙江	Heilongjiang	114.1	93.4	114.5	111.1	98.8
上　海	Shanghai	110.3	89.8	111.2	107.5	94.7
江　苏	Jiangsu	115.0	91.9	112.8	108.9	95.8
浙　江	Zhejiang	110.6	92.6	112.0	108.3	96.7
安　徽	**Anhui**	**112.4**	**95.3**	**111.8**	**110.8**	**98.2**
福　建	Fujian	110.2	93.2	107.7	108.0	97.7
江　西	Jiangxi	114.2	90.7	111.8	112.4	98.3
山　东	Shandong	113.1	95.5	109.3	109.2	99.2
河　南	Henan	111.9	97.1	110.2	110.1	99.2
湖　北	Hubei	110.9	93.4	110.4	111.5	98.9
湖　南	Hunan	112.0	92.6	110.0	110.8	100.1
广　东	Guangdong	107.9	93.8	107.3	107.3	99.5
广　西	Guangxi	110.6	95.1	111.2	110.0	99.2
海　南	Hainan	111.6	85.3	110.3	115.3	99.6
重　庆	Chongqing	112.2	95.0	106.9	105.7	99.5
四　川	Sichuan	112.4	95.3	106.1	112.6	100.0
贵　州	Guizhou	112.5	93.5	109.8	115.0	102.3
云　南	Yunnan	111.6	95.0	109.0	108.0	99.3
西　藏	Tibet					
陕　西	Shanxi	111.2	98.4	109.7	109.6	100.0
甘　肃	Gansu	110.2	90.5	114.4	115.1	98.7
青　海	Qinghai	110.4	99.8	108.6	107.0	98.6
宁　夏	Ningxia	121.8	94.7	114.1	112.8	99.5
新　疆	Xinjiang	117.8	90.6	123.9	117.8	97.9

4-33 全国及分省(区、市)固定资产投资价格分类指数(2012年)

Price Indices of Investment in Fixed Assets by Provinces and Regions (2012)

地区	Region	固定资产投资 Investment in Fixed Assets	建筑安装工程 Construction and Installation	设备、工器具购置 Purchase of Equipment, Tools and Instruments	其他费用 Others
全国	**National**	**101.1**	**101.6**	**98.9**	**102.2**
北京	Beijing	101.3	99.0	97.4	104.0
天津	Tianjin	100.0	100.1	98.3	101.1
河北	Hebei	100.3	100.6	99.2	100.7
山西	Shanxi	101.2	102.0	98.9	100.7
内蒙	Inner Mongolia	101.6	101.0	103.1	102.2
辽宁	Liaoning	101.0	101.2	99.3	103.2
吉林	Jilin	100.4	100.8	99.0	102.4
黑龙江	Heilongjiang	100.8	101.0	99.3	102.8
上海	Shanghai	99.4	98.7	98.6	101.6
江苏	Jiangsu	98.6	97.9	98.2	102.2
浙江	Zhejiang	99.2	98.6	98.5	101.5
安徽	**Anhui**	**101.0**	**101.3**	**99.2**	**102.3**
福建	Fujian	100.3	100.6	98.9	100.7
江西	Jiangxi	101.0	101.2	98.8	104.4
山东	Shandong	100.8	101.2	99.2	103.0
河南	Henan	101.0	101.4	99.7	101.9
湖北	Hubei	101.8	102.1	99.7	103.3
湖南	Hunan	101.7	102.2	99.6	102.0
广东	Guangdong	101.5	101.9	98.7	103.3
广西	Guangxi	100.6	100.8	99.3	101.5
海南	Hainan	102.0	102.5	98.9	102.9
四川	Sichuan	101.0	101.6	99.2	100.9
贵州	Guizhou	101.5	102.0	99.1	101.5
云南	Yunnan	101.4	101.7	99.3	101.9
重庆	Chongqing	101.8	102.1	99.1	101.9
陕西	Shanxi	102.6	103.4	99.1	102.7
甘肃	Gansu	102.1	102.5	100.3	102.3
青海	Qinghai	102.2	102.7	99.2	103.0
宁夏	Ningxia	101.5	101.9	99.8	100.0
新疆	Xinjiang	100.6	101.5	97.3	101.0

4-34 全国及分省(区、市)固定资产投资价格指数(2008-2012年)

Price Indices of Investment in Fixed Assets by Provinces and Regions(2008—2012)

地　区	Region	2008	2009	2010	2011	2012
全　国	**National**	**108.9**	**97.6**	**103.6**	**106.6**	**101.1**
北　京	Beijing	107.8	97.1	102.5	105.7	101.3
天　津	Tianjin	109.2	97.6	102.6	105.7	100.0
河　北	Hebei	109.6	96.5	103.7	105.5	100.3
山　西	Shanxi	113.3	98.1	103.7	105.5	101.2
内　蒙	Inner Mongolia	108.1	98.5	105.4	106.3	101.6
辽　宁	Liaoning	109.1	97.0	103.3	106.6	101.0
吉　林	Jilin	107.3	99.4	102.4	105.6	100.4
黑龙江	Heilongjiang	109.0	97.6	105.2	107.5	100.8
上　海	Shanghai	107.9	97.0	103.8	106.5	99.4
江　苏	Jiangsu	110.0	97.7	105.1	106.8	98.6
浙　江	Zhejiang	109.3	96.7	104.7	107.5	99.2
安　徽	**Anhui**	**109.4**	**96.0**	**105.4**	**108.1**	**101.0**
福　建	Fujian	105.9	98.0	103.3	106.2	100.3
江　西	Jiangxi	110.4	96.1	104.8	108.4	101.0
山　东	Shandong	107.7	96.9	103.6	106.8	100.8
河　南	Henan	109.0	96.4	103.5	107.4	101.0
湖　北	Hubei	109.4	98.8	104.7	107.3	101.8
湖　南	Hunan	109.9	99.7	104.0	107.2	101.7
广　东	Guangdong	108.6	96.7	103.0	105.5	101.5
广　西	Guangxi	107.9	97.9	103.0	106.2	100.6
海　南	Hainan	113.3	97.7	105.2	106.4	102.0
四　川	Sichuan	112.5	98.3	102.5	105.2	101.0
贵　州	Guizhou	108.9	100.5	102.7	105.4	101.5
云　南	Yunnan	107.4	98.1	102.7	104.6	101.4
重　庆	Chongqing	110.2	97.8	102.1	105.9	101.8
陕　西	Shanxi	109.5	99.3	103.6	105.9	102.6
甘　肃	Gansu	106.7	101.5	103.5	104.7	102.1
青　海	Qinghai	110.5	100.9	103.8	106.5	102.2
宁　夏	Ningxia	109.0	100.2	104.2	107.5	101.5
新　疆	Xinjiang	111.2	98.0	104.6	107.1	100.6

主要统计指标解读

居民消费价格指数 是反映一定时期内城乡居民所购买的生活消费品价格和服务项目价格变动趋势和程度的相对数，是对城市居民消费价格指数和农村居民消费价格指数进行综合汇总计算的结果。该指数可以观察和分析消费品的零售价格和服务价格变动对城乡居民实际生活费支出的影响程度。

商品零售价格指数 是反映一定时期内城乡商品零售价格变动趋势的一种经济指数。零售物价的调整变动直接影响城乡居民的生活支出和国家财政的收入，影响居民购买力和市场供需平衡，影响消费与积累的比例。因此，该指数可以从一个侧面对上述经济活动进行观察和分析。

城市居民消费价格指数 是反映一定时期内城市居民家庭所购买的生活消费品价格和服务项目价格变动趋势和程度的相对数。该指数可以观察和分析消费品的零售价格和服务项目价格变动对城镇职工货币工资的影响，作为研究职工生活和确定工资政策的依据。

农村居民消费价格指数 是反映一定时期内农村居民家庭所购买的生活消费品价格和服务项目价格变动趋势和程度的相对数。该指数可以观察农村消费品的零售价格和服务项目价格变动对农村居民生活消费支出的影响，直接反映农民生活水平的实际变化情况，为分析和研究农村居民生活问题提供依据。

商品零售价格指数 是反映一定时期内城乡商品零售价格变动趋势和程度的相对数。商品零售价格的变动直接影响到城乡居民的生活支出和国家的财政收入，影响居民购买力和市场供需的平衡，影响到消费与积累的比例关系。因此，该指数可以从一个侧面对上述经济活动进行观察和分析。

农业生产资料价格指数 指反映一定时期内农业生产资料价格变动趋势和程度的相对数。农业生产资料价格指数分为小农具、饲料、产品畜、役畜、半机械化农具、机械化农具、化学肥料、农药及农药械、农机用油、其他农业生产资料十大类。其编制目的是了解农业生产中物质资料投入价格的变动状况，服务于国民经济核算。1994 年以前，农业生产资料价格指数仅仅是商品零售价格指数的一个类别，此后，从商品零售价格指数中分离出来，单独编制。

农产品生产价格指数 是反映一定时期内，农产品生产者出售农产品价格水平变动趋势及幅度的相对数。该指数可以客观反映全国农产品生产价格水平和结构变动情况，满足农业与国民经济核算需要。其中某代表品生产价格指数是通过对全部有出售该产品行为的调查单位的个体指数进行几何平均求得的，类价格指数是通过对其所属的类(或代表品)的价格指数进行加权平均求得的。季度累计价格根据各季价格简单平均求得，再计算季度累计价格指数，季度累计类价格指数的计算方法与分季指数的计算方法相同。

工业生产者出厂价格指数(PPI) 是反

映一定时期内全部工业产品出厂价格总水平的变动趋势和程度的相对数,包括工业企业售给本企业以外所有单位的各种产品和直接售给居民用于生活消费的产品。该指数可以观察出厂价格变动对工业总产值及增加值的影响。

工业生产者购进价格指数 是反映工业企业作为生产投入,而从物资交易市场和能源、原材料生产企业购买原材料、燃料和动力产品时,所支付的价格水平变动趋势和程度的统计指标,是扣除工业企业物质消耗成本中的价格变动影响的重要依据。

目前,我国编制的工业生产者购进价格指数所调查的产品包括燃料动力、黑色金属、有色金属、化工、建材等九大类的近6000种产品。

固定资产投资价格指数 是反映一定时期内固定资产投资品及项目的价格变动趋势和程度的相对数。固定资产投资额是由建筑安装工程投资完成额、设备工器具购置投资完成额和其他费用投资完成额三部分组成的。编制固定资产投资价格指数应首先分别编制上述三部分投资的价格指数,然后采用加权算术平均法求出固定资产投资价格总指数。

该指数可以准确地反映固定资产投资中涉及的各类投资品和取费项目价格变动趋势和变动幅度,消除按现价计算的固定资产投资指标中的价格变动因素,真实地反映固定资产投资的规模、速度、结构和效益,为国家科学地制定、检查固定资产投资计划并提高宏观调控水平,为完善国民经济核算体系提供科学的、可靠的依据。

房地产价格指数 是反映一定时期内房地产价格变动趋势和程度的相对数,包括住宅销售价格指数、房屋租赁价格指数、土地交易价格指数和物业服务价格指数,为做好国民经济核算和房地产市场调整工作、满足社会公众需要提供基础统计信息。